Joachim Reinelt
Der Yoga-Pfad
Liebe und Achtsamkeit im täglichen Leben

Joachim Reinelt

Der Yoga-Pfad

Liebe und Achtsamkeit
im täglichen Leben

AQUAMARIN

Originalausgabe
1. Auflage 2009
© Aquamarin Verlag GmbH
Voglherd 1 • D-85567 Grafing
www.aquamarin-verlag.de

Umschlaggestaltung: Annette Wagner

Druck: Bercker • Kevelaer

ISBN 978-3-89427-488-7

Welcher Mensch könnte im Grunde seines Herzens
daran zweifeln,
dass er sein Leben 'bestmöglich nutzt',
indem er versucht, 'mehr zu werden'
auf den Gebieten der Erkenntnis und der Liebe?

JEAN E. CHARON

Inhalt

Einleitung

Die erste konkrete Erfahrung, die ich mit Yoga, genauer gesagt mit Meditation, machte, war so etwas wie ein Kreuzweg meines Lebens. Ich ging auf einmal, ohne dass ich es anfänglich bemerkte, in eine andere Richtung als bisher – und es wurde zunehmend heller. Ich hatte mich zwar schon zuvor mit Meditation befasst, aber eben nur theoretisch und in Gesprächen mit Freunden. An jenem Nachmittag, im Mai des Jahres 1978, erhielt ich eine praktische Einführung in die Meditation. Ich bekam – wie die Yogis dies in ihren Werken vor hunderten von Jahren bereits nannten, den Zustand der Meditation „zu schmecken". Meine erste Meditation, die ich nach den Anweisungen des Meditationslehrers für einige Minuten durchführte, gab mir unmittelbar die Erfahrung von unbeschreiblicher innerer Tiefe und unerschütterlichem Frieden. Ich hätte mir niemals vorstellen können, dass so etwas für mich erfahrbar sein könnte. Doch das eigentlich Faszinierende an dieser ersten Meditation war, dass ich nach Beendigung der Meditation noch lange da saß, in diesem Zustand der inneren Tiefe und des Friedens versunken. Anschließend nahm ich diesen Zustand und die innere Erfahrung buchstäblich mit nach Hause – und eine Revolution in meinem Leben begann.

Es gibt viele verschiedene Wege des Yoga, und es ist an uns, den für uns passenden Weg bzw. die uns angemessene Praxis herauszufinden. Diese Entscheidung kann uns niemand abnehmen. Für mich war und ist die Praxis der Meditation das Zentrum meines persönlichen Yoga-Weges – obgleich es für mich auch noch andere wichtige Übungen gibt. Vom Moment der Einführung in die Meditation an meditierte ich also regelmäßig, und mein Leben veränderte sich zusehends. Doch an diesem Punkt möchte ich innehalten und genau sein: Ja, mein Leben veränderte sich, mein gefühltes Leben, mein innerer Zustand, begann sich zu verändern. Die emotionale Unbeständigkeit, diese Wellen des Auf-und-Ab der Gefühle, die Berg- und Talfahrt der Stimmungen, begann allmählich zu verschwinden – was auch Freunde und Bekannte zu bemerken schienen. In dieser Phase meines Yoga-Weges erfuhr ich so etwas wie Heilung. Jedes Mal, wenn ich meditierte, spürte ich geradezu körperlich, wie die Fragmente meines Wesens zusammengefügt wurden. Ich fühlte mich gut, zunehmend glücklich und glücklicher.

Doch das war nur der erste wichtige Schritt. Was ich bis dahin nämlich nicht bemerkt hatte, war, dass ich die äußere Welt aus diesem Prozess ausschloss. Nach einiger Zeit fiel mir auf, dass irgendetwas nicht ganz stimmig war. Ich erlebte eindeutig eine Verbesserung meiner Lebensqualität – aber nur unter Ausschluss des Lebens dort draußen. Ich lebte in einem Paralleluniversum. Nun kam also der zweite wichtige Schritt auf meinem Yoga-Weg – die Integration von Innen und Außen. Dieser Schritt zur nächsten Phase war nicht wirklich etwas, das ich vom Kopf her tat, sondern in mir drängte alles danach. Das Bedürfnis, das im Inneren Erfahrene nach außen bringen zu wollen und zu müssen, ist eine im Yoga völlig natürliche Bewegung. Es ist die Natur der Energie des Lebens, die die Yogis *Shakti* nennen. Diese Energie oder Kraft, die unser gesamtes Leben durchdringt und den gesamten Kosmos umfasst, ist ungeteilt, ganz und universell. Aus der Perspektive dieser höchsten Energie des Bewusstseins gibt es kein Innen und Außen, kein Diesseits und Jenseits, keinen Unterschied zwischen Himmel und Erde, keinen Gegensatz zwischen heilig und weltlich.

Um diese Ganzheit zu erfahren, müssen wir die Kraft, die wir durch unsere spirituellen Praktiken im Inneren erfahren, auch in der äußeren Welt erkennen. Warum? Ganz einfach: Um glücklich zu sein. Unsere Erfahrung von Glück hängt ummittelbar mit der

Erfahrung unserer Einheit mit allem zusammen. Die Erfahrung der erleuchteten, selbstverwirklichten Mystiker und Yogis ist: „Ich bin eins mit dem Universum. Das Universum ist mein wahrer Körper. Das Göttliche und diese Welt sind eins. Deshalb bin ich eins mit dem Göttlichen." Unterschiede existieren, sicherlich – auf der Oberfläche des Daseins. Aber sie sind nicht wirklich wesentlich. Yoga und Alltag, Spiritualität und alltägliches Leben, sind von daher nichts, was sich ausschließt, sie sind keine Gegensätze. Allerdings empfinden wir das oft so; und darin liegt die Krux. Yoga kann nur dann wirklich funktionieren, zum alltäglichen Glück und sogar zum höchsten Ziel führen, wenn wir diese Einheit akzeptieren, begreifen, unmittelbar erfahren – und in unser Leben umsetzen.

Yogis wurden und werden leider noch immer als Menschen erachtet, die sich vornehmlich des Lebens enthalten. Für gewisse Phasen im Leben eines Yoga-Praktizierenden mag eine bestimmte Zeit der inneren Einkehr und des Rückzugs von der Hektik des Alltags gewiss sinnvoll sein. Aber eben alles zu seiner Zeit und für einen klar definierten Zeitraum. Ergibt es einen Sinn, wenn ein Yogi nach längerer Zeit von seinem Berg herunter in die Stadt kommt und dort ob der Betriebsamkeit und der Anforderungen des Stadtlebens „ausrastet" – und anschließend wieder in seine Einsiedelei auf den Berg flüchtet?

Die Lehren des Yoga und Tantra waren und sind für unser Leben *in dieser Welt* gedacht, nicht für ein Irgendwann und Irgendwo. Der wahre Yoga und der wahre Yogi benötigt keinen „Schutzraum". Der Wunsch der unsterblichen Meister des Yoga war und ist, dass wir durch ihre Lehren und Praktiken in diesem unserem Leben zu wahrem Glück finden und dieses Glück mit allen anderen Menschen teilen. *Und genau davon handelt dieses Buch*: Es handelt von den uralten spirituellen Lehren und Praktiken des Yoga und Tantra, ihrer Anwendung im alltäglichen Leben und ihrem Nutzen in Hinblick auf die Erlangung von Glück, Zufriedenheit und Liebe.

Deshalb beschränkt sich dieses Buch nicht auf irgendwelche Theorien und Philosophien über Yoga und Tantra (obwohl es solche natürlich auch einbezieht). Es ist zuallererst einmal ein praktisches Buch – eben weil es für die Praxis des alltäglichen Lebens gedacht ist. Aus diesem Grund enthält es viele Beispiele aus und für den Alltag, direkt verwendbare Übungen und Anleitungen für die Yoga-Praxis, Geschichten aus dem Leben großer Meister und Schüler, viele Zitate aus dem schier unerschöpflichen Ozean östlicher und westlicher Weisheit sowie Bezüge zur heutigen Naturwissenschaft und anderen modernen Lebensbereichen. Es ist sicherlich kein Buch, das sich mit den oft oberflächlichen Ideen, die über Yoga und Tantra im Umlauf sind, zufrieden gibt. Wer einen Schatz bergen will, muss bereit sein, in die Tiefe hinabzusteigen. Dennoch richtet sich dieses Buch nicht nur an die „alten Hasen" und „Yoga-*Cracks*", sondern generell an alle, die ein ernsthaftes Interesse an Yoga und Spiritualität haben.

Die Hoffnung, die ich mit der Veröffentlichung dieses Buches verbinde, ist, verständlich zu machen, dass Yoga viel mehr zu bieten hat, als durch bestimmte gymnastikartige Übungen den Körper zu stärken und zu entspannen. Auch wenn dies eine wichtige Sache und sinnvolle Grundlage auf dem Yoga-Weg ist, so ist die heutzutage praktizierte einseitige Betonung auf den „Körper-Yoga" eigentlich eine Reduzierung des Yoga. So war das große System des Yoga ursprünglich nicht gemeint. Nicht ohne Grund lautet der Titel eines der wohl bekanntesten neuzeitlichen Werke zu diesem Thema „Yoga – Unsterblichkeit und Freiheit"[1], womit in Hinblick auf das wahre Ziel des Yoga alles gesagt sein dürfte. Aus diesem Grund, aber auch weil zum Thema *Körper-Yoga*, *Hatha-Yoga* bereits so viel gesagt und geschrieben wurde, habe ich mich dieses Themas im vorliegenden Werk weitgehend enthalten.

---

[1]   Von Mircea Eliade. „Yoga – Unsterblichkeit und Freiheit" ist eines der elementaren Werke über Yoga und Tantra. Zürich 1985

Wenn dieses Buch hingegen einen kleinen Beitrag dazu leistet, dass Menschen durch die spirituellen Lehren und geistigen Praktiken des Yoga und Tantra auch und gerade im alltäglichen Leben mehr Freude, Glück, Zufriedenheit, Liebe finden – wie es z.B. im nachfolgenden Auszug aus einem der Erfahrungsberichte über die positiven Veränderungen durch die Yoga-Praxis (Vgl. Kapitel 4) zum Ausdruck kommt, wäre ich sehr glücklich:

„...Es gibt noch so viele Dinge [im Yoga], die ich genauer verstehen möchte. Jedenfalls sehe ich meinen Alltag nun mit anderen Augen. Der Gedanke, dass die Dinge neutral sind und nur wir sie gut oder schlecht machen durch unsere Art damit umzugehen und sie zu betrachten, ist mir sehr, sehr hilfreich. Ich fühle mich viel weniger als Opfer der Umstände, ich bin nicht ausgeliefert, ich kann selbst etwas tun. Die Erwartung, irgendwann einmal das Glück schlechthin zu finden, ist der Überzeugung gewichen, dass das nichts sein kann, was von außen kommt, sondern dass das Glück in jedem von uns selbst liegt. Deshalb sind Dinge, die ich früher furchtbar wichtig genommen habe, es heute einfach nicht mehr. Ich bin viel zufriedener mit meinem Leben, dankbar für meine Familie und die Menschen, denen ich begegne und ... ja und glücklich. Außerdem bin ich sehr, sehr neugierig, was Yoga noch in mir verändern wird. Denn Yoga ist nichts Abgeschlossenes, sondern 'Yoga ist ein Prozess'."

Kapitel 1

Eins sein mit sich und der Welt –
Die grundlegenden Lehren des Yoga und
Tantra im alltäglichen Leben

Dieses Buch handelt kurz gesagt vom *Yoga im alltäglichen Leben.*
„Aber Moment mal!", mag da manch einer denken: „Yoga *im* Alltag,
Yoga *und* Alltag – ist das nicht ein Widerspruch in sich?" Um das zu
klären – und es handelt sich hierbei um eines der elementaren Themen des Yoga – müssen wir uns wohl einmal zu den alten Wurzeln
des Yoga begeben. So wie wir als Kinder unsere Großeltern ausge-
fragt haben, wie es denn zu früheren Zeiten war, um die Welt und
unser Leben darin, als Kind und später als Erwachsener, einordnen
und verstehen zu können, so ist es auch für unsere alltägliche Yoga-
Praxis wichtig zu wissen, welche Bedeutung Yoga zu früheren Zeiten
in Indien überhaupt hatte, wie Yoga am Anfang eigentlich gemeint
war. Viel von seiner Ursprünglichkeit und urwüchsigen Kraft ist bei
uns bereits verlorengegangen.

Yoga ist sehr viel mehr als nur ein System aus gymnastikartigen
Bewegungs- und Entspannungsübungen, wie wir sie aus dem *Ha-
tha-Yoga* kennen und wie Yoga heute in unserer westlichen Kultur
vorwiegend verstanden wird. Yoga ist eine uralte Form der leben-
spraktischen Psychologie und Philosophie, deren Sinn und Zweck die
Entdeckung und Erweiterung unseres wahren inneren Potenzials ist.
Yoga geht davon aus, dass jeder Mensch die Fähigkeit besitzt, dieses
Potenzial – das ja seine höhere und wahre Natur ist – zu erkennen, zu

erleben und auf natürliche Weise zu nutzen. So wurde schon vor vielen Jahrhunderten von weisen und geistig hoch entwickelten Frauen und Männern unter der Bezeichnung „Yoga" dieses vielfältige, hoch effektive Lehr-System ausgearbeitet, durch dass wir lernen können, mit dieser in uns befindlichen, nie versiegenden Quelle der Kraft, Liebe, Kreativität, Harmonie usw., in Berührung zu kommen und jeden Moment unseres Lebens aus ihr zu schöpfen. Das zu erlangen, so sagen uns die alten Yoga-Texte, ist das Geburtsrecht, das Privileg, eines jeden von uns. Yoga war und ist für uns alle gedacht, als Hilfe und Ratgeber für das alltägliche Leben. Yoga war und ist ein Weg, um die Ziele des Lebens sicher und erfolgreich zu erreichen.

Doch trotz der alltäglichen Anwendbarkeit und Praxisbezogenheit der Lehren und Übungswege des Yoga entsteht oft der Eindruck, als stünden Yoga, Meditation und andere derartige Praktiken unserem Wirken und Leben im Alltag entgegen – als sei Spiritualität nichts für Menschen, die mit beiden Beinen im Leben stehen. Von jeher wird viel Aufhebens gemacht über den Unterschied zwischen dem sogenannten „Heiligen" und dem „Weltlichen". Uns wird gesagt, dass einige Berufe „spiritueller" sind als andere. So sei die Beschäftigung eines Bildhauers oder Komponisten erhabener als die eines Managers oder einer Hausfrau. Viele von uns glauben, dass spirituelle Praktiken, wie Meditation, *Mantra*-Wiederholung, Gesang von religiösen Liedern, geistige Kontemplation usw., nicht für Menschen gedacht sind, die engagiert ihrem Beruf nachgehen und Familien haben; sondern dass solche Praktiken mehr oder weniger denjenigen vorbehalten sind, die ein zurückgezogenes, besinnliches oder gar entsagungsreiches Leben in Klöstern, Ashrams und ähnlichen „Einrichtungen" führen. Es gibt sogar Menschen, die der Auffassung sind, dass ein wahres spirituelles Leben erfordere, dass man Beziehungen und Verantwortungen in der Welt völlig aufgibt.

Um mit dem wahren Potenzial in uns in Verbindung zu kommen, um diese höchste Lebensfreude, die tief in uns schlummert und von der alle geistigen Traditionen – nicht nur der Yoga – seit Urzeiten sprechen, zu erleben, sollte man einen „geistigen Weg" gehen, in welcher Form oder Ausprägung auch immer. Die geistig-spirituelle Praxis ist unerlässlich. Wird ihr ernsthaft nachgegangen, trägt sie definitiv Früchte. Aber immer nur dann, wenn wir zu dem Leben, das sich jeden Morgen, wenn wir erwachen, vor uns ausbreitet, „Ja!" sagen – und wenn wir die an uns gestellten Anforderungen unseres jeweiligen Lebens akzeptieren, wenn wir nicht von unserem Schicksal davonlaufen, sondern auf es zugehen. Wie es schon im Neuen Testament heißt: „Ein jeder nehme sein Kreuz auf sich und folge mir nach." Auch in diesen für uns bekannten Worten der Bibel finden wir den klaren Hinweis, dass der Weg der geistig-spirituellen Praxis, hin zum höchsten Glück, nur durch diese Welt führen kann.

Die aktive Teilnahme am Leben ist also kein Hindernis auf dem Pfad des Yoga, sondern ganz im Gegenteil ein *Muss*. Warum das so ist, wird auch deutlich, wenn wir uns das Wort „aktiv" – oder vielleicht besser noch das Gegenteil, das Wort „passiv" – einmal genauer betrachten. „Passiv" leitet sich ab von dem lateinischen Verb *patior*, „leiden, ertragen, erdulden". Grammatikalisch ist daher die Passiv-Form (z.B. „ich werde geführt", „ich werde gehalten") die, so wörtlich, *Leidens-Form*. Der *Patient* – auch dieses Wort leitet sich von dem genannten lateinischen Verb ab – ist der, der *leidet*, *erträgt*, *erduldet*. In der konkreten Situation, in der sich der Patient befindet, kann er nichts (mehr) tun – er ist im wahrsten Sinne des Wortes *passiv*. Mit ihm (oder ihr) *wird* etwas *getan*. Übertragen wir das nun auf unsere Haltung gegenüber dem Leben und den damit verbundenen Konsequenzen, so kann man ohne Übertreibung sagen, dass wir alle „Patienten des Lebens" sind (bzw. zu solchen werden), wenn wir nicht *aktiv* daran teilnehmen. Dann wird sicherlich immer dasjenige geschehen, was in unserem Leben geschehen soll. Wir haben allerdings die Wahl, ob wir den Ereignissen unseres Lebens aktiv oder passiv begegnen. Dieser Grundsatz hat allgemeine Gültigkeit, ist jedoch von besonderem Interesse für diejenigen, die einen geistigen Weg gehen, also etwa den Yoga-Weg. Ich hebe das an dieser Stelle hervor, weil häufig gerade diejenigen, welche die großen Ziele des Yoga und der Spiritualität verfolgen, diesen Grundsatz außer Acht lassen. Das ist kein neuzeitliches Problem, sondern es besteht seit Menschen spirituelle Wege gehen. In der Spiritualität gibt es die Tendenz, sich zurückzuziehen.

Betrachten wir dieses Phänomen noch etwas genauer. Was ist denn der entscheidende Vorteil der *aktiven* und *bejahenden* Haltung gegenüber dem alltäglichen Leben? Ganz einfach: Wer dem, was in sein Leben (oder auf seinen Yoga-Weg) tritt, mit Interesse und Freude gegenübersteht, erblickt mit einem offenen Herzen und offenen Augen, was auf ihn zukommt – und kann entsprechend handeln. Eine solche Person kann frei *agieren*. Wenn ich hingegen passiv bin, kommt das Ereignis für mich sozusagen nicht „von vorn", sondern es ereilt mich „von hinten", d. h. aus einer Richtung, aus der ich es nicht kommen sehe. Ich sehe es nicht – weil ich es nicht sehen will – ich konfrontiere das Ereignis nicht. Mit einer solchen Lebenshaltung kann ich auf das Leben nur noch *re-agieren* – ich befinde mich nun in einer wesentlich schwächeren, geradezu hilflosen Position.

Was ich damit meine, möchte ich anhand eines Erlebnisses verdeutlichen, das nun schon einige Jahre zurückliegt. Als ich einen Teil meiner Universitätsausbildung und Forschung in Indien absolvierte, lernte ich auch sehr viel über die Menschen und religiösen Bräuche auf dem Land. In dem westlichen Teil Indiens, wo ich mich recht lange aufhielt, gibt es viele verschiedene Gottheiten, die unter anderem Personifizierungen der verschiedenen Aspekte des Lebens darstellen. Unter all den Göttinnen gibt es auch eine „Pocken-Göttin". Obgleich (oder gerade weil) mich das bizarre Phänomen einer solchen Göttin verwunderte, ging ich ihm nach – und siehe da, es lohnte sich. Was man sich bei den Menschen auf dem Land über diese Göttin erzählte, lies mich aufhorchen und etwas über das Leben bzw. über die angemessene Haltung gegenüber dem Leben lernen. Diese Göttin ist nach dem Glauben der indischen Landbevölkerung diejenige Macht, bzw. eben „Shakti", die den Menschen die schreckliche Krankheit „Pocken" schickt. Bekanntlich kann diese Krankheit den Tod zur Folge haben, und deshalb haben die Menschen naturgemäß Angst vor dieser Göttin. Und jetzt kommt der eigentliche Clou der Geschichte. Wenn man vor etwas Angst hat, läuft man davor weg – ein ganz und gar natürliches Verhalten. Über diese mächtige Göttin erzählen sich die Menschen in dieser Gegend jedoch, dass wegzulaufen, besonders wenn sie einem in derartiger Weise „begegnet", das Unsinnigste wäre, was man tun könne. Denn sie würde gerade demjenigen nachjagen, der versuche, vor ihr davonzulaufen. Das einzig richtige Verhalten sei also, sich ihr zuzuwenden. Obgleich die Vorstellung einer Pocken-Göttin obskur und naiv anmuten mag, steckt hinter diesem Phänomen eine ganz klare Botschaft, psychologisches Geschick und eine große Lebensweisheit, die da lautet: Es nutzt nichts, vor den schrecklichen Dingen des Lebens davonzulaufen! Wende Dich Deinem Schicksal zu – und selbst wenn Du eine solch schlimme Krankheit hast, laufe (innerlich) nicht davon, setze Dich damit aktiv auseinander, nur so gibst Du Dir bzw. dem Leben eine Chance.

Es ist nicht *irgendein* Werk über Yoga, das uns immer wieder das aktive Handeln in dieser Welt als unabdingbar für den geistigen Weg geradezu ans Herz legt, sondern es ist eines der größten Werke des Yoga überhaupt – *die Bhagavad Gita* („Der Gesang des Erhabenen"). Sie ist eines der bedeutendsten Weisheitsbücher der Menschheit. Aus diesem Grund möchte ich mich an dieser Stelle, wie auch in den nachfolgenden Kapiteln, mit der *Bhagavad Gita* und ihren großartigen Yoga-Lehren befassen.

Zu den herausragenden Themen der *Bhagavad Gita* gehört der „Yoga des Handelns", im Sanskrit *Karma-Yoga* genannt. Schon immer – besonders in den Kreisen der Asketen und Yogis des alten Indiens – stand das Handeln im alltäglichen Leben in dem Verdacht, die geistig-spirituelle Entwicklung zu behindern, wenn nicht gar unmöglich zu machen. Mit dieser Vorstellung räumte die *Bhagavad Gita* (5. – 2. Jh. v. Chr.) gründlich auf und befand, dass die aktive Teilnahme am alltäglichen Leben bzw. das gewöhnliche Handeln nicht nur eine notwendige Grundlage des menschlichen Lebens sei, sondern durchaus sogar ein Weg zum höchsten Glück. Nach den Aussagen der *Bhagavad Gita* ist es gar nicht möglich, dass wir uns des Handelns enthalten und vom Leben zurückziehen. Auch wenn wir passiv sind oder gar vom Leben und seinen vielfältigen Einflüssen davonzulaufen versuchen, können wir die Natur des Lebens nicht aufhalten – siehe das oben genannte Beispiel mit der Pocken-Göttin. Nicht-Handeln ist auch gar nicht wünschenswert, denn man darf Passivität, also bewusste Untätigkeit oder den Rückzug aus dem aktiven Leben, nicht mit Freiheit verwechseln.

Die bindenden Folgen, die eine Handlung hat – so die elementare Lehre der *Bhagavad Gita* – entstehen nicht durch unsere Taten als solche, sondern durch den Beweggrund, die Motivation, aus der heraus wir unsere Tat durchführen. Die ideale und höchste Form des Handelns ist diejenige Handlung, die einem bewussten Leben auf dem Weg des Yoga entspringt. Das heißt, wir erlangen die höchste und damit für uns günstigste Form des Handelns, wenn jede noch so kleine Tat bewusst und im Einklang mit unserem Yoga-Weg ausgeführt wird. Die *Bhagavad Gita* bezeichnet ein solches Handeln interessanterweise auch als „wahre Entsagung". Denn wenn wir so handeln, ist unser Handeln begierdelos, absichtslos, wodurch wir der Frucht des Handelns entsagen und frei werden.

Das mag sich alles etwas abgehoben und theoretisch anhören, aber wir alle kennen solche Augenblicke im Leben, in denen wir ein anvisiertes Ziel mühelos erreichen – ohne große Anstrengungen, in denen alles wie von allein zum Erfolg zu führen scheint. Genau das sind Momente, in denen wir dem natürlichen Fluss mit unseren Begierden, Vorstellungen und egoistischen Empfindungen nicht im Wege stehen und eben deshalb wie in einem Fluss von Energie und Leichtigkeit dem Erfolg und Glück entgegenfließen. Beim japanischen Bogenschießen, dem *Kyudo* – kein Sport, sondern eine höchst spirituelle Übung – ist es gerade die Absichtslosigkeit des Schützen beim Abschießen des Pfeils, die den hundertprozentigen Treffer gewährt (wie wir noch sehen werden). Die *Bhagavad Gita* lehrt daher die Loslösung von der Gier nach dem Erfolg, nicht aber das Sich-Zurückziehen von der Handlung oder die Passivität gegenüber dem alltäglichen Leben.

Schauen wir uns nun sorgfältig an, was die *Bhagavad Gita* selbst zum Thema „alltägliches Handeln als Übung auf dem Pfad des Yoga" zu sagen hat und lassen wir die höchst geheimnisvollen und lehrreichen Worte Krishnas an seinen Schüler Arjuna auf uns wirken:

Bhagavad Gita 3. 4 - 8

„Nicht durch das Unterlassen der Werke erlangt der Mensch Befreiung von den Werken; nicht durch bloßes Entsagen erlangt er Vollkommenheit."

„Denn kein Lebewesen kann auch nur einen Augenblick verharren, ohne zu handeln, jeder wird durch die natürlichen Impulse, ohne dass er sich dagegen wehren kann, zum Handeln veranlasst."

„Wer die Tatsinne bezähmt, aber in seinem Herzen der Sinnesobjekte gedenkt, wessen Natur betört ist, ein solcher wird ein Heuchler genannt."

„Höher steht hingegen, oh Arjuna, wer die Sinne mit dem Verstand zähmt und den Körper ohne Anhänglichkeit auf dem Wege des Handelns einsetzt."

„Vollziehe dein dir zustehendes Werk, denn Handeln ist besser als Nichthandeln. Auch die Aufrechterhaltung des physischen Lebens gelingt nicht ohne Handeln."

Bhagavad Gita 4. 18 – 20

„Wer im Handeln Nicht-Handeln erblickt und Handeln im Nicht-Handeln, der ist ein Weiser unter den Menschen, ein Yogi, einer, der all sein Werk [in rechter Weise] vollbringt."

„Wessen Unternehmungen frei von verlangenden Wünschen sind, wessen Werke im Feuer der Weisheit verbrennen, ihn nennen die Weisen einen [wahrlich] Wissenden."

„Wer alles Anhängen an die Frucht der Werke aufgegeben hat, immer zufrieden ist, ohne irgendwelche Abhängigkeit, tut nichts, obwohl er sich ständig betätigt."

Zu dieser Thematik sagt der bekannte indische Philosoph Radhakrishnan, der die *Bhagavad Gita* im 20. Jahrhundert auf treffliche Weise übersetzt und kommentiert hat: „Das Handeln an sich bindet nicht. Bindet es, dann sind wir dem gewaltigen [und illusionären] Gegensatz zwischen Gott und Welt ausgeliefert, und die Welt wird ein Fehler im Kosmos sein. Der Kosmos ist eine Manifestation des

Höchsten, und was bindet, ist nicht die Tat, sondern die selbstsüchtige, aus Unwissenheit entspringende Haltung gegenüber den Handlungen, welche uns durch die Einbildung, dass wir so viele Einzelwesen mit besonderen Vorlieben und Abneigungen sind, vermittelt wird."[2]

Wir sehen also auf vielfältige Weise, wie sehr unser Yoga-Weg und das Handeln sowie die aktive Hinwendung zum alltäglichen Leben miteinander verknüpft sind. Allerdings ist es richtig, dass eine gewisse Konzentration auf die geistig-spirituelle Praxis – die ja einen wichtigen Teil unseres Yoga-Weges ausmacht – notwendig ist, um zu unserer inneren Quelle zu gelangen. Wenn diese Praxis allerdings so sehr im Vordergrund steht, dass sie zu einem „Höhlen-Yogi-Dasein", also zu einer totalen Abkehr von der Welt führt, ist dies für unsere Entwicklung nicht hilfreich, sondern hinderlich. Ich weiß sehr wohl wovon ich spreche, denn als junger Mensch, zu einer Zeit, da ich mich auf den spirituellen Weg begab, bin auch ich vorübergehend dieser Illusion anheimgefallen.

Hatte ich nicht aus all den berühmten uralten Yoga-Texten gelernt, dass das Göttliche im Inneren zu finden ist? Hatte ich nicht immer wieder von den großen Autoritäten des Yoga gehört, dass die Attraktionen in der Welt da draußen eine große Gefahr auf dem spirituellen Weg darstellen können? Hatte mich mein Meister nicht gelehrt, mit aller Kraft und Aufmerksamkeit meinen spirituellen Weg nachzugehen? Und wie zur Untermauerung meiner Vorstellungen und Konzepte über die spirituelle Praxis hatte ich ja auch all diese phantastischen spirituellen Erfahrungen. Niemand, den ich kannte, machte solche Erfahrungen... Ich war sehr, sehr zufrieden mit mir... Das ging recht lange so, bis ich bemerkte, dass irgendetwas nicht stimmte. Mir wurde immer deutlicher vor Augen geführt, dass ich in einer geteilten Welt lebte. Da gab es eine innere Welt, in der ich mich

---

2 S. Radhakrishnan, Die Bhagavadgita. Baden-Baden 1958, S. 189.

auskannte, in der ich „erfolgreich" war und die ich liebte, und es gab die Welt da draußen, die mich verwirrte und von der ich nicht besonders viel hielt. Irgendwie spürte ich aber auf einmal, dass diese zwei etwas miteinander zu tun haben mussten; denn in dem Maße, wie ich die äußere Welt ausschloss, gab es für mich im Inneren kein Weiterkommen, keine Entfaltung mehr. Meine spirituelle Praxis wurde trocken und mühsam. Doch nach einiger Zeit kam – angeregt durch das Reflektieren dieser unbefriedigenden Situation – ein Stein ins Rollen. Wie von selbst und mit rasender Geschwindigkeit entstand nun ein großes Interesse an der äußeren Welt. Irgendetwas in meinem Inneren veranlasste mich, in der Außenwelt immer aktiver zu werden und das innere Leben mit dem äußeren zu verbinden. Mein Leben insgesamt verwandelte sich nun zusehends – bis ich schließlich sogar in eine andere Stadt zog, um dort ein Universitätsstudium zu beginnen.

Die Unterscheidung zwischen Geistigem und Materiellem, die Vorstellung, dass das Göttliche oder Geistige in einem bestimmten Wesen oder an einem bestimmten Ort präsenter sei als anderswo, so sagen uns die großen Meister der uralten Yoga-Tradition, ist eine Illusion. Sie lehren uns, dass es in Wirklichkeit nur diese alles umfassende Einheit gibt, die eben einige Gott, andere das höchste Selbst und wieder andere das göttliche Bewusstsein nennen. Unser alltägliches Leben, so sagen sie, ist eine Form, ein Ausdruck des Göttlichen. So wie Gott oder das Göttliche sich als Tier, Baum, Fluss, Berg oder Mensch offenbart, ebenso offenbart er bzw. es sich natürlich auch als all das, was uns in unserem täglichen Leben begegnet: als unsere Familie, unsere Freunde, unser Beruf, unsere alltäglichen Einkäufe, unsere geplatzten Geschäftstermine, unsere Freuden und Sorgen, unsere Erfolge und Misserfolge und dergleichen. Daher schrieb die große indische Mystikerin Lalla-Ded in einem ihrer Gedichte:

„Oh Lalleshvari!
Die Kraft Gottes wird zur Mutter, die ihr Kind mit ihrer Milch nährt.
Sie wird ebenfalls zur jungen Frau, die sich nach ihrem Ehegatten sehnt.
Es ist allein dieselbe Kraft, die am Ende zu uns kommt als der Tod.
Gottes Kraft ist die Ursache für unsere Nahrung, unsere Freude und unser Ableben.
Es ist schwer, Gott zu begreifen, da Er das Lagerhaus von solch unendlichen gegensätzlichen Mächten ist.
Oh Mutter! Ein Weib, der Tod – all das ist Sein unbegreifliches Spiel."

„Die Welt ist Gott", lehrte einmal ein großer Yoga-Meister. Und in der Tat: Was ist denn die Liebe zwischen zwei Menschen anderes, als eine Form der höchsten göttlichen Liebe? Gleiches gilt für den Augenblick des Berührtseins, wenn wir das Lachen eines Kindes hören oder nach langer Zeit einem alten Freund wieder begegnen, wenn wir einen atemberaubend schönen Sonnenaufgang erleben. Gott bzw. das Göttliche ist die Quelle eben dieser Liebe und Freude in der Welt.

Ich betone diesen Aspekt der Philosophie des Yoga so sehr, weil er für unsere spirituelle Haltung im Alltag außerordentlich wichtig ist und wir uns in diesem Zusammenhang einmal die Frage stellen sollten, woher denn diese sonst übliche Art zu denken kommt. Woher stammt unsere Illusion, unsere begrenzte oder verzerrte Sichtweise? Warum finden wir sogar in religiösen und spirituellen Traditionen die Vorstellung: Gott ist weit weg (z.B. im Himmel) und nicht hier bei uns. Gott liebt uns, wenn wir spirituell sind, aber nicht, wenn wir dem Leben in dieser Welt nachgehen. Gott ist leicht zu finden, wenn man Mönch, Nonne oder Asket ist, aber nicht, wenn man in der Rolle als Mutter oder Vater seine Kinder aufziehen und sich seinen alltäglichen Verpflichtungen stellen muss. Die Welt ist Gott in den Augen der erleuchteten Meister und Mystiker, die den Pfad des Yoga zu Ende gingen. Aber warum erkennt der Rest von uns das nicht?

Da unsere Wahrnehmung über uns selbst begrenzt ist, kann der Weg der Erkenntnis nur durch die „Yoga-Schule dieser Welt" führen. Unsere Sichtweise muss sich ändern und dadurch unsere Identifikation. Denn bisher – und das ist uns allen angeboren – vermuteten und suchten wir das Göttliche im Besonderen, Außergewöhnlichen und Geheimnisvollen, also in einer anderen Welt, die nicht hier ist, sondern in einem Jenseits oder in einer Transzendenz – und natürlich in dem, was anders ist als wir selbst.

Die Meister der Yoga-Traditionen behaupten nicht, dass das, was wir suchen, dort in der Transzendenz nicht ist. Sie sagen jedoch ausdrücklich, dass das Göttliche in mindestens ebensolchem Maße dort ist, wo wir es bisher nicht vermuten, nämlich in dem, was uns vertrauter und näher ist als alles andere auf dieser Welt – in unserem eigenen inneren Selbst. Solange wir also unseren Yoga nicht auf uns selbst und diese alltäglich erfahrene Welt richten, suchen wir in der falschen Richtung – im „Nicht-Hier", „Nicht-Jetzt" und „Nicht-Ich". Diese Suche ist eine nie endende, erfolglose und höchst leidvolle Erfahrung, wie viele Sucher erfahren haben.

Der Weg des Yoga – das galt für Suchende vor Tausenden von Jahren, das gilt ebenso für Suchende heute – führt nicht durch irgendein „Parallel-Universum", sondern mitten durch unsere Welt. Solange wir irgendetwas oder irgendjemanden in der Welt zurückweisen, weisen wir einen Teil unseres eigenen Selbst zurück und hemmen dadurch unseren Entwicklungsprozess.

Wenn wir uns hingegen auf die Kraft, die in uns durch die verschiedenen Yoga-Praktiken frei wird, ausrichten, lernen wir, dass das Innere und das Äußere zwei Aspekte ein und derselben höchsten Realität sind. Indem wir versuchen, in unseren Aktivitäten am Arbeitsplatz oder im Zusammenleben mit unseren Lebenspartnern und Kindern die Verbindung zu unserem inneren Wesen aufrechtzuerhalten, praktizieren wir die höchste Form des Yoga. Yoga ist keine Form von Gymnastik, sondern ein philosophisch-psychologisches System, dessen Lehren und Übungen uns helfen sollen, jeden Augenblick unseres Lebens bewusst zu erleben und entsprechend bewusst zu handeln. Jeder Augenblick unseres Lebens, so sagen die großen Lehrmeister, ist bereits die Ewigkeit, die wir suchen. Alles ist bereits da, ist vollkommen. Nur wahrnehmen müssen wir es als solches. Vermutlich war es diese Wahrheit oder Erkenntnis, die der große jüdische Religionsphilosoph Martin Buber im Sinn hatte, als er schrieb: „Wenn Du das Leben heiligst, begegnest Du dem lebendigen Gott."

Yoga ist also ohne unser alltägliches Leben nicht denkbar und trägt ohne die aktive Auseinandersetzung mit dem, was uns im Leben begegnet, wenig Früchte. Eine Spiritualität, die zum Preis der Aufgabe des weltlichen Lebens erkauft werden muss, kann nicht viel wert sein. Wenn wir ernsthaft Yoga praktizieren, d.h. wenn wir eine spirituelle Sichtweise unseres Lebens zulassen – denn es geht nicht darum, irgendetwas aufzugeben, sondern etwas hinzuzunehmen, nämlich eine erweiterte bzw. tiefere Sichtweise – lernen wir Schritt für Schritt durch die Auseinandersetzung mit der Welt, dass sie eins ist mit unserem Inneren.

Aber wie sieht dieser Lern-Prozess ganz praktisch aus? Wie leben wir in dieser Welt und beschreiten dennoch unseren geistigen Weg? Wie gehen wir mit all dem, was uns tagtäglich begegnet, in angemessen Weise um, um das Höchste zu erlangen? Hierzu gibt uns z.B. der deutsche Mystiker Meister Eckhart Folgendes auf den Weg: „Es wird nicht gelernt durch das Fliehen vor der Welt, durch das Davonlaufen vor Dingen, indem man sich zurückzieht und sich von der Welt absondert, sondern man muss eine innere Ein-sam-keit erfahren, wo immer man oder mit wem auch immer man sein mag."

Übertragen auf unseren Yoga-Weg bedeutet dies: Durch regelmäßige Yoga-Praktiken, wie z.B. Meditation[3], erweitern wir bewusst unseren Erfahrungshorizont, überqueren die Grenzen, die durch unsere Sinne und unseren Verstand geschaffen werden (und die wir häufig allzu gerne akzeptieren) und gelangen zu immer tieferen Schichten unseres Wesens. Dort, in den Tiefen unseres Seins, erfahren wir unsere wahre Identität – unser inneres Selbst. Hier ist der vollkommene Zustand, den wir alle miteinander teilen. Im Laufe des Yoga-Prozesses lernen wir, unser Leben aus diesem „inneren Standpunkt" heraus zu führen, aus dem inneren Selbst und damit auch aus der Kraft des höchsten Bewusstseins, der die vollendeten Yogis vor Urzeiten den Namen *Shakti* gaben. Die äußere Welt, auf die wir zuvor ausgerichtet waren, erfuhren wir oftmals als eine fremde, eine von uns verschiedene Welt. Das führte so weit, dass wir von uns selbst entfremdet waren. Je mehr wir uns nun mit Unterstützung der *Shakti* unserer wahren, unbegrenzten Natur wieder nähern, desto mehr erkennen wir, dass die Welt dort draußen von uns nicht verschieden ist. Was wir in uns erkennen, werden wir im Laufe der Zeit auch dort draußen wahrnehmen. In der Einführung zu dem Werk „Die Weisheit der Upanishaden" heißt es: „Am Anfang gab es nur Gott. Wie kann es dann etwas geben, was nicht Gott ist? Man kann, um einen uralten Vergleich zu benutzen, aus einem Goldklumpen keine Holzfigur schnitzen. Alles, was man aus einem Goldklumpen machen kann, bleibt Gold. Ebenso bleibt alles, was aus Gott gemacht werden kann und gemacht wurde oder entstanden ist, Gott. Was geschieht mit unserer Welt, wenn wir das so annehmen? Was passiert mit unserem Hass, unseren Sorgen? Kann ich Gott lieben, aber meinen Nachbarn hassen? Oder mich selbst? Wer ist mein Nachbar? Wer bin ich?"[4]

---

3   Die Praxis der Meditation wird in einem der nachfolgenden Kapitel ausführlich behandelt.

4   Hans-Georg Türstig, Die Weisheit der Upanishaden – Klassiker indischer Spiritualität. Frankfurt/M. 1996, S. 9.

In den Traditionen der yogisch-tantrischen Philosophie gibt es Werke von geradezu atemberaubender Weisheit und geistig-spiritueller Tiefe – Werke, die in ihrer Schönheit und Kraft ihresgleichen suchen – gerade *weil* sie uns immer wieder den Zusammenhang zwischen dem Göttlichen und der Welt zeigen und beweisen. Diese Yoga-Werke sind nicht nur für irgendwelche Asketen und in der Einsamkeit lebenden Yogis geschrieben worden. Sie wurden geschrieben bzw. entdeckt für Menschen, die in der Welt leben und darin sowohl ihren weltlichen Freuden als auch ihren spirituellen Zielen nachgehen. Eines der grundlegenden Werke des tantrischen Yoga sind die *Shiva Sutras*, die direkt offenbarten „Lehrsätze Shivas". In diesem Werk lautet eines der *Sutras*:

Lokananda Samadhi Sukham

„Die Glückseligkeit in der Welt ist identisch mit der Wonne im Samadhi.[5]"

Dieser Lehrsatz ist außerordentlich bedeutungsvoll; denn hier wird klar gesagt, dass sobald wir unser inneres Selbst erkennen und erfahren – und damit unsere wahre Natur: Liebe, Glückseligkeit, Vollkommenheit – wir auch erfahren, dass diese Liebe, Glückseligkeit und Vollkommenheit in allen Menschen, Tieren und Objekten dieser Welt enthalten ist. Alles, was es auf dieser Welt gibt, besteht daraus. Die Liebe zu einem Menschen ist ein Ausdruck der höchsten, der göttlichen Liebe.

Ich erinnere mich sehr gut, dass dieser Lehrsatz *Lokananda Samadhi Sukham* das große Thema war, als ich im Sommer 1980 meinen spirituellen Meister das erste Mal in seinem Ashram besuchte. Er wiederholte und erklärte diesen Satz unablässig bei seinen Vorträgen und während des Unterrichts für seine Schülerinnen und Schü-

---

5   Samadhi ist der vom Yogi angestrebte höchste Bewusstseinszustand, der Zustand der Verschmelzung mit dem höchsten göttlichen Bewusstsein.

ler. Aber ich verstand einfach nicht, warum ihm dieser Lehrsatz so wichtig war. Im Verlauf meines weiteren spirituellen Weges jedoch begriff ich, was es mit diesem *Sutra* auf sich hat. Mir wurde klar, dass dieser Lehrsatz von unschätzbarem Wert für das Leben ist, da er den Weg zu beständigem Glück weist. Seine Aussage ist absolut grundlegend:

Es gibt keine Trennung zwischen dem Göttlichen und dieser Welt – es gibt auch keine Trennung zwischen den Menschen, dem Göttlichen und der Welt. Eine solche Vorstellung ist pure Illusion. Um dies zu begreifen und unmittelbar zu erfahren, muss unser Yoga-Weg, die Entwicklung, die wir im Verlauf unseres Lebens machen, durch diese Welt führen. Nur in Verbindung mit den Erfahrungen in dieser Welt können wir erreichen, dass sich unsere falschen Vorstellungen von der Welt auflösen.

Und bei jedem Schritt, den wir in diese Richtung tun, werfen wir bereits Ballast ab. Yoga ist also nicht für das Glück und die Freude *irgendwann* – sondern *jetzt*! Noch schneller geht das, wenn wir begreifen und die Erfahrung zulassen, dass es so ist, wie uns das oben zitierte *Sutra* sagt: Das Glück und die Freude können wir in dieser Welt ebenso erfahren wie in der höchsten yogischen Vereinigung – der Verschmelzung mit dem ewigen, allumfassenden Bewusstsein. Die einzige Voraussetzung ist, dass wir in die unmittelbare Erfahrung mit unserem inneren Selbst kommen.

Im Prinzip ist es so einfach! Alle Meister und Werke des Yoga sagen uns seit Urzeiten: „Erkenne es hier und jetzt – denn es geschieht hier und jetzt! Wo willst Du hin? Bleibe und lebe in dieser Welt – und erkenne die Wahrheit." Was ist denn wirklich notwendig? Welche spirituellen Übungen sind notwendig? Wo wollen wir hin, um unser Selbst zu erfahren? Das ist keine Frage von Zeit oder Umständen – es ist so einfach, dass es sich uns in einem Bruchteil einer Sekunde offenbaren kann. Denn in einem solchen Moment der Erleuchtung ereignet sich keinerlei Veränderung (auch Erleuchtung ist nach Aussage der Meister des Yoga eine Illusion). Die höchste Erfahrung ist ja schon immer da gewesen. Wir müssen sie nur wahrnehmen. Die höchste Erfahrung ereignet sich in diesem Augenblick in uns. Deshalb ist alles andere – der mühevolle spirituelle Weg, mit der Vorstellung „Ich muss jemand anders werden, ich muss woanders hin in dieser Welt, ich muss anders leben in dieser Welt, ich muss mich loslösen von den Dingen dieser Welt … um zur höchsten Erfahrung zu gelangen" – all das ist genau betrachtet ein Umweg. Es ist, wie Franz Kafka sagte:

> *„Es gibt ein Ziel, aber keinen Weg.*
> *Was wir Weg nennen, ist zögern."*

Allerdings ist der Weg aus Sicht des Yoga und Tantra manchmal eben doch notwendig. Daher sagen uns die Yoga-Philosophen, er ist Teil des wunderbaren kosmischen Tanzes, des göttlichen Spiels. Nur dürfen wir auf unserem Weg – das ist das große Paradox – niemals vergessen, dass das, was wir suchen, bereits bei uns ist. Der große indische Mystiker und Meister Kabir (15. Jh.) schrieb:

> *„Ich lache, wenn ich höre, dass den Fisch dürstet im Wasser.*
> *Du siehst nicht, dass zu Hause die Wirklichkeit ist.*
> *Und Du wanderst und wanderst von Wald zu Wald, lustlos.*
> *Hier ist die Wahrheit!*
> *Gehe hin, wo immer Du willst, nach Benares oder Mathura –*
> *wenn Du Dein eigenes Selbst nicht findest,*
> *bleibt Dir die Welt unwirklich."*

Wen meinte Kabir hier wohl mit dem Fisch? Er meinte – voller Mitgefühl und Verständnis – natürlich uns Menschen, und er will uns sagen: „Was ihr sucht, war immer bei euch. Ihr seid nie weg gewesen von zu Hause." Und genauso ist es. Wir wähnen uns in der Fremde.

Wir erachten diese Welt als verschieden von uns. Wir suchen und suchen und wollen diese Welt hinter uns lassen. Wir träumen womöglich von anderen Welten, vom Himmel oder vom Paradies. In Indien sah ich vor vielen Jahren einmal ein altes Gemälde, welches das wohl bekannteste Gedicht der Sufi-Mystikerin Rabi'a, eine der beeindruckendsten Frauengestalten des arabischen Mittelalters, illustriert. Auf diesem Gemälde hält sie in der einen Hand eine lodernde Fackel und in der anderen ein großes Gefäß mit Wasser. Und das besagte Gedicht von Rabi'a hierzu lautet wie folgt:

„Ich will Wasser in die Hölle gießen und das Paradies verbrennen, damit diese Illusionen verschwinden und niemand mehr Gott aus Furcht vor der Hölle oder Hoffnung aufs Paradies anbetet – sondern nur noch um seiner ewigen Liebe willen."

Wie nahe uns das ist, was wir in weiter Ferne glauben, zeigt uns auf anschauliche Weise eine Geschichte, die der bekannte Benediktinermönch und Zen-Meister Willigis Jäger in seinem Buch „Die Welle ist das Meer" erzählt:

„Eine alte Frau bügelte Wäsche. Da trat der Todesengel zu ihr und sagte: ‚Es ist Zeit! Komm!' Die Frau antwortete: ‚Gut, aber erst muss ich die Wäsche fertig bügeln. Wer tut es denn sonst? Und ich muss kochen, meine Tochter arbeitet im Geschäft, sie braucht etwas zu essen, wenn sie heimkommt. Siehst du das ein?' Der Engel ging. Eine Zeit später kam er wieder. Er traf die Frau, als sie gerade das Haus verließ. ‚Komm jetzt!', sagte er, ‚Es ist Zeit.' Die Frau antwortete: ‚Aber ich muss erst ins Altersheim. Da warten ein Dutzend Leute auf mich, die von ihrer Familie vergessen sind. Soll ich sie etwa im Stich lassen?' Der Engel ging. Einige Zeit später kam er zurück und sagte: ‚Es ist Zeit! Komm!' Die Frau antwortete: ‚Ja, ja, ich weiß, aber wer bringt meinen Enkel in den Kindergarten, wenn ich nicht mehr bin?' Der Engel seufzte: ‚Gut; ich werde warten, bis dein Enkel alleine gehen kann'. Einige Jahre später saß die Frau am Abend müde vor ihrem Haus und dachte: ,Eigentlich könnte jetzt der Todes-Engel kommen. Nach all der Plackerei muss die Seligkeit doch wunderbar sein.' Der Engel kam. Die Frau fragte: ,Bringst du mich jetzt in die ewige Seligkeit?' Der Engel fragte zurück: ,Und wo, glaubst du, warst du die ganze Zeit?'"[6]

Die Essenz dieser Welt, so sagen uns bereits die *Upanishaden*, ist dieses Göttliche, das sich nicht nur in der Welt und als diese Welt offenbart. Es ist auch das, was sich als ewiges Licht bzw. inneres Selbst in unserem Herzen befindet. Eine der wichtigsten und bekanntesten Textstellen in den *Upanishaden* (*Chandogya Upanishad 6.11-13*) handelt von genau diesem Thema. Es ist die Geschichte von einem wissbegierigen jungen Mann auf der Suche nach der höchsten Wahrheit – man könnte auch sagen, auf der Suche nach dem, wie Goethe es formulierte, „…was die Welt im Innersten zusammenhält". Dieser junge Mann mit Namen *Shvetaketu*, ein hoch begabter Schüler, der sich auf der Schwelle zur höchsten Erkenntnis befindet, fragt seinen Meister *Udalaka*, einem der zu dieser Zeit berühmtesten Weisen, nach dem Wesen dieser höchsten Essenz, aus der alles in der Welt besteht. Der Meister erklärt seinem Schüler die Natur des Höchsten – das alles (auch uns Menschen) durchdringt – an mehreren anschaulichen Beispielen aus dem Leben und schenkt ihm mit diesem Wissen Zugang zur höchsten Befreiung:

Meister Udalaka:

„Schneidet man einen Baum an seiner Wurzel an, dann tritt zwar Saft aus, aber er lebt weiter. Schneidet man ihn in der Mitte an, tritt ebenfalls Saft aus, aber er lebt auch dann weiter. Auch wenn man ihn ganz oben anschneidet, tritt Saft aus, aber trotzdem lebt er weiter. So steht er in seiner ganzen Pracht da, vom Lebenssaft, dem

---

6 W. Jäger, Die Welle ist das Meer. Freiburg 2000, S. 177-178.

Selbst, erfüllt, und er trinkt voller Freude. Verlässt aber der Lebenssaft einen Ast, dann verdorrt er. Verlässt er einen zweiten und dritten Ast, so verdorren auch diese. Verlässt er aber den ganzen Baum, dann verdorrt der ganze Baum. Erkenne, dass es in ähnlicher Weise auch beim Menschen ist. Wenn ihn die Lebensenergie verlässt, dann stirbt er. Diese Lebensenergie aber stirbt nicht. Was diese subtile, höchste Essenz jedoch angeht, daraus besteht die ganze Welt. Das ist die wahre Wirklichkeit. Das ist das Selbst. Das bist Du, Shvetaketu."

Shvetaketu:
„Sprecht weiter, oh ehrwürdiger Meister, unterweist mich in diese höchste Erkenntnis."

Meister Udalaka:
„Bring mir eine Frucht jenes Baumes dort."

Shvetaketu:
„Hier ist sie, ehrwürdiger Meister."

Meister Udalaka:
„Schneide sie auf und sage mir, was du darin siehst."

Shvetaketu:
„Äh, gar nichts…, Meister."

Meister Udalaka:
„Dieses 'Nichts', das du mit deinen Augen nicht sehen kannst, das ist die höchste Essenz, daraus besteht dieser große Baum. Aus dieser subtilen, höchsten Essenz besteht die ganze Welt. Das ist das Selbst – das bist Du, Shvetaketu."

Shvetaketu:

„Sprecht weiter, oh ehrwürdiger Meister, unterweist mich in diese höchste Erkenntnis."

Meister Udalaka:

„Wirf dieses Stück Salz hier in dieses Gefäß mit Wasser und komme morgen wieder."

Am nächsten Morgen sagt er zu seinem Schüler.
„Bring mir das Salz, das du gestern ins Wasser geworfen hast!"

Udalaka – der danach sucht, es jedoch nicht finden kann:
„Es ist verschwunden…"

Der Meister lässt seinen Schüler das Wasser von verschiedenen Seiten des Gefäßes probieren, fragt ihn jedes Mal, wie es schmeckt und erhält jedes Mal die Antwort: „Salzig".

Meister Udalaka:

„Stelle das Gefäß nun beiseite und setze dich neben mich. – Das Salz ist immer noch vorhanden, doch du kannst es nicht sehen. Ebenso kannst du auch diese äußerst subtile, höchste Essenz in deinem Körper nicht sehen, aber sie ist dennoch darin enthalten. Aus dieser höchsten Essenz besteht die ganze Welt. Das ist das Selbst – und das bist Du, Shvetaketu."

Jedes Mal, wenn Meister Udalaka zu seinem Schüler sagt: „Das bist Du", heißt es im Sanskrit-Text: *tat tvam asi*. Dieses *tat tvam asi* ist eine der vier berühmten Haupt-Aussagen der *Upanishaden*. Es ist eine Aussage von unermesslichem Wert für uns; denn hier erfahren wir, wer wir wirklich sind und was wir mit dieser Welt überhaupt zu tun haben. Die Aussage des Meisters ist immer wieder dieselbe: Wir sind das göttliche Selbst, das höchste Bewusstsein, das alles durchdringt, aus dem alles besteht – und aus diesem Selbst, aus diesem Bewusstsein besteht auch die Welt dort draußen, die Welt, der wir jeden Tag begegnen. Dieses höchste Wissen in unmittelbare Erfahrung und alltägliches Handeln umzusetzen, ist unsere Aufgabe.

Wichtig ist also für uns, den Wert dieser wunderbaren Welt nicht zu unterschätzen. In den Traditionen des Yoga – anders als in einigen anderen esoterischen Traditionen – hatte man vor dieser Welt und dem Leben in ihr daher immer eine hohe Achtung. Die Welt ist aus ihrer Sicht keine Illusion, nichts, was man überwinden muss. Die höchste Wirkmacht der Schöpfung wird zwar zuweilen auch *Maya* („göttliche Zaubermacht, Macht der Illusion") genannt, doch ist sie – insbesondere bei den tantrischen Meistern – die „Mutter der kosmischen Ordnung" und genießt höchste Verehrung. Dies entspricht alter Tradition, wie wir am Beispiel des *Svacchanda Tantra (10. 727)*, wo sie unter der Bezeichnung *Yoga-Maya* geachtet wird, sehen können: „Diese Göttin aller Göttinnen existiert in [allen] Namen und Formen. [Sie ist] die als *Yoga-Maya* verborgene, das Wohlergehen der Menschen fördernde Jungfrau."

Die Meister des Yoga wussten und wissen, dass die Welt wichtig ist für unsere spirituelle Entwicklung. Sie lehnten die Welt nicht ab, sondern respektierten durchaus ihren Wert. Dass dies so ist, erkennen wir zum Beispiel unter anderem an ganz bestimmten in Indien bekannten Worten bzw. Wortpaaren, die im Zusammenhang mit Yoga verwendet werden, wie *„Riddhi-Siddhi"* oder *„Yoga-Bhoga"*. Die Menschen in Indien lieben diese Wortpaare, die sich aufeinander reimen bzw. gleich klingen. Auch wir hören oder erahnen zumindest: „Diese beiden Worte haben etwas miteinander zu tun." In der Tat, sie klingen nicht nur gleich, sie gehören auch inhaltlich zusammen. *Riddhi* ist „Wohlstand, weltlicher Erfolg" – *Siddhi* ist „Vollkommenheit, spiritueller Erfolg". *Yoga* ist „spirituelle Kraft und spirituelle Vollkommenheit" – *Bhoga* ist „weltlicher Genuss, weltliche Freuden". Der Mensch sollte nach traditioneller indischer Auffassung beides im Leben errei-chen. Alles, was einseitig und übertrieben ist, ist nicht im Sinne des Yoga. Balance ist auf dem spirituellen Weg eine wesentliche Grund-lage. Der Mensch ist geboren, um die Fülle des Lebens zu erlangen, das *ganze* Spektrum zwischen weltlichem Erfolg und Genuss auf der einen Seite und spirituellem Erfolg und geistigem Wohlstand auf der anderen. *Riddhi* und *Siddhi*, *Yoga* und *Bhoga* – sie schließen sich nicht aus, sondern gehören zusammen. Beide Aspekte sind Ausdruck ein und desselben höchsten Prinzips. Die Vereinigung herzustellen bzw. die Einheit von diesen (scheinbaren) Gegensätzen sich immer wieder bewusst zu machen, um sie unmittelbar zu erkennen und zu erfahren, ist Sinn und Zweck des Yoga. Die Verknüpfung von diesen beiden Gegensätzen steckt ja bereits in dem Wort „Yoga" – Vereinigung.

An dieser Stelle möchte ich ein wenig bei der Bedeutung des Wor-tes „Yoga" verweilen, denn oft setzen wir uns über die ursprünglichen, wörtlichen Bedeutungen solch grundlegender Worte hinweg. Dadurch entgeht uns jedoch häufig der tiefere Sinn der Worte – und so häufig auch das Wesen der Sache, die sie bezeichnen. Was also sagt uns das Wort „Yoga" über diese uralte und großartige Lehre und ihre prak-tischen Methoden? Das Wort „Yoga" ist abgeleitet von der Sanskrit-Wurzel *yuj* (wörtl. „anschirren, anfügen, verbinden") und bedeutet „Verknüpfung, Verbindung, Vereinigung". Sucht man den Ursprung des Wortes „Yoga", so muss man sehr weit in die Vergangenheit zu-rückgehen. Fündig wird man in einer Epoche, die ca. 1500-2000 vor Christus liegt. Etwa zu dieser Zeit entwickelte sich im Industal (heute Pakistan) und im Ganges-Becken die viel beschworene *Vedische Kul-tur*. In dieser Kultur waren Ackerbau und Viehzucht eine der wich-tigen ökonomischen Grundlagen für die damalige Gesellschaft. Be-deutungsvoll war bereits hier der Begriff „Yoga", meinte er doch das Anbinden und Anschirren von Zugtieren an den Wagen des Bauern. Unser deutsches Wort „Joch", man hört es ihm an, ist sprachlich sehr eng verwandt mit dem alten Sanskrit-Wort „Yoga". Bleiben wir beim

Ackerbau und der Viehzucht. Wenn man Zugtiere, wie z.B. Ochsen oder Pferde, an einen Wagen schirrt, geschehen drei wichtige Dinge:

1. *Die Tiere werden miteinander verbunden. Dadurch wird ihre Energie gebündelt, ihre Kraft wird vereinigt.*

2. *Die Kraft der Tiere wird an den Wagen gebunden. Die Energie kann also nutzbar gemacht werden und verpufft nicht irgendwohin. Der Wagen und die Tiere bilden nun eine Einheit.*

3. *Durch Joch bzw. Geschirr hat der Wagenlenker, also der Bauer oder Fuhrmann, die Kontrolle über die Kräfte der Tiere. Durch das Geschirr, in dem sich die Tiere befinden, kann er seinen Wagen in diejenige Richtung lenken, in die er fahren will.*

Wie wir sehen, war „Yoga" ein Begriff aus dem Alltag – und bezieht sich auch heute noch auf einen im Prinzip ganz und gar alltäglichen Vorgang. Yoga ist das Herstellen von Einheit. Yoga erlaubt uns, die vorhandenen Kräfte optimal zu nutzen. Wo erleben wir heute einen solchen Vorgang? Eigentlich ständig und überall in unserem Alltag! Was könnten wir überhaupt bewerkstelligen in unserem täglichen Leben, wenn wir unsere inneren Kräfte – wenn auch nur für wenige Momente – nicht bündeln und ausrichten könnten? Jeder Vorgang im Leben, ob wir nun die Straße überqueren, unseren Kindern zuhören, einen Brief schreiben, Auto fahren, Essen zubereiten, gemeinsam den nächsten Urlaub planen, versuchen, uns an etwas zu erinnern, über uns selbst und unser Verhalten intensiv nachdenken oder was es auch immer sei – immer ist dieser kleine Impuls der Bemühung notwendig, auf welche hin die Konzentration und Ausrichtung unserer *inneren Kräfte* erfolgt, ähnlich wie bei einem Brennglas, durch das Licht fällt, das auf der anderen Seite als gebündelter Lichtstrahl wieder herauskommt. Jetzt, in diesem Augenblick, da ich diese Seiten schreibe, tue ich genau das: Ich konzentriere mich. Selbst alltägliche Redewendungen, mit denen wir bestimmte Konzentrations-Vorgänge in uns beschreiben, zeigen, dass wir in gewisser Weise eigentlich alle bereits Yoga im Alltag praktizieren. Wir sagen zum Beispiel: „Ich musste *in mich* gehen" oder „Er *hielt* für einen Moment *inne*" oder „Sie war völlig *in sich* gekehrt". Wir praktizieren also bereits eine Form des Yoga – ohne es zu wissen, und ohne dass wir es als etwas Besonderes auffassen. Das Prinzip des Yoga ist bereits in unserem Leben. Es ist etwas ganz Alltägliches. Allerdings können wir diese Vorgänge in uns intensivieren und noch besser nutzen – doch davon später mehr.

Yoga ist also die Vereinigung oder Verbindung von Kräften, und zwar von solchen Kräften, die sich von ihrer Natur her eher unkontrolliert und wild umher bewegen – denken wir an die oben erwähnten Ochsen oder Pferde. Ganz besonders effektiv ist Yoga, was die Verbindung völlig gegensätzlicher Kräfte betrifft. Mircea Eliade, der bedeutende Religionsforscher des 20. Jahrhunderts, definiert Yoga und Tantra geradezu als die „Verbindung von Gegensätzen".[7] Auf ihrem Yoga-Weg bemerken viele recht bald, dass Yoga in der Tat die gegensätzlichen Kräfte des Lebens verbindet. Als Erstes jedoch – wenn wir uns in diesem Zusammenhang einmal unsere Wahrnehmung betrachten – ermöglicht uns Yoga, bei aller Dualität und Gegensätzlichkeit im Leben, die Sichtweise der Einheit. Das bedeutet nicht, dass wir Yoga-Praktizierenden die Gegensätze leugnen. Die Gegensätze, wie wir sie täglich erleben, wie z.B. heilig und profan, schmerzhaft und freudvoll, lebendig und tot, vollkommen und unvollkommen, Ich und Du, sind jedoch, wie wir bereits feststellten, aus höherer Sicht nicht wesentlich. Sie sind da, aber nur an der Oberfläche der Ereignisse dieser Welt. Der „Stoff", aus dem unser alltägliches Leben und Erleben gemacht ist, ist die Einheit des Selbst oder höchsten Bewusstseins, das nach Aussage der großen Meister und

---

7   M. Eliade, Yoga – Unsterblichkeit und Freiheit. Zürich 1960, S. 276 ff.

Philosophen des Yoga nichts als unendliche und alldurchdringende Liebe und Wonne ist. Weil die Meister und Lehrer des Yoga diese Einheit jedoch *unmittelbar erfahren*, sehen sie zwar den Alltag in ähnlicher Weise wie wir, nur erkennen bzw. erleben sie gleichzeitig etwas anderes: Das höchste Selbst, das Licht des allumfassenden göttlichen Bewusstseins, das vergnüglich das Spiel des alltäglichen menschlichen Lebens spielt.

Yoga ist daher auch insofern die „Vereinigung der Gegensätze", als für uns Praktizierende auf diesem Weg das Innere und das Äußere miteinander *verschmelzen* – also Spiritualität und weltliche Aktivität oder *Contemplatio* und *Actio*, wie es die christlichen Mystiker nannten. Nur wenn wir durch unsere Übungen diese beiden scheinbaren Gegensätze als zwei Seiten ein und derselben Medaille erkennen, bringt uns das voran. Doch sollten wir es nicht beim Erkennen belassen, sondern auch entsprechend handeln. Das entspräche dem Rudern eines Bootes mit beiden Rudern: Wenn wir nur ein Ruder benutzen, drehen wir uns buchstäblich *im Kreis*. Durch den Weg des Yoga lernen wir, dass das Innere und das Äußere zwei Aspekte ein und derselben höchsten Realität sind. Indem wir versuchen, etwa in unseren Aktivitäten am Arbeitsplatz oder im Zusammenleben mit unseren Lebenspartnern und Kindern, die Verbindung zu unserem inneren Wesen aufrechtzuerhalten, praktizieren wir höchsten Yoga. Die Auseinandersetzungen, die der Alltag mit sich bringt, sind indes nicht nur das beste spirituelle Training, sie zeigen uns auch, wo wir in unserer Entwicklung stehen. Unsere innere Entwicklung benötigt die äußere Welt nicht nur als Übungsfeld, sondern auch als Korrektiv. Ein altes chinesisches Sprichwort sagt:

„Liebe deine Freunde. Doch mehr noch als sie liebe Deine Feinde – denn nur sie zeigen Dir deutlich, was du noch zu lernen hast."

In den alten Yoga-Schriften heißt es: „Solange Du irgendetwas oder irgendjemanden in der Welt zurückweist, weist Du einen Teil Deines eigenen Selbst zurück." Mit dieser elementaren Aussage sind wir bei einer aus traditioneller Yoga-Sicht sehr wichtigen Lehre, die bei unserer Betrachtung über den Yoga-Praktizierenden im Alltag unbedingt erwähnt werden sollte. Diese Lehre klang hier – in etwas anderer Form – bereits verschiedentlich an. Was ich meine, ist die Lehre von der Einheit oder Korrelation des menschlichen Individuums (Mikrokosmos) und der Welt dort draußen, dem unendlichen Kosmos (Makrokosmos). Eben hierauf bezieht sich der bekannte Ausspruch: „Der Mensch ist ein kleiner Kosmos und der Kosmos ein großer Mensch." Und in der bereits zitierten *Chandogya Upanishad (8. 1. 3)* heißt es:

„So weit, in der Tat, dieser äußere Raum sich erstreckt,
so weit erstreckt sich auch dieser Raum des inneren Herzens.
Darinnen sind beide enthalten, – Himmel und Erde, beide – Feuer
und Wasser, beide – Sonne und Mond, der Blitz und die Sterne.
Was immer von ihm (Absolutes) hier in der Welt existiert und nicht
existiert, all dies ist darin (im Herzen) enthalten."

Mensch und Kosmos – Individuum und Welt – existieren also nicht als zwei voneinander unabhängige Größen – sie bedingen einander. Sie beziehen sich aufeinander, mehr noch, sie sind zwei Aspekte ein und derselben Realität. Deshalb lässt ein wahrer geistig-spiritueller Weg wie Yoga nicht zu, dass wir Verantwortung abgeben oder irgendwohin projizieren – wie das so oft in diversen obskuren Esoterik-Kreisen der Fall ist. Im Yoga gibt es keine Fetische, keine Pendel, keinen Kaffeesatz, aus dem man lesen könnte, keine Kraftströme unter dem Bett, keine magischen Karten, keine Sterne[8] oder irgendet-

---

8 Natürlich akzeptieren und befürworten die Yogis die Wissenschaft der Astrologie, die im Indischen Jyotisha genannt wird und sich von der westlichen Astrologie unterscheidet. Doch verstehen die Yogis die Sterne bzw. die individuelle Sternenkonstellation nicht als eine Macht „dort draußen", eine ominöse Kraft, die verschieden und getrennt von uns unser Schicksal bestimmt, sondern als eine äußere Entsprechung zu den karmischen Kräften und Potenzialen unseres inneren Wesens.

was außerhalb von uns, das für unser Schicksal und unsere Zukunft verantwortlich wäre. Yoga lehrt uns, dass alles, was immer uns im Äußeren begegnet, unmittelbar mit unserem inneren Wesen zu tun hat. Unser Glück und unsere Freude, so lehren die großen Lehrer und Meister der Yoga-Traditionen, ist nichts, was uns zufällig zuteil wird, sondern etwas, dessen Baumeister wir selbst sind. Eine bedeutende Yoga-Meisterin unserer Zeit sagte einmal: „Du bist der Bäcker des Brotes, das du gerade isst."

Dieser Kosmos ist Ausdruck derselben göttlichen Liebe und Kraft, die sich auch in unserem Inneren befindet – mehr noch: Die göttliche Energie, die sich sowohl als das Individuum (Mikrokosmos) als auch als die äußere Welt (Makrokosmos) offenbart, ist auf die Harmonie dieser beiden Aspekte bedacht. Die Yogis lehren uns: Der Fluss des Glücks und der Freude fließt unablässig. Wenn wir aufhören, uns gegen diesen Fluss zu stemmen und stattdessen wieder mit ihm fließen, werden wir in Glück und Freude geradezu schwimmen.

Kapitel 2

Yoga und Psychologie –
Im Fluss der kosmischen Energie (Shakti)

Was kennzeichnet solche Momente des Glücks und Erfolgs im aktiven Leben? Es ist die Mühelosigkeit und Leichtigkeit, mit der alles ohne großes Tun unsererseits zu geschehen, sich zu „ent-falten", man könnte sogar sagen „zu fließen" scheint. Und genau das ist es! Glück und Erfolg ereignen sich in solchen unbeschreibbaren Momenten des Fließens der allgegenwärtigen Kraft des Universums bzw. des Lebens – ein Fließen, das uns allen auf die eine oder andere Art schon begegnet ist.

Wir alle kennen solche Zustände. Sie zeichnen sich insbesondere durch eines aus: Mühelosigkeit. Künstler, aber auch Sportler berichten von solchen „Flow"-Zuständen. Zustände, in denen man höchst kreativ und leistungsfähig ist, aber nichts wirklich zu tun scheint, sondern nur der Beobachter ist. Solche Zustände sind wahre Meditation.

Panta rhei sagte bei den alten Griechen der große Philosoph Heraklit – „Alles fließt". In der Tat ist auch nach Auffassung der großen Meister und Philosophen des Yoga das Wesen der alles durchdringenden und alles bewirkenden Kraft des Universums, im alten Sanskrit *Shakti* genannt, die Bewegung, das Fließen. Yoga ist daher im Prinzip nichts anderes als ein System von Lehren und Methoden, die uns in die Lage versetzen, uns auf dieses universale Fließen auszurichten. Dieses Fließen durchdringt nicht nur den Kosmos dort draußen, sondern auch die verschiedenen Ebenen unseres Lebens. Es ist am besten, wenn wir mit ihm „mitfließen". Tun wir dies nicht, was leider häufig der Fall ist, behindern wir den natürlichen Fluss, der uns nährt und erhält. Wir verhalten uns dann so wie ein Stein oder irgendein anderes Hindernis im harmonischen Fließen eines Gewässers. In einem solchen Fall stehen wir nicht nur dem Fluss des Lebens im Wege, sondern auch uns selbst. Was die großen Meister und Meisterinnen des Yoga von jeher vermögen – und was sie von uns einzig unterscheidet – ist im Wesentlichen Folgendes: Sie fließen mit dem natürlichen Fluss der kosmischen Macht, die alles bewirkt, weshalb sie mühelos mit Glück, Erfolg, Liebe und höchster Zufriedenheit verbunden sind.

Im Kleinen, wie gesagt, kennen wir alle solche Momente des „Flows", wie dieses Phänomen in der modernen Psychologie genannt wird. Da diese bei allen Unterschieden zur Psychologie des Yoga auch Gemeinsamkeiten zu dieser hat – insbesondere solche, die im Zusammenhang mit dem Thema „das Fließen der kosmischen Energie" interessant und wichtig sind – möchte ich an dieser Stelle ein wenig bei der modernen Psychologie verweilen. In der Tat gibt es eine ganz beachtliche Anzahl von Psychologen, die sich mittlerweile mit diesem Phänomen des Fließens bzw. „Flow" beschäftigen, eines Phänomens, das im Yoga schon seit Jahrhunderten – natürlich unter anderem Namen – bekannt ist. Diese Psychologen werden scherzhaft auch „Happyologen" genannt. Warum sie so genannt werden, liegt auf der Hand: Wer mit dem Flow umgehen kann, ist einfach immer „happy". Da dieses Prinzip des Fließens ein allgegenwärtiges, ja geradezu kosmisches ist, können wir es auch überall in unserem Leben finden und, wenn wir clever sind, auch nutzen. Die Happyologen – wie übrigens auch die alten Meister des Yoga – sagen uns: „Immer und überall im Leben können wir mit Hilfe des Flow Glück und Freude erfahren." Aber schauen wir uns die Arbeit bzw. Vorgehensweise der Happyologen, dieser „modernen Yogis", wie ich sie nennen möchte, einmal genauer an. Dafür müssen wir uns ein wenig in die Welt der modernen Psychologie vertiefen – die so viel anders als die Welt des Yoga und seiner Psychologie gar nicht ist.

Happyologen sprechen statt von Glück lieber von „subjektivem Wohlbefinden", und um das zu „messen", gehen sie folgendermaßen vor. Bei der von ihnen gewählten Untersuchungsmethode werden Probanden in unregelmäßigen Abständen angepiepst und müssen dann ihre momentane Tätigkeit und ihren Seelenzustand notieren. Den Psychologen gelingt es dadurch, die Konzepte im Kopf der Befragten auszumanövrieren. Deren fest gefügte Vorstellung, Glück habe vor allem etwas mit dem Erwerb von bestimmten Gegenständen (Autos, Häuser etc.), aber auch von anderen Dingen, wie Geldverdienen, Heiraten, Kinderkriegen oder Urlaub machen, zu tun, wird umgangen und stattdessen werden spontane, in gewissem Sinne unzensierte Auskünfte über den Seelenzustand erforscht.

Durch die genannte Methode zeigt sich, dass ganz und gar andere Dinge als positiv bewertet werden und nicht die oben genannten „Glücksbringer". In der Hoffnung auf das Große Glück bemerken wir nämlich häufig nicht, dass wirkliches Lebensglück in den vielen kleinen und ganz alltäglichen Momenten eigentlich nur darauf wartet, entdeckt zu werden. Unsere Erwartungen in Hinblick auf das große und dauerhafte Glück durch Besitztümer, sozialen Status, finanzielle Absicherung usw. sind einfach oft unrealistisch. Obgleich diese Dinge zweifellos für unser Leben einen gewissen Stellenwert haben – und dies von uns auch akzeptiert und verfolgt werden sollte, da sie nun einmal eine gewisse Grundlage bilden – sind sie nicht das, wofür wir sie halten. Diese Erkenntnis, und nichts anderes, hatten die großen Yogis bereits vor Urzeiten im Sinn, als sie die Menschen immer wieder wachzurütteln versuchten, indem sie sie baten, doch einmal zu beobachten und zu überdenken, ob der Erwerb und Besitz von bestimmten Dingen im Leben uns wirklich glücklich macht. Es ging den erhabenen Meistern und Lehrern des Yoga nie darum, dass wir der Welt entsagen. Es ging ihnen ganz undogmatisch und praktisch um die Erkenntnis, was wirklich Glück, Freude und Zufriedenheit bringt.

Bei der Suche nach dem wahren Glück und dem glücklichen Leben sind nämlich viele Menschen auf dem sprichwörtlichen Holzweg. Um zu verdeutlichen, was ich damit meine, schlage ich vor, dass wir einen kurzen Abstecher in die Welt des Kinos machen. Es gibt einen bestimmten Kinofilm, der die Irrtümer bei der Suche nach dem Glück und Glücklichsein auf den Punkt bringt. In dem alten und berühmten Film, um den es mir geht, ist kein Geringerer als Orson Welles sowohl Regisseur als auch Hauptdarsteller. Ich meine den Film *Citizen Kane* (1941), der auf der Biographie von William Randolph Hearst beruht. Ich fasse diesen Film kurz zusammen: Es ist die Geschichte über den fiktiven Medien-Tycoon und Multimillionär Charles Foster 'Citizen' Kane. In der Geschichte dieses Films beherrscht Kane die öffentliche Meinung Amerikas über Jahrzehnte hinweg. Ziemlich skrupellos hat er in seinem Palast in Xanadu eine riesige Sammlung aller schönen und kostbaren Dinge der Welt angehäuft. Er hat zweifellos alles, und er benutzt alle in seiner Umgebung für seine Zwecke, als bloße Instrumente seines Ehrgeizes. Am Ende seines Lebens geht er alleine durch die Räume seines Wohnsitzes, die voller Spiegel sind, die ihm tausendmal das Bild eines Einsamen zurückwerfen – nur sein Spiegelbild leistet ihm Gesellschaft. Am Ende stirbt er, ein einziges Wort murmelnd: „Rosebud (Rosenknospe)!" Ein Journalist versucht, die Bedeutung dieses letzten Seufzers herauszufinden, leider ohne Erfolg. „Rosebud" ist der Name eines Schlittens, mit dem Kane als Kind spielte – als er noch in einer Umgebung voller Wärme und Zuneigung lebte und denen Wärme und Zuneigung schenkte, die ihn umgaben. Sein geschäftliches Leben begann mit Enthusiasmus und dem Bekenntnis zur Wahrheit. Mit dem Erfolg jedoch kam der Ehrgeiz und schließlich die Loslösung von seinen Prinzipien, bis hin zur Korruption durch die Macht. Alle seine Reichtümer und seine ganze Macht über andere Menschen konnten ihm nichts Besseres als jene Kindheitserinnerung kaufen. Das, wofür dieser Schlitten – Symbol liebevoller menschlicher Beziehung – stand, war in Wahrheit das, was Kane wollte: Das glückliche Leben, das er geopfert hatte, um Tausende von Sachen zu erhalten, die ihm in Wirklichkeit nichts nützten und ihn nicht glücklich machten. ... Und trotzdem haben ihn die meisten Menschen beneidet. –

Vieles, mit dem wir Glück und Glücklich-Sein verbinden, ist also weit davon entfernt, uns wirklich glücklich zu machen. Sind es denn wirklich die *Dinge*, die *Sachen*, im Leben, die uns glücklich und zufrieden machen? Ich erinnere mich, dass mich mein Yoga-Meister immer wieder lehrte, jede auch noch so kleine und profane Tätigkeit mit aller Konzentration und Hingabe durchzuführen. Ich habe lange, sehr lange nicht verstanden, was für ein großartiges Potenzial an Glück und Freude sich hinter dieser relativ einfachen Lehre verbirgt. Ich hielt es immer für eine Art spirituell-moralischer Lehre – was mir damals nicht sonderlich gefiel. Ich dachte, es ginge um eine Lehre nach dem Motto: „Edel sei der Mensch, hilfreich und gut..." Aber darum ging und geht es überhaupt nicht. Es hatte auch nichts damit zu tun, besonders spirituell zu sein. Es geht einzig darum, dass wir in den Fluss bzw. die Verbindung mit der dynamischen Kraft des allumfassenden Bewusstseins (*Shakti*) eintreten, wenn wir gänzlich in der Handlung aufgehen – gleichgültig, was wir tun – und dass wir eben dadurch großes Glück und tiefe Zufriedenheit erfahren. Dieses Fließen in und mit der Tätigkeit, die wir gerade ausführen, nennt man in der modernen Wissenschaft „Flow". Es ist diese „Flow"-Erfahrung, die eine wesentliche Grundlage für unser alltägliches Glücksgefühl und Wohlbefinden bildet.

Der Zustand des „Flow" (Engl. fließen, rinnen, strömen) beinhaltet nach der modernen Wissenschaft das lustbetonte Gefühl des völligen Aufgehens in einer Tätigkeit. Mir fällt in diesem Zusammenhang der

Begriff *Schaffensrausch* ein. Das heißt, die Tätigkeit, die man gerade ausführt, erfolgt wie von selbst und erzeugt große innere Zufriedenheit . Wissenschaftler haben herausgefunden, dass es sich hierbei allerdings nicht um einen Dauerzustand, sondern um einen temporären Zustand handelt, den vermutlich jeder Mensch entweder in seiner Kindheit beim Spielen, in der Freizeit oder in der Arbeit (das ist der Zusammenhang, in dem er anscheinend, empirisch überprüft, am häufigsten vorkommt) schon einmal erlebt hat.

Auch nach der Philosophie und Psychologie des Yoga bekommen wir unser Glück und unsere Zufriedenheit nicht wirklich aus den Objekten und den Erfahrungen, die wir mir ihnen haben, sondern aus uns selbst. Die Objekte und Erfahrungen reflektieren nur das, was eigentlich aus unserem inneren Sein, aus uns heraus, strahlt – Liebe, Glück, Kraft, Schönheit, Erfüllung und Zufriedenheit. Im Zustand des Fließens oder „Flow" erfahren wir nach yogischer Definition unsere wahre innere Natur. Wir erleben so etwas ansatzweise auch in Momenten der Entspannung, wie im Urlaub, in Momenten des äußeren Glücks oder beim Lottogewinn. Doch im Gegensatz zur Erfahrung des inneren „Glück-Fließens" ist die Erfahrung des Glücks, das von solchen Äußerlichkeiten regelrecht abhängt, ein ziemlich dünnes Brett. Hierzu schreibt die Psychologin Liliane Heberle: „Dass Geld allein nicht glücklich macht, ist eine Binsenweisheit, der wir aber trotz alledem nicht so ganz trauen. Deshalb haben wir diese Volksweisheit gewitzt abgewandelt: ‚Geld allein macht nicht glücklich – es muss einem auch gehören!' oder: ‚Natürlich macht Geld nicht glücklich, aber man kann sich damit all die Dinge kaufen, die glücklich machen.' Das ist natürlich ein Irrtum, sagen die Glücksforscher. Es klingt in unseren Ohren zwar fast schon zynisch, wenn uns Untersuchungen erzählen, die glücklichsten Menschen auf der Welt gäbe es in Bangladesch und Nigeria, Deutschland hingegen dümpele auf Platz 41 der Liste, gleich hinter der Schweiz. … Ich frage Sie: Wo empfinden Sie mehr Glücksgefühle – bei der Arbeit oder in der Freizeit? Die Antwort liegt doch auf der Hand: In der Freizeit natürlich! ‚Falsch!' sagt der ungarische Glücksforscher mit dem fast unaussprechlichen Namen Mihaly Czikszentmihalyi. ‚Ihnen geht es so wie in der Redensart: Mit dem Glück ist es wie mit der Brille – man hat sie auf der Nase und weiß es nicht!'

Um es schwarz auf weiß zu dokumentieren, versah er mehr als eine Million Menschen mit kleinen Geräten, die diese über viele Wochen in unregelmäßigen Abständen anpiepsten. Sofort mussten sie ihren momentanen Seelenzustand notieren. Verblüffende Erkenntnis: Durchschnittlich hat der Mensch in seinem Job mehr Glückserlebnisse als in der viel gepriesenen Freizeit. Das Schlüsselwort heißt ‚Flow'. Das Flow-Gefühl stellt sich ein, wenn Sie eine Aufgabe – egal ob in der Freizeit oder in der Arbeit – gefunden haben, der Sie sich optimal gewachsen fühlen. Sie können sich völlig darauf konzentrieren, etwaige Sorgen und Frustrationen dadurch verdrängen und in einen Zustand der ‚Selbstvergessenheit' geraten und trotzdem oder gerade deshalb ganz bei sich sein. *Glück ist: im Flow zu sein* – Kinder haben diese Flow-Erlebnisse beim Spielen, wo die Zeit um sie herum versinkt. ... GLÜCK HABEN, so sagen die Glücksforscher, ist zwar erst einmal etwas Schönes, aber so richtig glücklich macht es nicht. Da gewinnt man im Lotto einen großen Batzen Geld – und was passiert laut Untersuchung? Nach spätestens einem halben Jahr ist man in etwa wieder auf dem Zufriedenheitsniveau, das man *vor* dem Gewinn hatte. Das Glücksgefühl, bei einem Auffahrunfall noch einmal glimpflich davon gekommen zu sein, hat ein wesentlich kürzeres Verfallsdatum. ‚Da hab ich gestern aber noch mal Glück gehabt!', sagt man und spricht schon in der Vergangenheitsform. ‚Zu wenig Eigenanteil!', sagen die Glücksforscher."[9]

Wir Erwachsenen verbinden Glück eher mit „Glück *haben*", Kinder eher mit „Glück *sein*" bzw. eben glücklich sein. Wahres Glück,

---

9 http://www.liliane-heberle.de/Publikationen/publikationen.html

so sagen uns die, die es wissen müssen – die Meister-Philosophen und Meister-Psychologen der Yoga-Traditionen – ist ein *Zustand*, in dem wir uns dem Fließen der Kraft des Universums, der Kraft des allgegenwärtigen Lebens (Skt. *Shakti*), hingeben. Wir müssen daher, um diesen Zustand zu erlangen – ich bemühe das Neue Testament – „sein wie die Kinder". Dies gelingt uns allerdings nur, wenn wir auch *handeln* wie die Kinder, die völlig selbstvergessen in ihrem Tun aufgehen können – indem wir möglichst alles, was wir tun, sei es auch noch so alltäglich – z.B. Wäsche bügeln, Essen für die Familie kochen, Einkaufen usw. mit Hingabe an die jeweilige Sache tun. Diese Einstellung zum Handeln ist übrigens eine Grundregel im *Karma-Yoga*.

Das Glück ist wie das Schwingen, Pulsieren oder Fließen der *Shakti*: Man kann sie nicht erleben, indem man sie festhält, stattdessen müssen wir mit ihr fließen, denn ihre Natur ist das Fließen *per se*. Sie existiert nur in der Bewegung, im Fließen. Unsere allzu menschliche Tendenz ist es allerdings, alles festzuhalten – um dabei dann leider selbst zu erstarren. Wie Goethe es vortrefflich ausdrückte: „Verweile doch, oh Augenblick, du bist so schön." Das ist unser Dilemma. Wir versuchen festzuhalten, was nicht festzuhalten ist. Das Leben, die Zeit, das Glück und damit letztlich die *Shakti*, die alles durchdringt und alles bestimmt. Wir erinnern uns: Alles ist immer in Bewegung – *Panta rhei*. Erstarrung hingegen ist Tod. Indem wir loslassen, uns selbst los lassen im Handeln, lernen wir, uns auf das Fließen und Pulsieren der kosmischen Lebensenergie auszurichten und erfahren dadurch die Auflösung des begrenzten Ich bzw. unserer begrenzten Identität. Das ist es, was geschieht, wenn wir bei dieser yogischen Art zu handeln Glück und Zufriedenheit erfahren: Wir erleben dadurch – vielleicht zum allerersten Mal – unsere wahre Natur. Und die ist nun einmal, da sie göttlich ist, das Fließen.

Daher ist es auch überhaupt nicht verwunderlich, dass in den religiösen und esoterischen Traditionen die Bildsymbolik des Fließens bzw. des Fließenden immer wieder zu finden ist. Wie z.B. bei der berühmten deutschen Mystikerin des Mittelalters, Mechthild von Magdeburg, die ihr Hauptwerk nicht ohne Grund „Das fließende Licht der Gottheit" nannte. Am häufigsten jedoch findet man die Metapher des „fließenden Wassers", wie z.B. bei der großen spanischen Mystikerin Theresa von Avila. So schreibt sie in ihrem bekannten Werk „Die innere Burg":

„Hier jedoch (bei der göttlichen Vereinigung) ist es, wie wenn Wasser vom Himmel in einen Fluss oder eine Quelle fällt, wo alles nichts als Wasser ist, so dass man weder teilen noch sondern kann, was nun das Wasser des Flusses ist und was das Wasser vom Himmel gefallen. Oder es ist, wie wenn ein kleines Rinnsal ins Meer fließt, von dem es durch kein Mittel mehr zu unterscheiden ist."[10]

Ähnliche Aussagen finden wir natürlich auch bei den indischen Mystikern und Yogis, wie beispielsweise bei dem berühmten Meister und Dichterheiligen Kabir oder bei Lalla-Ded, der Prinzessin und späteren tantrischen Yogini aus Kaschmir:

Kabir:

„Du suchst, du suchst, oh Freund,
aber Kabir ist verschwunden:
Der Ozean ist im Tropfen verschwunden,
wie könnte er da gefunden werden?"

„Es war eine gute Sache, dass der Hagel auf den Boden fiel,
denn er verlor sein begrenztes Selbst:
Schmelzend wurde er zu Wasser
und rollte hinunter zum Teich."

---

10 Theresa von Avila, Die innere Burg, Zürich 1979, S. 195-196, 199-200.

Lalla Ded:

"Ertrinke im Ozean der Glückseligkeit von Shiva.
Gib deinen Namen und deine Form auf.
Alle Taten sind Shiva, alle Religionen sind Shiva.
Alles gehört zu Ihm. Er erfüllt alles, oh Lalli.
Du bist eine Welle dieses Ozeans.
Du transzendierst sowohl Schmerz als auch Freude.
Wenn du dich versenkst in Shivas Ozean der Glückseligkeit."

Ganz deutlich, was das Fließen und unsere wahre Natur anbelangt, wird Amaranath, ein großer Meister und Philosoph aus der Tradition der tantrischen *Nath-Yogis*. Er sagt in seinem Werk *Viveka-Darpana 6.3*:

„Die individuelle Seele ist [wie] Wasser. [Wie] eine Flüssigkeit [fließt sie] vom unendlichen Raum [im Kopf] herab. Dieses Fließen geschieht Tag und Nacht."

Wir sehen hier also, dass wir nach yogischer Auffassung aufgrund unserer Einheit mit dem Höchsten an dem kosmischen Fließen ohnehin teilhaben. Es geschieht also bereits. Wir müssen nichts wirklich tun. Wir müssen uns lediglich – wie so oft im Yoga – dem Geschehen öffnen, der Erfahrung zuwenden.

Kehren wir noch einmal zu den durchaus ernst zu nehmenden Erkenntnissen der Happyologen zurück. Es gibt nämlich noch einen weiteren interessanten Aspekt im Zusammenhang mit der *Flow*-Erfahrung. Die modernen Psychologen sagen, dass der Zustand des *Flow* nicht nur ein subjektiv glücklich empfundener ist (und einer, der nur der jeweiligen Person zugute kommt). Sondern er sei ein durchaus objektiver, d.h. ein am Erfolg messbarer. In der Enzyklopädie *Wikipedia* finden wir zu diesem Thema folgende interessante Aussage:

„Durch die selektive Wahrnehmung (während des Flow) fokussieren Menschen ihr Bewusstsein auf bestimmte Aspekte in ihrer Umwelt bzw. in den Wissensstrukturen; dies wird in etwa „Aufmerksamkeit" genannt. Eine Person, die nun weiß, „was" und „wie" sie etwas zu tun hat (Ziel- und Handlungsklarheit) und deren Fähigkeiten den Anforderungen der Tätigkeit gerecht werden, kann sich ganz auf das Ausführen der Tätigkeit einlassen, also in der Tätigkeit aufgehen. Die volle Aufmerksamkeit kommt dem Lösen der Aufgabe zugute. Die Person ist nicht mehr abgelenkt durch sozialpsycholgisch relevante Gedanken wie „was denken die anderen über mich", „wie komme ich an, wenn ich A oder B mache", sondern hat die Chance, sich positiv rein auf die Aufgabenbewältigung zu konzentrieren, ein Tun zu entfalten, in dem eine hohe Übereinstimmung äußerer Anforderungen und innerer Wünsche und Ziele besteht."

Unser „kleines Ich", unser Ego, also das, womit wir uns normalerweise oder zumindest überwiegend identifizieren, steht während des *Flow* nicht mehr im Wege; und schon kann sich unser wahres Potenzial zu entfalten beginnen.

„Yoga ist Geschick im Handeln", sagt uns die *Bhagavad Gita*. Was genau ist mit diesem Satz gemeint? Was ist dieses „Geschick"? Gemeint ist die Fähigkeit, so zu handeln, dass es uns selbst und allen anderen optimal zugute kommt. Und wie gelingt uns das? Einfach indem wir innerlich loslassen, um mit der Energie des Bewusstseins mit zu fließen, damit das innere Selbst frei und ungehindert handeln kann und sich die Kräfte und Fähigkeiten aus unserem Inneren heraus entfalten können.

Wir kennen alle die Geschichten von Frauen und Männern, die in extremen Lebenssituationen zu außergewöhnlichen Leistungen in der Lage waren. Ich erinnere mich an jene Berichte älterer Menschen, die davon erzählten, dass jemand einen im Krieg oder auf der Flucht verwundeten Menschen viele, viele Kilometer weit trug, um ihn zu retten. Wenn wir solche Geschichten hören, stellen wir uns automatisch die Frage, wie solche Leistungen überhaupt möglich sind. Im Volksmund sagt man – egal ob es sich um außergewöhnliche körperliche, emotionale oder geistige Leistungen handelt – jemand sei „über sich hinausgewachsen". Ein schönes Bild: Man wächst über sich hinaus, man wird größer, man durchbricht die bestehenden Begrenzungen seiner Persönlichkeit.

Nach den Lehren des Yoga ist dieses Fließen mit unserem höheren Potenzial immer und unter allen Umständen möglich. Auch im alltäglichen Leben können wir erfahren, dass unsere Fähigkeiten und Möglichkeiten viel größer sind, als wir immer dachten. Das geschieht aber eben nur, wenn wir uns hingeben, wenn wir mitgehen – mit der jeweiligen Bewegung, mit der jeweiligen Tätigkeit, mit dem jeweiligen Geschehen, mit dem jeweiligen Augenblick. In solchen außergewöhnlichen Momenten, wie den oben beschriebenen, wird dies bei Menschen durch traumatische äußere Ereignisse im Inneren hervorgerufen. Im Yoga soll es durch die Übung des inneren Mitgehens oder Mitfließens ein möglichst dauerhafter Zustand werden.

Diese Hingabe, dieses Mitgehen ist eine innere Haltung, die der äußeren (aber auch inneren) Haltung beim Wellenreiten ähnelt, wo die besondere Kunst eben darin besteht, mit der Welle zu fließen und keine „eigene" und damit von der großen Bewegung der Welle oder Woge getrennte Bewegung auszuführen. Dann ist und bleibt man im Fluss der Welle und wird oben auf der höchsten Kante der Welle kraftvoll mitgetragen. Auch hierzu bedarf es einiges an Übung, Aufmerksamkeit und der inneren Haltung der *Hin-Gabe*. Es ist genau das, was uns Yoga lehrt. Yoga bedeutet und Yoga lehrt *mitzufließen*. Nur wer loslassen kann, um mit der großen Energie zu fließen, gelangt zum Ziel.

Das Fließen, das wir durch die Haltung der Hingabe, z.B. beim Handeln, erfahren können, ist also ein Aspekt der alldurchdringenden Schöpfungskraft, *Shakti*. *Shakti*, wie uns die Yogis sagen, fließt und pulsiert. Manche sprechen sogar davon, dass der Kosmos ihr Tanz, ihr unentwegtes, vor Freude und Liebe erfülltes Spiel sei. Aus diesem Grund können wir das Fließen in vielen Bereichen unseres Lebens entdecken, und wir können üben, uns von seiner Kraft tragen zu lassen, ob in unserem Inneren zu unserem Herzen oder im Äußeren bei unseren Handlungen. Das kosmische Fließen ist allgegenwärtig. Es offenbart sich uns in vielem; und wenn wir sein Prinzip einmal erfasst und ein Gespür dafür entwickelt haben, sind wir in der Lage, es in alle Lebensbereiche zu übertragen. Es ist die eine Shakti, die sich uns jedoch vielfältig und verschiedenartig mitteilt.

Genau genommen ist *Shakti* die schöpferische Kraft/Macht des höchsten Bewusstseins, die fließend alles erschafft, erhält und auch wieder auflöst. *Shakti* ist nach der indischen Yoga-Philosophie die Gattin *Shivas*, der für das höchste Bewusstsein, das Göttliche, das Absolute steht. *Shiva* und *Shakti* sind jedoch nicht wirklich zwei Wesen, sondern eher zwei Aspekte ein und desselben. *Shakti* ist die Kraft/Macht Shivas, sozusagen der dynamische Teil *Shivas*. Sie ist die fließende, pulsierende Energie, die alles durchdringt, alle Wesen, Dinge und Prozesse im äußeren Universum, also in der Welt um uns herum. *Shakti* offenbart sich uns jedoch ganz besonders in unserem Inneren, auf körperlicher, psychischer, energetischer und feinstofflicher Ebene. Sie ist uns immer nahe und kommuniziert auch mit uns.

Dieser innere Aspekt der Shakti, insbesondere derjenige Teil davon, der ruht und bei uns noch nicht zur Entfaltung gekommen ist, wird von den Yogis *Kundalini* genannt, wörtlich „die Geringelte, Spiralförmige, Aufgerollte". Derjenige Teil von ihr, der mit uns bereits kommuniziert, ist der weitaus kleinere Teil von ihr. Indem wir ihr jedoch zuhören, folgen wir erstens ihrer Führung, was unser Leben und unsere Yoga-Praxis revolutionieren kann; und zweitens wird dadurch der genannte ruhende Teil erwachen, und sie wird sich stufenweise entfalten. In einigen Yoga-Traditionen, insbesondere des Kundalini-Yoga, besteht die Hauptpraxis darin, beispielsweise in der Meditation, sich auf die innere *Shakti* auszurichten und darauf zu warten und zu vertrauen, dass *Kundalini-Shakti*, wie sie dort genannt wird, die spirituelle Führung übernimmt, was dann auch meistens geschieht.

Die Kommunikation ist eine wichtige Angelegenheit im Umgang mit der universalen Energie des Lebens – *Shakti*. Es gibt in den Traditionen des Yoga zahllose historische Beispiele für solche Kommunikationen mit der inneren Shakti. Nehmen wir den Fall des großen Heiligen Ramakrishna, der die Shakti in Gestallt der „Göttlichen Mutter", wie er sie nannte, unmittelbar erlebte. Er sprach unentwegt mit ihr, war vollkommen auf sie ausgerichtet und bezeichnete sich selbst als ihr Kind. Er bat sie viele Male: „Bitte, zeige mir Dein erlösendes Antlitz, bitte, zeige Dich mir!" Durch diese intensive Kommunikation erlebte er häufig spontane, unbeschreiblich tiefe Formen der meditativen Ekstase und war hierdurch sogar in der Lage, im normalen Wachzustand das Fließen der *Shakti* in allen Wesen und Dingen zu erblicken. Ein solches Erlebnis beschreibt er folgendermaßen: „Plötzlich offenbarte sich mir endlich die gnadenvolle Mutter. Die verschiedenen Teile der Gebäude, der Tempel und alles andere verschwanden spurlos vor meinen Augen. Stattdessen sah ich einen Ozean des Geistes, grenzenlos, unendlich, blendend. So weit mein Blick reichte, sah ich glänzende Wogen, die von allen Seiten her sich erhoben und mit schrecklichem Rauschen auf mich nieder brandeten, als wollten sie mich verschlingen. Ich konnte nicht mehr atmen. Vom Wirbel der Wogen erfasst, stürzte ich leblos hin. Was in der äußeren Welt vor sich ging, wusste ich nicht. Mein Inneres wurde von einer stetigen Welle unaussprechlicher, mir noch völlig unbekannter

Glückseligkeit durchflutet, und ich fühlte die Gegenwart der göttlichen Mutter."[11]

Natürlich muss die Kommunikation bzw. unsere Ausrichtung auf die *Shakti* und ihr Fließen nicht immer solche dramatischen Auswirkungen nach sich ziehen, wie hier beschrieben. Doch kann der Effekt dieser relativ einfachen, mühelosen und doch elementaren Yoga-Übung – eigentlich ist es ja „nur" eine innere Haltung, die darin besteht, dem inneren Fließen aufmerksam zuzuhören, der Sprache der *Shakti* zu lauschen – auch bei uns immens sein. Über die Art und Weise dieses inneren Dialogs mit der Shakti und seiner möglichen Auswirkungen schreibt die bekannte amerikanische Meditationslehrerin Swami Durgananda: „Die innere Shakti kommuniziert mit uns durch subtile Impulse, Gefühle und Empfindungen, durch tiefe Einsichten, Bilder und Erkenntnisse. Einige dieser Kommunikationen sind deutlich als solche sofort erkennbar, sobald wir uns auf sie einstellen. Zum Beispiel als ein tiefes Bedürfnis zu meditieren. Ein anderes Mal, während des Tages, kann es sein, dass wir einen starken Sog nach innen verspüren, einen Drang, die Aufmerksamkeit nach innen zu richten. Das kann an unserem Schreibtisch geschehen oder im Bus. Und oft manifestiert es sich als Gefühl der Schwere oder gar Schläfrigkeit. Wenn wir nicht achtsam sind, mögen wir vielleicht denken, dass wir ein wenig Schlaf brauchen oder eine Tasse Kaffee. Aber was wir dann wirklich brauchen, ist, dem Impuls, der uns in Meditation ziehen will, nachzugeben – und sei es auch nur für einen Moment."[12]

Shakti antwortet also auf unseren Wunsch, mit ihr in Verbindung zu treten, mit ihr kommunizieren zu wollen. Wenn sie dann von sich aus *mit uns* kommuniziert, offenbart sie sich nicht nur tief in unserem Inneren, sondern fließt mit all ihrer Liebe und Kraft auch nach au-

---

11 S. Lemaitre, Ramakrischna, Hamburg 1963, S. 59.

12 Swami Durgananda (Sally Kempton), The Heart of Meditation, South Fallsburg 2002, S.135-136.

ßen, aus uns heraus. Dabei lässt sie uns erahnen, oder vielleicht sogar erfahren, wie sehr das Innere mit dem Äußeren in wechselseitiger und synchroner Beziehung steht und wie entscheidend unser innerer Zustand für die Wirksamkeit unseres Handelns im Äußeren ist. Viele Yoga-Praktizierende, die derartige Erfahrungen des Fließens der Shakti gemacht haben, berichten, dass sie von diesem Zeitpunkt an, zumindest ansatzweise, verstanden, was das für ein Zustand ist, von dem die Meister des Yoga seit Urzeiten reden – dieser „Zustand der Einheit". „Zustand der Einheit" – das ist die wörtliche Bedeutung von Yoga.

Unser innerer Zustand ist normalerweise nicht der des Yoga. Wir sind nicht im Einklang mit den natürlichen Prozessen im Äußeren und auf all den anderen Ebenen, die uns meist verborgen bleiben. Wir handeln größtenteils nicht im Geiste des „Herr, dein Wille geschehe", sondern eben *eigen*-willig, losgelöst vom Ganzen, nicht synchron und im Fluss mit der *Shakti*. Unser Inneres und das Äußere um uns herum – Menschen, Ereignisse usw. – bilden keine harmonische Einheit. Aber wir handeln ja nicht einmal mit uns selbst im Einklang. Die verschiedenen Aspekte unseres eigenen Wesens sind nicht im Fluss und Einklang miteinander, bilden keine Einheit. Das führt dann meistens dazu, dass wir alles mit großer Kraftanstrengung unternehmen müssen, um etwas zu erreichen, oder der gewünschte Erfolg am Ende sogar völlig ausbleibt. Hierzu passt, was Gurumayi Chidvilasananda einmal gesagt hat: „Solange das, was ihr denkt, fühlt, sagt und macht einzelne Einheiten bildet, besitzt ihr keinerlei Effektivität oder Kraft in eurer Welt."

Höchste Effektivität oder Kraft können wir jedoch durchaus erlangen. Wir sind dabei nicht einmal auf uns selbst gestellt; denn wenn wir mit der *Shakti* kommunizieren, dann kommuniziert sie auch mit uns. Wenn sie das tut, dann beginnt sie recht schnell unvermittelt unser wie ein zerbrochener Spiegel aufgesplittertes System zusammenzufügen und die einzelnen Teile und Aspekte unseres Wesens wieder zu synchronisieren. Der Erfolg lässt meistens auch nicht lange auf sich warten und kann dann unter anderem so aussehen: „Möglicherweise findet ihr euch (dann) in einem Zustand namens „Flow" wieder und handelt mit untrüglicher Sicherheit, ohne jede ersichtliche Anstrengung und mit einem stillen Geist. Das Zeugenbewusstsein mag inmitten einer Auseinandersetzung oder einer Krise auftauchen und hält euch in einer Situation standhaft und souverän, wo ihr normalerweise emotional explodieren würdet. Möglicherweise erlebt ihr Morgen, an denen die Welt vor Heiligkeit schimmert, an denen ihr Bedeutung findet in den Blättern, die auf den Gehsteig geweht wurden, an denen die Zeitungen im Rinnstein mit eurer eigenen überfließenden Freude zu pulsieren scheinen. Ihr werdet die anhaltende Magie der Synchronizität erleben, wenn ein Gespräch, das ihr zufällig im Bus mit angehört oder eine Mitteilung, die ihr auf einer Anschlagtafel gesehen habt, euch geheimnisvolle spirituelle Lehren zu erteilen scheinen. In solchen Augenblicken verwandelt sich Arbeit zu Verehrung oder Gottesdienst, und ein Spaziergang in den Wäldern wird zu einer Prozession auf dem Dach einer Kathedrale."[13]

Gemäß der Psychologie und Philosophie des Yoga gibt es also nicht nur ein Fließen der kosmischen Energie – der *Shakti* – im Inneren (Mikrokosmos) und im Äußeren (Makrokosmos), sondern eben auch ein Fließen *von* unserem Inneren *nach* außen – und natürlich auch umgekehrt. Unser Wesen, unser Mikrokosmos, ist nämlich nicht wirklich eine abgegrenzte, vom großen Makrokosmos getrennte Einheit. Das ist unmittelbar zu jeder Zeit für uns erfahrbar – hier und jetzt. Wenn wir jetzt einmal ganz still sind und unsere Aufmerksamkeit nach innen wenden, können wir das Fließen spüren. Zum Beispiel in unserem Atem. ... ...

---

13 Ibid., S. 210.

Nicht von ungefähr erwähne ich hier den Atem als erste praktische Übung, um mit dem Fließen der *Shakti* in Fühlung zu kommen; denn unser Atem – für jeden spürbar – ist Fließen. Darüber hinaus ist der Atem eine Form der Shakti, die uns erfahren lässt, wie sehr unser Körper, unser gesamtes Wesen, nach außen hin offen ist. Mit jedem Einatmen fließt die Energie des Kosmos in Form der *Prana-Shakti* in uns hinein, durch uns hindurch, um dann, mit dem Ausatmen, wieder aus uns hinaus zu fließen. Wir sind erkennbar und spürbar zum Kosmos dort draußen hin völlig durchlässig. Mit jedem Atemzug fließt die Kraft und damit der Kosmos in uns hinein, verweilt dort, um natürlich und harmonisch wieder aus uns hinaus zu fließen. ... ... Erinnern wir uns: Dieser natürliche Vorgang ist nichts anderes als das Fließen und Pulsieren der *Shakti*, hinein und hinaus, hinein und hinaus, hinein und hinaus ... Hören wir ihr dabei zu ... Sie kommuniziert mit uns ... Und zieht uns dabei unweigerlich nach innen ... Zeigt uns den subtilen Pfad zu unserem inneren Selbst ... Wie eine leuchtende Fackel im Dunkeln geht sie voran und zeigt uns den Weg. ... Sie spricht mit uns. ... Pausenlos. ... Folgen wir ihr und lauschen ... Wir brauchen nichts zu tun, nicht einmal zu meditieren ... Wir folgen nur dem pulsierenden Fluss unseres Atems ... Und fließen mit ... Hinein und hinaus. ... Hinein und hinaus ... Hinein und hinaus ...

Der natürlichen Bewegung des Atems zu folgen, ist eine der leichtesten Übungen, um nach innen zu gelangen oder einfach nur um zu entspannen. Alles, was es dazu braucht, ist – wie so oft im Yoga – Aufmerksamkeit. Der Atem ist uns ein solch natürlicher Begleiter, dass wir ihn normalerweise völlig vergessen. Doch wenn wir mit dem Fließen der kosmischen Kraft in Verbindung treten wollen, können wir das erreichen, indem wir z.B. Zuflucht zum Atem nehmen. Wann immer ich mich in schwierigen Situationen befinde, Hektik oder Angst beginnen die Oberhand zu gewinnen, erinnere ich mich an meinen Atem, den Fluss des Atems. Ich halte dann einen Moment lang inne und atme bewusst ein und aus, ein und aus. Meiner Erfahrung nach ist es dabei hilfreich, auf natürliche Weise ein und etwas weiter auszuatmen, in etwa so: Vier Herzschläge lang nach innen und acht Herzschläge lang nach außen, oder vier Herzschläge lang nach innen, vier Herzschläge lang den Atem halten und wieder vier Herzschläge lang nach außen.[14] Dies ist eine sehr effektive Übung, denn es ist eine alte yogische Binsenweisheit, dass eine direkte Verbindung zwischen den Bewegungen des Atems und denen des Geistes/Verstandes existiert. Das sanfte Regulieren des Atemflusses hat daher unmittelbar eine heilsame Wirkung auf die Tätigkeiten des Geistes/Verstandes.

Schwierigkeiten entstehen oft dann im Leben, wenn die natürlichen Prozesse blockiert sind bzw. wir uns dem Fließen dieser Prozesse nicht hingeben. Wenn wir in solchen Momenten unsere Aufmerksamkeit auf den Atem lenken, bringt das unseren Verstand und unser Herz wieder in Einklang miteinander und in Verbindung mit ihrer Lebensquelle, dem inneren Selbst. Allein dadurch, dass wir nun wieder eine Verbindung zur im Inneren fließenden *Shakti* haben, löst sich der Einfluss durch die Ereignisse im Äußeren bzw. durch die großen, aufgewühlten Wellen in unserem Geist. Der Einfluss störender Impulse außerhalb unseres Zentrums (hierzu zählen im Yoga auch und gerade die manchmal schwer zu kontrollierenden, da eigenwilligen Aktionen unseres Geistes und Egos) verliert sich, und wir kehren gleichsam wieder zu uns selbst zurück.

Eine weitere, recht einfach auszuführende und hoch effektive Yoga-Übung, die uns hilft, mit dem Fließen der Kraft Verbindung aufzunehmen, ist die Konzentration auf unser Herz. Das Herz ist der wahre Mittelpunkt unseres Lebens, die wahre Quelle der fließenden *Shakti*. Leider hat das Herz in unserer modernen Gesellschaft mehr und mehr an Bedeutung verloren. Wir haben uns von unserem Kraft-

---

14 Zu ausführlicheren, intensiveren Meditationen mit dem Atem komme ich in einem späteren Kapitel.

zentrum gelöst und sind im wahrsten Sinne des Wortes „ex-zentrisch" und damit kraftlos geworden. Entsprechend handeln wir auch „halbherzig" und nicht mehr „von ganzem Herzen". Über die Macht des Herzens schreibt Lance Secretan: „Große Aufgaben existieren nicht nur im Kopf, sie sind Sache des Herzens. Während der Kopf uns vielleicht davor warnt, dass die neue Aufgabe unvorstellbar und unrealistisch sei, sagt das Herz uns, dass das keine Rolle spielt. In der Tat können die meisten großen Aufgaben uns anfangs als intellektuell unmöglich vorkommen – das ist ein Teil ihrer Anziehungskraft. Der dauerhafte Zauber, der von Führpersönlichkeiten wie Martin Luther King oder Mahatma Gandhi geschaffen wurde, liegt in der zwingenden Leidenschaft ihrer Aufgabe, die bis heute weiterlebt. Als Martin Luther King seine berühmte Rede hielt, sprach er nicht aus dem Kopf heraus, sondern aus seinem Herzen."[15]

Zu früheren Zeiten hatte das Herz einen gebührenden, nämlich zentralen Platz im Leben der Menschen. Schon in den über 3500 Jahre alten indischen *Veden*, der ältesten Literatur der Menschheit, spielt das Herz eine außerordentlich wichtige Rolle. Es wird als Ort der Unsterblichkeit und des Ozeans des Bewusstseins aufgefasst, wie z.B. in diesem Vers des *Rig Veda (4.58.5-6,11)*:

„Diese Ströme aus Butter fließen aus dem Ozean des Herzens ...
Unsere Worte fließen zusammen wie Flüsse, gereinigt durch das
Verständnis tief im Herzen ... das gesamte Universum wurde in
deine Essenz inmitten des Ozeans gelegt, inmitten des Ozeans,
in der Lebensspanne."

Hier ist davon die Rede, dass es eine Macht im Herzen gibt, die das gesamte Universum erhält – eine für den gesamten Yoga grundlegende Lehre, die wir auch in den später verfassten *Upanishaden*

---

15 Lance Secretan, Inspirieren statt motivieren. Bielefeld 2006, S. 101.

wiederfinden. Das in all diesen Werken gebrauchte Sanskritwort für Herz ist u.a. *hrid* bzw. *hridaya* – etymologisch verwandt mit Lateinisch *cor* und Althochdeutsch *hart* – und bezeichnet zwar auch den Brustraum, aber kein Innenorgan, sondern eindeutig einen „Ort im Inneren", in einer Dimension, die nicht stofflicher, sondern feinstofflicher, geistiger Natur ist. In den Upanishaden wird auch schon ein „Herz-Knoten" erwähnt, der aufgelöst werden muss, um Befreiung zu erlangen. Dieses Konzept findet man in ausführlicherer Form auch in den Werken des Kundalini-Yoga. Dort bezieht sich der Terminus *hridaya* auf das *Herz-Chakra*, eines der wichtigsten Energie-Zentren und der Nexus des Atems bzw. der Atemenergie (*Prana*), der sensorischen Wahrnehmung und des Bewusstseins. In der bekannten *Brihadaranyaka Upanishad (4.1.7)* finden wir sogar bereits die Vorstellung, dass das Herz identisch ist mit dem absoluten Bewusstsein, eine Lehre, die später im Tantra und tantrischen Yoga elementare Bedeutung hat:

> *„Brahman (das Absolute) ist das Herz...*
> *Das Herz ist der Sitz aller Dinge."*

Das Herz ist der Sitz aller Dinge. Vor allem liegt hier die Quelle und damit Anfangs- und Endpunkt der *Kundalini-Shakti*. Hier, so sagen uns die tantrischen Yoga-Meister, ist auch der eigentliche Anfangs- und Endpunkt des Atems, des Fließens der *Prana-Shakti*. Hier ist der Ort allen Glücks, aller Freude, aller Kraft. Wen könnte es daher verwundern, dass wir uns in diesem Kapitel – in dem es um unser Fließen hin zum Glück geht – mit dem Herz geradezu befassen müssen.

Wie gelingt es uns nun, zur Quelle des kosmischen Fließens tief in uns zu gelangen? Genau genommen ist man über die Achtsamkeit auf den Atem bereits auf dem richtigen Weg. Wenn wir uns dem Fließen des Atems bzw. der feinstofflichen Atemkraft (*Prana-Shakti*) hingeben, sind wir bereits auf halbem Weg zum Herzen. Wenn ich diese Übung mache, nehme ich manchmal zur Unterstützung meine rechte Hand und führe sie zu meinem Herzen, um den Prozess der Ausrichtung auf das Herz auch äußerlich zu beginnen und zu unterstützen. Als Nächstes lenke ich den Fluss meiner Aufmerksamkeit auf die Region des Herzens. Ich kann dann recht bald spüren, wie das subtile innere Herz weich und weit wird. Diese Übung hilft insbesondere, wenn der natürliche Fluss und die Balance zwischen Kopf und Herz gestört sind, wenn wieder einmal der „kleine Affe im Kopf", wie ich ihn nenne, das Herz in Grund und Boden quasselt und ich keine Chance habe, die großen Qualitäten des Herzens – wie z.B. Liebe, Intuition, intuitives Wissen, Kreativität – wahrzunehmen.

Unsere Ausrichtung auf unser Herz, die innere Quelle der Shakti, beruhigt den Geist. Wenn dann die Dominanz des Intellekts aufgeweicht wird und wieder eine harmonische Verbindung zwischen Kopf und Herz hergestellt ist, können wir regelrecht fühlen, wie die Energie in unserem Körper erneut frei fließt. Diese Übung eignet sich aber gerade auch dann, wenn das Herz außer Kontrolle geraten ist und einfach zu viele, zu intensive Emotionen aus ihm herausfließen. Sich dann auf die *Shakti* im Herzen auszurichten, im Vertrauen auf ihre heilsame Führung, kann das Herz besänftigen und es mit dem inneren Selbst wieder in Verbindung bringen. Yoga ist der Weg der harmonischen Mitte. Für unser Glück in der Welt und für unser spirituelles Wachstum ist es daher wichtig, dass beide Zentren synchron und harmonisch arbeiten. Zu dem Ergebnis, dass für ein gesundes Gefühlsleben ein solches harmonisches Zusammenwirken grundlegend ist, kommt auch die moderne Wissenschaft. So schrieb Daniel Goleman schon vor Jahren in seinem Standardwerk „Emotionale Intelligenz": „Die Emotionen besitzen demnach eine Intelligenz, die in praktischen Fragen von Gewicht ist. Im Wechselspiel von Gefühl und Rationalität lenkt das emotionale Vermögen, mit der rationalen Seele Hand in Hand arbeitend, unsere momentanen Entscheidungen.

Umgekehrt spielt das denkende Gehirn eine leitende Rolle bei unseren Emotionen."[16]

Da auch der Fluss der Gedanken, nach den Lehren der Yogis, nichts weiter ist als das Fließen und Pulsieren der „kosmischen Mutter" *Shakti*, eignet sich die unbeteiligte Beobachtung der vorüberziehenden Gedanken ebenfalls als „Fließ-Übung". Viele Menschen, die beginnen zu meditieren, sagen: „Ich kann überhaupt nicht meditieren, weil ich immer so viele Gedanken habe." Das „Problem" ist für mich durchaus nachvollziehbar – aber ist es wirklich eines? Oder anders gefragt: „*Warum* ist es überhaupt ein Problem." Die Antwort lautet: „Weil unsere Vorstellung von Verschiedenheit und Trennung die generelle Ursache für so viele leidvolle Erfahrungen in unserem Leben sind." Wir erachten uns als verschieden vom göttlichen Bewusstsein, wir halten die Welt dort draußen für verschieden von uns, wir empfinden andere Menschen als völlig anders und verschieden von uns, und wir stören uns an unseren Gedanken in der Meditation, weil wir glauben: „Hier ist etwas nicht in Ordnung, nicht so, wie es sein sollte. Gedanken sind verschieden vom Prozess des Yoga und dem reinen, klaren Zustand des höchsten Bewusstseins."

Gerade letztere Vorstellung – insbesondere, wenn man Anhänger der Lehre Patanjalis ist, dessen klassische *Yoga-Sutras* mit dem Lehrsatz beginnen: „Yoga ist das Beruhigen der Bewegungen des Geistes" – kann zu dem Gefühl führen „Ich meditiere nicht, weil da Gedanken sind." Der Ansatz im tantrischen Yoga ist ein ganz anderer, ein, wie ich es nennen würde, „moderner", obgleich er eigentlich schon sehr alt ist; aber für den „modernen Menschen", den Menschen von heute, ist er einfach leichter praktizierbar.

Auch Gefühle und Gedanken sind nach dem Verständnis des tantrischen Yoga eine Form der *Shakti* in uns. Da die *Shakti* für ihre

---

16 D. Golemann, Emotionale Intelligenz, München 1996, S. 49.

Myriaden von Schöpfungen keinen anderen „Stoff" nimmt als ihr eigenes Wesen, sind infolgedessen auch die Aktivitäten unseres Geistes/Verstandes aus eben diesem „Stoff" Bewusstsein. Nur weil unsere Gedanken sozusagen die „Kinder" der mächtigen Shakti sind, können sie so viel Macht über uns haben. Wenn wir allerdings erkennen, was in Wirklichkeit dahinter steckt, verschwindet der Spuk. Versuchen wir einmal Folgendes:

Setze Dich entspannt hin, schließe die Augen und versuche, Dir einen Ozean aus Licht vorzustellen. Vergegenwärtige Dir, dass Du dieser unendliche, ewige Ozean des Lichtes des höchsten Bewusstseins selbst bist. Tauche tief ein in diese Erfahrung. Spüre mit jeder Faser Deines Seins, dass Du es wirklich bist. Du bist von nichts getrennt, alles hier ist Deine Schöpfung.

Nun bemerkst du den Fluss Deiner Gedanken – sie Fließen an dir vorüber, sie kommen und gehen, kommen und gehen. Stören sie Dich? Nein, warum auch? Sie sind Deine Schöpfung. Stören den gewaltigen Ozean die zahllosen Wellen, die an der Oberfläche auf und abwogen? Niemals! Sie sind Teil seines Wesens, sie kommen und gehen, sie fließen vorüber. Beobachte das Fließen Deiner Gedanken – es ist der Fluss der kosmischen Energie, Deiner *Shakti*. Durch diese Übung wirst Du im Laufe der Zeit ohne Mühe in den Fluss des pulsierenden Höchsten Bewusstseins eintauchen …

Eine weitere mögliche Übung, bei der wir uns auf das Fließen konzentrieren, ist es, ganz direkt mit dem „Fluss der Energie des höchsten Bewusstseins" in uns zu *arbeiten*. Es gibt im tantrischen Yoga eine bemerkenswerte Tradition, in der solche hoch effektiven Methoden gelehrt werden. Die grundlegende Idee ist dabei, dass alle unsere Emotionen nichts anderes als die Energie des höchsten Bewusstseins sind.

Wenn wir in der Lage sind, den Fluss der Energie, der sozusagen die Wesensgrundlage all unserer Emotionen bildet, wahrzunehmen, kommen wir automatisch in den Fluss der höchsten Energie (*Shakti*) und damit zur Erfahrung des höchsten Bewusstseins. Wir gelangen auf diese Weise also vom Begrenzten zum Unbegrenzten, vom Bedingten zum Unbedingten. Die alten Weisen und großen Meister des tantrischen Yoga sagen uns:

Da geschieht etwas, in jedem Moment unseres Lebens! In jedem Augenblick, bei jeder unserer Erfahrungen in der Welt, bei jeder Emotion eröffnet sich für uns die Chance, das Tor zur höchsten Wirklichkeit wahrzunehmen, die höchste Wirklichkeit hinter all unseren alltäglichen Erfahrungen zu erleben.

Das ist die eigentliche Essenz und das Ziel des Yoga. Bei dieser Vorgehensweise nutzen wir die zugrunde liegende Energie unserer Empfindungen – wie z.B. Freude, Trauer, Liebe, Schmerz, Furcht, Wut usw. – gleichsam als Sprungbrett, um in die höchste Erfahrung einzutauchen. Aber wie gehen wir ganz praktisch vor?

Erinnere Dich im Moment der Erfahrung eines solchen Gefühls als Erstes daran, dass dieses Gefühl nichts anderes als pure Energie ist. Die Energie der unterschiedlichen Gefühle ist unterschiedlich „eingefärbt" – Wut hat eine andere „Farbe" als Freude. Dennoch ist all das Energie, fließende *Shakti*. Vielleicht kannst Du das besser verstehen, wenn du Dir Folgendes vorstellst:

Durch ein Glasprisma fällt Licht. Das weiße bzw. farblose Licht, das auf der einen Seite hineinfällt, wird im Prisma gebrochen, und heraus kommt farbiges Licht, die Spektralfarben, die Farben des Regenbogens. Aber letztlich sind diese Farben nichts weiter als farbloses Licht.

Die folgende Übung oder Technik basiert auf eben dieser grundlegenden Erkenntnis und wandelt sie in eine direkte Erfahrung um:

Entspanne Dich, wende Dich Deinem Herzen, Deinem inneren Herzen zu. Konzentriere Dich ausschließlich auf dieses bestimmte Gefühl in deinem Herzen. Fühle die Energie dort. Es ist wichtig, dass Du Dir für diesen ersten Schritt die Zeit nimmst, die Du brauchst...

Löse Dich nun im nächsten Schritt vom Inhalt dieses Gefühls. Um es anders auszudrücken: Löse Dich – um in unserem obigen Bild zu bleiben – von der *Farbe* der Energie.

Löse Dich nun ebenfalls von der bisherigen (und völlig natürlichen) Konzentration auf das, was dieses Gefühl mit Dir macht – z.B. mit Deinem Verstand oder mit Deinem Körper.

Fühle diese Energie als das, was sie ist – reine Energie. Spüre die Energie, aus der dieses Gefühl besteht. Spüre ihr nach. Verfolge den Fluss dieser Energie zurück. Du wirst automatisch von dem Vordergrund, gewissermaßen der Bühne des sich gerade ereignenden Gefühls, hinter die Bühne, in den Hintergrund der Energie gelangen. (Wir tun das leider im Normalfall nicht, denn wir sind so fasziniert und gefesselt von dem, was sich auf der Bühne im Vordergrund des Ereignisses, des Gefühls, abspielt.) Mache jedoch nichts mit dem Gefühl. Verhindere es nicht. Lass es sein Spiel spielen. Aber konzentriere dich nicht auf die „Farben" des Gefühls, sondern auf die „farblose, weiße" Energie im Hintergrund. Diese Energie, aus der das Gefühl fließt, ist reine *Shakti*, die reine Energie des Bewusstseins, die aus Deinem Inneren aufsteigt. Verfolge unbeirrbar den Fluss der *Shakti* zum Ursprung. ...

Es gibt viele Werke, deren Inhalt und Lehren dazu gedacht sind, uns wieder mit unserer inneren Quelle in Berührung zu bringen. Unter all diesen ist ein Werk aus der Tradition des tantrischen Yoga absolut einzigartig – das *Vijnana Bhairava* („Die Erkenntnis des Göttlichen Bewusstseins"). Von diesem Werk wird in der Folge, insbesondere im letzten Kapitel („Der tantrische Weg"), noch häufiger und ausführlicher die Rede sein. Das Erstaunliche an diesem Werk ist die breite Vielfalt der Methoden der Konzentration auf die Energie der gegenwärtigen Erfahrung. Diese Vielfalt bezieht sich einerseits aus den unterschiedlichen Fähigkeiten und Verfassungen der Menschen, andererseits aber auch darauf, dass wir im Leben sehr unterschiedliche Erfahrungen machen. Alle diese Erfahrungen werden vom *Vijnana Bhairava* genutzt, um in der Weise der oben genannten Übung oder Technik in die höchste innere Erfahrung einzutauchen. Manche Techniken im *Vijnana Bhairava* sind konkreten Situationen des Lebens entnommen. Erfahrungen, die jeder schon einmal gemacht hat, bilden dann die Grundlage für Kontemplationen – sozusagen „Trockenübungen – die wiederum in den konkreten Situationen im Leben zur Anwendung kommen sollen. Es werden in diesem Werk aber auch Imaginationen beschrieben, also Methoden, bei denen man sich aktiv und bewusst der schöpferischen Kraft der Vorstellung bedient. All dies wird angewendet, um mit der jeweiligen Methode oder Vorgehensweise zum Fluss der reinen Energie zu gelangen. Hier einige Beispiele aus diesem einzigartigen Werk:[17]

Vers 72

„Wenn man eine überschäumende Freude beim Genuss von Essen und Trinken erfährt, soll man über den Zustand der Fülle meditieren, und die große Freude wird entstehen."

---

17 Ich zitiere aus dem *Vijnana Bhairava* in der Überrsetzung, Bearbeitung und Kommentierung von Bettina Bäumer zuerst die original Dharana (Methode der Konzentration) und dann den Kommentar von Bäumer. B. Bäumer, Vijnana Bhairava – Das Göttliche Bewusstsein, 112 Weisen der mystischen Erfahrung im Shivaismus von Kashmir. Grafing 2003.

Kommentar:

„Selbst die Freude, die beim Essen und Trinken entsteht, kann zum Anlass für die höchste Glückseligkeit (*mahananda*) werden, vorausgesetzt man meditiert über den jeweiligen Zustand der Fülle einer sonst vorübergehenden, zeitlich begrenzten Befriedigung. Die Sättigung durch Essen und Trinken wird nach kurzer Zeit wieder durch Hunger und Durst abgelöst, doch es geht hier, wie bei anderen *Dharanas*, darum, den vielleicht nur kurzen Moment der Erfüllung und Freude wahrzunehmen, den Anlass des Essens und Trinkens beiseite zu lassen und in den unbedingten, unbegrenzten Grund dieser Freude einzutauchen."

Vers 89

„Wenn irgendein körperliches Organ verletzt oder in seinen Funktionen behindert wird, dann tritt man in die zeitlose Leere ein und eben dort offenbart sich das wahre Selbst."

Kommentar:

„Nicht nur die Freude, auch der Schmerz und die Behinderung kann zu einer Ausweitung des Bewusstseins führen. Behinderung oder Verletzung blockiert die normale Funktion der Organe und unterbricht die gewöhnlichen Erwartungen. Dadurch entsteht plötzlich eine innere Leere ohne die Dualität von Subjekt und Objekt, von Erwartung und Erfüllung. Diese Leere kann man psychologisch auch als Enttäuschung bezeichnen, doch ist sie dies nur für das gewöhnliche Bewusstsein. Der Yogi nützt diese Enttäuschung, diese Leere, diese Behinderung, und taucht gerade durch sie in die Mitte seines Wesens ein, das nicht bedingt ist durch Erwartungen und Erfüllung. Eben in dieser scheinbar so negativen Leere offenbart sich das wahre, unbedingte Selbst.

Jede Erfahrung einer körperlichen Verletzung, eines Unfalls, einer Operation oder einer Unfähigkeit kann zu einer Offenbarung des Selbst werden, weil auch jeder Schmerz zu einer Art Verinnerlichung führt, zu einem Eintreten in die eigene Mitte, in die Leere des Unerwarteten. Solche Erfahrungen sind dann nicht als sinnlos abzuwerten, sondern als Chance für eine Entleerung zu nützen, in der allein das Selbst leuchtet."

Vers 101

"Wenn man seinen Geist regungslos macht in den Zuständen der Leidenschaft, des Hasses, der Habsucht, der Verwirrung, der Berauschung oder des Neides, dann bleibt allein die Wirklichkeit übrig."

Kommentar:

„Die hier beispielhaft aufgezählten stark emotionalen Zustände, die gewöhnlich negativ beurteilt werden, haben alle die Eigenschaft, den spirituell Ungeübten mitzureißen mit einer Eigendynamik, der er meist hilflos ausgesetzt ist. Auch im Yogi können in bestimmten Situationen solche Emotionen aufsteigen, doch reagiert er anders als der den Leidenschaften unterworfene Mensch. Dank seiner Verinnerlichung gelingt es ihm auch in solchen psychischen Zuständen, seinen Geist ruhig und regungslos zu halten. Damit ist aber nicht eine stoische Ruhe gemeint, sondern auf dem Weg der Energie geht es eben darum, die in solchen negativen Emotionen enthaltene ungeheure Kraft umzukehren, an ihrem Ursprung festzuhalten, bevor sie nach außen fließt, und dank derselben Energie sich nach innen zu kehren in der Praxis, die „Sammlung oder Zusammenziehen der Energie" genannt wird.

Der Grund für diese Praxis ist leicht einzusehen, denn es ist offensichtlich, was in den erwähnten Leidenschaften für eine ungeheure Kraft enthalten ist, die sich oft gewaltsam auswirkt. Es ist so etwas wie das Umpolen von elektrischen Strömen. Doch die Voraussetzung ist eine große Selbstkontrolle und Ruhe des Geistes, die allein fähig ist, solche negativen Strömungen zu verwandeln und zur Ruhe zu bringen.

Es geht um viel mehr als um ein moralisches Sich-Enthalten von Leidenschaften. Es geht darum, die in allen Emotionen enthaltene ursprüngliche Energie zu nützen und zu der unbewegten Quelle dieser Energie zurückzukehren, die reiner Friede ist. Diese Umkehr und Verwandlung ist schwieriger als eine bloße Enthaltsamkeit, doch hat sie den Vorteil, dass nichts unterdrückt wird, sondern selbst negative Impulse in ihrem göttlichen Ursprung „gesammelt" werden und so den erfahrenen Yogi mit Freude erfüllen."

Vers 118

„Am Anfang und am Ende des Niesens, im Zustand der Angst oder der Trauer, am Rand eines Abgrunds, oder wenn man von einem Schlachtfeld flieht, im Zustand intensiver Neugier, am Anfang oder am Ende des Hungers – alle diese Zustände haben Anteil an der absoluten Realität."

Kommentar:
„Es gibt extreme Situationen im Leben, Momente der Angst, der Bedrohung, der Trauer – die eine Schockwirkung ausüben, Erschütterung, Erstaunen oder andere starke Reaktionen hervorrufen. Aber auch in alltäglichen Situationen wie Niesen, Hunger und Durst entsteht eine Intensität, ein Zusammenziehen aller Kräfte, eine momentane Befreiung von allen anderen Gedanken und eine augenblickli-

che Verinnerlichung. In solchen Momenten berührt man den Kern des eigenen Seins und Bewusstseins, der reine, pulsierende, intensive Energie ist (*spanda*). Der Anlass ist nicht wichtig, denn jeder Anlass kann zu demselben Zustand führen, auch intensive Neugier. In solchen Momenten kann sich eine echte Befreiung von den Bedingtheiten des Lebens ereignen, wenn man fähig ist, sie zu erfassen und zu nützen. Ein solcher Moment der Intensität kann zu einem Zustand führen, in dem das Absolute spürbar wird, einem Zustand spiritueller Wirklichkeit.

Das scheinbar banale Beispiel des Niesens ist eine physische Erfahrung, denn zu Beginn und am Ende des Niesens zieht sich alles im Körper zusammen. Das Fliehen von einem Schlachtfeld, wenn man um sein Leben rennt, beinhaltet sowohl die extreme Angst als auch die physische Anstrengung, in die man sich total hinein gibt. Die Trauer um den Tod eines geliebten Menschen ist ein rein seelisches Beispiel, denn dabei konzentriert sich alles auf dieses eine Gefühl unter Ausschluss aller anderen. Bedingung all dieser Erfahrungen ist daher die Intensität des Erlebten, die Konzentration aller Kräfte auf einen Punkt."

Kapitel 3

Die vier klassischen Yoga-Wege
in der heutigen Zeit

Es gibt viele verschiedene Yoga-Wege, doch werden von den alten, autoritativen Yoga-Werken immer wieder ganz bestimmte als die wichtigsten genannt. Von diesen habe ich vier ausgesucht, um sie im vorliegenden Kapitel eingehend darzustellen, da ich sie für den modernen, in der heutigen Zeit lebenden Yoga-Praktizierenden für grundlegend halte. Viele von uns sind über die anfängliche Praxis des *Hatha-Yoga* zu einer umfassenderen Praxis des Yoga gelangt. Das ist durchaus verständlich und nachvollziehbar und war zu früheren Zeiten vermutlich nicht viel anders. Der *Hatha-Yoga* ist einer der wichtigsten Pfade innerhalb der großen Yoga-Tradition. Doch werde ich ihn an dieser Stelle nur kurz ansprechen, da er in vielen Werken bereits ausführlich dargestellt wurde. Aber auch, weil ich mich in diesem Buch über Yoga hauptsächlich mit den geistig-spirituellen Lehren und Methoden der großen Yoga-Traditionen auseinandersetzen möchte. Der *Hatha-Yoga* für sich ist kein Weg, der zur spirituellen Befreiung (*moksha*) führt. Allerdings eignet er sich als Einstieg zum spirituellen Weg (*sadhana*) und als Praxis, die den spirituellen Weg begleitet und unterstützt, da Körper und Geist eine Einheit bilden. So schreibt Swami Vishnu Tirtha in seinem elementaren Werk „*Devatma Shakti*": „Körper und Geist sind eng miteinander verbunden. Das Nervensystem und das Gehirn bilden das verknüpfende Bindeglied. Solche Praktiken fallen unter den Bereich des *Hatha-Yoga*. Auf der anderen Seite werden die höheren Bereiche des Yoga als der *Raja-Yoga* verstanden, der sich einzig auf die Praktiken des Geistes bezieht."[18]

Wie wir hier heraushören, wird dem *Hatha-Yoga*, im Vergleich zu den anderen Yoga-Arten und hinsichtlich der höheren Weihen des Yoga, nur eine vorbereitende Funktion zugestanden. Welches sind nun die anderen Yoga-Arten? In vielen bekannten Werken, wie beispielsweise dem *Viveka Darpana*, wird der *Hatha-Yoga* zusammen mit folgenden drei anderen Yoga-Arten genannt, dem *Laya-Yoga* (Yoga der Verschmelzung/Auflösung)[19], dem *Mantra-Yoga* (Yoga der *Mantras*) und dem oben auch von Swami Vishnu Tirtha erwähnten *Raja-Yoga* (Königs-Yoga). Auch nach der *Yogatattva Upanishad (19b)* gibt es einen „vierfältigen Yoga", bestehend aus *Mantra-, Laya-, Hatha-* und *Raja*-Yoga. Diese vier werden in *Yogashikha* Upanishad *1. 129* unter dem Begriff *Maha-Yoga*, also „großer Yoga", zusammengefasst. Einige andere Yoga-Upanishaden nennen *Mantra-, Laya-* und *Hatha*-Yoga als aufeinander aufbauende Stufen eines integralen Yoga-Prozesses, der mit *Hatha-Yoga* als der untersten und gröbsten Stufe beginnt. Von den vier genannten Yoga-Arten gilt der *Raja-Yoga* allgemein als der höchste und vollkommenste, so heißt es z.B. in *Viveka Sindhu 1. 2. 91cd*:

---

18 Swami Vishnu Tirtha, Devatma Shakti, S. 113

19 *Laya* leitet sich ab von der Sanskrit-Verbwurzel *li*, „verschmelzen, sich auflösen". Nach R.K. Rai (Enzyclopedia of Yoga, S.297) ist *Laya* sowohl die Vereinigung der Kundalini mit der im Scheitel-Chakra (*Sahasrara*) befindlichen individuellen Seele, als auch ein Synonym für *Samadhi*, dem Zustand der geistigen Verschmelzung. In einem der grundlegenden Werke des Hatha-Yoga, in der Hatha Yoga Pradipika (4. 31-32) ist *Laya* das Aufhören aller körperlichen und geistigen Aktivitäten: „Eine Verschmelzung/Auflösung der Yogis, bei der der eingehende und ausgehende Atem aufgehört hat und das Ergreifen der [Sinnes-] Objekte ausgelöscht ist, sich nichts bewegt und nichts verändert, ist erfolgreich. Es entsteht ein [Zustand der] Verschmelzung/Auflösung, bei dem alle Vorstellungen zerstört [und] keine Körperbewegungen geblieben sind, [der nur] dem Selbst verständlich [und] mit Worten nicht beschreibbar ist."

„Dieser (Raja-Yoga), an den man sich erinnern sollte, ist von vielen
Yoga-Arten die beste."

Auch Swami Shivananda, in dessen Yoga-Tradition der *Hatha-Yoga* nun gewiss eine bedeutende Rolle spielt, sagt über das Verhältnis *Raja-Yoga – Hatha-Yoga*:

„Der wahre Raja-Yoga beginnt dort, wo richtig praktizierter
Hatha-Yoga endet."[20]

Die höhere Form des Yoga – die auch Thema und Grundlage meines Buches ist – ist also derjenige Yoga, der, wie Swami Vishnu Tirtha es ausdrückt, „sich auf die Praxis des Geistes bezieht". Unser Geist/Verstand und unser Herz sind die wichtigsten Instanzen, die wichtigsten Helfer und Begleiter auf unserem Yoga-Weg. Sie sind es, die auf dem großen, breiten Weg des *Raja-Yoga* mit seinen einzigartigen Lehren und praktischen Methoden geschult und gestärkt werden sollen. Daher habe ich diejenigen vier speziellen Yoga-Arten oder Yoga-Wege für das vorliegende Kapitel ausgesucht, die, gemäß den Lehren der Yogis, den *Raja-Yoga* – den „königlichen Weg" – ausmachen:

1. *Karma-Yoga*   **der Yoga des Handelns**
2. *Bhakti-Yoga*   **der Yoga der liebevollen Hingabe**
3. *Dhyana-Yoga*   **der Yoga der Meditation**
4. *Jnana-Yoga*   **der Yoga des Wissens**

Alle vier Yoga-Arten werde ich, neben vielen anderen Werken, auf dem Hintergrund eines der wichtigsten Werke des Yoga und der indischen Weisheitsliteratur behandeln – der *Bhagavad Gita*. Es eignet sich wohl kaum ein anderes Werk über Yoga so sehr, um bei der Dar-

---

20 www.yoga-vidya.de/Yoga-Buch/sadhana/Grundlagensadhana.html

stellung der verschiedenen Lehren und Methoden des Yoga immer wieder den Bezug zum alltäglichen Leben herzustellen, vor allem im Zusammenhang mit der im Vordergrund stehenden Frage: „Wie kann ich auf meinem spirituellen Weg glücklicher und erfolgreicher im Leben werden?" Es wird unter anderem ganz praktisch darum gehen zu sehen, wie wir mit Yoga unseren Tag gestalten können, wie wir im Sinne des Yoga den Tag beginnen, wie wir unsere Arbeit im Büro, in der Familie oder in anderen Lebensbereichen besser gestalten können, wie wir lernen, mit uns selbst und anderen besser umzugehen – und vieles mehr.

Doch zuerst, um eine feste Grundlage zu erhalten, sollten wir uns mit der *Bhagavad Gita* selbst beschäftigen. Wir werden sehen, dass es sich bei diesem berühmten Werk ganz und gar nicht um ein Buch handelt, das sich mit irgendwelchen alten und unzeitgemäßen Themen befasst. Ganz im Gegenteil – die *Bhagavad Gita* ist das große Buch über Yoga im alltäglichen Leben, damals wie heute. Einer der bekanntesten Aussprüche Mahatma Gandhis, der die Lehren dieses Werkes zum Wohle der Menschen zu nutzen wusste, über die *Bhagavad Gita* lautete daher: „Wenn sich Enttäuschungen auftun und ich nicht einen Lichtstrahl am Horizont sehe, wende ich mich der *Bhagavad Gita* zu und finde dort einen Vers, der mich tröstet, und sofort beginne ich inmitten von überwältigendem Leid zu lächeln. Mein Leben ist voll von äußerlichen Tragödien gewesen, und wenn diese keine sichtbare und unauslöschliche Wirkung auf mich gezeigt haben, so verdanke ich das den Lehren der *Bhagavad Gita*."

Die 701 Verse der *Bhagavad Gita*, des „Gesangs des Erhabenen", rückten erstmals im achten Jahrhundert nach Christus durch den großen indischen Philosophen Shankaracharya verstärkt ins öffentliche Interesse, der sie inmitten des *Mahabharata-Epos* entdeckte und in ihnen ein Werk von großer spiritueller Weisheit und Inspiration erkannte. Als literarisches Werk beginnt die *Bhagavad Gita* mit kaum zu überbietender Dramatik. Die Szene auf dem Schlachtfeld hat etwas Archaisches und gleichzeitig Altbekannt-Alltägliches:

Zwei Familien aus dem gleichen Königsgeschlecht – die *Pandavas* und die *Kauravas* – kämpfen um den Thron. Die rechtschaffenen *Pandavas* haben Krishna wiederholt als Friedensboten zu den *Kauravas* gesandt, doch sind die Friedensgespräche gescheitert, und so steht nun die Schlacht bevor.

Arjuna, der bedeutendste unter den Pandava-Kriegern, wendet sich an Krishna, der die Rolle seines Wagenlenkers übernommen hat, und sagt zu ihm: „Fahre mich zum Schlachtfeld, damit ich mir von der gesamten Szene, der Schlachtaufstellung, ein Bild machen kann." Beim Anblick der gegenüberstehenden, zum Kampf bereiten Familien, die seine eigenen Verwandten sind, überkommt ihn ein gewaltiger Zweifel. Er fragt sich: „Kann es richtig und rechtschaffen sein, einen solchen Kampf durchzuführen? Was soll dabei gewonnen werden? Daraufhin wirft er seine Waffen zu Boden, setzt sich mitten auf das Schlachtfeld und verkündet Krishna: „Ich kämpfe nicht!"

Der entscheidende Punkt liegt hier nicht in der Frage nach Gewalt oder Gewaltlosigkeit, sondern in der Gewaltanwendung gegen die eigenen Freunde, die zu Feinden geworden sind. Arjunas zögerndes Verhalten gegenüber dem Kampf ist kein Ausdruck von hoher geistiger Entwicklung oder der Vorherrschaft von *Sattva*, geistiger Reinheit und Güte, sondern ist das Ergebnis von Unwissenheit und Leidenschaft. Arjuna sagt selbst in *BhG 2.7*, dass er von Schwäche und Unwissenheit überwältigt sei. Das Ideal, das uns die *Bhagavad Gita* vor Augen führt, ist *Ahimsa*, völlige Gewaltlosigkeit. Dies geht aus der Beschreibung des Zustands der Vollkommenheit von Geist, Rede und Körper in Kapitel 7 und aus der Beschreibung des Geistes eines Frommen in Kapitel 12 hervor.

Noch einmal: Es geht hier also nicht um die moralische Frage, ob Kämpfen oder gar Töten gerecht sein kann. Das Drama der Schlacht dient hier nur zur Kulisse, zur Veranschaulichung für eine tiefe innere Auseinandersetzung, wie wir sie alle aus dem Alltag kennen. Das Schlachtfeld, auf dem Krishna steht, ist das Schlachtfeld des Lebens, unseres Lebens. Arjuna steht für uns, die wir uns immer wieder fragen: Wie muss ich handeln, wie muss ich mich verhalten, z.B. um dem Leben dort draußen gerecht zu werden und gleichzeitig meinem inneren Weg zu folgen? Wie lassen sich Weltlichkeit und Spiritualität, das Streben nach Glück und Freude auf der einen Seite und das Streben nach höherer Erfüllung oder spiritueller Befreiung auf der anderen Seite, miteinander in Einklang bringen? Diese Schlacht, von der hier in der *Bhagavad Gita* die Rede ist, ist auch nicht unbedingt eine äußerliche, sondern eine in unserem Inneren. Dabei geht die Kampflinie mitten durch uns hindurch:

So bin ich.	–	So sollte ich sein.
Das kann ich.	–	Das sollte ich können.
So handle ich.	–	So sollte ich handeln.

Wie Arjuna, quält auch uns oft die Frage, wie wir sein sollen und was wir idealerweise tun sollen. Auch wir, als Menschen, die einen Yoga-Weg gehen, müssen kämpfen – meistens für etwas, doch manchmal auch gegen etwas.

Arjuna ist in der *Bhagavad Gita* der Schüler, der Suchende, einer, der bereit ist zu lernen, sich zu entwickeln. Er ist derjenige, der von Qualen heimgesucht wird, der sich vor eine unerträgliche Entscheidung gestellt sieht. Er steht stellvertretend für uns. Krishna ist der spirituelle Lehrer, der Guru, der Meister. Krishna steht aber auch für das Leben, das uns Chance über Chance gibt zu lernen, und für die Segenskraft, die uns leitet und führt. Krishna zeigt drei unterschiedliche Methoden oder Wege auf, über die der einzelne Yoga-

Praktizierende bzw. spirituelle Suchende die Antwort auf seine Frage finden kann, wie eben z.B.: „Wie kann ich ein gutes und angenehmes Leben führen und gleichzeitig meinen Weg zum inneren Glück oder zu Gott zu vollenden?" Krishna lehrt für den von Natur aus aktiven Menschen den Weg des *Karma-Yoga*, des selbstlosen Handelns. Für die hingebungsvolle Persönlichkeit lehrt Krishna den Weg des *Bhakti-Yoga*, des Yoga der Liebe und Hingabe. Dem eher introvertierten Menschen weist er den Weg der Meditation (*Dhyana-Yoga*). Für den Nachdenklichen zeigt er die Methode des *Jnana-Yoga*, eines Weges des Wissens. Es ist vermutlich jedoch so, dass diese „Reinformen" nur in der Theorie vorkommen. Die Menschen, die einen solchen Weg gehen, stellen meist nach einiger Zeit schon fest, dass sie nicht nur *einer* dieser Persönlichkeitstypen angehören, sondern eher – mehr oder weniger – von allen vieren etwas haben, weshalb sie Elemente aller vier Wege zu Bausteinen ihres spirituellen Weges machen.

Kapitel 3.1

Karma-Yoga – Der Weg des selbstlosen Handelns und Dienens

Obwohl viele Autoritäten des Yoga während langer Phasen der inneren Einkehr und Suche, der Askese und der Konzentration auf die inneren Welten schließlich ihr Ziel fanden, haben sie ihren Schülern und Schülerinnen nie die Abkehr von der Welt gelehrt. Der durchaus sinnvolle, zeitweilige Rückzug vom Leben, zwecks Vertiefung der inneren Erfahrung, ist nach Aussage der Yoga-Meister nur damit zu rechtfertigen, dass wir danach umso mehr ins Leben hinausgehen, um uns zu bewähren, die erhaltenen Lehren in die Tat umzusetzen und der Welt zu dienen.

Krishna stellt sehr deutlich heraus, dass der Mensch nicht um das Handeln herumkommt, sondern sicherstellen muss, dass sein Handeln richtiges und rechtschaffenes Handeln ist. Das geschieht, indem der Mensch sich von den Früchten (Sanskrit: *phala*) bzw. dem Lohn der Handlung löst, also seine Pflicht tut und es Gott überlässt, was dabei herauskommt. So lesen wir in *Bhagavad Gita 18. 11, 46*:

„Verkörperte Lebewesen sind letztlich nicht in der Lage, völlig vom Handeln abzulassen, also wird der, welcher von der Frucht des Handelns ablässt, ein Entsagender genannt.
Indem der Mensch mit der ihm zukommenden Pflicht Ihm huldigt, aus dem alle Geschöpfe hervorgehen, Ihm, von dem dieses Universum durchdrungen ist, gelangt er zu Vollkommenheit.“

Dies ist eine der zentralen Lehren der *Bhagavad Gita*. Das Handeln lässt sich nicht vermeiden. Selbst sich zu weigern, physisch aktiv zu werden, ist bereits eine Form des Handelns – die Handlung des Sich-Weigerns. Der Ausweg aus dieser Sackgasse ist rechtes Handeln, uneigennütziges Tun, Handeln ohne auf den dafür winkenden Lohn oder die Früchte zu schielen.

Die Frage, um die es in der genannten Situation in der *Bhagavad Gita* geht, ist: Welchen Weg soll Arjuna in seinem Handeln einschlagen? Von seinen Gefühlen überwältigt, vertritt Arjuna den Standpunkt, dass der Verzicht auf das Handeln der einzige ihm offen stehende Weg sei. Krishna lehrt Arjuna hingegen, dass er Verzicht *im* Handeln praktizieren solle, statt gänzlich auf das Handeln zu verzichten. Hiermit gibt Krishna Arjuna – stellvertretend für uns – eine Unterweisung in der hohen Kunst der wahren Entsagung. Wahre Entsagung bezieht sich nicht auf die Tat selbst, sondern auf die Geisteshaltung, die sich hinter dieser Tat verbirgt.

Wie viele von uns haben schon einmal den Gedanken oder Wunsch gehabt, sich mit fünfzig Lebensjahren vom Erwerbsleben zurückziehen zu können, um an irgendeinem schönen Plätzchen auf dieser Welt – vielleicht auf einer Insel in der Karibik oder auf den Seychellen – das Leben nur noch zu genießen. Und das, obwohl wir alle wissen, dass es Menschen gibt, die sich diesen „Traum" tatsächlich haben verwirklichen können – und dabei kein Glück und keinen inneren Frieden gefunden haben. Der wahre innere Frieden, das wahre Glück kann nur erlangt werden, wenn wir auf das Leben zugehen und uns den Aufgaben des Lebens stellen. Das betrifft insbesondere uns, die wir einen geistigen Weg gehen oder beabsichtigen zu gehen; denn Handeln ist auch erforderlich, um auf unserem spirituellen Weg voranzukommen. Unsere Gefangenschaft in dieser Welt besteht nach den Lehren des Yoga nicht in unserer Existenz als Individuum auf dieser Welt, sondern in der Identifikation des individuellen Selbst mit dem Ego, dem Körper-Geist-Komplex, statt mit dem höchsten Bewusstsein, das in völliger Freiheit den Körper durchdringt und jede Zelle lebendig macht.

Einer meiner früheren Meditationslehrer, jemand, der, bevor er einem indischen Mönchs-Orden beitrat, lange Zeit in Zen-Klöstern in Japan verbrachte, erzählte einmal, dass er zugegen war, als der Prince of Wales einem bekannten Meister eines buddhistischen Ordens einen Besuch abstattete. Der Prinz besuchte den Tempel des Meisters, und ihm wurden die uralte Meditationshalle, die Meditationsgärten und die Teeräume gezeigt. Nach einer Tasse Tee mit dem Meister wandte sich Prince Charles dem Meister zu und fragte: „Aber warum meditieren? Was ist der Sinn und Zweck von alledem?" Der Meister bat den Prinz, zu einem der Bäume zu schauen, einer wunderschönen Pinie. Nachdem der Prinz einige Minuten völlig vertieft war in der Betrachtung der Pinie, wurde er vom Meister gefragt: „Sag mir, als Du den Baum betrachtetest, warst Du Dir dessen bewusst, dass Du der Prince of Wales bist?" Der Prinz antwortete: „Was? Nein, natürlich nicht." Der Meister sagte lächelnd: „Deswegen meditieren wir." Und als der Prinz dies hörte, konnten alle Anwesenden sehen, wie sich das Gesicht des Prinzen in einem Augenblick der höheren Erkenntnis aufhellte. Er schien zu verstehen, was ihm der Meister zu sagen versuchte.

Übertragen auf unser Thema bedeutet das: Solange wir uns mit dem kleinen „Ich" identifizieren, das Ehrentitel, Ränge oder Verdienste hat, sich groß oder klein wähnt – als Bettler oder Prince of Wales –, das abhängig ist von Erfolg und Misserfolg, können wir keine wahre Freude, kein wahres Glück erfahren. Unsere Konditionierung auf Erfolg und Misserfolg macht uns unfrei und unglücklich. Es macht uns zu Wesen, die – Pawlowschen Hunden nicht unähnlich – im Leben hin und her geworfen werden von Belohnung und Bestrafung. Das eigentliche Mysterium des *Karma-Yoga* liegt darin, dass jede Handlung zu Yoga wird, sobald das Ich und seine Erwartung nicht mehr im Zentrum des Geschehens steht und sagt: „Das ist *meine* Handlung, das ist *mein* Werk. Ich *will* damit Dies erreichen, ich *erwarte* mir davon Jenes." *Karma-Yoga*, das ist Handeln mit der Haltung des inneren Verzichts auf das Ergebnis der Handlung. Handeln mit der Haltung der Absichtslosigkeit. Was mit dieser „Absichtslosigkeit im Handeln" genau gemeint ist, lässt sich sehr anschaulich mit einer wahren Begebenheit aus dem Leben des deutschen Philosophen Eugen Herrigel (1884-1955) zeigen, der diese Begebenheit in seinem bekannten Werk „Zen in der Kunst des Bogenschießens" niederschrieb.

Eugen Herrigel kam als deutscher Philosoph in den zwanziger Jahren nach Japan, um Buddhismus, insbesondere Zen-Buddhismus, zu studieren. Nach einiger Zeit wurde ihm klar, dass er den Buddhismus nie wirklich verstehen würde, wenn er neben seiner theoretischen Erforschung nicht auch eine der praktischen buddhistischen Disziplinen erlernen würde. Da er von der Kunst des Bogenschießens tief beeindruckt war, wählte er diese Disziplin. In dem Buch „Zen in der Kunst des Bogenschießens" erzählt er, wie er unter der Leitung eines der bekanntesten und erfahrensten Meister die körperlichen und geistigen Aspekte des Bogenschießens Schritt für Schritt erlernte und dabei so manche schwerwiegenden und grundsätzlichen Fehler beging, was nicht zuletzt durch seine europäische Erziehung bedingt war. Er berichtet, dass er beim Üben ein ganz großes Problem hatte: In der höchsten Spannung des Bogens sollte sich der Schuss des Pfeils wie von selbst lösen. Aber genau dies misslang ihm bei jedem Versuch. Sein Wunsch und sein Streben, den Schuss erfolgreich zu lösen und ins Ziel zu bringen, erbrachte nicht die erstrebte Wirkung. Nach der Disziplin des Bogenschießens sollte der Schuss nämlich „wie eine reife Frucht abfallen".

Je mehr Herrigel danach strebte, erfolgreich zu sein – also willentlich versuchte, ohne Absicht zu sein –, desto mehr verkrampfte er sich und desto weiter entfernte er sich von dem Ziel bzw. von dem „Weg der reifen Frucht", den sein Meister ihm vorgegeben hatte.

Ein Meister erkennt natürlich die Schwierigkeiten seiner Schüler, und so war es auch in Herrigels Fall. Sein Meister hieß ihn, den Unterricht abzubrechen. Eugen Herrigel war natürlich enttäuscht von sich selbst. Nach einiger Zeit konnte er sich jedoch dazu aufraffen, wieder zum Meister zu gehen, um den Unterricht fortzuführen. Nun, aufgrund des Misserfolges, war Herrigel von etwas Wesentlichem befreit – von seinem Stolz. Dadurch konnte er offen und ohne jegliche Erwartung auf schnellen Erfolg sein. Dann plötzlich, eines Tages, beim Unterricht mit dem Meister, löste sich ein Schuss im Augenblick der höchsten Spannung des Bogens – wie von selbst. Das war es, das war das so lange gesuchte „Etwas", wie es in der Kunst des Zen-Bogenschießens genannt wird. In der entspannten Haltung von Körper und Geist, in der höchsten Spannung des Bogenschützens, löste sich der Schuss – so wie es nach den Lehren des Zen-Buddhismus vorgesehen war – ganz von selbst. Und zur größten Überraschung von Herrigel verneigte sich dann sein Meister vor ihm und dem Bogen und sagte: „Es hat geschossen." Doch die Ehrung durch diese Verbeugung, wie uns Herrigel wissen lässt, habe nicht etwa ihm als Person gegolten, sondern dem Umstand, dass sich das „Etwas" offenbart hatte. Das Ereignis geschah also ganz einfach – es gab keinen, der eine Tat ausgeführt hätte. Dieses „Etwas" ist nach der buddhistischen Wahrheit eben das, was beim Handeln über Denken, Wahrnehmung und alles Persönliche hinausgeht – und es ist wohl das, was im Yoga das Selbst genannt wird, aus dem heraus jedes Handeln im Idealfall erfolgen sollte – *das Ich-lose Ich.*

Auch beim *Karma-Yoga* geht es um nichts Äußeres, sondern um eine bestimmte *innere Haltung* beim Handeln. Eigentlich *ereignet* sich *Karma-Yoga*, ebenso wie sich im Zen-Bogenschießen der Schuss einfach nur löst. In unserem Leben gibt es diese kosmische Kraft oder

Energie. Sie offenbart sich – wie das „Etwas" im Zen-Buddhismus. Doch wir mischen uns immer ein, unsere Interessen und Vorstellungen stehen im Gegensatz zum natürlichen Fluss der Handlung. Hierzu passt ein Sprichwort: „Es ist immer leichter, ein Pferd in diejenige Richtung zu reiten, in die es ohnehin will." Bei einer Ich-bezogenen Handlungsweise hingegen reiten wir das Pferd eben nicht in die Richtung, in die es will, wir schwimmen gegen den natürlichen Fluss der Energie, welche die Ereignisse in unserem Leben steuert.

Yoga bedeutet „Vereinigung" – die Vereinigung des Individuums mit dem Göttlichen. *Karma-Yoga*, Yoga im Handeln, ist daher das Wirken dieser Vereinigung bzw. Einheit im täglichen Leben, und zwar indem unser individueller Wille mit dem göttlichen Willen eins wird. Der karma-yogische Handlungsmodus bedeutet ein Handeln aus einer höheren Warte heraus. Gemäß den Lehren der vollkommenen Meister des Yoga sind unser Intellekt und unser individuelles Handlungsvermögen prinzipiell kein Hindernis, nichts, was überwunden werden müsste. Sie sollten nur *synchronisiert* werden, und zwar mit der weitaus mächtigeren und umfassenderen Kraft des inneren Selbst, bzw. des inneren Herzens. Geist/Verstand und inneres Herz – Menschliches und Göttliches – sollten idealerweise miteinander verschmelzen. Wenn wir uns der kosmischen Kraft hingeben, geschieht dies mehr oder weniger automatisch. Dann *ereignet sich* für uns müheloses Handeln im Einklang mit den Gesetzen des Kosmos.

Menschen hingegen, die sich mit ihrem Ego, ihrer begrenzten individuellen Natur identifizieren, zeigen starke Neigungen, die Welt um sich herum zu manipulieren und zu kontrollieren. Ihnen bleibt ja auch nichts anderes übrig; denn aus der begrenzten Warte des „kleinen Selbst" heraus muss ihnen die Welt um sie herum als bedrohlich erscheinen, da sie sie als etwas Fremdes, von ihnen Verschiedenes, wahrnehmen. Wenn wir aus *dieser* Warte heraus handeln, laden wir Schwierigkeiten und Misserfolge geradezu ein, und wir handeln mit verminderten Kräften. Für diese verminderten oder schwachen Handlungskräfte bzw. Energien des Handelns gibt es generell drei verschiedene Gründe, über die es sich lohnt, einmal nachzudenken:

1. *Wir versuchen, gegen den natürlich Fluss der Energie zu schwimmen.*
2. *Wir kämpfen wie Don Quichotte gegen Feinde, die nur in unserer Einbildung existieren.*
3. *Wir handeln wie jemand, der wir überhaupt nicht sind.*

Erst wenn wir beginnen, durch das Aufgeben unseres Ich-bezogenen Handelns unsere Fesseln zu sprengen, können wir eine höhere Form des Seins und damit auch des Handelns erfahren. Dann handeln wir im wahrsten Sinne des Wortes „authentisch". Diese höhere Authentizität kennen wir alle, ob wir nun den spirituellen Weg beschreiten oder nicht. Nehmen wir ein ganz und gar profanes Beispiel: Menschen, die große sportliche Erfolge erzielt haben. Sie berichten häufig, dass sie in einen Zustand gerieten, in dem sie der „Weisheit des Körpers" folgten oder in spontaner Verbindung waren mit einer höheren, umfassenderen Energie. Diesen Zustand des mühelosen und höchst erfolgreichen Handelns beschreiben auch Künstler und Schriftsteller.

Einige berichten in diesem Zusammenhang von einem Zustand der Leere oder des Zeugenbewusstseins, in dem sie nicht wirklich selbst etwas tun – weil es sie ja in diesen Momenten gar nicht gibt. Durch ihren Verstand und ihre Hände manifestiert sich etwas, was als vollkommene Idee auf irgendeiner höheren Ebene in subtiler Form schon längst vorhanden ist. Man kann diesen Zustand nicht mit dem Verstand wahrnehmen bzw. reflektieren, denn sobald sich der Verstand einschaltet, verschwindet dieser Zustand, so wie der Tag geht, wenn die Nacht anbricht. Sobald wir an dieses höhere System „angeschlossen" sind, scheint unser gesamtes System synchron zu arbeiten. Denken, Fühlen, Sprechen und Handeln sind dann harmonisch aufeinander abgestimmt und existieren nicht als voneinander unabhängige, singuläre Einheiten.

Kehren wir in diesem Zusammenhang noch einmal zur *Bhagavad Gita* zurück. In keinem anderen indischen Werk steht der *Karma-Yoga* so sehr im Mittelpunkt wie in der *Bhagavad Gita*. Eine der großartigen Lehren der *Bhagavad Gita* ist, dass wir in der beständigen Erfahrung des unvergänglichen Selbst leben können, während wir unseren alltäglichen Tätigkeiten nachgehen. Wir lernen also wieder einmal, hier auf der Basis der Lehren der *Bhagavad Gita*, dass Yoga nicht ausschließlich etwas ist, das auf das meditative und kontemplative Leben ausgerichtet wäre, sondern Yoga ist ursprünglich gedacht als ein wahrhafter Weg zu spiritueller Befreiung *und* der Erfahrung des Glücks und der Freude in dieser Welt. Krishna lehrt Arjuna daher in *Kapitel 4 Vers 18-20*:

„Wer im Handeln Nicht-Handeln erblickt und Handeln im Nicht-Handeln, der ist ein Weiser unter den Menschen, ein Yogi, einer, der alles Werk vollbringt. Wessen Handlung frei von Wünschen ist, wessen Werke im Feuer der Weisheit verbrennen, den nennen die Weisen einen Kundigen. Wer alles Anhängen an die Frucht der Werke aufgegeben hat, immer zufrieden ist, ohne irgendwelche Abhängigkeit, tut nichts, obgleich er ständig handelt."

Nach den Lehren der *Bhagavad Gita* geht es also nicht nur darum, auf die Ergebnisse der Handlungen zu verzichten. Wahrer *Karma-Yoga* gipfelt in der völligen Aufgabe der (falschen) Vorstellung von Täterschaft, von der Idee „Ich handele". Mit demjenigen, der „nichts tut, obgleich er handelt", ist der vollkommen *Karma-Yogi* gemeint, der, der weiß, dass er nur ein Werkzeug Gottes bzw. der kosmischen Kraft (*Shakti*) ist.

Kommen wir zu einem anderen Aspekt des *Karma-Yoga*, von dem noch nicht die Rede war. Warum ist es für den Handelnden, insbesondere für den nach Befreiung und Glück strebenden Handelnden, so wichtig, auf die innere Haltung beim Handeln zu achten? Die Antwort hierauf finden wir in den *Yoga Sutras*, nämlich in Vers *2. 13*, wo es heißt:

> *„Solange die Ursache (wörtl. Wurzel) verbleibt, wird das Karma in Form von verschiedenen Situationen, Lebensspannen und Erfahrungen reifen."*

Solange wir aus unserem Ego-Ich heraus handeln, sind wir nicht wirklich frei, sondern Gefangene des in uns eingelagerten *Karmas* (*karmashaya*). In unserer gegenwärtigen Situation werden wir gezwungen, das zu ernten, was wir gesät haben, oder wie eine Meisterin des Yoga einmal sagte: „Ihr seid die Bäcker des Brotes, das ihr esst." Wir erfahren also jetzt, in diesem gegenwärtigen Moment, was wir irgendwann einmal verursacht haben; und wir verursachen im Augenblick, was wir in Zukunft einmal erfahren werden. Da auf dem Weg des *Karma-Yoga* für solche, die Yoga praktizieren oder zumindest an Yoga sehr interessiert sind, die Kenntnis über die Natur und das Wesen des *Karma* unentbehrlich ist, soll an dieser Stelle kurz auf das bei uns nur wenig bekannte Wissen über *Karma* eingegangen werden.

In den alten Yoga-Schriften unterscheidet man grundsätzlich drei verschiedene *Karma*-Arten:

1. *Sanchita-Karma*
2. *Prarabdha-Karma*
3. *Vartamana-/Kriyamana- bzw. Agami-Karma*

Sanchita-Karma ist das noch nicht verbrauchte *Karma* aus vergangenen Leben. Dieses *Karma* ist die Ursache für alles, was dem Menschen gegenwärtig widerfährt und in der Zukunft widerfahren wird. Das *Prarabdha-Karma* (Skt. *pra-a-rabh*, „beginnen") ist derjenige Teil des *Sancita-Karma* (Skt. *Sancita*, „aufgeschichtet, angehäuft"), der bereits begonnen hat zu wirken. *Vartamana-*, *Kriyamana-* oder *Agami-Karma*[21] ist dasjenige *Karma*, das gegenwärtig (Skt. *vartamana*, „ablaufend, existierend"; *kriyamana*, „getan werdend") entsteht bzw. in Zukunft (Skt. *agamin*, „herankommend") verursacht werden wird.[22] Dem bekannten Indologen K.H. Potter zufolge versteht man im *Yoga* und *Advaita* unter Erlösung (*Moksha*) die Befreiung aus der Gefangenschaft des Kreislaufs der Wiedergeburten durch die Stilllegung des karmischen Prozesses. Der Yogi, so sagt Potter, ist daher bestrebt, Handlungen so auszuführen, dass dabei kein *Karma*-Same gebildet wird, der irgendwelche zukünftige Wirkung hat. Für den Anhänger des *Advaita* hingegen werde dasselbe Ziel erreicht, indem er versteht, dass er in Wirklichkeit nicht handelt. Diese „Entdeckung" verbrenne, so Potter, den Samen der Vergangenheit, d.h. das angesammelte Karma (*Sancita-Karma*). Da der *Anhänger des Advaita* nun nicht mehr handele, verursache er kein weiteres Karma mehr. Übrig bleibe nur noch das *Prarabdha-Karma*, also dasjenige *Karma*, das bereits angefangen hat, Früchte zu tragen. Hat der Befreite, der *Jivanmukta* (der noch in diesem Leben Befreite) die Auswirkungen dieses Karmas erfahren, werde er nicht wiedergeboren.[23] Den auf diese Weise erlangten Zustand findet man in *Ashtavakra Samhita 18. 21* folgendermaßen dargestellt: „Wer frei von den Eindrücken [aus früheren Leben] unabhängig ist, frei im Willen und frei von Bindung, der bewegt sich wie ein trockenes

---

21 Diese drei Begriffe werden synonym gebraucht.

22 Siehe Ram Kumar Rai, Encyclopedia of Yoga. Varanasi 1982.

23 W.D. O'Flaherty, Karma and Rebirth in Classical Indian Tradition: The Karma Theory and its Interpretation in some Indian Philosophical Systems, Karl H. Potter, S. 263.

Blatt, umherbewegt durch den Wind der [verbliebenen] Neigungen (*Samskara*)."

Doch wie erreicht man – ganz praktisch betrachtet – diesen Zustand des karma-yogischen Handelns, die Haltung der Absichtslosigkeit und inneren Entsagung beim alltäglichen Handeln? Hierzu findet man einen durchaus verwendbaren Ansatz in Jnaneshvars Kommentar zur *Bhagavad Gita*. Da sagt Krishna zu Arjuna in *Jnaneshvari 18. 1349, 1351-1353*:

„Lass deine Hände für Mich arbeiten, deine Füße für Mich gehen, und lass auf diese Weise alle deine Handlungen Mir zuliebe geschehen. Dich selbst als Diener sehend, betrachte alle anderen Menschen als Mich, den Einen, dem zu dienen ist. Sei allen gegenüber demütig, als ob du dich vor Mir verneigen würdest. Auf diese Weise wirst du von Mir die allergrößte Unterstützung in deinem Leben erhalten. Dann wird jede Idee von einem Anderen aus deinem Geist verschwinden, und du und ich werden zu Einem verschmelzen."

Da die *Jnaneshvari* zwar auch ein großes Werk über die Lehre und Philosophie des Yoga ist, in erster Linie jedoch allen Menschen einen alltagstauglichen Yoga-Weg hin zu Befreiung und Glück bereiten will, muss an dieser Stelle die Frage lauten: Was will uns Jnaneshvar hier mit auf den Weg geben? Was bedeutet diese Aussage Krishnas für uns hinsichtlich des Handelns im Alltag? Wie sollten wir denn nun im Idealfall handeln?

Krishnas Lehre an uns ist folgende: Solange wir nicht ohne Erwartungen säen, werden wir nie wirklich ernten können. Als *Karma-Yogis*, als wahre Dienende, lernen wir zu begreifen, dass das Säen nur eine äußere Handlung, eine äußere Geste ist. Nur wenn wir einigermaßen frei von Erwartungen sind, kann sich Erfolg „ereignen",

„offenbaren" (ähnlich wie bei dem erfolgreichen Schuss von Herrigel). Das wahre Ernten, der wahre Erfolg, findet im Inneren statt, frei von Erwartung, als Segensgeschenk. Wenn wir in vollkommener Harmonie und Einheit mit der alldurchdringenden Energie (*Shakti*), der kreativen Kraft/Macht des höchsten Bewusstseins, handeln, ist jede Situation vollständig, vollkommen und makellos.

Karma-Yoga ist – genauso wie der *Bhakti-Yoga* – sowohl ein Weg als auch ein Zustand, der Hingabe und gleichzeitig Teilnahme verlangt, nicht eigenwillige Veränderung. Hingabe und Demut (noch im Mittelhochdeutschen heißt es *Diemut*, also „Mut zum Dienen") sind die Grundlagen des *Karma-Yoga*. Dies mag manchem zu simpel klingen: „Dienen in Hingabe und Demut – das soll das ganze Geheimnis sein?" Diese Form des Yoga ist zwar im Prinzip *einfach*, doch nicht unbedingt *leicht*. Es ist ein schwieriges, aber auch hoch wirksames Training mitten in der Welt, in der wir leben. Man übersieht leicht, dass durch diese dienende und hingabevolle Haltung beim Handeln etwas zur Auflösung gebracht wird, was uns von der Realisierung unserer wahren Natur und somit von der Erfahrung des Glücks abhält, das kleine Ich, das Ego – der *Ahamkara*, wie die Yogis es in ihrer Terminologie nennen.

Doch ganz so einfach ist es häufig nicht; denn natürlich ist unser Ego bereit zu dienen! Aber klar doch – wenn es dabei weiter die Fäden in der Hand halten kann! Unser Ego dient hingebungsvoll, und wie – solange es von außen anerkennend beklatscht wird, Recht behält, Erfolg hat usw! Das Ego wird also nicht so schnell aufgeben. Daher sind auf dem Weg des *Karma-Yoga* Beharrlichkeit und Aufmerksamkeit erforderlich. Der Weg des *Karma-Yoga* führt jedoch Schritt für Schritt von unserer bisherigen Fixierung auf die Welt dort draußen – einschließlich des unangemessenen Verlangens auf äußerlichen Erfolg – zur unmittelbaren Erfahrung, dass das Wesentliche von innen kommt. Wobei das Äußere jedoch nicht vernachlässigt oder gar missachtet wird. In dem Maße, wie wir dann ohne irgendwelche Erwartungen an die äußere Welt handeln, erhalten wir zunehmend unsere Freiheit zurück.

Wir haben alle sicherlich schon einmal eine Fliege gesehen, die hinter dem Glas, also an der Innenseite eines geöffneten Fensters, nicht den Weg ins Freie fand. Kopfschüttelnd steht man daneben und fragt sich, warum diese Fliege es einfach nicht kapiert, dass ihre Freiheit nur ein paar Zentimeter daneben auf sie wartet. Sie bräuchte lediglich ein wenig zurück ins Innere des Raumes fliegen, und schon würde sie sehen, dass der Fensterflügel nach innen steht, das Fenster also offen ist und sie einfach hinaus fliegen könnte. Aber sie schafft es einfach nicht! Doch täuschen wir uns nicht – genau das ist u n s e r e Situation. Auch wir donnern unentwegt gegen die Innenseite eines Tores, das weit offen steht. Blind stürmt unsere Energie, stürmen unsere Vorstellungen und Wünsche nach draußen und kommen dort nie in der Weise, also wirksam und erfolgreich, an, wie es eigentlich von uns beabsichtigt war. Wie die Fliege versuchen wir es immer wieder auf die gleiche Weise: Bum… bum… bum. Ein universaler Grundsatz allerdings lautet: Man kann nicht erwarten, dass sich im Leben etwas verändert, wenn man immer wieder dasselbe tut.

Für den vorliegenden Fall heißt das konkret: Auch wir müssen nur ein wenig zurücktreten, nach innen gehen, damit sich eine andere, erweiterte Perspektive ergeben kann. Im zweiten Schritt wird dann unsere Handlungs-Energie ihren Weg nach draußen finden. Genau das ist der Weg des *Karma-Yoga*. Erst wenn ich zurück, nach innen gegangen bin und eine Verbindung zu meinem inneren Selbst, meinem inneren Herzen, der Quelle von Kraft, Liebe und Inspiration, wiederhergestellt habe, wenn ich mich im wahrsten Sinne des Wortes *zurück genommen habe*, erst dann kann meine Kraft nach außen hin frei werden – frei, erfolgreich und wohltuend für mich und andere wirksam werden.

Die Flöte Krishnas wurde einmal gefragt, warum sie denn so wunderschöne Töne erzeugen könne. Ihre Antwort darauf sei gewesen: „Weil ich vollkommen leer bin. Denn nur so kann ich Krishna vollkommen dienen."

Das Motiv der Flöte findet interessanterweise in diesem Zusammenhang auch in anderen mystischen Traditionen Verwendung, wie z.B. in der Tradition der Sufis, wie dieser Auszug aus dem Werk „Der Prophet" von Khalil Gibran zeigt:

> *„Wenn Du arbeitest, bist Du wie eine Flöte,*
> *in deren Herz das Flüstern der Zeit zu Musik wird.*
> *Wer von euch möchte nur ein Rohr sein, dumpf und still,*
> *während sonst alles singt in Harmonie?*
>
> *Immer ist euch gesagt worden, dass Arbeit*
> *ein Fluch sei und Beschäftigung ein Unglück.*
> *Aber ich sage euch: Wenn ihr arbeitet, erfüllt ihr*
> *einen Teil aus dem höchsten Traum der Erde,*
> *der euch zugeteilt worden ist,*
> *als dieser Traum geboren wurde;*
> *und wenn ihr mit etwas beschäftigt seid,*
> *liebt ihr in Wahrheit das Leben;*
> *und wenn ihr die Mühen des Lebens liebt,*
> *seid ihr dem tiefsten Geheimnis des Lebens nah."*

Da, wie wir sahen, das Ego, der *Ahamkara*, nicht so leicht zu beherrschen ist und wir uns nicht einfach bloß zurücknehmen können, stellen wir uns natürlich die Frage: Wie, wenn auch nur Schritt für Schritt, können wir das erreichen? Nach den uralten Lehren des *Karma-Yoga* gibt es hierauf eine klare Antwort: „Indem wir dienen." Oder, wie es eine große Meditationsmeisterin einmal ausdrückte: „Indem wir die ausgestorbene Kunst des Dienens wieder entdecken."

„Dienen?", mag da manch einer denken, „das ist doch ganz und gar altmodisch, gehört nicht mehr in die heutige Zeit." Von wegen! Dienen (Sanskrit: *seva*) wird seit Urzeiten von den Yoga-Meistern als eine der effektivsten Praktiken des Yoga gelehrt; und dafür gibt es gleich mehrere gute Gründe. *Dienen* bezieht sich nicht auf das Handeln als solches, bzw. es ist keine *bestimmte* Handlung. Dienen ist eine innere Haltung, mit der wir handeln, mit der wir möglichst *jede* Handlung durchführen. Hierdurch ist das Ego zwar nicht ausgemerzt, aber in gewisser Weise umgehen wir es so. Wir halten uns fern von seinem Einfluss, von seiner „schlechten Gesellschaft". Und im Laufe der Zeit lösen wir uns gänzlich von ihm. Daher sagt die große indische Heilige Mirabai:

> *„Vergiss nicht deine Pflicht zu dienen, oh Diener.*
> *Deine Freuden sind nur von kurzer Dauer,*
> *wie die Blüten des Granatapfels.*
> *Du bist hierher gekommen des Profites wegen,*
> *aber dein Kapital hast du vergessen, hast du weggeworfen.*
> *Mira sagt: In dieser Welt musst du Losgelöstheit praktizieren."*

Wenn wir unsere täglichen Verrichtungen im Geiste des Dienens ausführen, haben wir Verbindung zu unserem Herzen, zu unserem inneren Selbst. Das ist das „Kapital", von dem Mirabai hier spricht. Dienen ist sowohl Handeln mit Blick auf unser Inneres als auch Handeln aus unserem innersten Wesenskern heraus, aus der Quelle der Kraft und Harmonie. Das wusste auch C.G. Jung, der sagte:

> *„Dein Blick wird klar, wenn Du in Dein Herz schauen kannst.*
> *Wer nach außen schaut, träumt. Wer nach innen schaut, erwacht."*

An dieser Stelle – denn es hat unmittelbar mit dem „Drinnen-Draußen" zu tun – möchte ich mich noch einmal mit der „Kunst des Dienens", von der wir oben sprachen, befassen. Vor allem jedoch mit der Frage:

„Warum haben wir die Kunst des Dienens eigentlich vergessen bzw. verlernt?" Die Antwort hierzu könnte lauten: „Weil wir uns von der äußeren Welt vollständig vereinnahmen lassen." Die äußere Welt und die innere Welt sind eins, so sagen uns die großen Meister und Gelehrten des Yoga. Doch, wie C.G. Jung uns verdeutlicht, wer keinen Zugang, keine Verbindung zu seiner inneren Welt hat, der ist zum einen relativ schwach und wirkungslos in der Welt dort draußen, und außerdem verliert er sich im Äußeren und glaubt allen Einflüsterungen der äußeren Welt. Noch einmal: „Warum haben wir die große Kunst des Dienens vergessen?" Die Antwort könnte auch sein: „Weil wir für 'so etwas' heutzutage keine Zeit mehr haben. Wir sparen uns diese Zeit lieber für 'Sinnvolleres'." Bei all der Stromlinienförmigkeit des modernen Lebens bleibt leider vieles auf der Strecke – z.B. die Frage nach dem Sinn unseres Lebens, dem Wert unseres Lebens, der eigentlich, so sollte man meinen, vordringlichsten Aufgabe unseres Lebens. Wir wollen jedoch heutzutage selbstständig und unabhängig, stark und souverän sein – und vor allem auf der Höhe der Zeit. Bei dieser Lebenseinstellung *muss* einem Dienen als etwas vollkommen Unzeitgemäßes, Unnützes, geradezu Verrücktes erscheinen: „Wer hat denn noch Zeit für *so etwas*?"

Viele von uns haben vermutlich als Kinder, Jugendliche oder auch später als Erwachsene das Buch „Momo" von Michael Ende gelesen. Was ich an diesem Buch mit am Beeindruckendsten fand, waren die darin beschriebenen „grauen Herren", die den Menschen das Phänomen des Verlustes von Zeit suggerierten. Dieser Verlust von Zeit entstand nach Auffassung der grauen Herren, der „Agenten", durch bestimmte „nutzlose Tätigkeiten", die sich jedoch, durch verändertes Verhalten, einsparen ließen... Lesen wir dazu den entsprechenden Auszug aus „Momo" und wir werden erkennen, wie viel es mit unserem Thema zu tun hat.

„'Aber, mein Bester', antwortete der Agent und zog die Augenbrauen hoch, 'Sie werden doch wissen, wie man Zeit spart! Sie müssen zum Beispiel einfach schneller arbeiten und alles Überflüssige weglassen. Statt einer halben Stunde widmen Sie sich einem Kunden nur noch eine Viertelstunde. Sie vermeiden zeitraubende Unterhaltungen. Sie verkürzen die Stunde bei Ihrer alten Mutter auf eine halbe. Am besten geben Sie sie überhaupt in ein gutes, billiges Altersheim, wo für sie gesorgt wird, dann haben Sie bereits eine ganze Stunde täglich gewonnen. Schaffen Sie den unnützen Wellensittich ab! Besuchen Sie Fräulein Daria nur noch alle vierzehn Tage einmal, wenn es überhaupt sein muss. Lassen Sie die Viertelstunde Tagesrückschau ausfallen und vor allem, vertun Sie Ihre kostbare Zeit nicht mehr so oft mit Singen, Lesen oder gar mit Ihren so genannten Freunden. Ich empfehle Ihnen übrigens ganz nebenbei, eine große, gut gehende Uhr in ihren Laden zu hängen, damit Sie die Arbeit Ihres Lehrjungen genau kontrollieren können.' ...

Und genauso hielt er es von nun an bei jedem Kunden. Seine Arbeit machte ihm auf diese Weise überhaupt keinen Spaß mehr, aber das war ja nun auch nicht mehr wichtig. Er stellte zusätzlich zu seinem Lehrjungen noch zwei weitere Gehilfen ein und gab scharf Acht, dass sie keine Sekunde verloren. Jeder Handgriff war nach einem genauen Zeitplan festgelegt. In Herrn Fusis Laden hing nun ein Schild mit der Aufschrift: GESPARTE ZEIT IST DOPPELTE ZEIT! An Fräulein Daria schrieb er einen kurzen, sachlichen Brief, dass er wegen Zeitmangels leider nicht mehr kommen könne. Seinen Wellensittich verkaufte er einer Tierhandlung. Seine Mutter steckte er in ein gutes, aber billiges Altersheim und besuchte sie dort einmal im Monat. Und auch sonst befolgte er alle Ratschläge des grauen Herrn, die er ja nun für seine eigenen Beschlüsse hielt. Er wurde immer nervöser und ruheloser, denn eines war seltsam: Von all der Zeit, die er einsparte, blieb ihm tatsächlich niemals etwas übrig."[24]

---

24 Michael Ende, Momo, Stuttgart, 1973, S. 69ff.

Michael Ende schrieb mit „Momo" nicht einfach nur ein Märchen, sondern eine in Märchenform verpackte Darstellung unserer heutigen alltäglichen Wirklichkeit. In der heutigen Zeit wissen wir von Allem den Preis, erkennen jedoch von kaum etwas mehr den Wert. Würden wir uns dem Dienen zuwenden, dann würden wir von Vielem wieder den Wert erkennen, den wahren Wert der Zeit – der Zeit, die wir mit Menschen verbringen und in der wir für Menschen da sind. Durch liebevolles Dienen würden wir auch wieder den Wert von uns selbst entdecken – das wahre Kapital, von dem die große indische Heilige Mirabai in ihrem Gedicht sprach. Dienen ist nur scheinbar ein „Sich-kleiner-Machen". Zwar heißt es im Neuen Testament: „Wer sich erniedrigt, wird erhöht werden." Doch bezieht sich dieses „Erniedrigen" nicht auf unser wahres, unser inneres Wesen, sondern auf unser Ego – das, was groß und aufgeblasen ist, uns jedoch klein hält. Wer anderen dient, wird hingegen zu unglaublicher innerer Größe heranwachsen; denn in der Tat steckt in der karma-yogischen Praxis des Dienens eine gewaltige transformierende Kraft, unbändige Lebensenergie und der starke Impuls zu innerem Wachstum.

Dass in der Haltung des gegenseitigen Dienens ein ungeahntes Potenzial steckt, das sowohl dem Individuum als auch der Gesellschaft insgesamt nutzt, begreifen mittlerweile viele Menschen die, wie es so schön heißt, „mitten im Leben stehen". Unter ihnen befinden sich erfreulicherweise auch solche, bei denen man das vielleicht nicht unbedingt erwarten würde – ich spreche von Managern, Bankern und Wirtschaftsführern. Lance Secretan ist einer der wichtigsten amerikanischen Theoretiker und Lehrer effektiven Führungsverhaltens. Er ist Autor, preisgekrönter Kolumnist, Mentor und Berater von Unternehmen und Regierungen sowie einer der prominentesten Redner Amerikas. Secretan schreibt über die Führungskraft neuen Typs: „Das wahre Ziel einer Führungspersönlichkeit neuen Typs besteht darin, den Bedürfnissen anderer *zu dienen* – besonders denen der Mitarbeiter. … Die Führungspersönlichkeit neuen Typs betrachtet

Führung als *dienende Rolle*. Sie sagt: „Ich bin Ihr Vorgesetzter. Was kann ich für Sie tun?"[25]

Was lässt sich hierzu sagen? Nun, zum einen ist dies gewiss eine andere, sehr viel positivere und erfolgversprechendere Haltung als die, welche die Zeitagenten in „Momo" vertreten und die heutzutage leider immer noch so populär ist (..."Statt einer halben Stunde widmen Sie sich einem Kunden nur noch eine Viertelstunde."). Zum anderen sehen wir hier, dass Dienen mitnichten eine Sache der Schwachen und Befehlsempfänger ist. Gerade wenn wir eine verantwortungsvolle Position im Leben haben, können wir mit gutem Beispiel vorangehen. Der aufbauende und transformierende Effekt, wie Secretan lehrt, wird nicht lange auf sich warten lassen. Unsere dienende Haltung inspiriert andere, sich zu entfalten und führt dazu, dass diese sich gegenüber anderen in gleicher Weise verhalten, was die gesamte Arbeitsatmosphäre eines Betriebes grundlegend verbessert.

Unsere karma-yogische Haltung des Dienens kommt sowohl den anderen als auch uns selbst zugute. Wenn wir anderen dienen, dann schmilzt sozusagen das Eis in unserem Inneren, unsere Erstarrung beginnt sich aufzulösen und wir erwachen aus unserem tiefen Dornröschenschlaf. Ist *Karma-Yoga* nicht eine wunderbare und zugleich mysteriöse Angelegenheit? Indem wir uns zurücknehmen und nach innen gehen, bereiten wir die Grundlage, damit die kosmische Energie, *Shakti*, aus unserem Inneren mit all ihrer Liebe und Kraft nach außen fließen kann. Mit dieser Liebe und Kraft dienen wir der Welt; und dadurch gelangen wir wieder bzw. noch mehr zu uns selbst. Durch das Dienen dort draußen in der Welt erkennen und erfahren wir: „Der Weg des Yoga ist in mir."

---

25 Lance Secretan, Inspirieren statt motivieren – Mit Leidenschaft zum Erfolg, so leben und führen Sie besser. Bielefeld 2006, S. 55.

Die Frage ist natürlich: Wo und wann können wir unseren Weg des *Karma-Yoga*, des selbstlosen Dienens, beginnen. Natürlich überall, jederzeit – jetzt und hier! Wie wir sahen, können wir *Karma-Yoga* am Arbeitsplatz praktizieren. Genau betrachtet, umfasst diese einzigartige Yoga-Praxis alle unsere alltäglichen Handlungen. Wir können sie auch an unseren Ehepartnern und Freunden ausüben, bei unseren Kindern, beim Einkaufen, auf der Straße, in der Nachbarschaft, in dem Haus, in dem wir wohnen. Es gibt keinen Lebensbereich, wo das nicht möglich wäre.

Auch das Dienen – wie alles auf dieser Welt – sollte mit Bedacht und Unterscheidungsvermögen geschehen. Der Weg des *Karma-Yoga* hat zwar mit Demut und Hingabe zu tun; doch entstehen wahre Demut und Hingabe nicht auf der Grundlage charakterlicher Schwäche. Demut und Hingabe haben nichts zu tun mit Wegducken oder Kuschen. *Karma-Yogis* sind keine Weicheier! Wir müssen immer sehr genau darauf achten, wem bzw. welcher Sache wir dienen. Dienen kann auch bedeuten – man denke an Mahatma Gandhi oder an Martin Luther King – dass wir widersprechen, für die Rechte anderer aufstehen und für das Gute kämpfen. Dienen muss immer gerecht und sinnvoll eingesetzt werden, zum Wohle der Menschen bzw. der Schöpfung – der passende indische Begriff wäre *dharmisch* bzw. dem *Dharma* gemäß. Von Sir Cecil Beaton stammt folgender Satz, der hierzu recht gut passt:

„Sei wagemutig, sei anders, sei unpraktisch.
Sei alles, was die Integrität von Sinn und phantasievoller Vision
behauptet gegen jene, die immer auf Nummer sicher gehen,
gegen die Geschöpfe des Allgemeinplatzes, die Sklaven des
Gewöhnlichen."

Nimm Dir nun einmal etwas Zeit und stelle Dir in Hinblick auf Dein mögliches Dienen folgende ganz konkrete Fragen – vielleicht hältst Du Deine Überlegungen sogar schriftlich fest:

Wo möchte oder kann ich beginnen mit dem Dienen (Familie, Arbeitsplatz etc.)?

Auf welche Weise werde ich dienen? Woraus kann mein Dienen bestehen?

Wie könnte sich mein Dienen auf die anderen auswirken?

Wie könnte sich mein Dienen auf mein eigenes Leben und/oder meinen Yoga-Weg auswirken?

Welche möglichen Erfahrungen mit dem Dienen habe ich bereits (im Zusammenhang mit meinem spirituellen Weg, aber auch im Berufsalltag) gemacht?

In welchen Lebensbereichen fällt es mir besonders leicht, anderen zu dienen?

Welche von meinen Qualitäten bzw. Stärken kann ich bei meinem Dienen ganz besonders einsetzen?

Was kann ich tun, damit die allgegenwärtige Energie des Lebens (*Shakti*) durch mich hindurch beim Dienen wirksam werden kann?

Was kann ich tun, um mich während der alltäglichen Aktivitäten und Ereignisse an meine karma-yogische Haltung des selbstlosen Dienens immer wieder zu erinnern?

Stellen wir uns doch einmal vor, wie viel leichter, freudvoller und positiver das Leben wäre, wenn wir persönlich die innere Haltung des absichtslosen Handelns, des selbstlosen Dienens und der Zurücknahme des Ichs in unseren Familien anwenden würden – bei unseren Ehe- und Lebenspartnern und Kindern, aber auch bei unseren Freunden, Nachbarn und Bekannten. Wie viel Freiraum – also Raum so zu sein, wie man sein möchte – könnte für jeden von ihnen dadurch entstehen? Meistens treten doch gerade deswegen Schwierigkeiten und Spannungen auf, weil wir zwar liebevoll und hilfsbereit sind – doch im Gegenzug dafür etwas erwarten. Erwartungslosigkeit hingegen in der Interaktion mit unseren Mitmenschen lässt Raum für Freiheit, Spontaneität, inneres Wachstum und natürlich auch Liebe entstehen. Es sind unsere Erwartungen – das Schielen nach dem Ergebnis, das wir uns vorgestellt haben – die die Menschen, mit denen wir leben, in ein Korsett zwängen. Wenn wir in Liebe handeln und dienen, ohne Erwartungen, ohne an den Erfolg zu denken, würde aus dem üblichen Geschäft, das wir häufig mit Liebe verwechseln, echte Liebe.

Wie wäre die Arbeitsatmosphäre mit unseren Arbeitskollegen unter solchen Umständen? Wie wäre unser Arbeitsumfeld, wenn wir den Menschen z.B. am Arbeitsplatz dienen würden? Die Antwort ist einfach: Sie wären uns nicht mehr fremd, sie wären nicht mehr „die Anderen da". Dienen, so die Lehre der Yoga-Meister, löst langsam, aber sicher das kleine Ich, das Ego, auf – eben dasjenige, was uns das Gefühl gibt, verschieden und anders als der Rest der Welt zu sein. Deshalb ist das Dienen als Yoga-Praxis ja auch so wichtig; und für unseren Alltag bedeutete dies ganz praktisch: Wir würden völlig anders auf unsere Arbeitskollegen zugehen können. Wir würden die Menschen ohne Unterschied annehmen, da wir uns in ihnen wiedererkennen könnten. Das Gefühl, oder besser das Bewusstsein, von Gemeinsamkeit würde auf ganz natürliche Weise entstehen. Dadurch würden sich unsere Kollegen und Kolleginnen auch uns gegenüber offener verhalten können. Dienen macht offener, Dienen macht liebevoller, Dienen macht entspannter und Dienen lässt uns in der Welt wirkungsvoller sein. Durch die Haltung des gegenseitigen Dienens helfen wir uns alle gegenseitig, glücklicher zu sein, als es durch egoistisches Handeln je möglich wäre. Wie das gemeint ist, möchte ich mit einer bekannten russischen Geschichte von einem Rabbi, der zu Gott kam, illustrieren:

– Ein Rabbi kommt zu Gott: „Herr, ich möchte die Hölle sehen und auch den Himmel." - „Nimm Elia als Führer", spricht der Schöpfer, „er wird dir beides zeigen."

Der Prophet nimmt den Rabbi bei der Hand. Er führt ihn in einen großen Raum. Ringsum Menschen mit langen Löffeln. In der Mitte, auf einem Feuer kochend, ein Topf mit einem köstlichen Gericht. Aber die Menschen sehen mager aus, blass, elend. Kein Wunder: Die Löffel haben einen sehr, sehr langen Stiel. Alle versuchen, mit ihren langen Löffeln aus dem Topf zu schöpfen. Aber mit dem langen Stiel sind die Löffel einfach viel zu lang, um sie zum Mund zu führen. Das herrliche Essen ist völlig umsonst. Die Menschen hungern weiter und leiden ohne Ende.

Die beiden – Elia und der Rabbi – gehen hinaus. Der Rabbi schüttelt den Kopf: „Welch seltsamer Raum war das?", fragte er den Propheten. „Das war die Hölle", lautete die Antwort.

Sie betreten einen zweiten Raum. Alles ist genau wie im ersten. Ringsum Menschen mit langen Löffeln. In der Mitte, auf einem Feuer kochend, ein Topf mit ebenfalls einem köstlichen Gericht. Aber – ein Unterschied zum ersten Raum: Diese Menschen sehen glücklich, gesund und gut genährt aus.

„Wie kommt das?", sagt der Rabbi. Elia erwidert: „Schau genau hin". – Der Rabbi schaut nochmals hin. Da sieht er den Grund: Diese Menschen dienen sich liebevoll gegenseitig – sie schieben sich den Löffel gegenseitig in den Mund. Sie geben sich zu essen. Da weiß der Rabbi, wo er ist! –

Zum Thema „Glücklich-Sein durch Dienen" sagte Albert Schweitzer einmal:

„Ich weiß nicht, was Ihre Bestimmung sein wird, aber eines weiß ich: Nur die unter uns werden wirklich glücklich sein, die herausgefunden haben, wie sie dienen können."

Bestimmung, Begabung und Dienen haben unmittelbar miteinander zu tun. Ich kenne viele Menschen, die dadurch, dass sie anderen dienten, ihr individuelles Begabungspotenzial zur Entfaltung bringen konnten. Lance Secretan sagt uns: „Unsere Gaben und Talente sind Gelegenheiten, anderen zu dienen, und sie bedeuten wenig, wenn sie dazu nicht genutzt werden." Unser Begabungspotenzial kann in der Tat sogar versiegen, wenn wir es nicht gebrauchen. Doch umgekehrt ist es so, dass wir von der Natur und den allumfassenden Energien des Universums intensiv unterstützt und gefördert werden, wenn wir – siehe Albert Schweitzer – unsere Gaben und Talente dazu gebrauchen, anderen zu dienen. Natürlich können und müssen wir nicht alle zu Albert Schweitzern werden. Oftmals findet großartiges, heldenhaftes Dienen sogar eher im kleinen Kreis statt.

Auf jeden Fall wird es uns helfen – insbesondere im Zusammenhang mit dem Studium des *Karma-Yoga* – wenn wir uns über unsere Begabungen, Talente und Neigungen einmal eingehender Gedanken machen. Insbesondere um herauszufinden, welches unsere Bestimmung zum Dienen ist oder in welcher Weise wir der Welt am Besten dienen können – um andere und uns selbst glücklich zu machen. Reflektieren wir deshalb einen Moment über folgende Fragen:

Mit welchen Gaben oder Begabungen bin ich gesegnet, die ich bisher noch nicht entfalten konnte, die zu entfalten für mich und andere sich jedoch lohnen würden?

Betrachte ich meinen Beruf als eine Tätigkeit, die ich wertschätze, oder ist es nur ein Job, mit dem ich Geld verdiene?

Entspricht meine berufliche Tätigkeit dem, was ich wirklich tun möchte?

Unterstützt mich meine berufliche Arbeit bei meiner spirituellen Entwicklung?

Würde ich beruflich lieber etwas anders tun, wenn ich damit eventuell auch weniger Geld verdiene?

Hat meine Tätigkeit überhaupt etwas mit meinen Talenten zu tun?

Bin ich glücklich mit/bei meiner momentanen Tätigkeit?

Bei welchen Tätigkeiten bin ich richtig glücklich?

Wie könnte meine berufliche Tätigkeit zu einer karma-yogischen bzw. spirituellen Übung werden?

Wie kann ich meinen Yoga-Weg mit meinem Beruf so in Verbindung bringen, dass es dem geistigen Wachstum und dem Glück von mir und anderen Menschen am meisten dient?

Was muss ich beruflich tun, um sagen zu können: „Das ist das Leben – auch was meinen Yoga-Weg betrifft – das ich immer wollte."

Ein wichtiges „Übungsfeld" beim Dienen dürfen wir hier natürlich nicht unerwähnt lassen – die Elternschaft. Elternschaft – Mutter und Vater sein – ist eine Form von Yoga, *Karma-* aber auch *Bhakti-Yoga.* Als Eltern können wie aufs Intensivste lernen, was Dienen bedeutet. Elternschaft ist eine in allen Wesen auf natürliche Weise angelegte Form und Möglichkeit, sich über das Dienen zu entfalten. Als Eltern geben und erhalten wir. Gerade wenn wir als Eltern dienen, erreichen wir auf wundersame Weise unsere menschlichen und spirituellen Ziele. Manchmal habe ich das Gefühl, dass die Elternschaft für uns Wesen auf dieser Welt geradezu „erfunden" wurde, damit wir etwas über die Liebe und das Dienen – und damit über uns selbst – lernen. Als Eltern dienen wir, gelockt durch die Liebe, die wir durch und mit unseren Kindern erleben. Es ist eine so natürliche Weise, sich als Mensch zu entwickeln. Als Eltern müssen wir über uns hinauswachsen – was ja eigentlich das Ziel aller spirituellen Wege und Übungen ist. Als Eltern lernen wir auf dienende Art zu führen. Ideale Eltern sind ideale Dienende und ideale Führende. Wenden wir uns noch einmal dem bereits erwähnten amerikanischen Unternehmensberater Lance Secretan zu, der eine interessante Parallele zwischen dem Dienen im Betrieb und dem Dienen als Eltern zieht:

„Im Idealfall bieten Eltern ihren Kindern bedingungslose Liebe, klare Kommunikation, Unterstützung, Loyalität und Hingabe, auch wenn sie Disziplin und Ordnung verlangen. Sie stiften Gemeinschaft und innere Bindung in der Familie. Sie sorgen für Wachstum und Entwicklung, Gesundheit und Sicherheit, Ethik und Moral, Schönheit und Komfort, Nahrung und Ausgeglichenheit, Geist und Werte. Sie sind Förderer, die loben und ermutigen. Sie kuscheln und dienen. Sie stiften Frieden, sorgen für Weisheit, Visionen und Hoffnung. Sind das nicht die wahren Qualitäten jeder inspirierenden Person?[26] Daher ist das Modell idealer Eltern wohl das erste und das beste Beispiel für dienende Führerschaft, das wir erfahren können."[27]

Da Familie, Eltern- und Partnerschaft eines der wohl fruchtbarsten „Felder" für den Yoga des Dienens ist – und zudem ein Übungsfeld, das sozusagen direkt vor jedermanns Haustür liegt –, finden wir zu diesem Thema naturgemäß auch Aussagen von den großen und be-

---

26 Nach Secratan ist die ideale Führungspersönlichkeit jemand, der/die andere insbesondere durch die Fähigkeit zu inspirieren anleitet und führt.

27 L. Secretan, Inspirieren statt motivieren. Bielefeld 2006, S. 201-203.

kannten Meisterinnen und Meistern des Yoga. Hier einige Aussagen der berühmten Anandamayi Ma:

„Oft hört man sagen, dass spiritueller Fortschritt unmöglich ist, solange man ein Familienleben führt. Ist dies wirklich wahr? Wie viele Gelegenheiten bieten sich einem Hausvater oder einer Hausmutter, um Religion im täglichen Leben zu üben! Elterliche Zuneigung, die Anhänglichkeit unter Geschwistern, die Liebe zwischen Mann und Frau in der Ehe, die Ehrerbietung und Hingabe der Kinder an ihre Eltern, Kameradschaft unter Verwandten und Freunden, Wohltätigkeit gegenüber Untergebenen, Armen und Leidenden, all dies ist eine große Hilfe für ein Leben, das letztlich Selbstverwirklichung anstrebt. Denkt darüber nach, und ihr werdet es verstehen. ...

Wenn man menschlichen Wesen dient, sollte man es klar verstehen, dass Gott in jedem Wesen wohnt. Betrachte jeden als Manifestation des Absoluten. Wenn man nicht mit dieser Gesinnung dient, kann sich Verblendung (*moha*) einschleichen. Deshalb muss jeder Dienst als Dienst am Herrn Selbst vollzogen werden. Wenn man Menschen mit dieser geistigen Einstellung dient, kann man den Lohn ernten, den sonst Dienst an Gott schenkt. Dasselbe erhält man, wenn man Tieren und sogar Bäumen und Pflanzen in der Auffassung dient, dass sie göttliche Manifestationen sind. ...

Die bloße Tatsache, ein Herrscher zu sein, bereitet Schwierigkeiten; hingegen wird es keine Sorgen mehr geben, wenn du ein Diener werden kannst. Auf diese Weise wird Familienleben geheiligtes Leben. ‚Ich bin nur Sein Diener und handle Seinem Willen getreu.' Wenn diese Geisteshaltung jederzeit aufrechterhalten werden kann, entstehen selbst durch das Leben im Hausvater-*Ashrama*[28] keine neuen Bindungen. Dein *Prarabdha Karma* wird sich zu Ende wir-

---

28 Die vier Ashramas sind nach traditioneller indischer Auffassung die vier Lebens-
    stadien, die man durchläuft. Eines davon ist das Lebensstadium des Hausvaters/
    der Hausmutter, also die Lebensphase, in der man eine Familie hat und Kinder
    aufzieht.

ken, das ist alles. Wenn du dein Familienleben ständig in dieser Gesinnung leben kannst, vor was brauchst du dich zu fürchten?"[29]

Ich möchte dieses Kapitel beschließen und zwar mit den Worten von Swami Chidvilasananda, Worte in denen sich die ursprüngliche Essenz des *Karma-Yoga* widerspiegelt:

„Wenn du den göttlichen Willen akzeptieren kannst, dann bist du auch in der Lage, dich jeder winzigen Handlung in deinem Leben voll und ganz hinzugeben. Jede wird zur duftenden Blüte, sie ist deiner Achtung würdig, und Gott betet dich an.
Am Ende der Bhagavad Gita spricht der große Krieger Arjuna also zu Krishna, dem Herrn. Arjuna sagt: ‚O Herr, als ich dir immer und immer wieder lauschte, sind alle meine Zweifel verschwunden. Mein Herz ist vollkommen rein geworden. Und jetzt ist alles, was ich tue, dazu da, dir zu dienen. Alles, was ich denke, ist dazu da, dir zu dienen.'

Das Gefühl, der Urheber von Handlungen zu sein, war Arjuna genommen worden. Das ist der Schlüssel zu selbstlosem Dienen. Solange du denkst: ‚Ich tue das, ich bin der Urheber oder die Urheberin meiner Handlungen', verlieren deine Handlungen ihre gesamte Kraft. Wenn das Ego geläutert ist und das Gefühl, der Urheber zu sein, nicht mehr existiert, dann hat alles, was du tust, Kraft."[30]

---

29 Worte der glückseligen Mutter Ananda Mayi Ma. Heiligkreuzsteinach/Odenw. 1980, S. 201-202.
30 Swami Chidvilasananda, Gott liebt ein reines Herz – Der Yoga der göttlichen Tugenden. Telgte 1998, S. 144-145.

Bhakti-Yoga – der Weg der liebevollen Hingabe und der heilenden Kraft des Herzens

„Einmal fragte ein großer Guru seine Schüler, wie sie feststellen könnten, dass die Nacht zu Ende sei und der Tag begänne.

Ein Schüler sagte: ‚Wenn du ein Tier in der Ferne siehst und du unterscheiden kannst, ob es eine Kuh oder ein Pferd ist, dann kannst du sicher sein, dass der Tag begonnen hat.'

‚Nein', sagte der Guru.

Ein anderer Schüler sagte: ‚Wenn du auf einen Baum in der Ferne schaust und bestimmen kannst, ob es ein Neembaum oder ein Mangobaum ist, dann weißt du, dass die Sonne aufgegangen sein muss.'

‚Auch das nicht', sagte der Guru.

Die Schüler waren verblüfft. Sie sagten: ‚Bitte, Herr, sag uns, wie lautet die Antwort?'

‚Du kannst gewiss sein, dass der Tag begonnen hat, wenn du in das Gesicht irgendeines Mannes schaust und deinen Bruder in ihm erkennst, wenn du in das Gesicht irgendeiner Frau schaust und in ihr deine Schwester entdeckst. Wenn du das nicht kannst, dann spielt es keine Rolle, wie spät es nach dem Stand der Sonne ist. Dann herrscht in dir noch immer Nacht.'"[31]

---

31 Gurumayi Chidvilasananda, Sadhana des Herzens - Eine Vortragsreihe über das spirituelle Leben. Telgte 2007, S. 23.

Um zu erörtern und zu verstehen, was *Bhakti* – hingebungsvolle Liebe oder liebevolle Hingabe – ist, scheint es mir notwendig, einmal zu betrachten, was hierfür den kontrastierenden Hintergrund bildet, also das, wovon es sich abhebt. Was also ist das absolute Gegenteil von Liebe und Hingabe? – Egoismus und Selbstsucht.

Entwicklungspsychologisch betrachtet, sind Egoismus und Selbstsucht Charakteristiken der Kindheit. Sie werden erzeugt, um das zu bekommen und um das zu nehmen, was wir als Kinder brauchen – bis wir alt genug sind zu geben. Kinder wollen all das haben, was sie sehen und was ihnen gefällt. Das ist in diesem Stadium der Entwicklung völlig in Ordnung. Es ist notwendig. Es ist das Gesetz der Natur. Das Wort „teilen" oder die Bitte „sei nicht so selbstsüchtig" kann ein Vierjähriger einfach nicht verstehen, er kann es beim besten Willen nicht nachvollziehen, es ist (noch) nicht Teil seines inneren Programms. Wenn wir uns in diesem Alter befinden, ist das Verständnis von „das ist mein" die treibende Kraft. Um in dieser Phase der Entwicklung die notwendigen Erfahrungen zu machen, benötigt das sich entwickelnde sensorisch-motorische System unseres Körpers genau dieses „das ist mein" als notwendige Grundlage oder inneres Gebot. In der frühesten Phase unserer Entwicklung lautet das vorrangige Gebot, der geradezu tierische Instinkt und Imperativ: „Das ist mein Besitz!", „Das ist mein Gebiet!", „Das gehört mir!" Zugegeben, es ist ein primitives System oder Programm. Doch es hat sich seit Jahrmillionen bewährt, und es ist auch die Basis für unsere weitere Entwicklung – der menschlich-frühkindlichen körperlichen wie geistigen Entwicklung in dieser Welt. Ich sage das ohne jede Ironie oder gar Zynismus. Es ist, wie es ist. Gewisse Abläufe und Lernprozesse sind einfach notwendig, damit wir sozusagen „Fuß fassen können" in dieser Welt. Wir müssen sozusagen eingebettet werden in unseren Körper, wie auch später in unsere Emotionen. Sobald diese Strukturen gefestigt sind und die für unser Leben notwendigen Vorgänge automatisch bzw. selbstoperativ ablaufen, ist Kapazität frei für weitere, höhere Entwicklung. Das heißt: Unsere Selbstwahrnehmung, unsere Entwicklung kann dann zur nächst höheren Ebene auf der Evolutionsleiter aufsteigen.

Wenn bei dieser frühkindlichen Entwicklung etwas schief läuft und sich irgendetwas nicht entfalten kann, gibt es Probleme. Da unsere Entwicklung in der Kindheit ein hochkomplexer Vorgang ist, kann eben auch viel schief gehen. Dann kann es passieren, dass ein Teil von uns den kindlichen, primitiven und instinkthaften Emotionen verhaftet bleibt. Man könnte auch sagen: Ein Teil von uns – an dieser Stelle sei an die biblische Geschichte von Lots Frau erinnert, die sich psychologisch durchaus in dieser Weise interpretieren lässt – *schaut* dann *zurück* und eben nicht nach vorn. Wenn ein Teil von uns immer noch in der Kindheit ist, dann versucht dieser Teil häufig, die Löcher und fehlenden Teile – eben das, was wir nicht bekommen haben (wie z.B. die Beachtung, Fürsorge und Liebe) – aufzufüllen. In einem solchen Fall sind wir im emotionalen Bereich unserer Persönlichkeit immer noch kindhaft. Die Folge davon ist, dass die Entwicklung des Intellekts ebenfalls in Mitleidenschaft gezogen ist, da ein beträchtlicher Teil von uns mit der Suche nach den fehlenden Teilen beschäftigt ist. Intellekt und Logik entwickeln sich nicht auf der Grundlage der objektiven und rationalen Intelligenz, sondern bleiben den kindlichen, egoistischen Bedürfnissen unserer frühen Identität verhaftet. Was hierdurch u.a. hervorgerufen wird, ist, dass unser Denken, Fühlen und Handeln keine integrale Einheit bilden. Dann bleiben unsere Sinne und Gefühle Rebellen im Untergrund, und wir tun nie das, was wir in Wirklichkeit tun wollen, bzw. das, was uns gut tut. Dieser unterentwickelte Teil agiert permanent gegen unser höheres Selbst. Wir schämen uns für diesen Teil von uns, entschuldigen uns dafür, leugnen ihn gar. Wir leben in gewisser Weise in einem geteilten Haus oder – denken wir an die bekannte englische Geschichte von Dr. Jeckyll und Mr. Hyde – in einer zweigeteilten Persönlichkeit.[32] Das Problem ist: Wir können von

---

32 Es gibt sogenannte „multiple Persönlichkeiten", in denen nach Aussage von Psychologen sogar Hunderte von verschiedenen Persönlichkeiten gleichzeitig leben.

uns selbst nicht entrinnen, wir können – das ist eine alte Binsenweisheit – uns nicht am eigenen Schopf aus dem Sumpf ziehen.

Es gibt jedoch ein „Heilmittel" – die Liebe, die heilende Kraft des Herzens. Die heilende Kraft des Herzens ist diejenige Kraft unserer Persönlichkeit, die mit der höheren Kraft des Lebens in Verbindung steht und in der Lage ist, die Bruchstücke unseres Wesens wieder zu einer integralen, harmonischen Einheit zusammenzufügen. Diese Kraft gibt uns das, was wir möglicherweise seit unserer Kindheit immer schon vermisst und gesucht haben. Diese Kraft heilt und nährt den Prozess, der in unserer Kindheit unvollendet geblieben ist. Einiges, möglicherweise sogar Vieles, haben wir in der Kindheit von unseren Eltern nicht bekommen können. Meistens ist es gar nicht so, dass unsere Eltern es uns nicht geben *wollten*, sondern dass sie es uns nicht geben *konnten* – weil es ihnen selbst nie gegeben wurde. Liebe ist ein Paradoxon: Obgleich – wie uns die Weisen sagen – Liebe die Grundlage eben dieses Universums ist, so ist sie doch die seltenste Erfahrung, die die Menschen in ihrem Leben machen. Hierzu finden wir in den Werken des Dalai Lama folgende interessante Aussage:

„Die liebende Zuwendung für ein neugeborenes Kind ist die Voraussetzung, dass es sich geistig und körperlich richtig entwickeln kann. Das gilt bereits für die Zeit, in der ein Säugling die Bedeutung der Worte noch nicht verstehen kann. Man meint vielleicht, es käme nicht so darauf an, was man zu so einem kleinen Wesen sagt, es verstehe ja ohnehin nichts. Ärzte, die sich auf die Entwicklung des kindlichen Hirns spezialisiert haben, versicherten mir aber, dass besonders die Wochen nach der Geburt entscheidend für die Entwicklung des menschlichen Gehirns seien.

Da wirkt sich also die Liebkosung eines Babys günstig auf seine spätere geistige Entwicklung aus. Schon ein Kind spürt, wie wichtig die Liebe für den Menschen ist. Ob man Mitgefühl und liebende Hinwendung erfährt oder nicht, das merkt man bereits am Anfang seines Lebens. Sie ist für den Menschen so wichtig wie das Wasser für den Fisch."[33]

Liebe, die heilende Kraft unseres inneren Herzens, nimmt unser Ego – das *kleine Ich*, wie die Yogis es nennen – in die Arme, tröstet und heilt es. Im Verlauf unserer Entwicklungsreise wird uns immer klarer vor Augen geführt, dass unser Ego immer nur auf der Suche nach dieser höchsten Erfüllung war. Die zerstörerische Kraft des Ego – ähnlich wie bei einem kleinen trotzigen und aufsässigen Kind – stammte daher, dass es einfach nicht das fand, was es suchte. Es suchte immer im Äußeren, in den Objekten der äußeren Welt. Die heilende Kraft des Herzens führt das Ego nach innen, wo es sich im Ozean der Liebe des höchsten Bewusstseins auflöst. Hier, im Inneren, im inneren Herzen, finden wir unsere wahre Identität – das Ziel der höheren und höchsten Entwicklung, was vom Leben eigentlich angestrebt war, was jedoch durch fehlerhafte Entwicklungen – wie wir sahen – unmöglich gemacht wird.

Es erhebt sich nun natürlich die Frage: „Was hat das alles mit unserem Thema – *Bhakti* bzw. *Bhakti-Yoga* – zu tun?" Die Antwort darauf lautet: Durch die spirituelle Praxis des *Bhakti-Yoga* gelangen wir – Schritt für Schritt – in den heilenden Einfluss der Kraft unseres Herzens. Durch den Yoga-Weg der Liebe werden wir wieder zu einer Einheit.

Schauen wir uns zunächst einmal die wörtliche Bedeutung von *Bhakti* an. Diese Vorgehensweise ist nicht einfach ein etymologisches Faible, sondern ein durchaus sinnvolles Verfahren, das von den alten Meistern und Lehrern der Yoga-Traditionen initiiert wurde. Es fällt immer wieder auf, dass gerade im Yoga und in der Esoterik wahllos über die alten Begriffe und Lehren spekuliert wird. Was da-

---

33 Dalai Lama, Mitgefühl und Weisheit. Zürich 2004, S. 126-127.

bei herauskommt, ist eine erschreckende Ungenauigkeit und insbesondere Beliebigkeit im Umgang mit diesen Begriffen und Lehren. Das führt bei vielen Menschen unserer Gesellschaft, die durchaus ernsthaft an Themen wie „Yoga" und „Spiritualität" interessiert sind, dazu, sich enttäuscht abzuwenden. Ungenaues Denken und ungenaue Handhabung – das gilt für alle Bereiche des Lebens – führt eben zu ungenauen oder gar schlechten Ergebnissen. Yoga ist jedoch eine uralte Wissenschaft und (experimentelle) Praxis, die durchaus präzise ist. Die Basis dieses alten Wissens sind die Begriffe, die Worte, die hierbei verwendet werden – wie das bei jedem ernst zu nehmenden Wissen der Fall ist. Daher ist es für Yoga-Praktizierende und Yoga-Interessierte grundlegend und ebenso bereichernd, wenn sie sich auch im Bereich des Yoga immer wieder solche Fragen stellen wie:

- Was bedeutet dieser Begriff wörtlich?
- Wo kommt dieses Wort her?
- In welchem Sinne wurde und wird es verwendet?
- Was kann dieses Wort für mich heute bedeuten?

Das Wort *Bhakti* lässt sich wohl am Besten übersetzen mit „liebevolle Hingabe". Dabei ist „Hingabe" durchaus wörtlich zu verstehen – also Hingabe im Sinne von *Sich-Hergeben*; denn *Bhakti* leitet sich von der Sanskrit-Wurzel *bhaj* ab und bedeutet wörtlich „teilhaben, Anteil haben" aber auch „Teil von etwas sein". *Bhakti(-Yoga)* ist somit sowohl der Weg als auch der geistige Zustand, der Hingabe und der Teilnahme am Göttlichen. Sie ist die Auslieferung an Gott, das uneingeschränkte Vertrauen auf seine Gnade. Der Heilige Narada, Autor eines fundamentalen Werkes über *Bhakti*, die *Bhakti-Sutras* – definierte sie als die „Form der innigen Gottesliebe" (Skt. *paramaprema-rupa*). Der bedeutende indische Philosoph Shankara sagte über sie:

„Hingebunsvolle Liebe (Bhakti) ist der höchste Weg zur Befreiung.
Die Sehnsucht nach der Meditation über das Selbst
wird Hingabe genannt."

Letztlich zielt also die *Bhakti* bzw. der *Bhakti-Yoga* – ebenso wie auch der *Karma-Yoga* – auf die Auflösung unseres Egos, unserer begrenzten Vorstellung von uns selbst, ab. Doch *Bhakti* ist nicht nur der Weg dorthin, sondern auch das Ziel, die unmittelbare Erfahrung der Einheit mit dem Göttlichen – die höchste, unendliche Liebe. Eine solche Beschreibung der *Bhakti* – der Verschmelzung des „Ich" mit dem Göttlichen als Weg und Ziel zugleich – finden wir in Jnaneshvars Kommentar zur *Bhagavad Gita*, in *Jnaneshvari 12. 98-99, 0. 102-103*, denn hier sagt Krishna zu Arjuna:

„Wenn dein Geist und dein Wille durch liebevolle Hingabe in Mich eingegangen sind, wirst du die Vereinigung mit Mir erlangen. Wenn der Geist und der Wille alle beide mit Mir verschmolzen sind, wie kann dann irgendeine Unterscheidung zwischen „Ich" und „Du" fortbestehen? Richte deshalb deinen Geist und deinen Willen fest auf Mich, und du wirst bestimmt eins mit Mir, dem Alldurchdringenden. In aller Feierlichkeit verspreche ich dir, dass es keine andere Lehre als diese gibt."

So sagt auch Meister Eckhart:

„Ich habe einmal gesagt: Dass Gott 'Gott' ist, dafür bin *ich* eine Ursache. Dass Gott 'Gott' ist, hat er von der Seele, dass er Gottheit (= göttliches Bewusstsein) ist, dagegen aus sich heraus. Denn ehe die Kreaturen da waren, war auch Gott nicht Gott; wohl aber war er Gottheit, denn diese hat er nicht von der Seele. Findet nun Gott eine vernichtete Seele, nämlich eine, deren Selbst und deren Eigenwirkung mittels der Gnade zum Nichts geworden ist, so wirkt Gott über die Gnade hinaus in ihr sein ewiges Werk und hebt sie damit aus ihrem geschaffenen Wesen (= Ego-Ich, begrenzte Identität) heraus. Damit aber vernichtet Gott sich selber in der Seele, und bleibt so nicht länger Gott oder Seele."[34]

Diese Aussagen des großen und wohl bekanntesten mittelalterlichen deutschen Mystikers zeigen übrigens erstaunliche Übereinstimmung mit dem, was wir über die Liebe zum Göttlichen und die hieraus entstehende Verschmelzung von Seele und Gott bei Kabir erfahren:

> *„Als ich war, war Hari (Gott) nicht.*
> *Nun ist Hari, und ich bin nicht mehr.*
> *Alle Dunkelheit verschwand,*
> *als ich das Licht in meinem Herzen sah."*

> *„Du suchst, du suchst, oh mein Freund,*
> *aber Kabir ist verschwunden.*
> *Der Ozean ist verschwunden im Tropfen,*
> *wie dann könnte er [je wieder] gefunden werden?"*

Bhakti bzw. *Bhakti-Yoga* wird in den Yoga-Traditionen gemeinhin als der leichteste aller Yoga-Wege beschrieben. „Leicht" darf jedoch nicht mit „einfach" verwechselt werden. Täuschen wir uns nicht: Der Weg der Hingabe und Liebe ist keine „lauwarme" Angelegenheit; denn die Pforten zu dieser grenzenlosen Liebe öffnen sich erst, wenn unser Verlangen danach ebenfalls grenzenlos ist. Auf die Frage seines Schülers M(ahendranath Gupta): „Welcher Geisteszustand befähigt einen Menschen, Gott zu sehen?", antwortete der große Sri Ramakrishna:

---

34 Meister Eckhart – Heilende Texte, ausgewählt u. kommentiert von S. Blankertz. Köln 2005, S. 53.

„Rufe nach ihm mit einem verlangenden Herzen, und du wirst ihn sehen... . Das Verlangen nach Gott ist wie das Kommen der Dämmerung. Die Dämmerung kommt, bevor die Sonne selbst aufgeht. Wenn Verlangen nach Gott entsteht, muss die Vision Gottes folgen."[35]

Bhakti ist also, um es noch einmal auf einen einfachen Nenner zu bringen, intensive Liebe zum Göttlichen bzw. einer Gottheit oder zum göttlichen, alldurchdringenden und ewigen Bewusstsein. Und *Bhakti-Yoga* besteht darin, den Geist unablässig auf eine Form Gottes zu richten. In der *Bhagavad Gita (12. 8)* lautet eine der wichtigsten Lehren, die Krishna Arjuna erteilt, daher:

> *„Richte deinen Geist auf Mich allein.*
> *Lass deinen Geist/Verstand in Mich eingehen.*
> *Dann wirst du in Mir wohnen. ..."*

Was das Ausrichten auf Gott bzw. die „Gestalt/Form Gottes" betrifft, so gibt es im Yoga generell zwei Richtungen. Die eine wählt den Weg des Formhaften (Skt. *saguna*) – das sind wohl die meisten, und die anderen wählen den Weg des Formlosen (Skt. *nirguna*). Den Geist unablässig auf ein bestimmtes Objekt zu richten fällt uns – auch wenn wir in Yoga geschult sind – ohnehin schon sehr schwer. Weitaus schwerer, für die meisten zu schwer, ist es jedoch, das Göttliche, das nach Auffassung des Yoga in seiner höchsten „Form" tatsächlich formlos ist, direkt zu erreichen. Dennoch gibt es in der Tat yogische Traditionen, die diesen direkten Weg beschreiben, und zwar auf dem Weg der Hingabe zum eigenschaftslosen Göttlichen. Diese besondere Form des *Bhakti-Yoga* wird daher *Nirguna-Bhakti* („Weg der hingebungsvollen Liebe zum eigenschaftslosen Göttlichen") genannt. Der wohl bekannteste Meister dieser Tradition ist Kabir. Nach seiner Lehre ist die höchste Gottheit jenseits von Eigenschaften und Formen

---

35 C. Isherwood, Ramakrishna and His Disciples, S. 267.

(Skt. *nir-guna*, wörtlich „keine-Eigenschaft"). *Nirguna-Bhakta*s wie Kabir glauben an die eine, absolute Realität, die jedoch unmittelbar im Herzen erfahren werden kann. Was Kabir in seinen Werken als „Hari" oder „Ram" anruft, ist eben diese höchste, allgegenwärtige Realität, die Grundlage allen Seins. Nur vor dem Hintergrund dieses Glaubenskonzepts sind Gedichte und Lieder wie die folgenden zu verstehen:

> *„Oh, mein Diener, wo suchst Du mich? Siehe, ich bin bei Dir.*
> *Ich bin weder im Tempel noch in der Moschee,*
> *weder in Kashi noch auf dem Kailash.*
> *Weder bin ich in Riten und Zeremonien*
> *noch in Yoga oder Entsagung.*
> *Wenn Du ein wahrhaft Suchender bist,*
> *wirst Du mich sogleich sehen,*
> *mir begegnen im gleichen Augenblick.*
> *Kabir sagt: Oh, Sadhu, höre! Ich bin die Ursache von allem."*
> *„Ich lache, wenn ich höre, dass den Fisch dürstet im Wasser.*
> *Du siehst nicht, dass zu Hause die Wirklichkeit ist.*
> *Und Du wanderst und wanderst von Wald zu Wald, lustlos.*
> *Hier ist die Wahrheit!*
> *Gehe hin, wo immer Du willst, nach Benares oder Mathura –*
> *wenn Du Dein eigenes Selbst nicht findest,*
> *bleibt Dir die Welt unwirklich."*

Mit am deutlichsten wird diese eher ungewöhnliche Form der *Bhakti* in Kabirs Gedicht über den höchsten Zustand der göttlichen Liebe. Doch ist es natürlich ganz gleich, auf welchem Weg man zum Ziel gelangt ist – die höchste Liebe bleibt die höchste Liebe – d.h. sie ist auch das Ziel eines Yogi, der den Weg der *Saguna-Bhakti*[36] geht:

---

36 Was *Saguna* bedeutet, werde ich gleich im Anschluss erörtern.

118

„Wo immer ich gehe, gehe ich in der Nähe des Herrn.
Was immer ich tue, ist Verehrung an Ihm.
Wenn ich schlafe, liege ich ausgestreckt vor Ihm.
Ich verehre niemanden und nichts, außer den Herrn selbst.
Was immer ich sage, wird zur Wiederholung Seines Namens.
Wenn ich esse und trinke, verehre ich Ihn.
Wenn ich unter Menschen bin, bin ich alleine mit Ihm.
Da gibt es kein Gefühl der Zweiheit, ich sehe keinen Anderen.
Ich sehe Ihn, ohne meine Augen schließen zu müssen,
ohne meine Ohren schließen zu müssen,
ohne meinen Körper zu quälen.
Mit weit geöffneten Augen sehe ich Gott überall,
und ich lache und lache vor Freude, da ich Seine wunderbare Form
in jedermann sehe.
Ich höre unablässig Sein göttliches Wort in mir.
Es beschäftigt meinen Geist,
und all mein Verlangen wird weggewaschen.
Ob ich stehe, sitze oder spreche, immer ertönt dieser Klang in mir.
Mein Geist besingt Seine Großartigkeit Tag und Nacht.
Kabir sagt: Dieser Zustand, über den ich singe,
ist jenseits des menschlichen Geistes,
er ist der höchste Zustand des Bewusstseins.
Oh, ich gehe auf in dieser einen höchsten Glückseligkeit.
Ich überschreite Freude und Leid."

Dieser Weg über die Liebe zum Eigenschaftslosen, Unmanifestierten ist für viele Menschen zu steil. Wesentlich einfacher ist es, den Geist auf eine selbstgewählte, ansprechende oder dem Einzelnen entsprechende Form auszurichten, als auf das formlose Göttliche bzw. Absolute. Daher, so die Auffassung in vielen yogischen und mystischen Traditionen, nimmt das Göttliche aus Mitgefühl für die individuellen Seelen, die Verlangen nach dem Höchsten haben, verschiedene Gestalten an. Deshalb stellt die *Bhagavad Gita* klar heraus, dass das formhafte, mit Eigenschaften versehene Göttliche (Skt. *saguna*, *sa-guna*, „Mit-Eigenschaften") leichter zu verehren ist als das formlose Göttliche. So fragt Arjuna (*BhG 12. 1-2, 5*):

„Die beständig unbeirrbaren Anhänger, die Dich mit liebender Hingabe verehren,
oder diejenigen, die das ewige Unmanifestierte verehren –
welche von beiden verfügen über das bessere Wissen des Yoga?"

Und Krishna antwortet ihm:

„Diejenigen, die auf ewig unbeirrbar sind und Mich verehren,
den Geist unentwegt auf Mich ausgerichtet,
ausgestattet mit höchstem Glauben,
betrachte Ich als die Mir am meisten Ergebenen...
Die Mühen derer, deren Geist auf das Unmanifestierte gerichtet ist,
sind größer,
denn verkörperte Wesen erlangen das Ziel des Unmanifestierten
nur unter Schwierigkeiten."

Doch was bedeutet es eigentlich genau: *den Geist auf Gott zu richten*? Die elementare Lehre des Yoga-Meisters Swami Muktananda war: „Erkenne Gott in jedem anderen." (bzw. „Erkennt Gott in einander.") und „Gott lebt in Dir als Du." Was aber besagt vor dem Hintergrund dieser genialen Aussage die Lehre Krishnas:

„Richte deinen Geist fest auf Mich – indem du Mich verehrst, Mir opferst, dich vor Mir verbeugst. So wirst du wahrlich zu Mir kommen, das verspreche ich, denn du bist Mir teuer."

Ist mit diesem göttlichen „Ich" und „Mir" nur der jenseitige Gott gemeint? Wen sollen wir verehren, lieben? Vor wem sollen wir uns verneigen? Wer soll der Adressat oder das Ziel unserer Liebe sein – ausschließlich ein Gott, den wir uns als singuläres Wesen, als Person, vorstellen? Um diese Frage aus einer höheren Warte aus betrachten und beantworten zu können, müssen wir zu einem kleinen Exkurs in die Yoga-Philosophie bereit sein; denn zur Beantwortung der Frage ist es notwendig zu wissen, was aus Sicht des Yoga die Natur der Seele oder des individuellen Selbst eigentlich ist.

Nach den alten Lehren des Yoga und Tantra ist die Schöpfung ein Ausdruck, eine Manifestation der Kontraktion und Selbstbegrenzung der kosmischen Energie, *Shakti* genannt. Also eine Art Verdichtung, wie bei der Veränderung der Aggregatzustände: Wasserdampf > Wasser > Eis. Daher lautet einer der zentralen Lehrsätze einer Yoga-Schrift, die sich mit der Erschaffung dieser Welt durch Gott bzw. durch das göttliche Bewusstsein befasst:

„Das höchste Bewusstsein erschafft aus freiem Willen heraus das Universum."

Weiter heißt es in diesem Werk:

„Durch die Macht des eigenen Willens entfaltet es das Universum als einen Teil von sich selbst."[37]

In einem anderen Werk aus derselben Yoga-Tradition lesen wir zu diesem Thema:

„Shakti springt auf in Entzücken und lässt sich selbst als Erscheinungsformen entstehen."[38]

Die von den Yogis so hoch verehrte *Shakti*, die schöpferische Kraft des höchsten Bewusstseins, erschafft also aus sich selbst heraus das Universum – und *wird* so zum Universum. Und da alles, was den

---

37 Diese beiden Verse stammen aus dem *Pratyabhijna Hridayam*.

38 Dieser Vers ist aus der *Shiva Stotravali*.

Kosmos dort draußen (Makrokosmos) angeht, auch den Kosmos des Individuums (Mikrokosmos) betrifft, gilt das oben Gesagte auch für die Entstehung des menschlichen Wesens. *Shakti* wird nicht nur zu den unzähligen Galaxien, Sonnen und Planeten – sondern auch zur individuellen Seele. Das höchste Bewusstsein offenbart sich aus freiem Willen heraus als die individuelle Seele. Daher heißt es in dem bereits zitierten Yoga-Werk *Pratyabhijna Hridayam*:

„Das, was [eigentlich] aus dem höchsten, reinen Bewusstsein
besteht, wird durch die Kontraktion seiner Kräfte
zur in der Welt (Samsara) herumwandernden Seele,
die von Unwissenheit umhüllt ist."

Die individuelle Seele – und damit *jeder Mensch* – ist nach Auffassung der Yogis die Kristallisierung des Wunsches des höchsten Bewusstseins, sich als Individuum in dieser Welt zu erfahren. Unser Dasein als Mensch ist das *Spiel* des göttlichen Bewusstseins, das darin besteht, sich selbst in verkörperter Form zu erfahren. Freiwillig und mit höchster Freude nimmt das göttliche Bewusstsein diese Begrenzungen an, um sich in Myriaden von Formen und Individuen erleben zu können. Die Schöpfung, und mit ihr der Mensch, ist nach yogischer Auffassung also nicht – wie es uns die Bibel mit der Geschichte von Adam und Eva seit zweitausend Jahren erfolgreich einimpft – ein bedauerlicher Fehler, ein fehlgeschlagenes göttliches Experiment, mit uns Menschen als unwilligen und unfähigen Versuchskaninchen – sondern ein vollkommener Ausdruck des vollkommenen Gottes. Gleiches bringt immer nur Gleiches hervor. Das Wort von Jesus Christus: „Seid vollkommen, wie Euer Vater im Himmel vollkommen ist." (Math. 5. 48) war ein durchaus ernst gemeinter Aufruf an uns. Der Aufruf des Yoga an uns lautet ähnlich: „Mensch, erkenne, wer du in Wirklichkeit bist!" Oder in den Worten von Swami Muktananda:

„Meditiere über dein Selbst.
Verehre dein Selbst.
Verneige dich vor deinem Selbst.
Erkenne dein Selbst.
Denn Gott lebt in dir als Du."

Nun haben wir die ausreichende Grundlage, um zu verstehen, warum den alten Yoga-Traditionen der Weg der Liebe oder liebevollen Hingabe so wichtig war und ist, und vor allem, warum sie sagen, dass dieser Weg der schnellste, einfachste und unmittelbarste zum höchsten Ziel ist. Wenn Gott bzw. das Göttliche in allen Menschen gleichermaßen präsent ist, dann ist die Liebe (wie auch im Fall des *Karma-Yoga* das selbstlose Dienen am Menschen) nichts anderes als eine Form der Verehrung des Göttlichen im und am Menschen – eine Art Gottesverehrung also. Erinnern wir uns an das, was Hans-Georg Türstig im Zusammenhang mit den Lehren der Upanishaden schrieb:[39]

„Am Anfang gab es nur Gott. Wie kann es dann etwas geben, was nicht Gott ist? Alles, was man aus einem Goldklumpen machen kann, bleibt Gold. Ebenso bleibt alles, was aus Gott gemacht werden kann und gemacht wurde oder entstanden ist, Gott. Was geschieht mit unserer Welt, wenn wir das so annehmen? ... Wer ist mein Nachbar? Wer bin ich?"

Wenn wir nach *diesem* Verständnis die Liebe für Gott – *Bhakti* – nicht mit irgendwelchen Begrenzungen versehen, sondern eben als *grenzenlos* verstehen und erfahren, dann richten wir auch durch unsere bedingungslose Liebe zu den Menschen und der Welt auf natürliche Weise „den Geist auf Gott" (*BhG 12. 2*). Oder wie der indische Philosoph Radhakrishnan es auszudrücken wusste:

---

39 Siehe Kapitel 1.

„Wenn wir in allen Dingen das eine Selbst erblicken, ergibt sich Gleichmut, Freiheit von selbstsüchtigen Begierden, Auslieferung unserer ganzen Natur an den innewohnenden Geist und Liebe zu allen Wesen. Wenn diese Eigenschaften offenbar werden, ist unsere Hingabe vollkommen, sind wir Menschen Gottes. Unser Leben wird dann nicht von den Kräften der Anziehung und der Abstoßung, der Freundschaft und der Feindschaft, der Freude und des Schmerzes geleitet, sondern allein von dem Bedürfnis, sich Gott und damit dem Dienst an der Welt, die mit Gott eins ist, hinzugeben."

„Schön und gut", mag nun manch einer denken, „das sind ja ganz edle Ideen und Konzepte, von außergewöhnlichen Menschen für außergewöhnliche Menschen erdacht und gemacht, aber ist das auch für „normale Menschen" erreichbar? Lässt es sich ganz praktisch ins tägliche Leben hier und heute übertragen, und wenn ja, wie?" Hier noch einmal ein Zitat des Unternehmens- und Regierungsberaters Lance Secretan, der sich nicht scheut, von der „Heiligkeit" zu sprechen, die „wir in anderen sehen sollten" und die er als durchaus praktizierbar und für die heutige Zeit sogar als notwendig erachtet:

„Denn ich denke, wenn jeder die Heiligkeit in allen anderen Menschen sähe, würde das zu einem zukunftsfähigeren und liebevolleren Planeten führen. … Während unsere Bestimmung enthüllt, warum wir hier sind, warum wir auf diesem Planeten geboren wurden, beantwortet unsere Aufgabe die Frage: *Wie werde ich in meinem Leben sein, um diese Bestimmung zu erfüllen?* Für mich ist die Antwort: Wenn es mir in irgendeinem Maß gelingt, andere dazu zu inspirieren, dass sie die Heiligkeit in allen Beziehungen sehen (ich sage bewusst ‚in allen', nicht nur in einigen) – dann könnte es gelingen, dass Lehrer und Studenten anfangen, die Heiligkeit ineinander zu sehen, dass Anwälte anfangen, die Heiligkeit in den Argumenten des gegnerischen Anwalts zu sehen, dass Gefängnisaufseher und Gefängnisinsassen die Heiligkeit ineinander erkennen, dass Israelis und Palästinenser erleben, wie die Heiligkeit in ihrem Gegenüber sichtbar wird, dass Manager und Gewerkschafter die Heiligkeit ineinander entdecken, dass Ehemänner und Ehefrauen einander als heilig respektieren und dass das Gleiche geschieht zwischen Kindern und Eltern, Ärzten und Patienten, Liberalen und Konservativen, Vorstandsvorsitzenden und Angestellten und Aktionären. Techniker könnten die Heiligkeit in ihrer Technologie und ihren Geräten sehen und Holzfäller die Heiligkeit in Bäumen. Wenn das zum vorherrschenden Ethos in der Welt würde, wären wir auf dem Weg zu einem zukunftsfähigeren und liebevolleren Planeten. Sehen Sie die verbindende Logik?"[40]

„Die Heiligkeit in den anderen Menschen sehen" – ist das nicht ziemlich genau das, was Swami Muktananda lehrte: „Erkenne Gott in jedem anderen." Was aber geschieht mit uns, wenn wir beginnen, die Heiligkeit oder das Göttliche um uns herum, in unseren Mit-Geschöpfen, zu sehen, buchstäblich in unserem Herzen zu empfinden? Wir empfinden dann spontan und auf natürliche Weise *Mitgefühl*. Mitgefühl kommt von einem *Zustand* der Einheit und Identität. Eigentlich ist alles, was den Weg der *Bhakti* ausmacht – Liebe, Hingabe, Mitgefühl – nichts, was man tun kann. Es ist ein Zustand des Bewusstseins. Mitgefühl ist ein Ausdruck der unmittelbaren Erfahrung der Einheit mit den anderen Wesen dieser Welt. Es ist das tiefe Empfinden, z.B. bei einer Begegnung, einem Gespräch oder auch nur einem Austausch von Blicken: „Dieser Mensch – auch wenn ich es noch nicht so ganz verstehe – ist irgendwie ein Teil von mir, ist in irgendeiner ganz besonderen Weise mit mir verbunden." Diese Erfahrung, um es ganz simpel auszudrücken, macht uns glücklich. Es ist die Erfahrung der Liebe.

Mitgefühl gibt unserem inneren Wesen Raum, es macht den Raum unseres inneren Gefäßes unendlich groß und weit. Auch *entsteht* Mit-

---

40 L. Secretan, Inspirieren statt motivieren. Bielefeld 2006, S. 118.

gefühl ganz spontan dadurch, dass wir diesem Zustand Raum lassen. Wie gesagt, wir können eigentlich nichts tun. Der Zustand der Einheit mit allem ist immer da. Was wir tun können, ist – ihm Raum geben, ihn wahrnehmen. Lance Secretan sprach davon, die Heiligkeit in den anderen zu erkennen, zu erleben, zu entdecken – man kann und muss die Heiligkeit des anderen nicht machen. Sie ist da! Wenn ich die Heiligkeit oder Göttlichkeit des anderen erfahre, heißt das, das Ich (das begrenzte Ich, mit dem ich mich „normalerweise" identifiziere) innerlich zurückgetreten ist, einen Schritt nach innen getan hat. Durch diese Losgelöstheit erfahre ich dann den Zustand der Einheit, der mich Liebe und Mitgefühl – als Ausdruck der Verbundenheit mit allem – erfahren lässt. Die entscheidende Frage ist nur: „Lasse ich diese Veränderung, diese Transformation zu – oder halte ich an meiner bisherigen Erfahrung der *begrenzten* Identität und Wahrnehmung fest? Wage ich es diese erweiternde Erfahrung zu machen bzw. zuzulassen?" Wir erinnern uns: *Bhakti* bedeutet wörtlich *sich hergeben, um an etwas Umfassenderem teilzuhaben.*

Es geht im Yoga nicht darum, das Ich zu zerstören, sondern darum, das Ich so groß zu machen, dass die ganze Welt in ihm Platz hat. Im *Bhakti-Yoga* kümmern wir uns eigentlich gar nicht so sehr um das kleine Ich, unser Ego. Durch die Erfahrung der Liebe und des Mitgefühls wird es ganz mühelos seine Form aufgeben und zum unendlichen Ich Gottes werden. Eine alte Allegorie in den Yoga-Schriften lautet, dass die Dunkelheit in einem Raum automatisch verschwindet, wenn ein Licht hineingebracht wird. Man kann und muss sich überhaupt nicht damit befassen, die Dunkelheit zu vertreiben – sie verschwindet auf natürliche Weise, wenn das Licht kommt.

Nach den Lehren des *Bhakti-Yoga* sind unsere Liebe, unsere Hingabe, unser Mitgefühl die Schlüssel, mit denen die Tür unseres Gefängnisses geöffnet werden kann – die Gefängniszelle des begrenzten kleinen Ichs, das uns aus- und wegschließt von der Welt, von den anderen Geschöpfen, von Gott. Ist es nicht so, dass wir seit Urzeiten unter diesem Zustand leiden? Aber eigentlich haben wir uns da selbst eingeschlossen oder einschließen lassen, von unserem kleinen Ich. Da sitzen wir schon unendliche Zeiten in unserem Gefängnis, und wir haben uns fast an diesen Zustand gewöhnt – fast, denn wir hören nicht auf zu leiden. Wir sehnen uns danach, es endlich zu verlassen. Aus dem Gefühl der Abgetrenntheit erwächst Egoismus, Selbstsucht. Aus dem Gefühl der Verbundenheit erwächst Mitgefühl. Wenn in uns das Gefühl des Mangels und der Armut vorherrscht, werden wir automatisch selbstsüchtig. Wenn wir unseren eigenen Reichtum und unsere Fülle wahrnehmen, dann steigt in uns unweigerlich Mitgefühl auf. Diese Art Mitgefühl ist pure Stärke. Wenn wir diese Stärke des Mitgefühls besitzen, trägt sie uns durch die vielen Härten und Opfer, die manchmal notwendig sind, um uns selbst und andere zum Glück zu führen. Im *Shrimad Bhagavatam* heißt es:

„Solange wir nicht den Unterschied zwischen Illusion
und Wirklichkeit erkennen,
entstehen in unserem Herzen Gefühle wie Traurigkeit, Freude,
Sorge, Angst, Hass, Gier, Besessenheit, Hochmut usw.
Sie umschließen unsere Verstandeskräfte und blenden uns.
Wenn einem Menschen das Mitgefühl für einen anderen fehlt,
dann fehlt ihm Mitgefühl für sich selbst.
Denn das gleiche Selbst wohnt in beiden.
Wenn diese Wahrheit erfahren wird,
werden wir niemals mehr hineingezogen
in die Welt der Selbstsucht und des Schmerzes."

Ganz besondere Beachtung findet das Mitgefühl im Buddhismus, und zwar unter der Bezeichnung *Daya* (sprich: *Dayaa*) oder *Karuna* (sprich: *Karunaa*). Eine klare Definition hiervon gibt uns die wohl bekannteste buddhistische Autorität unserer Zeit, der Dalai Lama:

„Die liebevolle Hinwendung buddhistischer Sicht besagt, dass man den anderen wirklich ernst nimmt. Die Liebe muss auch unbefangen sein und darf nicht bei der Sympathie, die man für Freunde oder die eigene Familie empfindet, haltmachen. Sie schließt auch die Gegner mit ein. … Echte Liebe hängt, wie gesagt, nicht von einer besonderen Beziehung ab, sie braucht keine persönliche Bindung Daher muss man lernen, die Gefühle der Neigung oder Verliebtheit nicht mit wirklicher Liebe zu verwechseln. Nur zu oft schwindet mit der persönlichen Zuneigung auch die Freundlichkeit zum Mitmenschen. Man ist dann nur nett zu jemandem, solange er einem gefällt. *Mahakaruna*, die große liebende Zuwendung zu allen Wesen, ist für den *Mahayana*-Buddhismus eine Grundhaltung. Sie ist für uns das Kostbarste. Wir sagen, dass sie bestehen bleiben wird, solange es leidende Wesen gibt. Unser Mitgefühl können wir immer noch größer werden lassen, denn der liebenden Hinwendung sind keine Grenzen gesetzt." [41]

Ich stelle hier den Buddhismus heraus, weil er diejenige religiös-spirituelle Tradition ist, die das Mitgefühl, die liebevolle Hingabe, mit am deutlichsten hervorhebt. Für uns interessant und bedeutungsvoll ist in diesem Zusammenhang auch die Tatsache, dass das uneingeschränkte *Mitgefühl für alle Wesen dieser Welt* das Bodhisattva-Prinzip bzw. Bodhisattva-Ideal ist. Bodhisattvas sind diejenigen Wesen/Menschen, die Befreiung bzw. Buddhaschaft erlangt haben, aber nicht im *Nirvana* aufgehen wollen. Nach buddhistischer Lehre inkarnieren sie sich in dieser Welt immer und immer wieder. Aus Mitgefühl mit den noch im *Samsara* befindlichen und deshalb leidenden Menschen bleiben die Bodhsattvas in dieser Welt, um allen Wesen auf ihrem Weg zum wahrhaft höchsten Glück unterstützend zur Seite zu stehen. Sie machen sich also nicht „aus dem Staub", sondern nehmen das Leben und damit, nach buddhistischer Auffassung, das Leid in dieser Welt auf sich, um die anderen zur Vollkommenheit

---

41   Dalai Lama, Mitgefühl und Weisheit. Zürich 2004, S. 62-63.

zu führen. Die Bodhisattvas sind sozusagen das herabgestiegene und fleischgewordene Mitgefühl; dass das auch etwas ist, was uns persönlich betrifft bzw. betreffen könnte, zeigt uns Sogyal Rinpoche:

„Die Einsicht, die das Mitgefühl meiner Tradition am deutlichsten beweist, und ihr edelster Beitrag zur spirituellen Weisheit der Menschen ist das Verständnis und die tatkräftige Umsetzung des Bodhissattva-Ideals. Bodhisattvas nehmen das Leid aller fühlenden Wesen auf sich und unternehmen die beschwerliche Reise zur Erleuchtung nicht allein für ihr eigenes Wohl, sondern um anderen zu helfen. Nachdem sie Befreiung erlangt haben, fliehen sie nicht vor den Schrecknissen von *Samsara* oder lösen sich im Absoluten auf, sondern erscheinen freiwillig wieder und wieder, um ihre Weisheit und ihr Mitgefühl dem Dienst an der ganzen Welt zu widmen. Unsere Welt braucht nichts mehr als diese aktiven Diener des Friedens: Menschen, die – wie Longchenpa es ausdrückte – ‚die Rüstung der Geduld tragen', die der Vision der Bodhisattvas und der Verbreitung der Weisheit in alle Bereiche unserer Erfahrung verpflichtet sind.

Wir brauchen Bodhisattva-Rechtsanwälte, Bodhisattva-Künstler und -Politiker, Bodhisattva-Ärzte und -Wirtschaftsexperten, Bodhisattva-Lehrer und -Wissenschaftler, Bodhisattva-Techniker und -Ingenieure, Bodhisattvas in allen Bereichen, die auf allen Stufen und überall in der Gesellschaft bewusst als Kanäle des Mitgefühls und der Weisheit wirken, die daran arbeiten, ihr Bewusstsein und ihr Handeln sowie das anderer zu verwandeln, die in der Gewissheit, von den erleuchteten Wesen unterstützt zu werden, unermüdlich für die Bewahrung unserer Welt und für eine bessere Zukunft arbeiten. Wie Teilhard de Chardin sagte: „Wenn wir eines Tages den Wind, die Wogen, die Gezeiten und die Schwerkraft in den Griff bekommen haben... werden wir die Energien der Liebe nutzbar machen. Dann wird der Mensch zum zweiten Mal in seiner Geschichte – das Feuer entdecken." ... Eine meiner tiefsten Hoffnungen für dieses Buch wäre erfüllt, wenn es ein treuer Begleiter für jeden würde, der sich entschließt, ein Bodhisattva zu werden." [42]

Wäre das denn allzu vermessen – sich aufzumachen, um ein Bodhisattva zu werden? Ganz und gar nicht, meine ich. Auf wen oder was wollen wir warten? Oder anders ausgedrückt: Warum versuchen w i r nicht, zu den erwähnten Bodhisattva-Lehrern, Bodhisattva-Technikern, Bodhisattva-Künstlern – oder auch Bodhisattva-Hausfrauen (auch Bodhisattva-Hausmännern), Bodhisattva-Eltern, Bodhisattva-Managern, Bodhisattva-Krankenschwestern, Bodhisattva-Busfahrern usw. zu werden? Die großen Heiligen, Mystiker und Yoga-Meister Indiens sind gerade deshalb auch heute noch so populär in der Bevölkerung, weil sie das Ideal der Heiligkeit und des Mitgefühls in und aus den jeweiligen sozialen Schichten, Berufen und Lebensbereichen heraus verwirklichten, aus denen sie stammten. Da gab es *Jnaneshvar*, das philosophische und spirituelle Genie, *Namdev* den Schneider, *Chokha* den Unberührbaren, *Gora* den Töpfer, *Sautamali* den Gärtner, *Sena* den Barbier, *Kanhopatra* die Tänzerin, *Eknath* den Brahmanen, *Tukaram* den Gemüseverkäufer, *Ravidas* den Schuster, *Kabir* den Weber, *Mirabai* die Prinzessin, *Lalla-Ded* die umherziehende Mystikerin und viele, viele mehr. Sie alle erlangten ihr Ziel, u.a. indem sie den Weg der Hingabe, Liebe und des Mitgefühls gingen. Auch viele christliche Heilige, wie z.B. Franz von Assisi – eine der größten Inkarnationen des göttlichen Mitgefühls – haben es uns in wunderbarer Weise vorgelebt.

Es lohnt sich also, Liebe und Mitgefühl zu kultivieren. Auch wenn es nicht leicht ist – irgendwo müssen wir beginnen. Also müssen wir bei uns selbst beginnen; denn wir können nur das geben, was wir haben. Das ist ein universales Gesetz, das auch für die Liebe und das Mitgefühl gilt. Wir können Liebe und Mitgefühl nur dann für

---

42 Sogyal Rinpoche, Das tibetische Buch vom Leben und vom Sterben – Ein Schlüssel zum tieferen Verständnis von Leben und Tod. Bern 1999, S. 428-429.

andere empfinden, wenn wir es für uns selbst empfinden bzw. es für uns selbst zulassen. Ein verschlossenes Herz ist wie eine geschlossene Hand. Die geschlossene Hand wird schnell zur geballten Faust, außerdem kann sie nichts empfangen. Liebevolles Mitgefühl für uns selbst ist also grundlegend. Deshalb lautet die erste Übung:

Stelle Dir eine Situation aus Deiner Kindheit oder Jugend vor, in der Du etwas erlebt hast, was Dich verletzt hat, was dir große Angst gemacht hat, in der Du vielleicht schwach und hilflos zurück gelassen wurdest. Es hat möglicherweise viele solcher Situationen gegeben, die noch immer einzeln oder in ihrer Gesamtheit wirken. Versuche, Dich an eine von diesen Situation zu erinnern. Vergegenwärtige Dir, wie Du Dich gefühlt hast, oder stelle Dir vor, wie Du damals warst. Es gibt sicher eine Eigenschaft von Dir damals, die Du eventuell auch heute noch nicht an dir magst, vielleicht Ängstlichkeit, Schüchternheit, Vergesslichkeit oder Aggression. Wende Dich nun in Gedanken diesem Kind zu. Diesem vielleicht verlassenen, traurigen und sich hilflos fühlenden Kind. Nimm dieses Kind – das Du selbst bist – liebevoll, zärtlich und gleichzeitig fest in Deine Arme. Wiege und tröste es. Sprich mit ihm. Sage ihm, dass Du immer für es da sein wirst. Verzeihe ihm. Gib ihm all das, was Du heute hast. Zeige ihm, dass Du es so annimmst, wie es ist. Sage ihm, dass alles gut werden wird. Lasse Dir viel Zeit – für diesen inneren Dialog, für diese innere Begegnung.

Wenn Du das Gefühl hast, dass mehrere solcher „Begegnungen" notwendig sind, ist das völlig in Ordnung. Um anderen zu verzeihen, müssen wir uns zuerst selbst verzeihen. Um mit anderen zu fühlen, müssen wir zu allererst mit uns selbst fühlen. Dazu ist es notwendig, alle dunklen Flecken und Ecken unserer Persönlichkeit und Lebensgeschichte anzunehmen. Manches braucht viel Zeit, um es zu betrachten und zu akzeptieren. Vorschnelles Vorgehen sollten wir dabei vermeiden. Wenn wir auf diese oder ähnliche Weise mit uns selbst fühlen, sind wir bereit, mit anderen zu fühlen.

Eine andere bewährte Methode, um Empfindung von Mitgefühl für andere zu bekommen, besteht darin, sich eine Situation zu vergegenwärtigen, in der man selbst Liebe und Mitgefühl erhielt, vielleicht eine Situation in der Kindheit. Lasse diese Situation aus der Erinnerung in Deinem Herzen aufsteigen. Empfinde die Dankbarkeit, die Du damals empfandest. Wenn es noch nicht der Fall sein sollte, setze Dich nun bequem hin, schließe Deine Augen, atme einige Male tief ein und aus. Betrachte Dir diese Dankbarkeit und Liebe von damals. Spüre, wie diese Empfindung Dein Herz wärmt, es hell und weit macht. Tauche richtig in dieses Gefühl ein. Du spürst vielleicht, dass sich durch diese Ausrichtung auf die damals empfundene Liebe die immerwährende, unerschöpfliche innere Quelle Deiner Liebe öffnet. Diese Quelle in Deinem Herzen war und ist immer da.

Versuche nun im nächsten Schritt, behutsam diese Liebe und dieses Mitgefühl auf andere Menschen, die Du kennst, zu richten. Zuerst auf die, die Dir am nächsten stehen – auf Deine Familie, Deine Kinder, Ehepartner, Lebensgefährten. Weite dann dieses Gefühl der Liebe und des Mitgefühls auf Freunde und Bekannte auf. Verweile bei jedem Schritt dieser Übung und lasse Dir Zeit. Es ist, wie bei all diesen Übungen, wichtig, behutsam und achtsam mit sich umzugehen. Dehne im nächsten Schritt dieses Gefühl auf Nachbarn und Fremde aus. Jetzt kannst Du vielleicht sogar diejenigen mit einschließen, die Du „normalerweise" nicht so besonders magst. Versuche, Dir diese Personen wirklich in Deinem Inneren vorzustellen. Lasse Dir dabei Zeit. Für viele von uns wird diese Übung beim ersten Mal vermutlich gar nicht so einfach sein. Der Schlüssel liegt hierbei – wie so oft – in der Wiederholung. Der letzte Schritt besteht darin, Dein Gefühl der Liebe und des Mitgefühls auf alle Menschen, alle Wesen dieser Welt, das gesamte Universum, auszuweiten. Spüre, wie sich nun Dein Herz, Dein inneres Wesen über seine bisherigen Grenzen hinaus weitet. Gehe nun völlig in dem Licht Deiner unendlichen Liebe und Deines unbegrenzten Mitgefühls auf …

Im Mittelpunkt einer anderen Übung steht das Gefühl der Identität oder seelischen Verwandtschaft mit den anderen Menschen. Auch für diese Übung, zumindest in der ersten Phase, ist es hilfreich, sich bequem und entspannt hinzusetzen. Konzentriere Dich nun auf einen Menschen, den du von ganzem Herzen liebst oder sehr achtest. Versuche Dir diesen Menschen bildhaft vorzustellen. Male Dir seine Seele bzw. sein inneres Selbst als ein aus dem ewigen Licht des höchsten Bewusstseins bestehendes Wesen aus. Jetzt wende Dich Deinem eigenen Inneren zu. Schaue in Dich hinein und nimm auch Dein inneres Selbst als ewiges Licht wahr. Bleibe eine Weile bei der Betrachtung oder zumindest der Vorstellung von Deinem inneren Wesen als ewigem Licht. Lasse nun Dein inneres Licht das innere Licht der von Dir geliebten oder geschätzten Person liebevoll betrachten. Lasse Dir dabei Zeit. Du wirst, wenn Du bei dieser Übung tief in Dein Wesen einzutauchen vermagst, feststellen, dass sich die beiden Lichter nicht nur gleichen – sie sind *identisch*, sie sind in Wirklichkeit *eins*. Versuche nun die gleiche Übung mit anderen Personen.

In der erweiterten Form dieser Übung überträgst Du sie in den Alltag. Übe also das Gleiche bei Deinen Begegnungen mit Menschen im Umfeld Deiner beruflichen Tätigkeit, beim Einkaufen im Supermarkt, in Deinem Sportverein etc. Habe dabei Geduld mit Dir.

Versuche Dir dabei ganz konkret dieses Licht des höchsten Bewusstseins in den Herzen der Menschen (einschließlich in Dir selbst) vorzustellen. Fühle es mit Deinem ganzen Wesen. Mache Dir klar, dass das nicht nur bloß eine Übung ist, sondern – nach den Erfahrungen und Lehren der uralten Weisen und erleuchteten Meister des Yoga – die Wahrheit, die Realität. Wenn Du diese Übung ein paar Mal wiederholst, wirst Du mit der Zeit bemerken, wie sich Deine Einstellung gegenüber den Menschen verändert, insbesondere bei Meinungsverschiedenheiten.

Durch diese und ähnliche Übungen bekommen wir zuerst eine Ahnung, dann ein konkretes Empfinden dafür, dass wir, trotz unterschiedlicher Sichtweisen und Auffassungen, in unserem Inneren einander gleichen – nach derselben Liebe streben, ähnliche Ängste miteinander teilen und uns immer mehr gleichen, je tiefer wir in unser Wesen hinabtauchen. Im Allerinnersten, im inneren Selbst, sind wir alle gleich. Mit dieser Erkenntnis oder Erfahrung werden unsere zwischenmenschlichen Auseinandersetzungen und Spannungen nicht einfach aufhören, das ist auch gar nicht nötig. Viel wichtiger ist, dass wir wahrnehmen, dass bei all den Unterschieden an der Oberfläche – den verschiedenen Rollen, die wir im Leben spielen, dem Kommen und Gehen von angenehmen und unangenehmen Gefühlen mit anderen usw. – dieses eine und einzigartige Licht uns alle gleichermaßen durchdringt. Hierdurch können wir trotz äußerer Unterschiede bei unserem Gegenüber sein. Wahres Mitgefühl bedeutet, „mit dem Anderen zu fühlen", bedeutet, sich zu fragen „Wie würde ich mich selbst fühlen, wenn ich in dieser oder einer ähnlichen Situation wäre? Wie würde ich unter solchen Umständen behandelt werden wollen? Womit wäre mir dann geholfen?"

Übrigens gilt bei derartigen Übungen ein (Grund-)Satz, der so leider nur im Englischen und Amerikanischen existiert und sich in unsere Sprache nur schwer übersetzen lässt: „Fake it until You make it." Was im Deutschen so viel bedeutet wie: „Tu so als ob, bis es schließlich wirklich funktioniert."

Über eines müssen wir uns jedoch im Klaren sein: *Mitgefühl* darf nicht verwechselt werden mit *Mitleid*. Wie diese beiden zu unterscheiden sind, macht Swami Chidvilasananda im Folgenden auf recht anschauliche Weise deutlich: „Mitgefühl ist eine sehr delikate Angelegenheit. Manche verspüren aufrichtiges Mitleid und sind verstört, wenn sie einen Bettler sehen oder einen räudigen Hund oder irgendeinen Unfall. Aber es besteht ein großer Unterschied zwischen Mitleid und Mitgefühl. Wenn du Mitleid hast, versetzt du dich in die

Lage des anderen. Du denkst, wenn du einen Unfall hättest, wenn du krank wärest, hättest du auch gerne, dass jemand dir hilft. Mit diesen Gedanken im Kopf gehst du dann los und hilfst einem anderen Menschen. Das ist Mitleid. Oder vielleicht hilfst du mit der Einstellung, dass dieser Mensch dir eines Tages wiederum helfen wird oder weil es sich für dich auszahlt. Im Grunde konzentrierst du dich auf dich selbst, statt auf denjenigen, der Schmerzen hat.

In solchen Fällen wächst der Geist nicht über sich hinaus, um in ein höheres Bewusstsein einzugehen, er wird nicht rein, und er empfindet auch keine Freude. Bist du aber wahrhaft mitfühlend, werden deine Gedanken rein, und dein Herz spürt seine eigene Integrität, seine Würde und strotzende Kraft. Du fühlst dich wie neugeboren. Die Gaben und Segnungen, die das Mitgefühl gewährt, sind viel größer als die blässlichen Imitationen, die das Mitleid hervorruft. Wenn man Mitgefühl verspürt, regt sich im Herzen buchstäblich Liebe, und wer sie auslöst, empfängt Liebe und wird geheilt. Mitgefühl nimmt das Leid eines anderen Menschen ohne Hintergedanken auf sich und spendet demjenigen, der leidet, wahren Trost. Du betrachtest ihn mit Liebe in den Augen, du spürst sein Leid, und dem anderen geht es sofort wieder gut, wirklich gut.

Hast du jemals Mitgefühl empfunden, und wenn auch nur ein bisschen, ein Anflug von Mitgefühl? Nimm dir einen Augenblick Zeit und denke darüber nach. Hast du jemals Mitgefühl verspürt – und wenn ja, hast du jemals zugelassen, dass es wächst? Hast du jemals den Anflug von Mitgefühl zu einem Meer von Mitgefühl werden lassen? Hast du jemals um Gnade gebetet, damit dein Mitgefühl zunimmt?

Was empfindest du wirklich, wenn jemand anders unglücklich ist? Sagst du nur: ‚Ach, das tut mir ja so leid für dich. Ich wollte, das wäre dir nicht passiert.' Oder stehst du jemandem zur Seite? Und wenn du versuchst zu helfen, was erhoffst du dir davon — sofern du dir etwas erhoffst?" [43]

---

43 Swami Chidvilasananda, Gott liebt ein reines Herz – Der Yoga der göttlichen Tugenden. Telgte 1998, S. 100-101.

Es ist in der Tat wichtig, dass wir uns mit diesen Fragen auseinandersetzen; denn zum Yoga gehört, wirklich zu wissen, was wir tun, welche Prozesse in uns ablaufen und dass wir in einer selbstreflektierenden Weise handeln. Mitleid – mit-leiden – führt also zu nichts, bzw. es ist lediglich eine weitere Form des mehr oder weniger ichbezogenen Handelns, von dem wir auf dem Weg des *Bhakti-Yoga* ja schrittweise loskommen wollen. Was das Leiden als solches betrifft, so gibt es jedoch durchaus einen Zusammenhang mit dem Mitgefühl. Die Erfahrung von Leid, wie auch von Trauer, ist nämlich häufig die Wurzel für unsere innere Transformation oder unsere Bereitschaft dazu. Die Zeit des Leidens ist bei vielen Menschen eine Zeit der Offenheit. In der Zeit der scheinbaren Schwäche liegt mitunter sehr viel Stärke. Leiden und Trauern kann Mitgefühl lehren; denn es ist häufig so, dass wir erst durch die Erfahrung des eigenen Leides erfahren und verstehen, was Leid für andere bedeutet. Wenn wir dann in die Lage kommen, anderen zu helfen, finden wir durch die Erfahrung unseres eigenen Leides das Mitgefühl und Verständnis, aus dem heraus wir das Richtige für den Anderen tun. Menschen, welche die Erfahrung des Leids nicht oder nur in sehr geringem Umfang gemacht haben, können das häufig nicht nachvollziehen.

Wir sollten uns daher nie dem Leid und dem Schmerz verschließen. Zum einen weil es – siehe Kapitel 1 – uns dann erst recht hinterher läuft und wir ihm besser begegnen können, wenn wir es konfrontieren. Zum anderen, weil Leid und Schmerz häufig für uns wichtige und notwendige Erfahrungen beinhalten. Die Lehre hieraus lautet: Nimm, soweit du es vermagst, das Leid und den Schmerz an – unverletzbar ist niemand. Häufig bemerken wir erst sehr viel später, wenn wir auf die Erfahrung zurückblicken, dass diese Erfahrungen ein unschätzbares Geschenk waren. Gerade durch unseren Yoga oder unsere spirituelle Praxis haben wir die Chance zu entdecken, was sich hinter dem Leiden und dem Schmerz verbirgt.

Was wir in solchen Zeiten lernen – es klang in gewisser Weise bereits an – ist etwas, das unbedingt mit Yoga, Spiritualität und unserem Glücklich-Sein zu tun hat. Zum Weg der Hingabe gehört nämlich auch die *Hingabe an das Leben* als solches. Ich meine die Hingabe an den Fluss des Lebens, all die ständigen Veränderungen und Umgestaltungen, die – ob wir wollen oder nicht – tagtäglich auf uns einstürmen. *Bhakti-Yoga* ist auch der Weg des Los-Lassens, des Nicht-Festhaltens. Was ist denn die Ursache von Leid? Die Antwortet lautet: Unsere Anhaftung. Wir versuchen immer alles festzuhalten. Wie wir in einem vorherigen Kapitel schon festgestellt haben, ist das Leben jedoch fließend. Leid entsteht dadurch, dass wir versuchen, etwas zu fassen und festzuhalten, was nicht fassbar und festhaltbar ist. Das Leben verändert sich, permanent. Die göttlich-kreative Kraft/Macht – *Shakti* – ist Veränderung per se. Wir schaffen das Problem, unser eigenes Leid, indem wir nicht akzeptieren können, dass wir das, was wir suchen, nicht festhalten können. Glück, Liebe, Geborgenheit sind alles keine Objekte, die wir festhalten könnten. Der große Durchbruch im Yoga und in der Spiritualität ereignet sich für uns immer dann, wenn wir begreifen und akzeptieren, dass wir loslassen müssen, um uns dem gewaltigen immerwährenden Pulsieren der göttlichen *Shakti*, aus dem das Leben besteht, hinzugeben. Es reicht jedoch nicht, das nur zu wissen bzw. intellektuell einzusehen. Wir müssen es auch praktizieren. Yoga ist Wissen *und* Praxis. Erfolg und Glück ereignen sich nur, wenn diese beiden Hand in Hand gehen.

Es gibt eine treffende Metapher, die uns die richtige bzw. bhakti-yogische Umgangsweise mit unseren Beziehungen zu den Dingen und Menschen im Leben erläutert: Die Hand, die nicht greift, nicht *fest-hält*, sondern geöffnet ist und dennoch bewahrt, *be-hält*. Wie ist das gemeint? Stelle Dir vor, Du nimmst einen sehr wertvollen Gegenstand in die Hand, mit der Handfläche nach unten. Wenn Du die Hand nun öffnen würdest, würde der Gegenstand herunterfallen und am Boden zerschellen. Deshalb hältst Du ihn fest. Doch irgendwann verlierst Du die Kraft oder Deine Hand verkrampft sich, die Hand öffnet sich – und alles war umsonst. So geht es uns oft im Leben. Das, was uns sehr viel bedeutet, halten wir mit aller Kraft fest – und gerade dadurch verlieren wir es. Die „bhakti-yogische Hand" zeigt uns nun noch eine andere, weitaus bessere Methode, mit den uns wertvollen Dingen im Leben umzugehen. Es ist eine Variante, bei der wir loslassen und dennoch die Dinge behalten können. Die Hand, die für den Weg der *Bhakti*, der Hingabe an die *Shakti*, steht, ist eine *nach oben geöffnete Hand*. In einer solchen Hand behältst Du Deinen wertvollen Gegenstand, obwohl Du ihn nicht festhältst.

Vieles im Leben verlieren wir, gerade weil wir so sehr daran hängen. In so manchen zwischenmenschlichen Beziehungen ist das Greifen und Festhalten ein großes Problem, ja geradezu ein Teufelskreis. Je mehr uns ein Mensch bedeutet, desto mehr halten wir ihn fest – umso mehr empfindet dieser unser Verhalten als Umklammerung und versucht, den Griff zu lockern – wodurch wir unser Glück in Gefahr sehen und noch stärker versuchen festzuhalten. Damit beginnt der Teufelskreis. Nicht ohne Grund ist die Nicht-Anhaftung (Skt. *vairagya*) eine der grundlegenden Eigenschaften, die im Yoga von einem Praktizierenden gefordert wird. Wie sich leicht einsehen lässt, ist die Nicht-Anhaftung nicht nur für den nach Vollkommenheit und Befreiung strebenden Yogi notwendig, sondern auch für denjenigen, der ganz einfach versucht, in dieser Welt glücklich zu sein. Das Festhalten ist die Ursache vieler unserer Probleme. Unser Verhalten ist vollkommen aberwitzig: Vergänglichkeit ist für uns ein Synonym für Leid und Schmerz, und da wir deshalb vor der Vergänglichkeit Angst haben, halten wir an dem Leben, wie wir es kennen, noch mehr fest. Doch da Leben nun einmal Veränderung bedeutet, entreißt es uns das, was wir unter allen Umständen festhalten möchten – das Leben selbst. Somit kämpfen wir erstens einen aussichtslosen Kampf und fügen uns zweitens genau dasjenige Leid zu, das wir unter allen Umständen zu vermeiden suchen.

Glücklich leben lässt sich nur, wenn wir loslassen – Hingabe, *Bhakti*, an das Leben praktizieren. Glücklich leben zu lernen heißt, loslassen zu lernen. Bei den Sportkletterern gibt es eine Faustregel, die besagt, dass nur derjenige erfolgreich sein kann, der keine Angst hat vor dem Fallen. Ähnlich ist es im Judo. Judo hat eine Menge mit Hingabe und *Bhakti* zu tun. In seinem Herkunftsland, in Japan, ist Judo sehr viel mehr als nur ein Sport. Ursprünglich ist es eine Lebensphilosophie, die Schulung von Körper und Geist, ein Lebensweg von hohem erzieherischem Wert für den Schüler. Jigoro Kano (1860-1936), der Begründer dieser Sportart, definiert Judo wie folgt: „'*Ju*' bzw. '*Jiu*' bedeutet *sanft* oder *nachgeben* und '*Do*' *Weg* oder *Grundsatz*, also den Weg oder Grundsatz *erst der Bewegung der Kraft nachzugeben, um schließlich den Sieg zu erringen.*"

Wie sich unschwer erkennen lässt, liegt bei dieser Vorgehensweise dasselbe Prinzip der Hingabe bzw. des Mitgehens mit der sich offenbarenden Kraft zugrunde wie beim *Bhakti-Yoga*. Doch das für uns an dieser Stelle eigentlich Interessante des Judo besteht darin, dass gesagt wird – ähnlich wie zuvor beim Klettern –, dass nur derjenige Erfolg haben wird, der keine Angst hat zu fallen bzw. sich fallen zu lassen. Das Erlernen des richtigen Fallens und der Umgang mit dem Fallen ist für viele eine echte Herausforderung; denn in unserer westlichen Kultur bringen wir *Fallen, Nachgeben* und *Loslassen* immer mit ,Schwäche' und ,Versagen' in Verbindung. In Asien, insbesondere in den spirituellen Traditionen – im Judo finden sich deutliche Parallelen zum Zen-Buddhismus – sieht man das, mit viel Erfolg, gänzlich anders. M. Grundmann schreibt hierzu:

„In der Zen-Meditation soll der Zustand der Geistesleere erreicht werden, der, so paradox es erscheinen mag, auf höchster Konzentration und Wachsamkeit basiert. ... Eine Begründung für diese Meditationsweise ist die Annahme, dass nur der, der in der Lage ist, seinen Geist willentlich über eine bestimmte Zeit von allem freizuhalten, in

Situationen, die seine ganze geistige Kraft verlangen, sich selbst vollständig einsetzen kann. Jemand, der die Fähigkeit hat, diese ‚Leere' während der Meditation hervorzurufen und zu ertragen, kann das ‚störende Ich', das seinen Willen und somit seine Taten beeinflusst, ausschalten. Genau diese Fähigkeiten benötigt man in den Kampfkünsten. Hierzu einige Zitate von *Taisen Deshimaru-Roshi*, einem der bekanntesten japanischen Zen-Meister unserer Zeit: „Wenn man im Kampf auch nur einen Rest von Energie zurückbehält, kann man nicht gewinnen." Intuition und Handlung müssen im gleichen Moment hervortreten. In der Ausübung des *Budo* kann es kein Nachdenken geben. Nicht eine einzige Sekunde. Dies unterscheidet die Kampfkünste von allen Sportarten, bei denen immer noch für kurze Momente ein Nachdenken möglich ist.

Bei den Kampfkünsten schult man – wie auch im Zen – zunächst Körper und Technik, das Entscheidende ist aber der Geist (*shin*), das Bewusstsein, die Intuition. Essenziell ist die Einheit von Geist, Körper und Technik. *Deshimaru-Roshi* schreibt ferner: *Budo* ist der Weg des Kriegers, und er umfasst alle Kampfkünste Japans. Das japanische *Budo* hat sich im direkten Zusammenhang mit Ethik, Philosophie und Religion entwickelt – ohne jede Verbindung zum Sport. Daher handeln auch alle uns erhaltenen Texte über *Budo* von der geistigen und intellektuellen Bildung und der Reflexion über das Ich. … Denn im *Budo* geht es nicht allein um Wettstreit, sondern viel mehr darum, den Frieden und die Meisterschaft über sich selbst zu finden. *Do* ist der *Weg*, die Methode, die Lehre, durch die man das Wesen seines Geistes und seines *Ichs* vollkommen verstehen kann."[44]

Leider teilt der Judo und die anderen Disziplinen, die dem Zen-Buddhismus entstammen, in unseren westlichen Kulturen das Schicksal mit dem Yoga: Man interessiert sich häufig nur für das, was man mit dem Körper macht, was in irgendeiner Form nach außen hin

---

44 Siehe: www.tv-merzig.de/ordnerjudo/sinndesjudo/Wozu%20Judosport.pdf

erkennbar ist. Die geistige Ebene – das eigentlich Wichtige – bleibt den meisten Menschen, die sich damit befassen, verborgen.

Kehren wir zu unserem Thema zurück und erinnern wir uns noch einmal: *Bhakti* – die liebevolle Hingabe – ist sowohl der Weg, also die Praxis, als auch das Ziel. *Bhakti* schenkt uns das Glück in dieser Welt, wie auch das Glück, das diese Welt transzendiert. Genau das bringt ein aus der indischen *Bhakti*-Bewegung stammendes Lied wunderschön zum Ausdruck. Es ist ein Lied, in dem die Hingabe sogar als „Mutter" personifiziert wird:

> *„He Mata Bhakti (Oh Mutter Hingabe!)*
> *- Oh, Mutter Hingabe, Deine Macht ist erstaunlich!*
> *In Deiner linken Hand hältst Du weltliches Wohlergehen*
> *Und in Deiner rechten Hand Befreiung.*
> *Du erfüllst die, die Dir ergeben sind, mit der Glückseligkeit des*
> *Selbst."*

Bhakti ist also durchaus etwas, was auch wichtig ist für unser Glück und Wohlergehen im Leben, in dieser Welt. *Bhakti* soll gelebt werden – jetzt und hier. Wir sprachen davon, dass *Bhakti* ein Zustand des Bewusstseins ist, dass sie sich offenbart in unserer Haltung und Sichtweise gegenüber unseren Mitmenschen und sich unter anderem ausdrückt im Mitgefühl für alle Wesen dieser Welt. Liebe, Hingabe und Mitgefühl können/sollten sich also ganz konkret in unserem Handeln zeigen. Es gibt viele Ausdrucksformen und Möglichkeiten hierfür, und jeder von uns ist aufgerufen, seine/ihre jeweiligen individuellen Formen im Leben zu finden. Doch bei all den zahlreichen und unterschiedlichen Möglichkeiten, für andere da zu sein, gibt es Ausdrucksformen der *praktizierten liebevollen Hingabe* an Menschen, die fast so etwas wie allgemeingültig, grundlegend oder für jeden alltäglich praktizierbar sind. Es sind gerade solche Formen, die dadurch, dass sie im Alltag jederzeit praktiziert werden können, auf nachhaltige Weise unsere

Selbst-Bezogenheit aufzulösen vermögen. Dabei geht es häufig gar nicht so sehr um das „Machen" als vielmehr um das „Lassen". Schauen wir uns eine dieser „Praktiken" einmal näher an – das *Zuhören*.

Manche – im Yoga, aber auch außerhalb des Yoga – sprechen sogar von der „Kunst des Zuhörens". Denn wann hören wir schon einmal wirklich zu. Die meiste Zeit hören wir nur uns selbst zu. Wann jedoch hören wir unseren Kindern, unseren Eltern, unseren Nachbarn zu? In vielen Beziehungen zeigt sich der Anfang vom Ende darin, dass sich die beiden nicht mehr zuhören. Wer seine Ohren verschließt, verschließt auch sein Herz. Dem anderen wirklich zuzuhören, bedeutet, der Welt ein wahres Geschenk zu machen. Zuhören ist also eine große Kunst. Wenn wir beginnen, sie bewusst zu praktizieren, werden wir sehr bald bemerken, dass sie gar nicht so leicht ist; denn unser Ego hat die Tendenz, sich einzumischen, zu unterbrechen. Es mag nicht still sein. Es weiß alles besser. Doch Zuhören setzt Stille, wahre innere Stille voraus und; im wörtlichsten Sinne, *Zurück-Haltung*. Das ist nur möglich, wenn wir bereits ein stückweit unsere Ichbezogenheit verloren bzw. aufgegeben haben. Dann kann der Andere in den freien Raum treten und den freien Raum für sich nutzen, ihn mit seinem Leben füllen. Gerade wenn wir um einen Rat oder um Hilfe gebeten werden, ist diese Form von Hingabe eine Voraussetzung, um wirkliches Vertrauen zu gewinnen.

Doch schauen wir uns diese Form des *Bhakti-Yoga*, den „Yoga des Zuhörens", wie man diesen Weg auch nennen könnte, einmal genauer an. Was geschieht da eigentlich? Nehmen wir einmal an, uns erzählt jemand eine Geschichte. Wenn wir als echte Yogis zuhören, sollten wir der Geschichte ohne Verfälschung oder Einfärbung durch unseren eigenen Bezugsrahmen zuhören. Normalerweise – wenn wir anderen dabei zuhören, wie sie über sich selbst erzählen – hören wir eben nicht nur einfach zu, sondern reagieren im Inneren mit eigenen Gedanken und Gefühlen auf das Gesagte. Wenn uns solche bewertenden Gedanken durch den Kopf gehen, dann entstammen sie *unserem* Bezugsrahmen, dem begrenzten und begrenzenden Ich, und stören das genaue Zuhören. Sie stören:

1. *Weil es schwierig ist, gleichzeitig zuzuhören und zu verstehen. Während ich noch über die erste Aussage des Sprechers nachdenke, fällt es mir schwer, die nächste aufzunehmen.*
2. *Weil eine solche Bewertung leicht zu vorschnellen Schlüssen führen kann.*

Die meisten von uns finden es ziemlich schwierig, den eigenen Bezugsrahmen – das Ego (*Ahamkara*), wie die Yoga-Philosophen das nennen – auszuklammern und Geschichten und Ereignisse aus der Perspektive der anderen zu hören. Wir sind es gewohnt, alles, was andere uns erzählen, durch unsere eigenen Erfahrungen und Überzeugung zu filtern. Das jedoch schränkt unsere Wahrnehmung und – was im Yoga als entscheidend gilt – unsere Unterscheidungsfähigkeit (Skt. *viveka*) erheblich ein. Ganz abgesehen davon, dass wir durch eine solche Haltung die Heiligkeit oder Göttlichkeit des Gegenüber nicht realisieren können oder in gewisser Weise sogar missachten. Es gibt eine kleine anrührende und lehrreiche Geschichte, die uns etwas über den unschätzbaren Wert des Zuhörens erzählt und uns zeigt, wie sehr richtiges Zuhören mit Hingabe, Achtung und Liebe zu tun hat. Diese höchst bemerkenswerte Geschichte findet man in Michael Endes Roman „Momo":

„So kam es, dass Momo sehr viel Besuch hatte. Man sah fast immer jemand bei ihr sitzen, der angelegentlich mit ihr redete. Und wer sie brauchte und nicht kommen konnte, schickte nach ihr, um sie zu holen. Und wer noch nicht gemerkt hatte, dass er sie brauchte, zu dem sagten die andern: ‚Geh doch zu Momo!'

Dieser Satz wurde nach und nach zu einer feststehenden Redensart bei den Leuten der näheren Umgebung. So wie man sagt: ‚Alles Gute!' oder ‚Gesegnete Mahlzeit!' oder ‚Weiß der liebe Himmel!' genauso sagte man also bei allen möglichen Gelegenheiten: ‚Geh doch zu Momo!'

Aber warum? War Momo vielleicht so unglaublich klug, dass sie jedem Menschen einen guten Rat geben konnte? Fand sie immer die richtigen Worte, wenn jemand Trost brauchte? Konnte sie weise und gerechte Urteile fällen?

Was die kleine Momo konnte wie kein anderer, das war: *zuhören*. Das ist nichts Besonderes, wird nun vielleicht mancher Leser sagen, zuhören kann doch jeder.

Aber das ist ein Irrtum. Wirklich zuhören können nur ganz wenige Menschen. Und so wie Momo sich aufs Zuhören verstand, war es ganz und gar einmalig.

Momo konnte so zuhören, dass dummen Leuten plötzlich sehr gescheite Gedanken kamen. Nicht etwa, weil sie etwas sagte oder fragte, was den anderen auf solche Gedanken brachte, nein, sie saß nur da und hörte einfach zu, mit aller Aufmerksamkeit und Anteilnahme. Dabei schaute sie den anderen mit ihren großen, dunklen Augen an und der Betreffende fühlte, wie in ihm auf einmal Gedanken auftauchten, von denen er nie geahnt hatte, dass sie in ihm steckten.

Sie konnte so zuhören, dass ratlose oder unentschlossene Leute auf einmal ganz genau wussten, was sie wollten. Oder dass Schüchterne sich plötzlich frei und mutig fühlten. Oder dass Unglückliche und Bedrückte zuversichtlich und froh wurden.

So konnte Momo zuhören!" [45]

---

45 Michael Ende, Momo – Die seltsame Geschichte von den Zeitdieben und von dem Kind, das den Menschen die gestohlene Zeit zurückbrachte. Stuttgart 1973, S. 14-16.

Wir haben nun eine Menge Informationen über den *Bhakti-Yoga* erhalten und verschiedene seiner Formen und Ausprägungen kennengelernt. Daher sollten wir uns zum Schluss dieses Kapitels noch einmal damit befassen, was *Bhakti* bzw. *Bhakti-Yoga* für uns persönlich bedeutet oder bedeuten könnte. Stellen wir uns einmal folgende vertiefenden Fragen. Wer diese Übung noch intensivieren möchte, kann sich die Fragen auch herausschreiben und versuchen, sie für sich selbst schriftlich zu beantworten:

Welches wäre die für mich leichteste bzw. die von mir bevorzugte Art und Weise des bhakti-yogischen Handelns?

Wo könnte ich darüber hinaus alltäglich in meinem persönlichen Umfeld durch Liebe, Hingabe und Achtung Menschen stärken oder helfen?

Wo oder wann habe ich selbst einmal Kraft und Stärkung durch die liebevolle Hingabe oder hingabevolle Liebe eines Menschen erfahren?

Wo oder wann in meinem Leben habe ich schon einmal so etwas wie Heiligkeit oder Göttlichkeit in einem Menschen erfahren?

In welcher Weise könnte sich mein Leben verändern, wenn ich *Bhakti* – ob bezogen auf Gott oder Mensch – praktiziere?

Auf welche Weise könnte ich *Bhakti-Yoga* regelmäßig zu einem Teil meines Yoga-Weges oder meiner spirituellen Praxis machen?

Kapitel 3.3

Dhyana-Yoga – der Weg der Meditation und Kontemplation

„Nach innen geht der geheimnisvolle Weg.
In uns oder nirgendwo ist die Ewigkeit."
- NOVALIS -

„Meditation ist eine der wirksamsten Methoden, um unseren
Geist zu beruhigen, das mentale Geplapper im Kopf zu verringern
und das Unterbewusste für Informationen zu öffnen, die wir
normalerweise nicht wahrnehmen. Ohne Meditation neigen wir
dazu, blockiert zu sein, das Offensichtliche zu übersehen und uns
jenen Informationen und Energien zu verschließen, die uns mit
unserer Bestimmung, Aufgabe und Berufung in Kontakt bringen
können. Meditation ist ein kraftvoller Weg, um das Herz und die
Seele – wie auch den Geist – für die grenzenlosen Möglichkeiten
zu öffnen, die wir nutzen könnten, wenn wir achtsam wären.
Schließlich sind wir nichts anderes als Potenzial: Wir sind
spirituelle menschliche Wesen, die eine Beziehung zu einer
angemessenen Zukunft suchen."
- LANCE SECRETAN -

Eine einfache, klare und allgemeingültige Definition von Meditation (Skt. *dhyana*) lautet: „Meditation ist das Nach-Innen-Lenken der Aufmerksamkeit." Die natürliche Tendenz unseres Verstandes/Geistes ist es, sich nach außen, zu den Ereignissen und Objekten der äußeren Welt zu wenden. Allen Formen der Meditation – aus welcher Tradition oder geistigen Anschauung sie auch stammen mögen – ist eines gemein: Die natürliche Tendenz bzw. den „normalen" Prozess des Geistes umzukehren, um so zum leuchtenden Zentrum unseres Wesens, dem inneren Selbst, zu gelangen. Dieses innere Zentrum, dass die Mitte eines jeden Menschen ist, ist der absolute Punkt der Ruhe in allen. An diesem Punkt oder Ort in uns gibt es keine Aktivität, Veränderung, Vergänglichkeit oder dergleichen. Dieser Punkt oder Ort ist reines Sein. Es ist der reine und unbeteiligte Zeuge, der ewige Hintergrund unseres Wesens. Es ist das Selbst (Skt. *atman*) von allem. Von ihm berichten uns die vollkommenen Yogis, dass es winziger als ein Atom ist und gleichzeitig so riesig, dass es die ganze Welt enthält. Das ist das Zentrum des Tanzes der kosmischen Schöpfung. Diesen Mittelpunkt allen Seins beschreibt der große Dichter T.S. Eliot auf poetische Weise wie folgt:

„Am Ruhepunkt der sich drehenden Welt,
weder Fleisch noch fleischlos;
weder vor noch nach;
am Ruhepunkt dort ist der Tanz,
aber weder Halt noch Bewegung.
Und nenne es nicht Beständigkeit,
wo Vergangenheit und Zukunft versammelt sind.
Weder Bewegung von noch nach,
weder Aufstieg noch Niedergang.
Wenn es den Punkt nicht gäbe, den Ruhepunkt,
gäbe es keinen Tanz,
und es gibt nur den Tanz."

Die alten esoterischen Werke Indiens beschreiben diesen Punkt bzw. Ort als *Sat-Chit-Ananda*, als das höchste Göttliche, das „Sein", „Bewusstsein" und „Glückseligkeit" ist, das höchste Wesen, der höchste und ewige Zeuge. Es ist das, was mit unseren Augen sieht und mit unseren Ohren hört. Es ist unser inneres Selbst, das höchste Bewusstsein, derjenige oder dasjenige, was unser Leben wie einen Film oder ein Theaterstück genießt – immer wach, gegenwärtig, alles erfahrend und doch völlig unbeteiligt. Es ist immer da, ganz gleich in welchem Bewusstseinszustand wir uns befinden. Ob wir wachen oder schlafen, sprechen, arbeiten, uns über irgendetwas aufregen, traurig sind oder lachen. Es ist auch das Zentrum unseres Wesens, ob wir leben oder sterben, ob wir uns in dieser oder irgendeiner anderen Welt befinden. Unser einziges Problem ist: Wir kennen dieses Zentrum nicht! Wir haben es vollkommen vergessen. Im Prinzip ist es so, dass wir nicht wissen, wer wir wirklich sind oder wer unser Leben eigentlich erlebt. Wir sind eben nicht die Person auf der Bühne, die all diese Dinge erlebt und mit der wir uns (fälschlicherweise) identifizieren. Wir sind derjenige, der – bildhaft gesprochen – im bequemen Sessel sitzt, sich zurücklehnt und die ganze Show genießt. Warum wir das leider so nicht erfahren, hat hauptsächlich zwei Gründe:

Erstens, wie uns die Weisen seit Urzeiten sagen, weil wir diesen ewigen inneren Zeugen mit Gedanken und Eindrücken unseres Geistes völlig zudecken. Der Ozean unseres Geistes ist permanent in Unruhe, Tag und Nacht aufgewühlt und kommt eigentlich nie zur Ruhe. Das sind nicht bloß Gedankenwellen, die sich da auf und ab bewegen. Es sind riesige Wogen, wahre Orkane, die sich da im Ozean unseres Geistes abspielen. Unter solchen Umständen ist es einfach unmöglich, auf den leuchtenden Grund dieses Ozeans zu blicken, geschweige denn dorthin abzutauchen. Bei einem vollkommenen Yogi ist dieses weite Meer meistens still, die Oberfläche ist spiegelglatt. Deshalb spricht der große Weise, Seher und Philosoph Patanjali – der Urvater des klassischen oder achtgliedrigen Yoga – in seinem für den Yoga grundlegenden Werk, den *Yoga-Sutras*, in denen in hochkonzentrierter Form die Essenz des Yoga gebündelt ist, zu allererst von der Notwendigkeit, den Geist zur Ruhe zu bringen:

Yoga Sutra 1. 2. –

yogash chitta-vritti-nirodhah
„Yoga ist das Beruhigen der Bewegungen des Geistes."

Zweitens, weil unsere Aufmerksamkeit, der Fluss unserer geistigen Energie, unaufhörlich nach außen gerichtet ist, d.h. wir konzentrieren uns auf alles Mögliche, nur eben nicht auf unser inneres Selbst, unseren Wesenskern. Weil wir in die falsche Richtung blicken, können wir einfach nicht finden, was wir suchen. Ein wahrer Yogi hingegen, so die Aussage etwa der *Bhagavad Gita*, lebt im Zustand der ewigen Glückseligkeit, weil er sich auf sein Inneres ausrichtet und sich dadurch der Abhängigkeit von äußeren Reizen größtenteils entzieht – wodurch er darüber hinaus auch ein Höchstmaß an Autonomie und Freiheit erfährt:

Bhagavad Gita 5. 21 –

„Wenn die Seele nicht mehr an äußeren Objekten haftet,
findet der Mensch jenes Glück, das im Selbst ist.
Solch einer, der sich in der Meditation auf das Absolute
[in seinem Inneren] richtet,
erfährt endloses Glück."

Jemand, der die Erfahrung der Meditation hingegen nicht kennt, ist mit seinem Inneren nur selten wirklich in Verbindung und verliert sich deshalb sehr leicht im Äußeren; und das ist durchaus wörtlich zu verstehen. „Das höchste, göttliche Bewusstsein, das herabgestiegen ist von seiner Ebene der Unendlichkeit und Unbegrenztheit, erstarrt durch die Wahrnehmung der weltlichen Objekte und wird so zum menschlichen Geist", heißt es in einem bedeutenden Yoga-Werk über den direkten Zusammenhang von höchstem Bewusstsein und menschlichem Geist/Verstand.

Was bedeutet das für uns praktisch und unmittelbar für unsere alltägliche Wahrnehmung und Erfahrung? Es bedeutet, dass obwohl (aber auch weil) unser inneres Selbst das höchste, göttliche Bewusstseins ist, unser Geist/Verstand – der ebenfalls nichts als höchstes Bewusstsein ist – zu all dem wird, was er betrachtet. Unser Geist/Verstand – das wichtigste Instrument auf unserem Lebensweg – ist also das höchste Bewusstsein. Alles, was unser Geist erschafft – Gedanken, Gefühle, Phantasien etc. – ist eine Manifestation des göttlichen Bewusstseins. Das bedeutet gemäß den Lehren der Yogis: Gott offenbart sich uns in Form der Inhalte unseres Geistes – und das in jedem Augenblick. Was wir „Realität" nennen, ist unsere, ist Gottes Schöpfung in uns. Egal was wir in unserem Inneren erfahren, welche Gefühle oder Gedanken wir auch haben – von den allerschrecklichsten bis zu den wunderschönsten –, sie sind allesamt nichts anderes als verschiedene Formen ein und derselben Bewusstseinsenergie – unserer Bewusstseinsenergie.

Dies möchte ich mit einer uns allen vertrauten Erfahrung veranschaulichen, die sinnbildlich für unsere Situation als (vermeintlich) begrenztes Individuum steht – der Erfahrung des Traumes. Solange wir in einem Traum von einem Tiger verfolgt werden und uns wünschen, diesem zu entrinnen, oder uns in einem anderen Traum in völliger Armut wähnen und uns auf die Suche nach Goldschätzen begeben, um der Armut zu entkommen, so lange bleiben wir in diesen Träumen gefangen und erleben den endlosen Wechsel von Freude und Leid. Stattdessen sollten wir aufwachen und erkennen, dass der „Tiger", die „Armut", die „Goldschätze" – also unser gesamtes Erfahrungsspektrum und vor allem die daran geknüpfte Bewertung in „gut und „schlecht" – unsere eigene Schöpfung ist. Daher heißt es in der *Maitri Upanishad (6. 34. 3)*:

> *„Der eigene Geist (citta) ist der Samsara*
> *(Kreislauf von Geburt, Tod und Wiedergeburt).*

Daher sollte man diesen (Geist) mit aller Anstrengung reinigen.
Was jemand denkt, zu dem wird er –
das ist das ewige Mysterium."

Hier liegt wohl eine der bedeutsamsten Aussagen des Yoga vor: „Was jemand denkt, zu dem wird er." Das, worauf wir unseren Geist ausrichten, zu dem werden wir. Damit können wir auch verstehen, wie und warum Meditation überhaupt funktioniert: Wir richten den Geist/Verstand in die richtige Richtung, um wieder in Kontakt zu kommen mit unserem inneren Zentrum, um wieder zu dieser Quelle der unendlichen Liebe und Kraft zu gelangen. Das ist der Grund, warum wir meditieren, warum wir unsere Aufmerksamkeit nach innen wenden – um den zu erkennen, der durch uns die Welt betrachtet bzw. das, was durch uns das Leben als Individuum auf dieser Welt erlebt. Wir meditieren, um unser inneres Selbst zu erfahren. Meditation als Praxis ist unser Bemühen, zu diesem *Ruhepunkt*, von dem T.S. Eliot sprach, zu gelangen. Unser Geist/Verstand hat ja eigentlich schon von Natur aus das Bestreben, zu seinem Ursprung – zu eben diesem Punkt – zurückzukehren. Er tut eigentlich nie etwas anderes – er will endlich nach Hause! Der Tropfen will im Ozean aufgehen, zum Ozean werden. Deshalb sagen uns die Yogis: „Der Geist ist die Ursache für Deine Gefangenschaft, wie auch für Deine Befreiung." Das hört sich zuerst zwar sonderbar an, entspricht aber der Wahrheit. Der Geist/Verstand stapft auf seiner Suche wild umher, trübt dabei sozusagen die Gewässer. Was zur Folge hat, dass er uns die Sicht zur höchsten Wahrheit – wonach wir selbst das Göttliche sind – 'vernebelt'. Darüber hinaus sucht er in der völlig falschen Richtung. Doch wird er – und das ist wieder das Gute an ihm – so lange suchen und niemals aufgeben, bis er endlich gefunden hat, wonach er sich sehnt.

In der Yoga-Philosophie wird der Geist/Verstand mit einem *König* verglichen, dem kein angemessener Sitz oder Thron angeboten wurde. Die Begriffe „Sitz" und „Thron" beinhalten von jeher weitaus mehr, als nur eine Sitzgelegenheit. Sie sind Ausdruck von Macht, Herrschaft, Stärke und Autorität. Das kennen wir auch aus dem Yoga: Der Sitz des Meisters oder Gurus ist der Hort der göttlichen Energie. Der König, alias Geist/Verstand, sucht nun nach seinem rechtmäßigen Sitz, und er wird alles auf sich nehmen – intensive Suche, Strapazen, Auseinandersetzungen, harte Arbeit – um seinen Platz zu finden. Hat er ihn dann endlich gefunden, ist er zufrieden und herrscht wahrhaft königlich. Der wahre Sitz des Geistes ist das Selbst im Inneren, die Wohnstätte des höchsten Bewusstseins. Hier, und nur hier, ist der angemessene Sitz oder Thron des Geistes/Verstandes. Unser königlicher Geist bleibt ein Leben lang unruhig und auf der Suche, wenn er seinen Thron nicht findet.

Der große Augenblick, in möglicherweise einer langen Kette von Erfahrungen und Leben auf dieser Welt, ereignet sich für uns in dem Augenblick, in dem der Geist eine Richtung einschlägt, in die er noch nie zuvor gegangen ist – nach innen. Es gibt eine in Yoga-Kreisen bekannte alte indische Geschichte, die dies illustriert und die ich hier kurz erzählen möchte:

„Nachdem Gott die Welt und schließlich auch die Menschen geschaffen hatte, wollte er die Menschen nicht ohne eine Möglichkeit, irgendwann wieder zu ihm zurückzukehren, in die Welt und damit in das Leben auf der Erde entlassen. Also beratschlagte er sich mit einem der sieben unsterblichen Weisen, was zu tun sei. Der große Weise machte den Vorschlag, einen Schlüssel, der jedem Menschen individuell die Rückkehr zu Gott ermöglichte, irgendwo auf der Welt zu verstecken. Gott und der große Weise überlegten und beratschlagten sehr lange. Doch welches Versteck sie auch ersannen, an dem sie den Schlüssel zur Rückkehr hätten deponieren können – überall hätten die Menschen den Schlüssel gleich entdeckt. Gott sprach: „Oh Weiser, diese Menschen sind so schlau und wissbegierig, sie werden sehr bald die ganze Welt untersucht und erforscht haben. Es wird für sie eine Kleinigkeit sein, das Versteck des Himmelsschlüssels auszumachen." Doch da hatte der Weise eine großartige Idee! Er kannte die Menschen sehr gut, denn er hatte mit ihnen öfter zu tun, und so wusste er auch, wo dieses Versteck sein müsste. Also sprach er zu Gott: „Oh Herr, es gibt einen einzigen Ort, wo die Menschen den Schlüssel zur Rückkehr lange, lange Zeit nicht finden werden. Warum? Weil sie dort nie suchen. Die Menschen machen sich die Welt untertan, sie erforschen und untersuchen alles auf der Welt. Aber einen einzigen Ort kennen sie nicht. Zu diesem Ort gehen sie nie."

„Welcher geheimnisvolle Ort könnte das sein", sprach Gott verwundert. Und der unsterbliche Weise antwortete: „Das Herz der Menschen, ihr innerer Mittelpunkt, ihr Selbst. Lass uns den Schlüssel dort verstecken."

Daher heißt es in der *Shvetashvatara Upanishad (3. 20)*:

„Subtiler als das Subtilste, größer als das Größte
ist das Selbst (Atman), das sich in der Höhle des Herzens
aller Lebewesen befindet."

Dort, in unserem Herzen, liegt dieser göttliche Schlüssel tatsächlich seit Urzeiten. Wenn es je ein wirkliches Geheimnis auf dieser Welt gegeben hat, dann ist es dieses Zentrum allen Seins in uns. Meditation ist die kleine Anstrengung, die wir machen, um uns diesem Ruhepunkt in uns zuzuwenden. Meditation bedeutet, dass wir dem natürlichen Impuls des „Sich-nach-innen-Wendens" nachgehen. Dabei lenken wir unseren Geist – wie das Eltern mit einem Kind zu tun pflegen, das Laufen lernt – aufmerksam, liebevoll und sanft in die richtige Richtung. Wenn – um bei dem Beispiel des Laufen-Lernens zu bleiben – unser Geist mit der Zeit gelernt hat, sich „auf den Beinen zu halten" (d.h. geradeaus auf sein Ziel losgehen kann, ohne durch die Störung irgendwelcher Gedanken ständig vom Weg abzukommen und „zu fallen"), und wenn er stark geworden ist, sein Ziel kennt und unbeirrbar immer wieder darauf zu geht, dann wird er auch ohne große Mühe diesen geheimnisvollen Ort der Kraft und Liebe finden. Dann wird er den Schlüssel zum höchsten Glück nach langer Suche endlich in den Händen halten.

Manche Menschen haben gleich in ihren ersten Meditationen unglaubliche Erfahrungen, die ihnen völlig neue Dimensionen ihres eigenen Wesens offenbaren.

Allerdings erzählen manche Menschen auch, dass sich, nachdem sie die Meditationspraxis aufgenommen haben, rein gar nichts verändert habe. Solche Berichte sind mir suspekt. Wann immer ich mit solchen Menschen unmittelbar zu tun habe, gehe ich der Sache nach. Häufig erzählen sie dann, dass sie keine besonderen Erlebnisse in der Meditation haben, kein Fließen von Energieströmen, keine übernatürlichen Zustände, keine Lichterfahrungen usw. Es ist also häufig so, dass sie mit ganz bestimmten Vorstellungen bzw. Erwartungshaltungen an die Meditation herangegangen sind. Wenn sich diese Erwartungen nicht bestätigen, sind sie einigermaßen enttäuscht. Häufig sehen wir das Glück, das uns beschieden ist, einfach deswegen nicht, weil wir in die falsche Richtung blicken. Dann bemerken wir nicht, dass das Glück schon längst da ist. Nur ist es eben möglicherweise aus der anderen Richtung gekommen oder hat sich uns in anderer Form offenbart. Deswegen frage ich in solchen Fällen die Betreffenden nach anderen auffälligen Veränderungen, z.B. aus ihrem täglichen Leben, im Umgang mit anderen Menschen. Mit an Sicherheit grenzender Wahrscheinlichkeit erhält man dann zur Antwort: „Na ja, ich bin irgendwie glücklicher im Leben, zufriedener … Ach ja, zu Hause in der Familie und auch am Arbeitsplatz läuft's besser. Irgendwie klappt es jetzt immer besser, wenn ich mir etwas vornehme. Ich fühle mich jetzt viel entspannter, und vieles, was mich früher aus der Fassung gebracht hätte, regt mich jetzt kaum mehr auf."

Die Meditationsenergie ist keine ausschließlich „spirituelle Energie". Sie umfasst das gesamte Leben und wirkt, wenn wir ihr durch regelmäßige Praxis genug Nahrung geben, auf allen Ebenen. Wo genau sie ihre Arbeit beginnt und wo sie für uns erkennbar und erfahrbar wirkt, ist individuell ganz und gar unterschiedlich.

Im Allgemeinen lässt sich jedoch sagen, dass Menschen durch den in der Meditation geknüpften Kontakt zu ihrem inneren Zentrum ein anderes, ein erhöhtes Energieniveau erlangen. Meditation bewirkt zugleich eine Balance auf vielen verschiedenen Ebenen unseres Wesens. Meditation, so sagen uns die großen Lehrer und Meister aller Yoga-Traditionen, ist der natürlich(st)e Zustand des Menschen. Es ist auch der biologisch natürliche Zustand. „Biologie" besteht aus den beiden Worten *Bios* und *Logos*. Das Wort „Bios" kommt aus dem Griechischen und bedeutet „Leben". Das Leben ist immer ausgeglichen und harmonisch – auch wenn wir das manchmal nicht erkennen mögen. „Logos" bedeutet „Wort, Sinn". Der *Sinn (oder auch die Logik) des Lebens* ist Balance. In dem natürlichsten aller Zustände – in der Meditation – wird in uns die Balance zwischen solch wichtigen Funktionen wie Geist/Verstand und Herz hergestellt. Da in unserer westlichen Kultur die Ausrichtung auf den Kopf, also den Intellekt, wesentlich stärker ist als die auf das Herz, können sich bei uns diese beiden nicht gleichermaßen entwickeln. Heutzutage ist einzig der Intellekt Herrscher auf dem Thron der Wahrnehmung und Urteilsfähigkeit, darüber gebietend, was „real" ist und was nicht. Über die Ratio allein versuchen wir unser Leben in den Griff zu bekommen. Es ist schon bedauerlich, aber in unserer westlichen Kultur – seit der Zeit der Aufklärung – zählt einfach die innere Entwicklung, die innere Reise, nicht sonderlich. Dabei kann die äußere Reise nur erfolgreich sein, wenn es die innere ebenfalls ist. Das Herz ist deshalb eine so wichtige Instanz, weil durch das Herz unser Denken, unser Fühlen und unser Handeln aufeinander abgestimmt, in Balance gebracht werden. Dadurch bekommen wir Zugang zu unserem gesamten individuellen Potenzial.

Meditation verbindet Herz und Verstand und verschiebt auf heilsame Weise unsere Identifikation vom Verstand zum Herzen. Die Identifikation mit dem Herzen entspricht einer höheren Entwicklungsstufe. Wenn dies geschieht, dient das Herz dem Verstand. Zu viele von uns benutzen das Herz – wenn wir überhaupt mit ihm in Berührung kommen –, um damit dem Geist/Verstand zu dienen. Meditation ist eine Reise zum Herzen. Auf dieser hilft uns das Herz, gibt uns Kraft, Ausdauer und Zuversicht, damit wir diese manchmal auch mühevolle Reise zu Ende führen können; denn es wird uns einiges auf dieser inneren Reise erwarten: Viele Kämpfe werden wir ausstehen, viele dunkle und trockene Täler durchwandern, aber wir werden auch außergewöhnlich Schönem und Atemberaubendem begegnen. Die Yogis und andere Menschen, welche die inneren Welten ausgiebig erforscht haben, erzählen immer wieder von der unendlichen Weite in unserem Inneren. Sie sagen uns, dass die inneren Welten weitaus größer, vielfältiger und aufregender sind als die äußere Welt. Die Erfahrung vieler Yoga-Praktizierenden ist es, dass, wenn wir den Reichtum in unserem Inneren entdecken, auch die äußere Welt für uns leuchtender und lebendiger wird. Je aufmerksamer wir gegenüber unserer inneren Welt werden, desto schwächer wird die Abhängigkeit und Macht, die die äußere Welt über die meisten von uns hat. Je mehr wir uns durch Meditation der inneren Welt hingeben, desto mehr wächst die Kraft des höchsten Selbst in uns.

Meditation als *Praxis* führt uns zur Meditation als *Zustand*, zu der Erfahrung von grenzenloser Freude, transzendentem Frieden und dem unsterblichen Licht, den Eigenschaften des höchsten Selbst. Meditation ist der eigentlich natürliche Zustand des menschlichen Bewusstseins. Als Methode ist sie etwas, wodurch wir uns an unseren natürlichen Zustand erinnern. Doch können wir diese Erfahrung nicht machen *ohne* Praxis. Dennoch – und darin liegt das große Paradox der Spiritualität bzw. des spirituellen Lebens – ermöglicht unsere Praxis nicht aus sich selbst heraus die Erfahrung. Da das Selbst im höchsten Maße unabhängig ist, kann man es sich nicht „erarbeiten". Wir sollten uns auch im Klaren darüber sein, dass wir die Meditationsenergie, die ja niemand und nichts anders ist als die höchste *Shakti*, zu nichts zwingen können. Auch ein erfahrener Meditierender kann sie nicht zähmen. Wenn die Erfahrung kommt, dann kommt sie – aus dem göttlichen Willen und Segen heraus. Wie der große Mystiker Meister Eckhart einmal sagte: „Wenn ein Mensch sich versteckt und sich rührt, gibt er seinen Aufenthaltsort preis. Das Gleiche ist es mit Gott: Wir können Gott nicht finden – Er offenbart sich."

Es ist daher ein in den westlichen Yoga-Kreisen häufig anzutreffender Irrtum, zu glauben, man könne die Shakti – die Energie des Absoluten bzw. höchsten Selbst – beherrschen. Genau betrachtet, lenkt oder leitet auch der erfahrene Yogi die Meditationsenergie nicht. Wir sollten nicht in die Falle gehen, die allen Zauberlehrlingen droht, beim Versuch mit den eigenen noch unausgereiften Kräften und Vermögen diese unendliche Kraft des Universums und des Lebens zu manipulieren – um dann zu erfahren (wie es vielen ergangen ist, welche die Kundalini-Energie auf eigene Faust zu erwecken versuchten), dass wir die Geister, die wir gerufen haben, nicht mehr los werden. Es ist einfach nicht möglich, die *Shakti* zu beherrschen! Und das aus einem ganz einfachen Grund: Sie ist kein Ding. Sie ist kein Mechanismus, den man für sich arbeiten lassen kann. Es ist vielmehr so, dass diese Energie, die ihr Zentrum, ihre Quelle, in unseren inneren Tiefen hat, nach Maßgabe der jeweiligen Erfordernisse und Bedürfnisse den Verlauf und die Geschwindigkeit unseres spirituellen Erwachens und unserer persönlichen Entfaltung bestimmt. Wie gesagt, diese höchste Energie ist vollkommen frei, um zu tun, was immer ihr beliebt. Ein wahrer Yogi – ob er gerade begonnen hat, sich auf den inneren Weg zu machen, oder ob es sich um einen vollendeten Yogi handelt – „meistert" sie also nicht. Er ist ihr ergeben, er ist ihr Schüler. Als solcher versucht er, sich vollständig auf sie und ihre Führung auszurichten und in Einklang mit ihr zu denken, zu fühlen, zu handeln und zu leben. Grundlage seiner Beziehung zur Meditationsenergie ist seine Hingabe an sie.

Obwohl wir nichts erzwingen können – das ist das ewige Paradox der Spiritualität und des Weges zu sich selbst – müssen wir als Basis für unsere Erfahrungen und unseren inneren Fortschritt *praktizieren.* Dabei ist Meditation eine der wichtigsten Grundlagen. Daher stellt sich natürlich die Frage:

- *Wie beginnen wir eine solche Meditationspraxis?*
- *Wie bauen wir uns eine Meditationspraxis auf?*

Viele Menschen denken, dass der erste Schritt zur Praxis der Meditation vielleicht die korrekte Haltung oder die richtige Atmung oder die angemessene Kleidung sei. Aber der wirklich allererste Schritt zur Meditationspraxis ist die Überzeugung und Entscheidung, es regelmäßig zu tun, egal ob am Morgen oder am Abend oder zu irgendeiner anderen Tageszeit. Die Regelmäßigkeit, mit der wir meditieren, ist entscheidend. Die schwierigste und wichtigste Entscheidung des Tages findet häufig einige Sekunden nach dem Wachwerden statt: „Steh ich jetzt schon auf, um zu meditieren, oder drehe ich mich noch einmal um und schlafe noch ein wenig weiter?" Unser Geist ist ein Magier, ein Zauberer. Er zaubert aus dem Nichts die schönsten Ausreden: „Ich bin so erschöpft, und wenn man erschöpft ist, kann man auch nicht gut meditieren, also schlafe ich besser noch ein wenig", oder: „Ich meditiere sowieso immer recht gut, da kann es nicht schaden, wenn ich mir heute mal frei nehme von der Meditation", oder: „Dieser Zustand, in dem ich jetzt gerade nach dem Aufwachen bin, ist ebenfalls ein tiefer Bewusstseinszustand, fast so gut wie Meditation, ich bleibe besser liegen", oder: „Ich liege hier gerade so schön, man kann auch gut im Liegen meditieren", oder: „Ich habe gestern über eine Stunde meditiert, das reicht auch noch für heute", usw., usw. In solch einem Augenblick ist Aufmerksamkeit angesagt. In einem solchen Moment sollte uns klar sein: Der Geist/Verstand hat direkt vor uns seine Falle aufgestellt. Klarheit und Beständigkeit des Geistes/Verstandes sind gerade im Yoga der Meditation grundlegend. Warum das so wichtig ist, erklärt Krishna in der *Bhagavad Gita*:

BhG 3. 66 –

*„Wer ohne Beständigkeit ist, hat keinen Verstand
(der die Erfahrung des höchsten Selbst machen kann).
Wer ohne Beständigkeit ist, für den ist Meditation nicht möglich.
Für denjenigen, der nicht meditiert,
gibt es keinen (wirklichen) Frieden.
Und wie könnte es Freude geben für jemanden,
der keinen inneren Frieden hat?"*

Regelmäßigkeit und Beständigkeit sind also die Grundsteine unserer Meditationspraxis. Manche sprechen im Zusammenhang mit dem morgendlichen Aufstehen geradezu von einer Kunst. Es ist meine Erfahrung, dass bereits am Vorabend unbewusst die Entscheidung fällt: „Stehe ich morgen rechtzeitig zum Meditieren auf oder nicht." Wir sollten uns daher – gerade wenn wir am Abend noch spät auf sind – ernsthaft die Frage stellen: „Will ich morgen zeitig genug aufstehen, um meditieren zu können?" Dieses Etwas-früher-Aufstehen ist eine vergleichsweise kleine „Investition", wenn man bedenkt, was man dafür bekommt. Wenn es dann zur Routine geworden ist – das ist die Erfahrung vieler Meditierender – kann man beim Aufwachen das Verlangen nach der allmorgendlichen Meditation geradezu körperlich wahrnehmen. Dieses Verlangen macht es einem ziemlich leicht, früher aufzustehen, auch dann, wenn der innere Schweinehund einem eindringlich zubellt: „Bleib doch noch ein wenig liegen."

Ein weiterer wichtiger Baustein unserer Meditationspraxis ist der Ort oder Platz, an dem wir regelmäßig meditieren. Wir sollten für unsere regelmäßige Meditation nach Möglichkeit einen Platz suchen, an dem nichts anderes außer Meditation stattfindet.

Dort, wo Menschen intensiv und über einen längeren Zeitraum meditieren, beten oder sich in einer anderen Weise dem Göttlichen zuwenden, akkumuliert sich die geistige Energie, besonders durch ihre Hingabe und Liebe; denn ihre Liebe und Hingabe sind nichts anderes als eine Manifestation der Energie des Göttlichen.

Ein spezieller Raum oder eine Ecke, in der wir regelmäßig meditieren, macht uns die Meditation leichter. Weil wir sozusagen auf die Energie, die dort bereits auf uns wartet, jederzeit zurückgreifen können. Was die Energie und Atmosphäre an einem solchen Ort noch zusätzlich erhöhen kann, ist etwas, das man in Indien *Puja* nennt, eine Zeremonie, die vor einem kleinen Altar ausgeführt werden könnte. Bei einer solchen *Puja* kommen vielleicht nur eine Kerze, Räucherstäbchen und ein Sträußchen Blumen zum Einsatz, doch helfen sie dabei, um unsere Aufmerksamkeit auf einen Punkt zu richten.

Es lohnt sich also, besonderes „Zubehör" für die Meditation zu verwenden. Ein weiteres wichtiges Detail dabei ist die Kleidung. Sie sollte bequem sein. Außerdem sollte man auf einer bestimmten Dekke oder einem Kissen (entweder für den Boden oder den Stuhl) oder etwas Ähnlichem sitzen. Auch das hilft, die Energie an diesem Ort zu halten. Da wir gerade vom Ort der Meditation sprechen: Wir üben unsere Meditation *an diesem Ort* aus, regelmäßig, um dem Feuer der Meditation auch regelmäßig Nahrung zu geben, damit es, wie es im Yoga heißt, all die alten feinstofflichen Verunreinigungen und Eindrücke (*Samskaras*) verbrennt und uns reinigt. Doch bedeutet dies *nicht*, dass die Meditation *auf diesen Ort beschränkt ist.* Wir sollten die Vorstellung aufgeben, dass Meditation nur hier stattfindet. Den Zustand der Meditation, den wir hier täglich aufbauen und erneuern, tragen wir in die Welt hinaus, ins tägliche Leben, zu unseren Familien, zu unseren Arbeitsplätzen, zu unseren Mitmenschen, zu den Orten und Situationen, die unser Leben ausmachen. Im Laufe der Zeit werden wir erleben, wie der Zustand der Meditation, die Energie der Meditation, uns begleitet, ja geradezu verfolgt. Wann immer es möglich ist, sollten wir, wenn wir schon den Zustand der Meditation während unserer Aktivitäten nicht zulassen können, uns zumindest an ihn erinnern. Meditation – der Zustand der Meditation – ist eben nicht zeitlich begrenzt. Sie endet nicht, wenn wir nach der Praxis der Meditation die Augen öffnen und uns von unserem Platz erheben. Sie ist auch nicht einfach eine Methode, ein mechanischer Prozess, bei dem man mit gekreuzten Beinen und geschlossenen Augen eine Weile still dasitzt. „Wahre Meditation", so sagte einmal ein großer Yoga-Meister, „bedeutet, sich an das Selbst zu erinnern, inmitten der alltäglichen Aktivitäten."

Ein anderer wichtiger Aspekt ist unsere innere Haltung und Einstellung zur Meditation. Wir sollten unsere Meditationspraxis nicht als ein weiteres Hobby betrachten, sondern sie hoch achten, ja sogar ehren. Die Zeit, die wir uns für die Meditation nehmen, sollte uns in gewisser Weise heilig sein.

Rituale helfen den Menschen schon seit Urzeiten. Sie schaffen Vertrauen und Orientierung. Sie bewirken einen intensiven Bezug zu dem, was man macht, und auch einen intensiven Bezug zu einem selbst. Sie bilden eine enge Verbindung zwischen unserem Denken, Fühlen und Handeln. Rituale zur Meditation fördern ganz einfach die Meditation. Sie erzeugen in uns eine erhöhte Form der Aufmerksamkeit und der Achtung gegenüber der Meditation. In Indien rezitieren die Menschen traditionellerweise zu Beginn des Tages heilige *Mantras*. Damit beginnen die Weisen und Yogis auch heute noch ihre Meditation, um den Segen des Selbst und der *Shakti* zu erbitten. Das können wir auch tun, um eine heilige und kraftvolle Atmosphäre für die bevorstehende Meditation zu schaffen. Es kann aber auch ein kurzes Gebet sein – aus welcher religiösen oder spirituellen Tradition auch immer – zu dem wir einen inneren Bezug haben.

Bevor wir uns zum Meditieren hinsetzen, können wir uns vor unserem Meditationssitz oder unserer Meditationsdecke verneigen. Das ist weitaus mehr als nur eine äußere Geste. Hier kommt die enge Verbindung zwischen äußerer und innerer Haltung zum Tragen. Durch das Verneigen mit unserem Körper – wenn wir es bewusst und aus innerer Überzeugung durchführen – erzeugen wir automatisch die innere Haltung der Hingabe und Offenheit. Das Sich-Verneigen vor dem Sitz ist ein uraltes Ritual in vielen spirituellen Traditionen. In der indischen Tradition verneigen sich die Meditierenden und Yogis sogar in die vier Himmelsrichtungen, u.a. um sich daran zu erinnern, dass das höchste Selbst allgegenwärtig ist. Wenn wir uns vor unserem Meditationssitz oder bei der *Puja* verneigen, ehren wir auch die Präsenz der höchsten, alldurchdringenden Energie, die unsere Meditation segnet und möglich macht. Wir signalisieren damit unserem inneren Wesen, dass wir uns selbst ehren und achten. Während dieses Moments des Verneigens helfen uns erbauliche und besinnliche Gedanken, wie z.B.: „Mögest Du, mein inneres Selbst, meine Meditation leiten", oder „Ich widme diese Meditation dem Selbst, das sich gleichermaßen in allen Wesen befindet" oder vielleicht „Möge mein Geist sich in dieser Meditation dem Göttlichen zuwenden" oder auch „Lasse mich nun ein weites Gefäß für die *Shakti*, die Kraft des Höchsten, sein."

All dies wird zu einer inneren Haltung führen, bei der wir gelassen und entspannt sind, was auch immer in der Meditation geschehen mag. Das ist für viele gar nicht so einfach. Viele Menschen sagen: „Ich kann einfach nicht meditieren. Bei mir funktioniert Meditation eben nicht." Wenn diese Menschen meditieren, dann ist ihr Geist/ Verstand nicht so ohne Weiteres still. Deshalb haben sie das Gefühl, dass sich keine wirkliche Meditation *ereignet*. Eines sollten wir uns klar machen: *Wann immer wir uns zur Meditation setzen, dann ist das, was im Folgenden stattfindet, Meditation.* Es gibt keine gute oder schlechte Meditation. „Gut" und „schlecht" sind Kategorien des

Geistes, des Egos. Unser einziger Job ist es, uns in eine bequeme Meditationshaltung zu bringen, mit der inneren Einstellung „Ich will meditieren." Was von da an geschieht, sei es die Erfahrung von tiefstem Frieden, Aufregung, Traurigkeit, Ekstase, Unruhe, das Aufsteigen innerer Bilder, das Hören subtiler Klänge, Visionen oder das Gefühl, das rein gar nicht passiert – all das ist Teil unserer Meditation. Unzufriedenheit mit dem, was da geschieht in der Meditation, macht daraus auch nichts anderes als Meditation.

Einigen widerfährt es, dass sie während der Meditation in tiefen Schlaf fallen – und sie machen sich dann Sorgen, ob dies noch Meditation sei. Bei anderen hört der Verstand völlig auf zu arbeiten – und sie sorgen sich, ob alles mit ihnen in Ordnung sei. Wieder andere erfahren, dass sie nie so etwas erfahren – und sind *darüber* beunruhigt. Wir müssen dieser Energie, die wir durch unsere Meditation aktivieren, mit der wir in Berührung kommen, vertrauen. Wir müssen lernen, dass, was immer in der Meditation geschieht, uns angemessen ist. Keine Bemühung geht in diesem Universum je verloren. Deshalb ist keine Meditation je umsonst, falsch oder wirkungslos. Ganz im Gegenteil: Die Kraft unserer Meditationen addiert sich, akkumuliert sich. Jedes Mal, wenn wir meditieren, zahlen wir etwas auf unser „Meditationskonto". Swami Chidvilasananda sagte einmal zu diesem Thema Folgendes:

„Ihr sagt: ‚Ich kann nicht meditieren'. Dann, nach einer Weile, nachdem ihr es so viele Male gesagt habt, bröckelt das Ego der Meditation ab. Schließlich fallt ihr einfach in den Frieden der Meditation, und ihr wundert euch: ‚Wie konnte das geschehen?' Es geschah, weil ihr Ergebenheit erlangt habt und verstanden habt, dass ‚Ihr' es nicht vollbringen konntet. Lasst Gott es tun, lasst es die Shakti tun."

Wenn beim Meditieren viele Gedanken aufsteigen, dann sollten wir uns bewusst machen, dass unser Bewusstsein ein unendlicher

Ozean ist. An der Oberfläche eines Ozeans – sei sie glatt und ruhig, sei sie stürmisch und wild – schwimmen immer wieder Treibholz oder Seetang. Und im Ozean selbst leben viele Fische und andere Tiere. Für all das gibt es in dem riesigen Ozean wahrlich genügend Platz. Es stört den riesigen Ozean überhaupt nicht. Es macht ihm Freude, er lacht darüber. Der Ozean bleibt immer der Ozean, egal was sich in ihm bewegt. Ebenso muss es in der Meditation nicht vollkommen still und der Geist gänzlich leer sein.

Auch wenn im Verlauf einer Meditation die groben Gedanken – also die, die den meisten „Krach" machen – verschwinden, so bleibt doch häufig noch etwas übrig, etwas, das man als das „Hintergrundrauschen des Geistes" bezeichnen könnte. Gedanken kommen und gehen. Das Problem beginnt erst in dem Augenblick, in dem ich ihnen Aufmerksamkeit und damit Bedeutung, Kraft und Macht über mich schenke. Das ist eine uralte und sehr wichtige Lehre im Yoga: In dem Maße, wie ich an etwas glaube, in dem Maße wird es für mich real, und es gewinnt Macht über mich.

Man kann es mit einem Traum vergleichen, in dem man von einem Ungeheuer verfolgt wird. Am Anfang war das Ungeheuer noch recht klein, jetzt steht es riesig groß und bedrohlich vor einem. Wie konnte es dazu kommen? Durch Meditation und all die anderen Yoga-Praktiken lernen wir unseren Geist vielleicht zum allerersten Mal wirklich kennen. Wir lernen zu begreifen, was der Geist/Verstand in Wirklichkeit ist: Höchstes, unendlich schöpferisches Bewusstsein.
Setze Dich einmal hin, entspanne Dich, schließe die Augen. Schaue einfach Deinem Geist bei seiner Arbeit zu. Betrachte Dir die Gedanken, die aufsteigen. Begegne Deinen Gedanken mit höchster Wertschätzung. Sie sind die Kinder deines Geistes. Mache Dir bewusst: „Das ist das höchste Bewusstsein in einer anderen Gestalt. Eine Gestalt, die es aus freiem Willen selbst angenommen hat, um hier in dieser Welt sein köstliches Spiel zu spielen." Sage zu Dir selbst: „Ich

bin der unbeteiligte Zeuge meiner Gedanken, der Aktivitäten meines Geistes."

Was wir bei dieser Meditation eigentlich nur machen, ist Folgendes: Wir schauen dem Geist bei seiner Arbeit zu. *Dem Geist bei der Arbeit zuschauen*, das ist eine Methode, eine grundsätzliche Haltung, die uns auf unserem Yoga-Weg noch des öfteren beschäftigen bzw. begleiten wird. Wenn wir unserem Geist bei seiner Arbeit zuschauen, werden wir früher oder später entdecken, dass Gedanken nichts anderes als verschiedene Formen ein und derselben Bewusstseinsenergie sind. Sie gleichen sich auf und ab bewegenden Wellen auf der Oberfläche des Bewusstseins. Je mehr wie das beobachten können, desto mehr lösen wir uns aus dem festen Griff des Geistes. Dieses Beobachten der Bewegungen des Geistes führt im Laufe der Zeit zur inneren Position des unbeteiligten, nicht wertenden Zeugen. Wir sollten daher beim Beobachten buchstäblich jeden inneren Zustand willkommen heißen, jeden Gedanken und jedes Gefühl. Wenn uns das Schritt für Schritt in der Meditation gelingt, gelingt es uns auch allmählich im Alltag – wenn wieder Stress und Hektik angesagt sind, wenn heftige Emotionen aufwallen. Unser Geist ist mächtig und geschickt, wie sehr, das zeigt eine bekannte Zen-Geschichte:

„An einem regnerischen Abend wanderten zwei Zen-Mönche, Takumi und Tadashi, eine aufgeweichte Straße entlang. Sie kannten sich schon lange und waren an diesem Tag bereits seit vielen Stunden auf den Beinen, über hohe Berge und durch unwegsame Täler. Nun gingen sie einen Weg durch einen nebeligen und feuchten Wald.

Takumi und Tadashi kamen gerade um die Biegung des Waldweges, da erblickten sie ein wunderschönes Mädchen, das in einem prächtigen seidenen Kimono gekleidet war. Als die beiden näher kamen, bemerkten sie, dass an der Stelle, an der das Mädchen stand, die

Straße überflutet war, so dass es dem Mädchen unmöglich war, die Straße zu überqueren.

„Kein Problem, junge Dame", sagte Takumi, der etwas spontanere und gleichzeitig bodenständigere von beiden. Er hob sogleich das Mädchen mit seinen starken Armen auf, um sie, ohne große Mühe, über das reißende Wasser zu tragen. Trotz des Schlammes und der Strömung überquerte er sicher das nasse Hindernis und setzte das Mädchen trocken auf der anderen Seite, wo sich der Weg mit einem anderen kreuzte, wieder ab. Das Mädchen folgte weiter seinem Weg, und auch die beiden Mönche wanderten in Stille weiter.

Sie hatten fast ihr Tagesziel, einen alten Tempel, erreicht. Da wandte sich Tadashi seinem Freund zu und sprach, sichtlich aufgeregt: „Takumi, ich finde dein Verhalten nicht angemessen. Denn du weißt genau, dass es uns Mönchen unter allen Umständen verboten ist, sich einer Frau zu nähern, geschweige sie anzufassen! Dazu kommt, dass dieses Mädchen, dem wir begegneten, wunderschön war! Wie konntest du sie anfassen und über den Fluss tragen?"

Doch Takumi antwortete gelassen und bestimmt: „Tadashi, mein treuer Freund, es ist richtig, dass ich dieses Mädchen über den Fluss getragen habe. Aber du wirst bemerkt haben, dass ich sie auf der anderen Seite abgesetzt habe. Du hingegen, wie mir scheint, trägst sie noch immer."

Abstand zu gewinnen von den „inneren Feinden", die uns so oft fest in ihrem Griff haben, ist der erste konkrete Schritt zur Freiheit. Viele Menschen wissen oder bemerken einfach nicht, was in ihnen vorgeht; dass sie beispielsweise wütend oder ängstlich sind oder Gedanken haben, durch die sie sich klein und minderwertig fühlen. Sie kauen richtig darauf herum, auch wenn ihnen das Schmerzen bereitet. Wenn wir solche Gefühle und Gedanken nicht bemerken oder sie – was oft geschieht – versuchen zu unterdrücken oder vor ihnen davonzulaufen, sind wir wahrlich Gefangene des Geistes. Deswegen kann man ohne Übertreibung sagen: Lerne deinen Geist kennen, z.B. durch Meditation, und wirst frei sein. Auch im Geist des erleuchteten Yogis entstehen Gedanken und geistige Konzepte. Doch erfährt er die Gedanken und Phantasien, die in endlosen Variationen in seinem Geist pulsieren, als das äußere Pulsieren des höchsten Selbst. Die Auffassung eines solchen Yogis finden wir ausgedrückt in einem Vers des shivaitisch-tantrischen Yoga-Textes *Ishvara Pratyabijna Karika (4. 1. 12)*:

> *„All dies ist meine Herrlichkeit –*
> *wer eine solche Erkenntnis hat,*
> *wird zum innersten Selbst des Universums.*
> *Er ist von göttlicher Natur, selbst wenn noch*
> *störende Gedanken dahinströmen."* [46]

Stellen wir uns einmal vor, wie viel leichter unser Leben wäre, wenn wir im alltäglichen Leben, in der Familie und am Arbeitsplatz nicht blind auf unsere Gedanken und Gefühle reagieren würden. Vielleicht sind wir noch nicht gleich dazu in der Lage, jeden Gedanken als göttlich anzunehmen. Aber es wäre schon viel geholfen, wenn wir sagen könnten: „Schau, da ist wieder dieser Gedanke, den kenne ich doch schon, ist er nicht faszinierend. Ich betrachte ihn, ich weiß sehr wohl, woraus er besteht, aber ich lasse mich nicht auf ihn ein. ... Und hier, da ist wieder das Gefühl, das mich im Inneren ganz klein und beengt werden lässt – manchmal kommt das göttliche Bewusstsein in einer ulkigen Gestalt daher. ... Was versucht denn mein Geist mir jetzt schon wieder einzureden – ‚niemand liebt mich'? Aber was hab' ich mit einem solchen Gedanken zu tun."

---

46 Bettina Bäumer, Vijnana Bhairava, Grafing 2007, S. 183.

Normalerweise sind wir uns des heftigen Dialogs im Inneren nicht bewusst. Unsere Aufmerksamkeit ist nach außen, auf das, was um uns herum geschieht, ausgerichtet. Solange wir keine Methoden oder Wege der Introspektive kennen, ereignen sich die wildesten und verrücktesten Szenarien in uns, ohne dass wir je etwas davon mitbekämen. Aber sobald wir uns zur Meditation setzen – hoppla, dann sehen wir, was sich da alles abspielt – was sich da bisher zu jeder Zeit, Tag und Nacht, ereignet.

Meditation kann unser Leben revolutionieren. Man kann zwei Bereiche des alltäglichen Lebens herausgreifen, wo das sehr deutlich spürbar ist. Häufig wissen wir, dass wir unseren Lebensstil und unsere Verhaltensmuster ändern müssten, um glücklicher, erfolgreicher und auch für unsere Umwelt liebenswerter zu sein. Wir wissen oft sogar, was genau wir zu tun haben, um diese Änderung bzw. Verbesserung zu erreichen. Wir hören ja die Mahnungen und Klagen, die von unseren Mitmenschen, aber auch aus uns selbst heraus kommen. Es gibt häufig eine endlose Liste logischer Argumente und Fakten, die für eine dringend notwendige Veränderung sprechen. Aber wir haben extreme Mühe, die Vorsätze auch in die Tat umzusetzen. Sich selbst zu verändern, ist eines der schwierigsten Dinge auf der Welt. Regelmäßige Meditation jedoch – das ist die Erfahrung zahlloser Menschen – hilft uns, die anvisierte Veränderung zu erreichen. Durch den Zugang zu unserem inneren Kraft-Reservoir nimmt auch unsere Willenskraft zu.

Wenn Du eine Zeit lang Meditation praktiziert hast, geschieht auch noch etwas anderes, sehr Wesentliches: Dir wird bewusst, was Du so alles in Dein inneres System hinein lässt. Bei unserem Computer haben wir eine Firewall und Viren-Suchprogramme, aber was unser Inneres anbetrifft … Das ist fast so, als würde man die Haustür Tag und Nacht offen stehen lassen und jeder könnte eintreten und sich nehmen, was ihm beliebt. Er könnte auch irgendwelchen Unrat abladen oder uns gar bedrohen. Wenn wir so etwas niemals machen würden, warum gestatten wir das unseren Gedanken, die viel tiefer eindringen und uns sehr viel mehr belasten? Wir gehen mit großer Achtsamkeit und mit Unterscheidungsvermögen vor, wenn es sich um unser Essen dreht. Bei der Auswahl unserer geistigen Nahrung sind wir hingegen reichlich nachlässig. All das ändert sich jedoch, wenn wir beginnen zu meditieren und auf diesem Weg lernen, die Natur und Arbeitsweise des Geistes zu verstehen.

Meditation ist also ein Lernprozess, bei dem man unter anderem lernt, herauszufinden, wie der eigene Geist funktioniert, wie man mit den Gedanken umgeht. Es ist, wie die Yogis uns lehren, die Meditation selbst, die uns Meditation lehrt. Die große Kunst in der Meditation liegt darin, den Geist/Verstand immer wieder auszurichten, zu zentrieren.

Der Geist bricht aus, und wir steuern ihn wieder zurück auf die „Spur". Dann, wie es so treffend in vielen Yoga-Werken ausgedrückt ist, wird sich der Geist in der ersten Meditation vielleicht zehn Kilometer von seinem Zentrum entfernen, in der nächsten Meditation nur neun, in der darauf folgenden Meditation nur noch acht usw. Irgendwann bleibt der Geist bei uns – in der Spur. Doch das geschieht nur, wenn wir ihn mit Beharrlichkeit immer wieder auf sein Ziel ausrichten. Das erfordert – keine Frage – Geduld und Bemühung, aber es lohnt sich. Oder wie Swami Chidvilasananda es ausdrückte:

„Wenn du meditierst, ist dein ganzes Wesen hellwach und vibriert von Bewusstsein. Du beobachtest deinen Geist, du bist Zeuge für das, was im Geist geschieht, aber du tauchst nicht ein in das, was kommt und geht. Wenn du eine gute Meditation haben möchtest, dann ist es wichtig, fähig zu sein, den Geist so lange an einem Ort zu halten, wie du es willst. Je länger der Geist bei einer Sache verweilen kann, desto stärker und gesünder wird er. ... Der Geist ist wie der Wind, der ständig durch ein Bambusrohr bläst. Um die Schwankungen des Geistes unter Kontrolle zu bringen, musst du es anstellen wie ein Meisterflötist, der in die Flöte bläst und himmlische Musik erzeugt. Womit arbeitet er eigentlich? Nur mit der Luftsäule in der Flöte. Das ist alles – aber er nutzt es zum Besten. Der Wind bewegt sich einfach, aber ein meisterhafter Flötist kann ihn kontrollieren."[47]

Das ist im Wesentlichen auch die Vorgehensweise beim Meditieren: Ich bin wachsam und richte meinen Geist immer wieder aus, in die Richtung, in die er gehen soll – zum inneren Ort der Stille, dem inneren Selbst. Etwa so: Der Geist schweift ab – ich hole ihn zurück... der Geist schweift ab – ich hole ihn zurück... der Geist schweift ab – ich hole ihn zurück... mein Geist verliert sich in Gedanken – ich hole ihn zurück. So lehrt auch Krishna in der *Bhagavad Gita (6. 26)* die Meditation:

> *„Wann immer der unstete Geist sich hin- und herbewegt*
> *und wegwandert,*
> *sollte der Yogi ihn anhalten und ihn im Selbst kontrollieren*
> *mit Niyama, Regelmäßigkeit."*

Meditieren bedeutet also, den Geist sanft zu kontrollieren, regelmäßig und mit Ausdauer auf den Weg zurückzuholen. Er verhält sich wie ein kleines Kind, das ständig auf seinem mehr oder weniger zielgerichteten Weg „ausbricht", um sich abseits des Weges mal dieses, mal jenes anschauen zu können. Gegen dieses Umherschauen wäre ja nichts einzuwenden, aber nicht jetzt, nicht zu diesem Zeitpunkt; auf der Reise zu unserem inneren Herzen kommen wir so nicht ans Ziel. Als Wächter über den Geist holen wir ihn mit viel Sanftmut, aber auch mit Beharrlichkeit immer wieder auf den Weg zurück.

---

47 Swami Chidvilasananda, Yoga der Disziplin. Telgte 2001, S. 28, 31.

All das können und sollen jedoch keine allgemein verbindlichen, starren *Regeln* für die Meditation sein. Es sind Erfahrungswerte, die über unzählige Generationen von Menschen, die Yoga praktizierten, zusammengetragen wurden. Wie im Yoga generell, so gibt es auch in der Meditation keine wirklichen Regeln oder Anleitungen, die zu einer „guten" oder zur „besten" Meditation führen. Diese Erfahrungswerte sind sehr wahrscheinlich hilfreich. Aber was für den Einzelnen von uns wirksam, angemessen, nützlich und notwendig ist, muss in jedem Fall individuell herausgefunden und erfahren werden. Jedermanns Weg ist einzigartig. Wie gesagt: *Meditation lehrt uns Meditation*. Was eine „gute" Meditation ist, wie sich eine solche Meditation anfühlt, ob wir mit unserer Meditation auf dem rechten Weg sind, das müssen wir alles selbst erfahren. Das kann uns niemand sagen. Genauso, wie uns niemand sagen kann, wie sich Liebe anfühlt. Wir müssen es erfahren – und wir werden es erfahren. Das einzige, was sich darüber hinaus noch ganz allgemein sagen lässt, ist, dass wann immer Meditierende das Problem haben, in tiefere Meditationen zu gelangen, es wahrscheinlich daran liegt, dass sie eine Unterscheidung oder Trennung machen zwischen ihrer eigenen Person und der Meditation. Führen wir uns immer wieder vor Augen, dass wir selbst, unsere Meditationspraxis und das letztendliche Ziel der Meditation eins sind.

Wie beginnen wir nun unsere Meditation, wenn wir die Vorbereitungen – oder zumindest einige davon – durchgeführt haben? Zuerst einmal sollten wir uns bewusst entspannen. Wenn wir eine Brille tragen, setzen wir sie ab und legen sie beiseite. Wichtig ist nun, dass wir eine gute Sitzposition einnehmen. Dabei gibt es einige Punkte zu beachten, denn wir wollen ja eine gewisse Zeit ruhig, bequem und stabil sitzen. (Wenn Du möchtest, kannst Du es in diesem Augenblick, da Du das liest, bereits ausprobieren):

Eine wichtige Grundlage für ein bequemes und länger andauerndes Sitzen ist eine auf natürliche Weise aufrechte und gerade Wirbelsäule.[48] Sie sollte jedoch nicht übermäßig gestreckt werden. Das ist deswegen so wichtig, weil hierdurch die Energie, die durch die Meditation aktiviert wird, frei zu fließen vermag. Man kann nun entweder auf dem Boden sitzen oder auf einem Stuhl. Wenn man auf dem Boden sitzt, bietet es sich an, entweder im sogenannten Diamantsitz (auch Fersensitz genannt) oder mit gekreuzten Beinen (es muss nicht gleich der Lotossitz sein) zu sitzen. Bei letzterem sollte man darauf achten, dass sich das Becken in etwa auf gleicher Höhe mit den Knien befindet. Daher ist es ratsam, sich etwas erhöht zu setzen, also auf eine zusammengelegte Decke, ein festes Sitzkissen oder etwas Ähnliches. Allein das hilft bereits sehr, dass sich die Wirbelsäule insgesamt nach oben ausrichtet und der untere Bereich nicht nach hinten durchhängt.

Wenn man auf einem Stuhl sitzt, sollten die Füße flach auf den Boden gestellt werden. Man kann, um einen ähnlichen Effekt zu erzielen wie beim Sitzen auf dem Boden, ein kleines Kissen zwischen die Rückenlehne und den unteren Teil des Rückens platzieren.

Die Hände können mit den Handflächen nach oben ineinander gelegt im Schoß ruhen. Oder man hält die Hände auf den Oberschenkeln in der bekannten *Chin-Mudra*, d.h. Daumen und Zeigefinger berühren sich, dabei weisen die Handinnenflächen nach oben. Bei einer anderen, aus dem Zen-Buddhismus stammenden Handhaltung liegen die in Chin-Mudra befindlichen Hände im Schoß, wobei die ausgestreckten Finger zueinander zeigen und die beiden Mittelfinger sich leicht berühren. Diese sogenannten *Mudras* halten nach alter Yoga-Lehre die Energie während des Meditierens im Körper.

---

48 In den *Yoga Sutras (2. 46)* nennt Patanjali, der Urvater des klassischen Yoga, für den idealen *Asana* (Yoga-Sitz) interessanterweise nur zwei Eigenschaften: fest (*sthira*) und bequem (*sukha*).

Hüften, Becken und Oberschenkel sollten eine feste Basis bilden und den Körper „erden". Man sollte wirklich das Gefühl haben, dass sie in die Erde sinken und den Körper mit ihr verbinden. Sie sind während der Meditation sozusagen die Wurzeln des Baumes „Körper". Aus diesen festen und tief im Erdreich verankerten Wurzeln streckt sich unser Baum „Körper" gerade und stark nach oben, bis in die Krone im Scheitelpunkt des Kopfes. Der Nacken sollte dabei weich sein.

Man sollte das Gefühl haben, dass der Kopf nun wie ein Luftballon auf einer Wasseroberfläche schwimmt oder balanciert – ganz leicht und ohne Mühe. Dabei ist darauf zu achten, dass er sich in einer Linie zur Wirbelsäule befindet. Die Gesichtsmuskeln sollten weich sein, ebenso die Augenlider.

Die Sitzposition ist keine starre Angelegenheit. Wann immer sie unbequem wird oder man das Gefühl hat, dass man sie, aus welchen Gründen auch immer, ändern möchte, sollte man das auch tun. Die Veränderung der Sitzposition während der Meditation ist völlig unproblematisch, vorausgesetzt, sie erfolgt mit Bedacht und auf sanfte Weise, so dass der Fluss der Aufmerksamkeit und der Meditationsenergie nicht gestört wird. Manchmal bewegt sich der Körper in der Meditation spontan, ausgelöst von der wachsenden inneren Energie. Dann sollte man sich diesen Bewegungen hingeben und sie einfach genießen, ohne die Aufmerksamkeit auf das Innere zu verlieren.

Wenn man sich wohl fühlt mit der Sitzposition, wenn man das Gefühl hat: „Das ist meine Sitzposition, ich fühle mich mit ihr sicher und sie ist bequem" – dann sollte man sich dem Atem zuwenden. Der Atem ist uns ein lebenslanger Begleiter und der wohl beste Freund und Verbündete, den wir uns für die Meditation nur denken können. Der Atem ist eine unmittelbare Verbindung zwischen Körper und

Geist und kann uns daher helfen, leicht in die Meditation zu gleiten. Im Yoga ist der Atem weitaus mehr als nur ein Luftstrom, der durch unseren Körper fließt. Er ist pure Lebensenergie, im Sanskrit *prana* genannt. Ist unser Körper nun in seine Meditationshaltung „eingetaucht" (manche Meditationsmeister sprechen sogar davon, dass zuerst der Körper in den Zustand der Meditation versinkt und ihm dann der Geist in diesen Zustand folgt), sollten wir hinsichtlich des Atems auf Folgendes achten:

Atme sanft und mit großer Aufmerksamkeit ein und aus und verfolge den Atemfluss auf seinem Weg nach innen wie nach außen. Spüre, wie sich der Brustkorb, ja sogar das Herz, bei jeder Einatmung weit öffnet und beim Ausatmen die Schulterblätter senken.

Der Atem kann nun helfen, den Körper zusätzlich zu entspannen, weich zu machen und die „Meditation des Körpers" zu vertiefen. Atme nun bewusst mit dem Fluss des eingehenden Atems in jene Bereiche des Körpers hinein, wo eventuell noch Spannungen sind. Lasse den ausgehenden Atemfluss jedes Mal die eventuell gefundenen und gelösten Spannungen mitnehmen und nach außen befördern.

Verfolge weiter den Fluss des Atems, ein und aus… ein und aus… ein und aus… ein und aus… Wenn Du es noch nicht getan haben solltest, schließe nun sanft die Augen. Versuche, dem subtilen Klang des Atems zu folgen. Höre auf den Klang Deines Atems. Spüre Deinen Körper. Spüre, wie Du immer tiefer in Deinen Körper sinkst, immer tiefer in das Innere Deines Geistes. Spüre, dass Du Meditation erfährst – jetzt, in diesem Augenblick. Folge weiter dem natürlichen Rhythmus Deines Atems. Er wird Dich weiter und tiefer nach innen führen. Genieße es und lasse Dich fallen.

Einen Beleg dafür, dass wir hinsichtlich der bisher beschriebenen Methoden der Meditationspraxis nicht nur richtig liegen, sondern damit sogar voll und ganz dem Weg der uralten, traditionellen Meditationslehren folgen, finden wir in einer der bekanntesten und wichtigsten Upanishaden, deren Lehren für den Yoga grundlegend sind.

Shvetashvatara Upanishad 2. 8 – 9:

„Den Körper still haltend,
mit seinen drei oberen Segmenten (Brust, Nacken, Kopf) aufrecht,
und die Sinne und den Geist in das Herz lenkend,
wird ein weiser Mensch mit dem Boot der heiligen Kraft
(Brahman, das Absolute) alle Flüsse der Furcht überqueren.
Den Atem hier im Körper bewachend, sollte er den Geist,
ohne sich ablenken zu lassen, bezähmen,
so wie man die Pferde an einen Wagen spannt."

Was wir durch diese Textstelle noch erfahren, ist, dass die alten Meister des Yoga dem Atem bzw. der feinstofflichen Energie, die mit dem Atem verbunden ist, ganz offensichtlich große Bedeutung beimessen. Diese Bedeutung des Atems im Yoga hat ihre Wurzeln in der uralten indischen Weisheitslehre und in der indischen Philosophie. Das deutsche Wort „Atem" ist eng verwandt mit dem Sanskrit-Wort *Atman* (Selbst, göttliches Bewusstsein, wahres Sein im Menschen, das eins ist mit Gott). Der allumfassende *Atman* ist identisch mit dem *Brahman* (Absolutes). Als „Atem des Lebens", so die Lehre der Upanishaden (zwischen 700 v. Chr. und 200 v. Chr.), gibt das *Brahman* allem, was sich auf dieser Welt befindet, Existenz, Sein. Die großen Lehrer der Upanishaden beschrieben das *Brahman* auch als Wind (Skt. *vayu*). Dieser allumfassende Atem oder Wind des Seins wird aufgefasst als das „Leben", „Lebens-Prinzip" und die „Lebensenergie". In der *Kaushitaki Brahmana Upanishad (3. 2)* zum Beispiel sagt Gott (*Indra*):

„Ich bin der Atem (Prana) der Welt.
Verehrt mich als das allwissende Selbst, als das Leben,
als die Unsterblichkeit.
Leben ist Atem und Atem ist Leben.
Solange der Atem im Körper verweilt, so lange ist in ihm Leben."

In der göttlichen Unterweisung dieser *Upanishad* über die Bedeutung des Atems heißt es weiter:

„Wenn wir sprechen, spricht der Atem des Lebens.
Wenn wir sehen, sieht der Atem des Lebens.
Wenn wir hören, hört der Atem des Lebens.
Wenn wir denken, denkt der Atem des Lebens.
Wenn wir atmen, atmet der Atem des Lebens."

Wenn hier vom „Atem" die Rede ist, dann ist damit jedoch weniger der grobstoffliche Atem, also die Atemluft, gemeint, als vielmehr
die feinstoffliche Energie, der *Prana*, der im Yoga so außerordentlich wichtig ist. *Prana* ist auch der Begriff, der in der oben genannten Stelle des Sanskrit-Textes verwendet wurde. Der *Prana* ist die
Quelle, der Ursprung allen Lebens, der mit dem Atem fließt – und
als der Atem. Kshemaraja (10. Jh. n. Chr.), der erleuchtete Meister-
Philosoph aus der Tradition des Shivaismus von Kashmir, beschreibt,
wie sich im Verlauf des universalen Schöpfungsaktes das höchste Bewusstsein zusammenzieht und zum Lebensatem (*Prana*) wird und
im Körper des Menschen durch einen Kanal nach unten wandert. An
seinem Ruhepunkt (im *Muladhara-Chakra*) wird diese Form des unbegrenzten höchsten Bewusstseins zur lebendigen Form des Körpers,
wie auch zu den tausenden von feinstofflichen Kanälen (*Nadi*), in denen die lebensspendende *Shakti* fließt.[49] Daher schrieb der Mystiker
und Dichter-Heilige Kabir:

---

49 *Pratyabhijna Hridayam 18.*

„Schüler, sage mir: Was ist Gott?
Er ist der Atem im Atem."

Bevor *Shakti*, die kreative Energie des höchsten Bewusstseins, sich als diese Welt manifestiert, entwickelt sie sich zum *Prana*, zur Atemenergie. Diese Energieform ist ein wenig „gröber" oder „dichter" als reines Bewusstsein. So wird verständlich, warum *Prana* die Eigenschaft besitzt, das grobstoffliche Universum mit der reinen Energie des Bewusstseins zu verbinden. *Prana* nimmt sozusagen eine Vermittlerrolle ein und verbindet so Körper, Geist und Seele. Er verbindet alle Element, Aspekte und Systeme des Körpers und gibt dem Nervensystem, den Organen und den Muskeln die notwendige Lebensenergie. Worauf in den Yoga-Werken ganz besonders hingewiesen wird – weil es für die Yoga-Praxis, insbesondere die Meditation, so wichtig ist –, ist die Tatsache, dass *Prana* die Verbindung zwischen Körper und Geist/Verstand/Psyche schafft. Er macht es möglich, dass die Impulse vom Verstand zu den Muskeln gelangen. Durch *Prana* gelangen die Impulse der Sinneseindrücke von außen nach innen zum Geist, der diese durch die Energie des *Prana* als Gedanken verarbeitet. *Prana* nehmen wir auf durch unseren Atem, aber auch durch unsere Nahrung.

Ohne die Arbeit des *Prana* könnten wir also gar nicht leben in dieser Welt. Durch *Prana* werden wir natürlich auch mit der Welt verbunden. Er ist sozusagen die Nabelschnur, die uns mit dem Universum in fester Verbindung hält und uns auch hierdurch nährt. Als Individuum sind wir keine abgetrennte Einheit, die weit abgeschieden vom Rest der Welt wäre. Mit jedem Atemzug gelangt durch *Prana* die Welt in uns hinein, und dann atmen wir sie wieder aus. Durch das Hinein- und Hinausfließen des *Prana* strömt unablässig das Universum von außen in uns hinein und wieder hinaus. Es pulsiert durch uns hindurch, macht uns durchlässig und aufnahmefähig. Auf diese Weise inkorporieren wir die Energie der *Shakti*, die dann durch unser feinstoffliches Geflecht der zahllosen größeren und kleineren *Nadis* fließt, das wiederum die Grundlage für das grobstoffliche System unseres Körpers bildet.

Das Faszinierende ist nun, dass wir in unserer Meditation mit *Prana* arbeiten können, wir sind imstande *Prana* zu lenken, ihm einen Fokus zu geben. Das bedeutet weitaus mehr, als nur mal eben „Luft zu schnappen". Durch gezielte Arbeit mit dem Atem ist es möglich, die inneren Energien auszurichten und zu ordnen. Indem wir beispielsweise *Prana* dazu bringen, ruhiger und gleichmäßiger zu fließen, erreichen wir, dass die Aktivität des Geistes nachlässt und eventuell sogar völlig aufhört – was das elementare Ziel des Yoga ist (*yogash-cittavritti-nirodha*, „Yoga ist das Beruhigen der Bewegungen des Geistes"). Einfacher ausgedrückt: Wenn die Aktivität des *Prana* weniger wird, wird auch die Aktivität des Geistes/Verstandes weniger. Das ist der Grund, weshalb die Achtsamkeit auf den Atem während der Meditation so wichtig ist für eine tiefe Meditation. Deshalb folgen wir dem Atem in der Meditation mit großer Achtsamkeit.

Es mag sich für manche vielleicht merkwürdig anhören, aber richtig zu atmen müssen wir in unseren sogenannten „hoch zivilisierten Ländern" manchmal erst lernen. Das sieht man unter anderem daran, dass bei uns in Deutschland der Wert des Atems, insbesondere auch für therapeutische und heilende Zwecke, erst Mitte des vorigen Jahrhunderts erkannt wurde, unter anderem von Ilse Middendorf, der inzwischen deutschen *Grand Dame* der Atem-Therapie.[50] Ganz anders in den alten Kulturen, denn hier gehörte die Kenntnis über den Atem und seine Wirkungen und Kräfte zum Allgemeinwis-

---

50 Prof. Ilse Middendorf, geb. 1910, ist eine der führenden Expertinnen auf dem Gebiet der Arbeit mit dem Atem. Sie erhielt während ihrer Tätigkeit an der Hochschule für Musik und Darstellende Kunst Berlin eine Professur. Ilse Middendorf ist die Begründerin der Atemlehre „Der Erfahrbare Atem". Das inzwischen weltweit bekannte Institut für Atemtherapie und Atemunterricht wurde von ihr 1965 in Berlin gegründet.

sen der Menschen. Bei den alten Ägyptern gab es beispielsweise für den gerade Verstorbenen eine heilige Zeremonie, die Zeremonie der „Mundöffnung". Durch diese Zeremonie sollte sichergestellt werden, dass im Atem das Wort dieses Menschen im neuen, jenseitigen Leben seinen Weg findet. Außerordentlich kenntnisreich in Sachen „Atem" waren von jeher auch die spirituellen Traditionen des Tibetischen Buddhismus. Hier einige interessante Informationen über den Atem und wertvolle Anleitungen, wie man mit dem Atem in der Meditation „arbeiten" kann, aus dem „Tibetischen Buch vom Leben und vom Sterben":

„Wenn Sie meditieren, atmen Sie ganz natürlich, so wie immer. Richten Sie die Aufmerksamkeit sanft auf das Ausatmen. Wenn Sie ausatmen, fließen Sie einfach mit dem Atem. Jedesmal, wenn Sie ausatmen, lassen Sie los und befreien all Ihr Greifen und Festhalten. Stellen Sie sich vor, dass sich Ihr Atem in den allumfassenden Raum der Wahrheit auflöst. Jedesmal, wenn Sie ausgeatmet haben und bevor Sie wieder einatmen, finden Sie eine ganz natürliche Lücke – wenn das Greifen sich löst. Ruhen Sie in dieser Lücke, in diesem offenen Raum. Und wenn Sie dann ganz natürlich wieder einatmen, konzentrieren Sie sich nicht speziell auf das Einatmen, sondern lassen den Geist wieder in der Lücke ruhen, die sich aufgetan hat. ...

Indem Sie dann darüber hinausgehen, den Atem zu «beobachten», identifizieren Sie sich allmählich mit ihm, als würden Sie selbst zum Atem. Langsam werden der Atem, das Atmen und der Atmende eins – Dualität und Trennung lösen sich auf. Dieser einfache Prozess der Achtsamkeit wird Ihre Gedanken und Emotionen filtern. Dann schält sich etwas ab wie eine alte Haut, und Sie werden frei."[51]

---

51 Sogyal Rinpoche, Das Tibetische Buch vom Leben und vom Sterben – Ein Schlüssel zum tieferen Verständnis von Leben und Tod. Bern 1999, S. 92–94.

Die Möglichkeiten, in der Meditation mit dem Atem zu arbeiten, sind vielfältig. Eine andere Methode ist es zum Beispiel, den Atem so einzusetzen, dass man innere Widerstände aufzulösen vermag. Wir alle haben derartige Widerstände in der einen oder anderen Form. Sie sind das, was uns das Gefühl gibt, klein und begrenzt zu sein, was uns davon abhält, wahres Glück zu erfahren und die Einheit mit dem Universum zu realisieren. Die Ausrichtung bzw. Achtsamkeit auf den Atem ist generell eine effektive und allseits erprobte Methode, die Meditation zu beginnen, aber auch sie zu vertiefen. Versuchen wir das einmal, vielleicht sogar hier und jetzt:

Atmen wir einfach einmal ein ... und atmen wir dann aus ..., mit dem Gefühl, dass wir die Widerstände ausatmen, dass wir die Begrenzungen, Fesseln und störenden Gedanken einfach mit jedem Atemzug nach draußen entlassen. Wir atmen die frische, heilende Energie mit jedem Atemzug ein ... und geben mit jedem ausgehenden Atemzug das Begrenzende, Einengende nach draußen ab. Wir können buchstäblich spüren, wie allmählich die Mauer, die unseren Geist umgibt und gefangen hält, bröckelt und fällt.

Bei dieser Übung kann man die befreiende Wirkung sogar körperlich wahrnehmen: Die Muskeln entspannen sich mit der Zeit, und auch andere Symptome, die damit zusammenhängen, dass wir uns im wahrsten Sinne des Wortes im Leben *zurück-halten*, lösen sich hierdurch allmählich auf. Dabei müssen wir wieder einmal nichts wirklich tun, sondern nur wachsam sein, beobachten und der Meditationsenergie (*Shakti*) folgen.

Übungen mit dem Atem, im Yoga *Pranayama* genannt, sind jedoch nicht auf die Meditation beschränkt, sondern können auch im Alltag, in ganz bestimmten Situationen, angewendet werden und auf diese Weise höchst hilfreich sein. Eine recht bekannte Übung wird

„Zum-Atem-Zuflucht-Nehmen" genannt. Gerade diese Atem-Übung ist gut für alltägliche Situationen, in denen man zeitlich oder von der Situation her unter Druck und Stress steht oder sogar Angst aufsteigt. Die Übung kann in solchen Situationen natürlich nur funktionieren, wenn man sich an sie erinnert und sie konsequent durchführt.

Wichtig ist, dass man nicht mehr nur mechanisch reagiert und sich so die negative Energie der Situation weiter aufbaut, sondern dass man innehält. STOP!!
Man kann damit beginnen, indem man sich innerlich wirklich sagt: „Ich nehme Zuflucht zum Atem ... ich atme ein ... der Atem hält kurz an ... ich atme aus ... der Atem hält kurz an ... ich atme ein ... der Atem hält kurz an ... ich atme aus ..."

Hierdurch gelangen wir recht schnell ins Innere, in Verbindung zu unserem Ruhe- und Kraftpunkt, in unser inneres Herz – auch wenn wir dabei nicht die Augen schließen. Eine solche Zentriertechnik kann durchgeführt werden, egal was wir in diesem Augenblick tun, selbst wenn wir gerade Auto fahren, einen Vortrag halten, eine Prüfung ablegen, mitten in einer Auseinandersetzung mit jemandem sind, eine wichtige Entscheidung treffen oder ähnliches. Wichtig dabei ist natürlich, dass wir das äußere Geschehen nicht aus den Augen verlieren. Wir müssen uns also auf das innere und äußere Geschehen gleichzeitig konzentrieren.

Wir folgen innerlich der Bewegung des Atems. Zu achten ist darauf, dass wir ganz natürlich einatmen und den ausgehende Atem etwas weiter bzw. länger als sonst nach draußen gehen lassen (dieses „Etwas-länger-Ausatmen" ist im übrigen Bestandteil vieler Atemübungen im Yoga, da wir im Allgemeinen sogenannte „Halbatmer" sind, d.h. wir atmen ein, aber nicht vollständig aus. Wir sollten also darauf achten, „richtig" auszuatmen). Beim Einatmen zählen wir dabei langsam *eins, zwei, drei, vier* – beim Ausatmen langsam *eins, zwei, drei, vier, fünf sechs, sieben, acht*. Und wieder: beim Einatmen langsam bis vier und beim Ausatmen langsam bis acht zählen. Diese Übung sollte – während wir auf die äußere Situation reagieren und konzentriert sind – für etwa vier bis fünf Minuten ausgeführt werden. Der Erfolg dieser Atem-Meditation, die wir mitten in der Betriebsamkeit des Lebens praktizieren können, ohne dass jemand davon etwas mitbekommt, stellt sich meistens relativ schnell ein.

Eine der wohl bekanntesten Erfahrungen im Zusammenhang mit bewusstem Atmen bzw. yogischen Atemübungen besteht darin, dass man das deutliche Empfinden hat, vom Atem geführt zu werden oder *geatmet zu werden*. Man kann dies auch gezielt als eine Form der stillen Meditation praktizieren.

Setze dich bequem und entspannt hin, wie Du es üblicherweise zur Meditation tust. Schließe die Augen und stelle Dir nun einen unendlich großen Ozean vor, dessen Wellen rhythmisch an den Strand gespült werden, um dann vom Ozean wieder zurückgenommen zu werden. Die Wellen rauschen an den Strand und ziehen sich mit einem Rauschen wieder zurück. Eine ewig gleichmäßige Bewegung, ein lebendiges Pulsieren. Fühle die Kraft und das unendliche Leben dieses Ozeans. Fühle seine Präsenz in Dir. Stelle es Dir vor; und lasse Dich führen von den Bewegungen des Ozeans. Gemäß den uralten Lehren der Weisen ist in Dir ein Ozean – der Ozean des höchsten Bewusstseins. Die Kraft des Ozeans des Bewusstseins bewegt Deinen Atem – wie diese Wellen – hinein und hinaus ... hinein und hinaus. Tauche ein in diese Erfahrung. Sei diese Erfahrung: „Ich bin der Ozean des Bewusstseins. Mein Atem ist das ewig rhythmische Pulsieren dieses Ozeans."

Gib Dich Deinem Atem hin. Die Energie des gesamten Universums bewegt sich durch Dich hindurch und bewegt Deinen Atem. Du brauchst nun nichts weiter zu tun. ... Du wirst geatmet. ... der unendliche Ozean des Bewusstseins atmet Dich. ...

Es ist eine allseits bekannte Erfahrung: Je tiefer wir in die Meditation gelangen, desto flacher wird der Atem. Manchmal setzt er sogar aus oder macht sich „selbstständig", d.h. es tritt spontane Hyperventilation ein, in Form eines Hechelatems oder der sogenannten Blasebalg-Atmung. Hierdurch wird sehr viel *Prana*-Energie in den Körper geholt. All das ist jedoch kein Grund, beunruhigt zu sein. Ganz im Gegenteil, es ist ein Grund zu großer Freude; denn es zeigt, dass die Meditationsenergie wach und stark geworden ist und nun selbst die Führung übernimmt. In solchen Fällen sollte man mit sehr viel Vertrauen und Dankbarkeit einfach der *Shakti* bei ihrer Arbeit zuschauen. Wenn wir das tun, werden wir unmittelbar erfahren, dass wir nicht der Atem sind, nicht das Leben, das auf Dualität – die sich auch als eingehender und ausgehender Atem manifestiert – beruht. Dualität und Begrenzung sind ausschließlich Grundlagen der Seinsebene unserer körperlichen Hülle. Unsere wahre Natur ist etwas anderes.

Viele Meditierende erfahren schon recht bald, dass die Atmung mit zunehmendem Voranschreiten der Meditations-Praxis und Tiefe des meditativen Zustandes immer flacher wird. Man nennt dies „horizontale" Atmung, weil der Fluss des Atems keinen vollständigen vertikalen Bogen über die Nasenlöcher beschreibt. Der von außen kommende Atem fließt nicht mehr hoch durch die Nase, um sich dann ins Innere zu senken, bzw. fließt nicht aus dem Bereich des inneren Herzens nach oben durch die Nase nach außen. Der Atem bewegt sich kaum mehr (ohne dass man dabei Atemnot verspüren würde, Körper und Geist brauchen dann einfach nicht mehr Energie). Man hat stattdessen das Gefühl, als würde der Atemfluss horizontal verlaufen, direkt durch die Brust, von innen nach außen und von außen nach innen. Viele erfahren dabei, dass sich der innere Raum ins Unendliche ausweitet und haben das Empfinden, als ob sich das gesamte Universum in ihnen befände. Manche erfahren dabei auch, dass der Raum in ihnen und der Raum im Äußeren eins sind. Die Yogis sagen uns, dass wir in solchen Momenten die Erfahrung der Auflösung einer lebenslangen Illusion machen; denn nach den Lehren des Yoga gibt es keine reale Trennung zwischen dem Individuum und dem Universum. Was wir in solchen Augenblicken erfahren, ist also die Wahrheit über unser eigentliches Wesen.

Abschließen möchte ich diese Ausführungen über den Atem mit einer sehr yogische Atemübung (*Pranayama*). Sie wird die „dreiteilige Yoga-Atmung" genannt und ist eine sehr gute Vorbereitung zur stillen Meditation. Man kann diese Übung als Vorbereitung zur Meditation im Liegen, in *Shavasana* (man liegt ausgestreckt und flach auf dem Rücken), durchführen oder aber gleich in der sitzenden Position. Ich werde diese Übung nun sehr ausführlich beschreiben. (Damit Du sie in dieser Form durchführen kannst, solltest Du die Anleitung fürs erste von einem Freund oder einer anderen Person Deines Vertrauens langsam vorlesen lassen und den Anweisungen folgen):

Richte Deine Aufmerksamkeit auf den Atem. Atme ganz natürlich und leicht durch die Nase ein und aus. Schließe Deine Augen, entspanne Dich und lasse den Atem frei fließen. …
Atme nun ein – halte die Luft kurz an (zwei Sekunden). Atme aus – und halte die Luft kurz an (zwei Sekunden). Atme wieder ein – halte die Luft kurz an (zwei Sekunden) und atme wieder aus – halte die Luft kurz an (zwei Sekunden). Atme in dieser Weise etwas zwei Minuten und achte auf den Fluss Deines Atems.

Atme nun wieder für eine Weile in Deinem normalen Atemrhythmus weiter. ...

Diese Atemübung wird als „dreiteilig" bezeichnet, weil man dabei die Atemluft gezielt in die drei Bereiche der Brust atmet.

Lege Deine Hände auf den Bauch, unmittelbar unterhalb des Rippenbogens. Die Finger zeigen dabei nach innen und die Mittelfinger berühren sich leicht. Atme nun in Deine Hände. Wenn Du es richtig machst, wölbt sich der Bauch, und dadurch gehen die Fingerspitzen ein wenig auseinander. Auch der untere Teil des Brustkorbs hebt sich. Beim Ausatmen senkt sich der Bauch, der untere Teil des Brustkorbs geht zusammen und die Fingerspitzen der Mittelfinger berühren sich wieder. Atme nun wieder ein, in Deine Hände – die Fingerspitzen entfernen sich leicht voneinander. Atme wieder aus – die Fingerspitzen kommen wieder zusammen. Atme natürlich. Es ist nicht nötig, deinen Atem zu manipulieren. Doch lasse Dir Zeit beim Atmen.

Achte jeweils auf den Endpunkt des Atems – beim Ein- wie bei Ausatmen. Nur darauf achten, nicht den natürlichen Fluss bzw. Atemrhythmus verändern. Der Körper ist entspannt, alle Muskeln sind weich. Mit jedem Atemzug hinein wölbt sich der Bauch, der untere Teil des Brustkorbes dehnt sich, die Luft strömt in die Lungen und füllt sie aus. Umgekehrt strömt die Luft beim Ausatmen weit nach draußen, Bauch und unterer Brustkorb gehen wieder zusammen. Wiederhole diesen Teil der Atemübung für ca. zwei Minuten. ...

Lege nun Deine Hände an die Seiten des Brustkorbes, so dass die Fingerspitzen nach oben zeigen. Atme wieder tief in deine Hände. Dabei füllt sich die Lunge und dehnt nun den mittleren Bereich des Brustkorbes aus. Spüre, wie sich die Hände voneinander wegbewegen. Auch der Bauch bewegt sich dabei – der obere Teil des Bauches geht nach oben, der untere Teil hingegen senkt sich leicht. Atme wieder aus – die Hände an der Seite bewegen sich wieder leicht zueinander, und der Bauch senkt sich. Nun atme wieder ein, so dass sich die

Hände bewegen, und spüre die Dehnung des oberen Bauches. Atme wieder aus und spüre die Bewegung der Hände, der Brust und des Bauches. Wiederhole diesen Teil der Übung ebenfalls für zwei Minuten und achte wieder auf den Endpunkt beim Ein- wie bei Ausatmen.

Kommen wir nun zur dritten Phase der Übung. Lege hierzu Deine Hände auf den oberen Bereich der Brust, in etwa auf der Höhe des Schlüsselbeins. Die Finger zeigen dabei wieder zueinander und die Mittelfinger berühren sich leicht. Atme in Deine Hände und spüre, wie sich dieser Bereich der Brust deutlich hebt, ausdehnt und die Finger sich wieder voneinander weg bewegen. Beim anschließenden Ausatmen senkt sich die Brust in diesem Bereich wieder, die Fingerspitzen kommen zusammen. Bleibe auch bei diesem Teil der Übung wieder für etwa zwei Minuten. Spüre die Bewegung Deines entspannten Körpers und verfolge aufmerksam den Fluss des Atems.

Nun führen wir alle drei Phasen der Atemübung hintereinander zusammen aus, so dass sich eine harmonische Bewegung ergibt (Du kannst zu Beginn die Hände zur Unterstützung nehmen, und wenn Du sicherer geworden bist, kannst Du sie weglassen):
Atme wieder ein, spüre, wie sich der Bauch und untere Teil des Brustkorbes füllt, der mittlere Bereich, dann der obere Bereich. Atme nun aus, und zwar zuerst vom oberen Bereich, dann vom mittleren und dann vom unteren. Folge Deinem natürlichen Atemrhythmus und atme in der hier beschriebenen Weise. Atme wieder ein – zuerst füllt sich der untere Bereich, dann folgt der mittlere und dann der obere. Atme wieder aus, zuerst vom oberen Bereich, es folgt der mittlere Bereich und zum Schluss kommt der untere.

Spüre, wie das Heben und Senken der Brust der Bewegung einer Welle gleicht. Wenn Du einatmest, bewegt sich die Welle von unten nach oben auf Dich zu, und wenn Du ausatmest, bewegt sie sich von oben nach unten wieder von Dir weg. Folge mit Deiner Aufmerksamkeit der dynamischen und harmonischen Wellenbewegung Deines Atems. Wenn Du diesen letzten Teil der Atemübung für eine Weile ausgeführt hast (ca. 2-3 Minuten), wirst Du feststellen, dass Dein Geist bereits tief nach innen gegangen ist und Deine Meditation schon begonnen hat.

Wie bei den Atemübungen, so gibt es auch bei der Meditation viele verschiedene Formen. Es ist an uns herauszufinden, was am Besten zu uns passt bzw. womit wir die intensivsten Erfahrungen machen können. Yoga ist kein stures Lehrsystem, sondern hat etwas mit Experimentieren zu tun. Dieses Experimentieren sollte allerdings nicht zum Selbstzweck werden, sondern sich am „Erfolg" orientieren. Der Gradmesser für den Erfolg sind wir selbst, bzw. ist unsere weitere Entwicklung zu mehr Glück, Zufriedenheit, Liebe, Mitgefühl usw. Dem Yoga wurde von christlich-abendländischer Seite aus öfters vorgeworfen, er würde ein Denken und Empfinden der Ich-Bezogenheit fördern. Als vor Jahrhunderten Menschen mit recht weltlichen Interessen aus dem Westen nach Indien kamen und (leider ohne Hintergrundwissen) das Leben der Yogis betrachteten, kamen sie recht bald zu dem Schluss, dass diese Yogis nur für sich selbst das höchste Glück und die höchste Form der Freiheit zu erlangen trachteten. Aber diese Fremden und leider ziemlich Unkundigen haben das Leben der Yogis eben nur kurz betrachtet und nicht weiter verfolgt. Deshalb sahen sie nicht, dass diese großartigen Lehrer und Meister in vielen Fällen mit dem, was sie erlangt hatten, nach einer Phase des Rückzugs von der Gesellschaft wieder in die Gesellschaft zurückkehrten. Denn erst dann waren sie zu Großem befähigt, um nicht zu sagen, zu wahren Wundern. Sie teilten das Wissen, die spirituelle Kraft und Erfahrung mit denen, die die ausreichende Reife, Bereitschaft und Aufnahmefähigkeit besaßen. Einige Yoga-Meister vergleichen deshalb den spirituellen Weg mit dem Bau eines Dammes, dessen angesammeltes Wasser vielen Menschen zugute kommen kann, mehr als es ein kleiner Fluss je könnte. Genau das ist auch der Sinn der Meditation: Meditation heilt zuerst uns – damit wir dann in die Welt hinausgehen können, um all das, was wir durch sie erhalten haben, mit anderen zu teilen.

Hierzu müssen wir jedoch den ersten Schritt tun: Wir müssen meditieren – wir müssen es *tun*, nicht nur darüber lesen und nachdenken. Meditation ist eine *Praxis* – die wohl wichtigste, da wirksamste Praxis im Yoga.

Man kann in der Meditation den Fluss der Aufmerksamkeit auf verschiedene Bereiche oder Regionen des Körpers richten, eben dort, wo man Spannungen oder feinstoffliche Verletzungen spürt. Es gibt jedoch auch Bereiche des Körpers, die einem Kraft und Licht geben, wenn man sich auf sie konzentriert. So ist es beispielsweise mit dem Herz. Auf das Herz zu meditieren oder mit dem Herzen zu meditieren, ist eine Meditationsform für sich.

Das Herz ist *der* heilige Ort in uns, das Zentrum des höchsten Lichtes, der Liebe und Kraft des Lebens. Daher sagte Kabir:

> *„Seit es Tempel und Moscheen gibt,*
> *hat Gott nie in ihnen gelebt.*
> *Seit es das menschliche Herz gibt,*
> *hat er es nie verlassen.“*

Der erste wichtige Schritt bei dieser Meditation besteht darin, unsere Aufmerksamkeit zu unserem Herzen zu führen. Das Herz ist das Zentrum der Intuition, Inspiration und Weisheit. Wenn wir die Welt aus diesem inneren Zentrum heraus wahrnehmen, sehen wir die Dinge anders, wir sehen sie in ihrer Gesamtheit. Das Herz erkennt und versteht Dinge viel früher als der Verstand. Diese Übung eignet sich also besonders für solche Momente, in denen wir das Gefühl haben, dass der Geist/Verstand uns im Griff hat, in denen wir im Kopf regelrecht feststecken und nicht weiterkommen. Lasse nun Deine Aufmerksamkeit ins Herz sickern, wie ein kleines Rinnsal, das aus einem schweren, harten Felsen sanft in einen hellen, warmen Bergsee fließt. Wenn Du die Empfindung hast, dass der Zugang blockiert ist, dann stelle Dir eine kleine Öffnung im Herzen vor, durch die Deine Aufmerksamkeit ein wenig hindurchfließen kann. Du wirst nach einiger Zeit bemerken, dass die Öffnung immer größer wird und der Fluss Deiner Aufmerksamkeit immer stärker und kontinuierlicher. Manchmal, wenn man diesen inneren Ort einfach nicht findet, hilft es, die rechte Hand auf die Herzgegend zu legen und mit der Energie dieser Hand das Herz sanft zu öffnen.

Spüre nun, dass auch die Heimstatt des Atems im Herzen ist. Mit jedem eingehenden Atem endet der Atemstrom hier, und hier ist auch der Ort, wo der Atemstrom nach draußen beginnt. Aber es gibt hier noch viel mehr zu entdecken… Höre und spüre das Pulsieren Deines physischen Herzens. Doch da ist noch ein anderes Pulsieren – das Pulsieren Deiner ewig lebendigen Seele, das Pulsieren des höchsten Bewusstseins. Gehe immer weiter, immer tiefer in dein Herz. Du wirst feststellen, dass der Raum des Herzens dabei immer größer wird. Du spürst die Energie, die in diesem Raum schwingt und pulsiert und den Raum immer mehr weitet. Im Zentrum dieses Raumes ist eine weitere Öffnung. Wenn Du sie nicht siehst, stelle sie Dir einfach vor. Diese Öffnung hat fast die Form eines Tores. Gehe in Deiner Vorstellung hindurch – und Du wirst sehen und spüren, dass hier ein weiterer Raum liegt, ein Raum im Raum. Betritt diesen Raum im Raum Deines Herzens. Auch dieser Raum wird größer, je mehr Du Dich darauf konzentrierst. Du wirst staunen, denn auch in ihm befindet sich eine Toröffnung, und auch hier gehst Du hindurch und bist in einem *noch* tieferen Raum. Und Du wirst dort etwas noch Wunderbareres wahrnehmen: Je tiefer Du gelangst, desto weiter und größer werden die Räume, und desto heller und stärker wird die Energie in ihnen. Nimm nun in diesem Raum Platz und fülle ihn mit Deiner Aufmerksamkeit völlig aus. Lasse Dir dabei Zeit und genieße es. Fühle, wie jeder winzige Gedanke, der vielleicht noch hier und da auftaucht, nichts anderes als die Energie des höchsten Bewusstseins ist. Auch Dein sanft und gleichmäßig fließender Atem ist die Energie des Bewusstseins.

Wenn wir aus solchen Meditationen heraus in den Zustand unseres „normalen" Bewusstseins kommen, sollten wir das immer sanft und mit sehr viel Aufmerksamkeit tun. Zum einen, um uns durch einen allzu abrupten Wechsel nicht innerlich zu „verletzen". Das hört sich vielleicht sonderbar an, aber manche Meditierende haben nach dem Meditieren Schwierigkeiten mit den Ereignissen im Wach- bzw. Normalzustand. Sie sind innerlich aufgewühlt oder reagieren übersensibel. Woraus sich manchmal sogar die Tendenz entwickelt, sich von der Welt zurückzuziehen. Diese Schwierigkeiten können daher rühren, dass sich diese Meditierenden zu wenig Zeit lassen beim Übergang von der Meditation zum normalen Wachzustand. Zum anderen sollten wir uns Zeit lassen, wenn wir aus der Meditation kommen, weil sich oftmals die großen Erfahrungen und Erkenntnisse gerade im Übergang von einem zum anderen Bewusstseinszustand offenbaren, also auch gerade dann, wenn wir die Meditation beendet haben. Manche sprechen davon, dass in solchen Augenblicken die „Zeit der Ernte" ist. Wir sollten uns daher gerade morgens nach der Meditation ein wenig Zeit lassen und nicht gleich losstürmen, um uns in den Tag zu stürzen. Es kann zuweilen sehr hilfreich sein, sich nach der Meditation noch einmal kurz zu vergegenwärtigen, was man in der Meditation erlebt hat.

Natürlich müssen wir den Zustand der Meditation *beenden*, wenn die Meditationszeit herum ist. Man sollte nicht mit halb geschlossenen Augen und von der Meditation völlig beduselt morgens mit dem Auto zur Arbeit fahren. Es bedeutet auch nicht, völlig in sich selbst vertieft oder glücklich-abgehoben vor sich hin lächelnd in den Tag zu schlurfen. Meditation darf keine Weltflucht sein, keine Übung, durch die wir für eine gewisse Zeit innerlich vor der „bösen Welt" wegtauchen können. Meditation mit in den Tag zu nehmen bedeutet, die durch die Meditation erhaltene Energie, Kraft, Klarheit und Konzentriertheit mit hinaus in die Welt zu nehmen und aus der Perspektive des inneren Ruhepols heraus zu handeln. Das, was wir an Einsicht und innerem Wachstum durch die Meditation täglich hinzugewinnen, muss ja in unser Leben integriert werden, und das kann nur geschehen, wenn wir das, was wir in der Meditation erhalten haben, mit unserem Leben füllen. Dabei kann es durchaus hilfreich sein, wenn wir – vorausgesetzt die Situation lässt es zu und es ist angemessen – während unserer täglichen Aktivitäten für einen kurzen Augenblick, im wahrsten Sinne des Wortes, *innehalten* und uns des inneren Zustandes bewusst werden. Aber hierbei ist Unterscheidungsvermögen gefordert, denn es muss der aktuellen Alltagssituation angemessen sein.

Eine gute Möglichkeit, das festzuhalten, was sich in unseren Meditationen ereignet hat, ist, es aufzuschreiben. Generell kann man sagen, dass das Schreiben – insbesondere, wenn es sich um Vorgänge im Inneren handelt – Klarheit und Ordnung schafft. Diese „Schreib-Übung" ist nicht leicht, es bedarf einer gewissen Disziplin. Aber die Anstrengung ist es wert, denn angemessene Worte für das Erlebte zu suchen, bringt Licht in das Geschehen, schafft Verständnis und bereitet so den Weg für weitere, noch intensivere Erfahrungen. Dadurch, dass wir unsere Erfahrungen sozusagen „in Worte gießen", bekommen sie einen höheren Realitätswert. Wenn wir bereit sind, etwas aus unserem Inneren nach außen zu bringen, es auf Papier zu schreiben, um es hierdurch klarer betrachten zu können, werden wir eine derartige Erfahrung machen. Schreiben wird oft als eine Art des innerlichen Aufräumens empfunden. Wie beim Aufräumen im Haus, so entdeckt man beim innerlichen Aufräumen durch das Schreiben manchmal Sachen, von denen man nicht oder nicht mehr wusste, dass man sie überhaupt hat.

Wenn also Deine Meditation beendet ist (insbesondere, wenn Du ausreichend Zeit hast, also vielleicht am Wochenende), dann nimm Dir vielleicht einen Block Papier oder eventuell sogar ein Meditations-Tagebuch, und schreibe auf, was in Deiner Meditation geschehen ist. Du wirst erstaunt sein, was Du alles erlebt hast; denn durch das Aufschreiben holst Du manche Erfahrung und Erkenntnis aus den Tiefen deines Bewusstseins wieder hoch, die andernfalls für immer oder zumindest für lange Zeit verschüttet geblieben wären. Wenn Du diese Erfahrungen gleich nach der Meditation „hoch holst" und aufschreibst, sind sie noch frisch. Du kannst Dich bei dieser Übung vielleicht an folgenden Fragen orientieren:

- Was genau habe ich erlebt?
- Wie fühlte sich das im Einzelnen an?
- Wie ist meine Energie nun?
- Habe ich so etwas schon einmal in der Meditation erlebt?
- Was sagt mir das Erlebte über mich selbst?
- In welchem Zusammenhang steht es zu meinem (spirituellen) Weg?
- Was bedeutet das für mein alltägliches Leben?
- Welche Erkenntnis ziehe ich noch daraus?
- Wo kann ich etwas über das Erlebte nachlesen oder nachfragen?

Betrachten wir nun eine Meditationsform, die man als typisch für den *Bhakti-Yoga* bezeichnen kann. Es geht um die Identifikation mit Gott bzw. dem Göttlichen. Der Sanskrit-Begriff hierfür ist *Bhava*.

Bhava bedeutet wörtlich „Gefühl", „innere Haltung", „Gefühl des Einsseins mit etwas". Ursprünglich kommt diese Praxis aus der Verehrung des Meisters oder Gottes durch den Schüler. *Guru-Bhava* z.B. ist das meditative Eins-Werden mit dem geliebten Meister. Da der Meister im Yoga als identisch mit Gott erachtet wird, ist die Verehrung des Meisters gleichbedeutend mit der Verehrung Gottes. Wie außerordentlich wirksam die Praxis des *Bhava* sein kann, zeigt uns eine alte und in Indien allseits bekannte Geschichte – die Geschichte von *Drona* und *Eklavya*:

Eklavya war ein Junge aus einer armen und ungebildeten Familie. Er wurde von vielen wegen seines niederen sozialen Standes gemieden. Doch Eklavya wollte etwas im Leben erreichen, was zu dieser Zeit der Wunsch vieler Jungen in seinem Alter war – die *Meisterschaft im Bogenschießen*. Der Unterschied zu anderen war jedoch, dass Eklavya es wirklich wollte und nicht nur davon träumte.

Zu dieser Zeit gab es einen großen Meister des Bogenschießens – Drona, bzw. Dronacharya mit Namen. Eklavya bewunderte Dronacharya sehr, denn dieser war der beste und berühmteste Bogenschütze im ganzen Land. Nur, für Eklavya, einem Jungen von niederem Stand, war es völlig undenkbar und unmöglich, von Dronacharya als Schüler akzeptiert zu werden.[52] Dronacharya unterrichtete die Jungen aus adeligem Hause, Prinzen und Söhne von Eltern, die in der Gesellschaft hohes Ansehen genossen. Selbst wenn Dronacharya es gewollt hätte, wäre es ihm unmöglich gewesen, Eklavya in diesem erlauchten Kreise aufzunehmen. Dennoch, denn das war ihm erlaubt, kam Eklavya jeden Tag zu dem Ashram von Dronacharya und schaute aus gebührlichem Abstand ihm und seinen Schülern beim Unterricht im Bogenschießen zu. Eklavya beobachtete Dronacharya bei seiner Arbeit mit höchster Aufmerksamkeit. Er verfolgte jede Be-

---

52 Wir erinnern uns, dass der Heilige Kabir mit seinem Meister Ramananda dasselbe Problem hatte.

wegung, jede Mimik und jeden Blick seines geliebten Meisters Dronacharya. Nachdem er ihn so lange Zeit förmlich in sich aufgesogen hatte, ging Eklavya eines Tages in den Wald zu einer Stelle, wo es festen Lehm im Boden gab. Aus diesem Lehm formte er mit sehr viel Geschick eine genaue Abbildung von Dronacharya, setzte sich davor und meditierte lange Zeit auf diese Gestalt seines Meisters. Mit offenen und dann mit geschlossenen Augen vertiefte, ja versenkte er sich vollkommen in die Verehrung von Dronacharya.

Guru-Bhava fand statt – völlige Identifikation mit dem Meister. Dadurch übertrug sich die Präsenz des Meisters auf den Schüler und mit der Präsenz auch das Wissen und die meisterhaften Fähigkeiten Dronacharyas. Im Laufe der Zeit wurde Eklavya der größte Bogenschütze des Königreiches.

Was Eklavya tat, das tun auch wir – Tag für Tag, jeden Augenblick. Wir identifizieren uns mit diesem und jenem. Identifikation gehört zum grundsätzlichen Wesen unseres Geistes. Doch unsere üblichen *Bhavas* begrenzen uns, machen uns klein. Wir denken: Ich bin ungeschickt, ich bin nicht liebenswert, ich bin nicht intelligent oder ähnliches. Alle diese *Bhavas* sind von starker Kraft, wir bemerken es meistens jedoch nicht. *Bhavas* sind eine Form der Identifikation, des geistigen Festhaltens an etwas und, wenn man so will, eine Form der Meditation. „Man wird das, woran man denkt" – so heißt es im Yoga. Und so ist es: Wir werden zu all dem Begrenzten, das wir intensiv empfinden, über das wir nachdenken und an das wir glauben. Wir meditieren auf Begrenzung statt auf Erweiterung, was, da uns dies alles andere als frei und glücklich macht, jedoch in die völlig entgegengesetzte Richtung geht. Die *Bhavas*, die wir normalerweise mit uns herumtragen, kann man auch vergleichen mit starken und gefärbten Brillengläsern. Durch diese sehen wir die Welt nicht so, wie sie ist, sondern verzerrt und in völlig falschen Farben. Sie beeinträchtigen unsere Wahrnehmung von der Welt und von uns selbst in erheblichem Maße.

Die Tendenz des menschlichen Geistes, des individuellen Bewusstseins, immer irgendwelche Formen und Gestalten anzunehmen, nutzt man im Yoga und setzt sie ein bei der Meditation auf ganz bestimmte *Bhavas, Bhavas,* die jedoch nicht einengen, sondern das Bewusstsein erweitern. Wenn wir z.b. mit einem minderen Selbstwertgefühl zu kämpfen haben, können wir auf die „unendliche Kraft und Liebe Gottes" meditieren. „Unendliche Kraft und Liebe Gottes" wäre dann der *Bhava,* auf den wir uns in der Meditation ausrichten. Das funktioniert dergestalt, dass wir die Worte „Unendliche Kraft und Liebe Gottes" nicht einfach nur in der Weise eines *Mantras* wiederholen, sondern wir versuchen, uns die unendliche Kraft und Liebe Gottes vorzustellen, wir betrachten sie, wir tauchen in sie ein, wir versenken uns darin.

Das klappt mit etwas Übung tatsächlich, weil, wie uns die Yoga-Philosophen sagen, das individuelle menschliche Bewusstsein durch die vom höchsten Bewusstsein stammende Kraft der Kreativität[53] in der Lage ist, die Form eines jeden Objekts, Gedankens oder Gefühls anzunehmen. Wenn das individuelle menschliche Bewusstsein über das Absolute meditiert, w i r d es zum Absoluten. Wenn es in der Meditation lange genug an dem *Bhava,* dem intensiven Gefühl „ich bin die unendliche Kraft und Liebe Gottes" festhält, entsteht in ihm genau diese göttliche Qualität.

Das im Yoga üblicherweise verwendete Sinnbild für diesen Vorgang ist der Kristall oder der Spiegel. Der Spiegel zeigt immer das, was sich in seiner Nähe befindet, es spiegelt sich in ihm. Ebenso ist es mit dem Kristall: Die Farbe dessen, was ich in seine Nähe bringe, wird von dem Kristall angenommen – wenn ich z.B. eine rote Rose davor halte, wird der Kristall rot. Ebenso funktioniert unser Geist. Deshalb prägte der große indische Mystiker und Dichter Tukaram den markanten Satz: „Gott ist in Deinem *Bhava.*"

---

53 Abgeleitet von dem lateinischen Wort *kreare,* „erschaffen", etymologisch eng verwandt mit der Sanskrit-Verbalwurzel *kri,* „machen, erschaffen".

Bhavas, in denen wir auf großartige Eigenschaften oder gar Qualitäten des Höchsten, des Göttlichen, meditieren, können unsere Haltung und Einstellung im Leben vollkommen verändern. Wenn wir Hass empfinden, können wir auf den *Bhava* „Liebe" meditieren, wenn wir im Leben verzagen, können wir auf den *Bhava* „Mut und Enthusiasmus" meditieren, wenn wir uns wieder einmal über unsere Kinder oder unseren Chef geärgert haben, können wir (vielleicht sogar im selben Augenblick) auf den *Bhava* „Verzeihung und Mitgefühl" meditieren. Es gibt unendlich Möglichkeiten für *Bhavas* – und sie wirken!

Kommen wir nun noch zu einer allseits beliebten Form der Meditation – bei Einsteigern, aber auch bei Fortgeschrittenen. Ich spreche von der *geführten Meditation*. Diese Form der Meditation eignet sich als Vorbereitung zu sehr ausgedehnten Meditations-Sitzungen in einer Gruppe oder auch für Momente, in denen man mit einem Partner einfach nur ausspannen möchte. Die nachfolgende Meditationsanleitung sollte also von einem Freund, Partner oder Meditationslehrer vorgelesen werden. Insgesamt sollte man sich bei einer solchen geführten Meditation viel Zeit lassen:

Nimm eine bequeme Meditationshaltung ein, in der du längere Zeit sitzen kannst. Schließe die Augen. Wenn Du eine Brille trägst, lege sie ab. Lenke nun Deine Aufmerksamkeit behutsam auf den Atem. Atme ganz natürlich ein und aus … ein und aus. Fühle, wie Du Dich immer mehr entspannst. Du fühlst dich wohl.

Geräusche? Ja, die gibt es auch. Du hörst sie. Sie stören Dich jedoch nicht. Du nimmst sie einfach mit in Deine Meditation. Akzeptiere die Geräusche als einen Teil von Dir, einen Teil Deines Bewusstseins, das innerhalb wie außerhalb von Deinem Körper existiert.

Du sinkst mit großer Leichtigkeit tiefer und tiefer … tiefer und immer tiefer. Du spürst die Meditationsenergie langsam aber sicher in Dir aufsteigen. Fühle, wie sie Deinen gesamten Körper durchdringt. Sie ist es auch, die Deinen Körper nun mühelos aufrichtet, Deinen Rücken nach oben streckt. Dein Rückgrat wird mühelos, wie an einer unsichtbaren Schnur, aufrecht gehalten.

Denke nun an einen Moment in Deinem Leben zurück, an dem Du Dich an einem großen See oder Fluss aufgehalten hast. Lasse das Bild und das dazu gehörige Erlebnis wieder in Deinem Geist aufsteigen. Nimm in Deiner Vorstellung nun einen schönen Stein und wirf ihn ins Wasser. Beobachte die Wellen, wie sie sich konzentrisch um die Stelle, in welcher der Stein ins Wasser gefallen ist, ausbreiten. Die Wellen sind im Inneren zuerst recht groß und drängen mit Kraft nach außen. Je weiter sie sich jedoch vom Zentrum entfernen, desto ruhiger und kleiner werden sie, bis sie wieder völlig im Wasser verschwunden sind.

Stelle Dir vor, dass Du wie ein großes Gewässer bist. Jeder Atemzug, den Du machst, ist wie ein solcher Wurf, bei dem ein Stein in den Mittelpunkt Deines Körpers, Deines gesamten Wesens, fällt. Bei jedem Atemzug – ob hinein oder hinaus – spürst Du nun, wie aus Deinem inneren Herzen Wellen der *Shakti* und Liebe aufsteigen und sich kreisförmig nach außen bewegen. Sie fließen nach oben – durch die Brust, die Kehle, über das Gesicht, durch den gesamten Kopf, bis zum Scheitelpunkt des Kopfes. Sie fließen nach unten – über den Rücken und den Bauch nach unten, weiter durch den Unterleib, die Beine, bis zu den Füßen. Sie fließen auch seitlich hinweg – in die Schultern, die Oberarme, Unterarme, bis in die Hände.

Du hast das Gefühl, dass Dir diese nach außen strebenden Wellen Raum geben, die Dich weit und immer weiter machen. Dein ganzes Wesen dehnt sich ins Unermessliche aus. Dieses wellenförmige

Weit-Werden geschieht bei jedem Atemzug – jedes Mal, wenn Du ausatmest und jedes Mal, wenn Du einatmest. Das Zentrum Deiner Aufmerksamkeit ist dabei Dein Inneres, der Wohnort des höchsten Selbst. (Pause)

Du atmest regelmäßig und ruhig ein und aus. Deine Aufmerksamkeit ist beim Atem und dem dynamischen inneren Bild der kreisförmigen, nach außen laufenden, den Raum des Körpers weitenden Energie-Wellen. (Pause)

Konzentriere Dich auf Dein Inneres. .... Nimm die göttliche Gegenwart in Deinem Zentrum wahr. Dein Inneres ist warm und hell. Das göttliche Licht in Deinem Inneren nimmt verschiedene wunderschöne Farben an .... Geh noch tiefer in Dich hinein, und Du wirst erkennen, dass es hier einen schier endlos weiten Ozean der Geborgenheit und Liebe gibt. (Pause)

Schau nun in Dir, ob es noch irgendwo Verspannungen gibt Sorgen oder Ängste. ... Nimm sie in Deiner Vorstellung wie Statuen aus Lehm wahr ... und versenke sie dann in Deinem inneren Ozean des höchsten Selbst. Erschaue, wie sie sich jetzt auflösen! Gehe in alle Ecken und geheimnisvolle Winkel Deines Körpers und Geistes und bringe die Verspannungen, Sorgen und Ängste als Statuen aus Lehm hierher in das innere Heiligtum. Versenke sie und schaue zu, wie sie sich auflösen ... Lasse alles los, was Dich klein und eng macht. Übergib es dem göttlichen Ozean in Deinem Inneren. (Pause)

Spüre, wie Dein Inneres und selbst Dein Körper nun immer reiner, leichter und heller werden. (Pause)

Kehre nun wieder zurück zum Atem ... (Pause)

Spüre nun, wie dieser innere, schier endlose Ozean sich auch im Äußeren befindet. Derselbe Ozean des Lichtes und der Liebe umgibt Dich. Im Yoga heißt es daher „Wie innen, so außen". In Deinem Inneren ist Licht – im Äußeren ist ebenfalls Licht. Dasselbe höchste Bewusstsein, das Du in Dir fühlen kannst, kannst Du auch im Äußeren fühlen. (Pause)

Mit jedem Atemzug – hinein oder hinaus – durchspült Dich dieses Bewusstsein. Der innere Ozean durchfließt Dich auf seinem Weg nach außen – dann durchfließt Dich der äußere Ozean auf seinem Weg nach innen – mit jedem Atemzug... (Pause)

In dem Maße, wie Dich das strahlende, ewige Bewusstsein durchdringt, wirst Du selbst dazu. Jede Empfindung, jeder Gedanke, jede Erinnerung, jedes innere Bild, das aufsteigt – ist nichts als Bewusstsein. Wo Du auch hingehst in Deinem Inneren und äußeren Wesen, Du wirst nichts anderes finden – nur dieses ewige, sich immerwährend erkennende und liebende Bewusstsein. ....

Kommen wir nun noch zu einem der wohl wichtigsten Aspekte dieses wahrlich riesigen Themenbereiches „Meditation" - das *Mantra*. Der Begriff *Mantra* ist in Esoterik- und Yoga-Kreisen in aller Munde, doch was bedeutet er ursprünglich und grundsätzlich? Hinsichtlich der Bedeutung des Wortes *Mantra* bezieht man sich häufig auf das bekannte *Kularnava Tantra*, wo der Begriff *Mantra* in zwei Teile zerlegt wird:

1. *in die Silbe man (Sanskrit-Wurzel man, „denken, sich vorstellen"),*
2. *in die Silbe tra (Sanskrit-Wurzel trai, „beschützen, retten").*

Die Quelle, auf die ich mich hier beziehe, ist *Kularnava Tantra 17. 54*, wo es heißt: „Durch das innere, geistige Ausrichten (Skt. *manana*) auf die leuchtende Gottheit, die von der Form der Wahrheit ist, schützt (Skt. *trayate*) es vor jeder Furcht, deshalb wird es *Mantra* genannt."

Ein *Mantra* ist also ein geistiges „Werkzeug". Die Frage ist: Wie sehen solche „geistigen Werkzeuge" aus oder, von welcher Beschaffenheit sind sie? *Mantra*s kann man nicht anfassen und man kann sie nicht sehen – aber man kann sie hören. Es sind Klänge, Silben, Worte. Doch diese Klänge, Silben oder Worte, die wir hören, sind nicht die eigentlichen *Mantras*. Was wir da hören, sind die grobstofflichen, physischen Körper der *Mantras*. Das, was von uns sinnlich wahrgenommen werden kann, ist eine grobe, klangliche Entsprechung eines unhörbaren Klanges, die Schwingung des Unendlichen, das Pulsieren des höchsten Bewusstseins. Diese höchsten Schwingungen sind viel zu subtil, als dass wir sie mit unseren Ohren hören oder gar mit unseren Stimmwerkzeugen modellieren könnten. Im Prinzip ist das *Mantra* die Kraft des höchsten Bewusstseins in Form von Klang bzw. Schwingung. Die äußere Form des *Mantras* – also das, was wir als *Mantra* irgendwo geschrieben sehen oder hören, oder auch das, was wir als *Mantra* denken und laut wiederholen, ist nicht oder nur zu einem winzigen Bruchteil das eigentliche *Mantra*. Man könnte vielleicht sagen, dass die äußere Form oder Gestalt des *Mantras* so etwas ist wie der Finger, der in Richtung des Gesuchten zeigt, der „Hinweis" oder das „Zeichen" des tatsächlichen, lebendigen Wesens des *Mantras* – bzw. wie Mircea Eliade es nennt, das „Symbol" des *Mantras*:

„Die unbegrenzte Wirksamkeit der *Mantras* rührt daher, dass sie die ‚Objekte', die sie repräsentieren, sind (oder wenigstens durch richtige Rezitierung werden können).... Das Universum ist klingend, ebenso wie es farbig, gestalthaft, substanziell usw. ist. Ein *Man-*

tra ist ein ‚Symbol' im archaischen Sinn des Wortes; es ist zugleich die symbolisierte Realität und das symbolisierende ‚Zeichen'... . Indem man mit einem Symbol arbeitet, ‚weckt' man alle Kräfte, die ihm entsprechen, und zwar auf allen Seinsebenen."[54]

Was ein solches *Mantra* von einem gewöhnlichen Wort bzw. einer Folge von gewöhnlichen Silben wesentlich unterscheidet, ist die im *Mantra* enthaltene Kraft/Macht (*Mantra-Virya*), die uns unterstützt, schützt, heilt und – wenn wir es zulassen – sogar völlig transformiert. Es ist eine Energie, die unser latentes, schlafendes Potenzial im Inneren erweckt und uns zur höchsten Entfaltung führt. Diese Kraft/Energie ist untrennbar mit den Silben, aus denen ein *Mantra* besteht, verbunden. Es ist eine Kraft, die wir, wie gesagt, nicht unmittelbar wahrnehmen können – zumindest nicht so ohne Weiteres. Wahrnehmen können wir in der Regel ausschließlich die äußere und gröbste Hülle des *Mantras*. Dennoch können wir mit dieser groben physischen Hülle, diesem äußersten Aspekt des *Mantras*, arbeiten.

Damit wir hier einmal eine solche „äußere Form", mit der wir in der Meditation arbeiten können, kennenlernen, möchte ich nun die einfachste, kompakteste Form von *Mantras* vorstellen, die sogenannten *Bijas* oder *Bija-Mantras*. *Bijas* oder *Bija-Mantras* sind sehr kurze *Mantras*, die sich von ihrer Bedeutung her nicht erschließen lassen. Sie bestehen immer aus einer einzigen Silbe, wie z.B. *Ka*, und einem Nasal am Schluss – *Kam*.[55] Den Nasal am Schluss nennt man *Anusvara*. „Der *Anusvara*", so Ajit Mookerjee und Madhu Khanna, „wird als ein fortlaufender nasaler Klang ohne irgendeine Modifikation beschrieben und ist eine Angleichung an eine ‚unaussprechliche Schwingung'."[56] Die Bezeichnung *Bija* (wörtl. „Samen, Keim") oder auch *Bijakshara* („Keim-Silbe") hängt damit zusammen, dass diese

54 Mirca Eliade, Yoga – Unsterblichkeit und Freiheit, S. 223f.

55 R.K. Rai, Encyclopedia of Yoga, S. 185.

56 A. Mookerjee/M. Khanna, Die Welt des Tantra, Bern 1986, S. 168.

Mantras den Samen für die erstrebten Ziele in sich tragen und die Quintessenz des jeweiligen Mantras verkörpern, oder – so wird gesagt – weil sie wie ein Same klein, aber fruchtbar sind.

Meistens repräsentieren *Bijas* ganz bestimmte Gottheiten oder kosmische Prinzipien. Das stille Wiederholen oder auch das wiederholte laute Aussprechen der kraftvollen, kompakten Keimsilben bewirkt, dass sich ihre Energie auf denjenigen, der das *Mantra* wiederholt, überträgt. Im Folgenden sind einige *Bija-Mantras* und ihre Bedeutung aufgeführt, wie man sie in R.K. Rais *Yoga-Enzyklopädie* findet[57]:

H a u m

„*Ha* bedeutet *Shiva. Au* ist *Sada-Siva* [ewiger Shiva]. *Shunya* (m) ist das, was Leid vertreibt. Daher sollte hiermit *Shiva* verehrt werden."

D u m

„*Da*, oh Devi (Göttin), bedeutet *Durga. U* bedeutet auch ‚retten'. *Nada* [kosmischer Klang] ist die Mutter des Universums. Der *Bindu*[58] bedeutet ‚bete!'"

K r i m[59]

„*Ka* ist Kali. Von *Ra* wird gesagt, es sei *Brahma. I* bedeutet *Mahamaya. Nada* bedeutet Mutter des Universums. Der *Bindu* bedeutet Vernichter des Leids. Damit sollte Göttin *Kali* verehrt werden für das Schwinden des Leids."

---

57 Encyclopedia of Yoga, S. 188-190.
58 Der Bindu ist der Nasal (m) am Schluss der gesamten Silbe bzw. des Bija-Mantras.
59 Sprich: Kriim

H r i m[60]

Ha bedeutet *Shiva*. *Ra*, so wird gesagt, ist *Prakriti* [Urmaterie]. *I* bedeutet *Mahamaya* [Göttin der Illusion, Verschleierung]. *Nada*, so wird gesagt, ist die Mutter des Universums. Der *Bindu* bedeutet Vertreiber des Leids. Damit sollte *Bhuvaneshvari* [Herrin der Welt] verehrt werden.

S h r i m[61]

Sha bedeutet *Mahalakshmi* [Göttin der Fülle]. *Ra*, so wird gesagt, bedeutet Reichtum. *I* bedeutet Zufriedenheit. *Nada* ist *Ishvara* [höchster Herr]. *Bindu* bedeutet Vertreiber der Sorgen. Dies ist der *Bija* von Göttin *Lakshmi*. Damit sollte die *Devi* (Göttin) verehrt werden.

A i m

Ai bedeutet *Sarasvati* [Göttin der Weisheit, des Wissens]. Der *Bindu* bedeutet Vertreiber des Leids. Dies ist der *Bija* von *Sarasvati*. Hiermit sollte *Vami* bzw. *Sarasvati* verehrt werden.

G a m

Ga, ich spreche zu Dir, bedeutet Ganesha [elefantenköpfiger Gott = Beseitiger der Hindernisse]. Der *Bindu* bedeutet Vertreiber des Leids. Daher, oh *Maheshvari* [große Göttin], wird die Bedeutung des *Ganesha-Bija* zu Dir aus Liebe gesprochen.

Diese *Bija-Mantras* haben eine erstaunliche Wirkung auf die Meditation. Sie sind als Meditationshilfe also sehr empfehlenswert.

---

60 Sprich: Hriim
61 Sprich: Shriim

Das allerwichtigste *Bija-Mantra* ist gleichzeitig die Mutter aller *Mantras* – OM. Der *OM*-Laut wird im Sanskrit *Pranava*, „der Tönende", genannt. *OM* ist der Urklang, Anfangs- und Endpunkt der Schöpfung. Die Silbe *OM* wurde bereits im *Yajur Veda* (1000 v. Chr.) verwendet und war im vedischen Ritual von großer Bedeutung.[62] In den *Upanishaden* wird diese heiligste aller Silben sehr ausführlich behandelt, wie das nachfolgende Beispiel aus der *Katha-Upanishad* (*2. 16*) zeigt:

„Diese Silbe ist wahrlich das Absolute (*Brahman*). Diese Silbe ist in der Tat das Höchste. Wenn man diese Silbe versteht, wird man alles besitzen, wonach man verlangt."

Obgleich die OM-Silbe als „der Unteilbare" bezeichnet wird, ist sie nach alter Vorstellung dennoch in 3 ½ lautliche Elemente zu unterteilen, nämlich in A, U, M und den nachklingende Nasal (*Anusvara*), der beim Rezitieren oder Singen des *OM* allentscheidend ist. Dieses kleine vierte (der *Bindu*) Element ist die wahre Essenz des *OM*. Er ist die höchste Leere, welche die gesamte Schöpfung in ihrem Urzustand enthält. Bei der Praxis mit dem *OM-Laut* geht es daher nicht um die Wiederholung dieses *Mantras*, sondern um die lange Dehnung der ausklingenden Nasalisierung, wobei sich die Meditation auf die Leere bzw. Stille am Ende dieses Ausklingens richtet. Wer sich beim Meditieren bzw. beim Rezitieren oder Singen des *OM* auf dieses vierte Element konzentriert, wird von ihm in den höchsten, endgültigen Zustand erhoben. Das Verweilen in diesem *Bindu* ist also das eigentliche Ziel des Praktizierens mit dem *OM*-Laut.

OM steht am Anfang vieler *Mantras* und hat dort die Funktion, das *Mantra* zu verstärken. Man findet es häufig bei solchen Mantras, die sich an Gottheiten richten, wie z.B.:

---

62   A. Padoux, Vac – The Concept of the Word in Selected Hindu Tantras, S. 14.

- *OM Ganeshaya Namah* - *(OM, gepriesen sei Ganesha)*

- *OM Sarasvataye Namah* - *(OM, gepriesen sei Sarasvati)*

- *OM Namo Narayanaya* - *(OM, gepiesen sei Narayana)*

- *OM Vishnave Namah* - *(OM, gepriesen sei Vishnu)*

- *OM Namash Chandikayai* - *(OM, gepriesen sei Chandika)*[63]

Man findet das *OM* ebenso bei *Mantras*, mit denen man den Guru bzw. die allumfassende Segenskraft anruft, wie z.B. bei *OM Guru OM* oder *OM Gurubhyo Namah*. Mit *OM* als potenzierendem Element beginnt auch jenes *Mantra*, dass im Yoga wohl am häufigsten verwendet wird:

OM Namah Shivaya – *(OM, gepriesen sei Shiva)*

In der Yoga-Tradition ist gerade dieses *Mantra* von großem Interesse, da *Shiva* als die höchste Gottheit im Yoga erachtet wird. Deshalb wird *Shiva* auch als *Yogeshvara* (Herr des Yoga) oder *Yogishvara* (Herr der Yogis) bezeichnet. *Shiva* gilt als das Ideal im Yoga schlechthin.[64] Dennoch wird mit diesem *Mantra* keine personifizierte Gottheit verehrt. Mit *Shiva* ist in diesem *Mantra* nicht die Gottheit gemeint, die innerhalb der Götter-Trinität *Brahma-Vishnu-Shiva* den Gott der Zerstörung und Auflösung des Kosmos darstellt. *Shiva* ist in diesem Kontext als das allumfassende, ewige, höchste Bewusstsein zu verstehen, das identisch ist mit unserem inneren Selbst. So betrachtet, muss *OM Namah Shivaya* übersetzt werden mit:

---

63 = Devi, die höchste Göttin.

64 Ein etwa fünftausend Jahre altes Siegel, das man bei den Ausgrabungen der Mohenjo-Daro Kultur (im heutigen Pakistan) fand, zeigt den Ur-Shiva u.a. im Lotossitz meditierend.

„OM – Ich verneige mich vor Shiva, der das Selbst von allem ist –
OM. Ich verehre mein wahres inneres Selbst."

In den Werken der berühmten indische Yogini und Mystikerin aus
Kashmir, Lalla-Ded, finden wir folgendes Gedicht:

> *„Suche nicht nach Gott.*
> *Verlasse nicht dein Zuhause.*
> *Verzehre dich auch nicht auf der Suche nach Ihm.*
> *Mit einem konzentrierten Geist wiederhole Om Namah Shivaya.*
> *Oh Lalli! Er wird sogleich zu dir sprechen,*
> *Aus dem Inneren murmelnd."*

Wie „arbeiten" wir mit einem solchen *Mantra*, und wie funktioniert ein Mantra? Ein Mantra ist lebendig, es pulsiert vor Energie.
Die große Kunst besteht nun darin, das Mantra zu „öffnen". Das
richtige Wiederholen des Mantras – was das Mantra sich öffnen
lässt, wie eine Rose, der man Wasser und Nahrung gibt – braucht
Übung und Geduld. Zu Beginn, wenn man noch ungeübt ist, „hackt"
man manchmal das Mantra in der Meditation regelrecht herunter
– ähnlich wie beim Holzhacken. Man wiederholt es sehr hart und
tendiert dazu, die Silben des Mantras als voneinander getrennt zu
betrachten und dementsprechend mit ihnen umzugehen. Das bewirkt, dass man eine Trennung, eine Abgrenzung, zwischen sich
selbst und dem Mantra schafft. Das wiederum macht es einerseits
der Energie im Mantra sehr schwer, sich zu entfalten und uns in einen tiefen Zustand zu ziehen. Zum anderen erzeugt es eine geistige
Verkrampfung, die verhindert, dass wir uns in die Meditation fallen
lassen können.

Wenn ich mit meinem Mantra meditiere, dann *betrachte* ich es
eher, ich *höre* ihm zu – wie es fließt und pulsiert. Ich *mache* das
Mantra nicht – *es ist da*, in mir, als ein Teil von mir. Solange wir
ein Objekt in dem Mantra sehen, haben wir das wahre Wesen des

Mantras noch nicht entdeckt, ist das Mantra noch nicht zum Leben erwacht. Ein Mantra ist seiner wahren Natur nach kein „Ding" – es ist Bewusstsein, unser Bewusstsein. Oder anders ausgedrückt: Das innere Wesen desjenigen, der das Mantra wiederholt, wird selbst zum Mantra. Die *Shiva Sutras (2. 1)*, eines der großartigsten Werke über Yoga, drücken das kurz und bündig folgendermaßen aus:

cittam mantrah

„Der [menschliche] Geist (citta) ist Mantra."

Das Mantra führt und geleitet uns – es ist wie ein Licht, das immer vor uns den Weg beleuchtet. Oft bemerken wir das gar nicht. Der traditionellen Auffassung im Yoga nach wird das geöffnete, erwachte Mantra selbst zum inneren Guru. Daher sollten wir, wenn wir das Mantra immer wieder aus dem Blickfeld der Aufmerksamkeit verlieren (das geschieht unentwegt in der Meditation) und dann wieder in dieses „Feld" zurückholen, das auf aufmerksame, sanfte Weise tun. Wir richten unsere Aufmerksamkeit in der Meditation auf das Mantra, aber wir halten es nicht fest im Griff. Das Mantra öffnet sich und wird lebendig für uns, wenn wir so damit umgehen – wie es eine bekannte Yoga-Meisterin einmal ausdrückte – *„als ob wir einen Schmetterling in unserer Hand halten würden"*.

Die Silben, aus denen die Mantras bestehen, sind in der Regel Sanskrit-Silben. Diese Silben enthalten ein enormes Potenzial an *Shakti*. Wenn man gelernt hat, ein Mantra mit großer Achtsamkeit und Sensibilität innerlich zu wiederholen, wird man diese Shakti deutlich wahrnehmen und sogar körperlich empfinden können. Zu dieser Achtsamkeit und Sensibilität gelangt man durch eine gewisse Beharrlichkeit in der Praxis. Es ist ähnlich wie im Sport. Wenn ich ein guter Langläufer werden will muss ich das Laufen immer wieder praktizieren – ich muss *lange laufen*. Das gilt für alles, was wir im

Leben tun: Wer etwas – was auch immer – für einen längeren Zeit-raum mit Ausdauer praktiziert, wird darin gut.

Wiederholtes Üben ist auch beim Meditieren mit einem Mantra das Erfolgsrezept. Erst wenn wir ein Mantra immer und immer wieder wiederholen – egal ob wir es wiederholen zusammen mit unserem Atem (Mantra beim Einatmen, Mantra beim Ausatmen...) oder im Geist, sozusagen innerlich sprechend (Mantra .... Mantra .... Mantra .... Mantra ....) – erhalten wir die Fähigkeit, die *Shakti* der Silben wahrzunehmen. Wir schälen hierdurch die gröberen Schichten des Mantras, das Mantra öffnet sich, und wir gelangen in die inneren Bereiche des Mantras. Wenn wir darüber hinaus gelernt haben, dem Mantra zuzuhören, wenn wir gelernt haben, den Fluss unserer Auf-merksamkeit mit der Energie der Silben des Mantras zu verschmel-zen, werden wir in der Meditation sehr tief in unser Bewusstsein hin-ab sinken.

Im Laufe unserer Praxis und unserer Bemühungen mit dem Mantra wird es uns immer tiefer in die Meditation führen. Doch am Anfang unserer Meditationspraxis ist das Mantra natürlich erst einmal nur ein Gedanke, ein Gedanke wie jeder andere auch; und selbstredend werden wir das Mantra immer wieder verlieren – wie jeden Gedan-ken. Genau betrachtet, verlieren wir das Mantra natürlich nicht, son-dern unser Geist schweift ab und verliert sich in irgendwelche Ge-dankenwelten. Dann finden wir uns plötzlich wieder in Gedanken über irgendwelche Ereignisse vom Vortag oder von solchen, die viel-leicht schon Jahre zurückliegen. Wir sind verloren in Gedanken über unsere Ehe, über unsere Kinder, über den nächsten Urlaub, das neue Auto, das Haus, das abbezahlt werden muss, usw., usw., usw.

Aber irgendwann erkennen wir, *dass* wir Gedanken haben. Und das ist einer der entscheidenden Momente in der Meditation! Denn in diesem Augenblick haben wir die Wahl: Entweder wir kauen jetzt weiter auf unseren Gedanken herum – oder wir entscheiden uns dazu, zum Mantra zurückzukehren. In diesem Augenblick besitzen wir höchste Freiheit. Ohne uns zu ärgern, können wir nun sanft zu unserem Mantra zurückkehren. Dieser Moment bzw. Vorgang wird sich zu Beginn der Meditation wiederholen: Wir haben Gedanken – Wir bemerken es – Wir kehren zum Mantra zurück – Wir haben Gedanken – Wir bemerken es – Wir kehren zum Mantra zurück.

Je tiefer wir in die Meditation eintauchen, desto stärker wird das Mantra; und es wird unseren Geist ausrichten – ähnlich wie ein Magnet, der in seiner Nähe befindliche Eisenspäne ausrichtet. Die Kraft des Mantras trägt uns dann. Es ist die Erfahrung vieler Meditierender, dass in den Tiefen der Meditation die Gedanken bereits im Augenblick ihres Entstehens vom Mantra aufgelöst werden. Diese Erfahrung schafft bei Meditierenden großes Vertrauen in das Mantra; denn je tiefer man in die Meditation kommt, desto weniger muss man „tun". Man schwimmt in dem kraftvollen Fluss des Mantras, das sich irgendwann in der Meditation wie von selbst auf sanfte und subtile Weise wiederholt. Dann kann man die Präsenz des Mantras spüren, man kann fühlen, wie einen ganz spontan das Pulsieren der Liebe des Mantras durchdringt. Manche Meditationslehrer sprechen deshalb vom Mantra als von einem wahren „Herz-Öffner".

Der Prozess der Meditation mit einem Mantra ist jedoch weit davon entfernt, kontinuierlich vor sich hin zu plätschern. Die *Shakti* des Mantras kann zu jedem Zeitpunkt so etwas wie einen Phasensprung bewirken. Sie hat ohne Weiteres die Möglichkeit, den Meditierenden, sei er auch noch ungeübt, im nächsten Augenblick in die tiefsten Räume des Bewusstseins vordringen zu lassen. Ich hatte vor vielen Jahren selbst das große Glück, eine solche Erfahrung machen zu können. Dieses Erlebnis ist mir heute noch in guter Erinnerung:

Es war an einem frühen Morgen im Winter. Ich hatte etwa zwei Jahre regelmäßig meditiert und erlebte zunehmend Meditationen, die ich als „tief" einschätzte und über die ich mich natürlich freute. Doch an diesem Morgen sollte ich erfahren, was wirklich tief bedeutet. Kaum hatte ich mich zur Meditation gesetzt und begonnen, das Mantra zu wiederholen, da stand das Mantra wie ein lebendiges Energiefeld vor mir – direkt zwischen meinen Augen – und ich hatte das Gefühl, in die Weiten des Universums geschleudert zu werden. Dieses Universum war jedoch nicht außen, sondern tief in meinem Inneren. Ich hatte das klare körperliche Empfinden, das gesamte Universum auszufüllen. Gleichzeitig drang ich mit meinem Bewusstsein immer weiter in das Universum vor. Ich selbst erfuhr mich als das Universum, körperlich fühlbar. Dabei war die antreibende Energie dieses Vorgangs das bis in die Fingerspitzen fühlbare, lebendige Pulsieren des Mantras. Das Mantra hatte – den üblichen Vorgang meiner Meditation völlig umgehend und eine Abkürzung schaffend – mich gepackt und in eine Erfahrung geschleudert, die nicht nur atemberaubend war, sondern mein Verständnis von mir selbst, von Meditation und Mantra, für immer veränderte. Eine solche Tiefe der Meditation hätte ich nie für möglich gehalten und hätte sie ohne den Segen und die Kraft des Mantras auch nie erreichen können. Als ich nach der Meditation die Augen öffnete, saß ich eine ganze Weile erst einmal wie vom Donner gerührt da.

Nun noch einige Worte zu dem oben erwähnten „Augenblick der Wahl", dem wir in der Meditation – vielleicht zum ersten Mal in unserem Leben – begegnen. Dieser „Augenblick der Wahl" ist noch aus einem weiteren Grunde von großer Bedeutung: Er hat nicht nur etwas mit dem Erfolg in der Meditation zu tun, sondern auch mit dem Erfolg im Alltag und ganz besonders mit unserer Freiheit im Leben. Die Yogis lehren uns, dass wir aufgrund unseres Karmas, unserer karmischen Ketten, die uns binden, im Leben möglicherweise nicht sehr viel Freiheit besitzen. *Eine* Freiheit haben wir in den Situationen, mit denen uns das Leben konfrontiert, jedoch immer, so sagen die Yogis: Wir haben im entscheidenden Moment die Wahl – die Wahl, uns Konsequenzen bewusst zu machen (und entsprechend zu handeln). Zum Beispiel mit inneren Reflexionen, wie den folgenden:

- „Will ich jetzt diesem negativen Gedanken folgen?"
- „Will ich diesem Gefühl, das mich immer herunter zieht, folgen?"
- „Will ich diese Worte, die den anderen womöglich verletzen, jetzt wirklich sagen?"
- „Will ich diese Tat, die mir vermutlich erhebliche Nachteile bringen wird, wirklich ausführen?"

Durch Meditation lernen wir nicht nur, *dass* wir in der Tat die Wahl haben. Wir lernen auch, *wann* sich dieser „Augenblick der Wahl" ereignet. Wir verschlafen nicht mehr die Wegkreuzungen, an denen die Entscheidungen unseres Lebens stattfinden, sondern sind in solchen Momenten hellwach. Meditation ist daher auch ein Training für das Leben. Was wir in der Meditation im Laufe der Zeit lernen, überträgt sich auf unser gesamtes Leben. Wir erkennen nämlich, dass:

- Wir generell die Macht der Wahl haben. Die Macht uns zu entscheiden – für die Dinge, die gut für uns und andere sind.
- Wir die Macht haben, etwas zu beschließen und dabei zu bleiben.
- Wir die Macht haben, uns von unserer (selbst gewählten) Gefangenschaft abzuwenden und stattdessen die Freiheit zu wählen.

Die großen erleuchteten Yogis werden als „Meister" und sogar „Könige"[65] bezeichnet. Nicht weil sie über andere gesiegt hätten, sondern über sich selbst. Meister über andere zu sein, ist keine große Sa-

---

65 Sie werden daher oft mit dem Titel „Maharaj" (wörtl. „großer König") geehrt.

che. Hingegen die Ketten der (selbstgewählten) Gefangenschaft oder Knechtschaft abzulegen und sich für die Freiheit zu entscheiden, ist Ausdruck wahrer Meisterschaft[66]. Sie beginnt damit, dass wir lernen, Augenblick für Augenblick die für uns richtige Wahl zu treffen. Was zu Beginn unseres Weges im Yoga der Meditation vielleicht mühevoll ist – immer wieder zum Ziel der Meditation bzw. zum Meditations-Mantra zurückzukehren – zahlt sich nach einiger Zeit aus. Mit derselben Beharrlichkeit, Willenskraft und Stärke, mit der wir im Laufe der Zeit durch Meditation in die Tiefen unseres Bewusstseins vorzudringen vermögen, werden wir auch die für uns richtigen Ziele im Leben verfolgen können.

---

66 Es gibt einen Vers von Johann Wolfgang Goethe, in dem er dies folgendermaßen zum Ausdruck bringt: „Wer mit dem Leben spielt, kommt nie zurecht. Wer sich nicht selbst befiehlt, bleibt immer Knecht."

Kapitel 3.4

Jnana-Yoga – Der Weg des spirituellen Wissens und der Weisheit

„Ungeachtet großer Durchbrüche, die in den letzten Jahren, vor allem auf den Gebieten der Wissenschaften, die sich mit dem Zusammenhang von Körper und Geist befassen, sowie im Bereich der transpersonalen Psychologie erzielt werden konnten, reduziert die Mehrzahl der Wissenschaftler den Geist noch immer auf physische beziehungsweise chemischen Prozesse im Gehirn. Diese Ansicht widerspricht dem Zeugnis der Erfahrung von Heiligen und Mystikern aller Religionen seit Tausenden von Jahren. ... Die buddhistische *Wissenschaft vom Inneren* gründet, wie es ein amerikanischer Gelehrter ausdrückte, auf *einer genauen und umfassenden Kenntnis der Realität, auf einem bereits überprüften tiefen Verständnis des Selbst und der Umgebung, mit anderen Worten auf der vollständigen Erleuchtung des Buddha.*"

- SOGYAL RINPOCHE -

Bhagavad Gita 4. 38

*„Es gibt nichts auf Erden, das an Reinheit
mit dem (spirituellen) Wissen vergleichbar wäre.
Von selbst findet dies mit der Zeit in seinem Selbst,
wer sich durch Yoga vervollkommnet."*

Die von Krishna in der *Bhagavad Gita* genannten Wege, um zum höchsten Glück vorzudringen, die wir uns bisher betrachtet haben, waren:

- der Weg des Handelns
- der Weg der hingebungsvollen Liebe
- der Weg der Meditation

Kommen wir nun zum vierten Weg – zum *Jnana-Yoga*, dem *Weg des Wissens*, dem *Weg der Erkenntnis*. Zunächst jedoch müssen wir an dieser Stelle klären, von welcher Art Wissen oder Erkenntnis hier überhaupt die Rede ist. Es geht definitiv nicht um irgendwelches theoretisches Wissen, sondern es geht um ein Wissen, das unmittelbar zur inneren Einsicht und höchsten Erfahrung führt. Wahre Yogis und Mystiker sind in erster Linie nicht an der Art von Wissen interessiert, wie wir es an Universitäten und Schulen vermittelt bekommen. Obgleich die Vorgehensweise des Yogas durchaus als wissenschaftlich-experimentell bezeichnet werden kann, sind Yogis dennoch keine Wissenschaftler im herkömmlichen Sinne. Das Wissen, von dem die Yoga-Tradition spricht, ist nicht abgehoben, theoretisch, trocken oder langweilig, sondern durchaus sehr lebendig und vor allem praktisch. Kurzum, das Wissen, um das es im vorliegenden Kapitel geht, ist vor allem eines – *alltagsrelevant*.

Wie sehr sich das Wissen, mit dem wir uns im Folgenden befassen werden – zumindest im Allgemeinen – von dem Wissen der Wissenschaft unserer westlichen Kultur unterscheidet, können wir auch sehr gut an dem Unterschied zwischen dem westlichen Wissenschaftler und dem „Wissenschaftler im Geiste des Yoga", also dem Yogi, erkennen. Wissenschaftler und Yogis haben unter Umständen das gleiche höchste Ziel im Blick. Beide mögen Sucher der Wahrheit sein und sich nicht mit den Begrenzungen des menschlichen Geistes abfinden. Sie haben möglicherweise beide dieses Verlangen, die höchste Realität oder das alles bestimmende Prinzip, also das, was allen Erscheinungen und Veränderungen dieser Welt zugrunde liegt, zu entdecken. Wissenschaftler und Yogi widmen vielleicht ihr ganzes Leben der zentralen Frage nach dem Wesen dieses leitenden und lenkenden Prinzips des Universums. Sie suchen beide nach dem, wie es in Goethes Faust heißt: „Was die Welt im Innersten zusammenhält."

Doch in der Wahl der Mittel, dieses Ziel zu erreichen, unterscheiden sich Wissenschaftler und Yogi bereits erheblich. Die Verfahrensweise des Wissenschaftlers ist intellektueller, die des Yogis hingegen spiritueller Natur. Der Philosoph schreitet auf dem Pfad der rationalen Logik voran, der Yogi wählt den Weg der psychischen Selbstdisziplin und Selbsterkenntnis. Der Wissenschaftler, wie wir ihn kennen, versucht möglicherweise, ein schlüssiges, in sich stimmiges Konzept von der höchsten Wahrheit zu entwerfen, der Yogi hingegen ist ausschließlich an der unmittelbaren Erfahrung der höchsten Realität selbst interessiert. Ein Wissenschaftler hört nicht auf, ein Wissenschaftler zu sein, nur weil sein alltägliches Leben nicht im Einklang mit seinen wissenschaftlichen Lehren und Vorstellungen steht. Ein Yogi dagegen, dessen Lebensweise nicht oder nicht mehr in Übereinstimmung zu seinen Vorstellungen und Lehren von der Wahrheit steht, ist nicht authentisch und wird deshalb der Bezeichnung „Yogi" nicht mehr gerecht. Das Ziel des Wissenschaftlers ist es, die Wahrheit zu verstehen, indem er sie zum Objekt seines Denkens und intellektuellen Erforschens macht. Das Ziel des Yogis hingegen ist es, die Wahrheit zu verwirklichen, indem er sein eigenes Wesen vollkommen transformiert und auf diese Weise zur Wahrheit wird. Ein Wissenschaftler, solange er sich nur auf seinen menschlichen Geist bzw. Verstand verlässt, sei er auch noch so bemüht, die höchste Wahrheit zu erlangen, wird sich mit den Mitteln des logischen Denkens seinem Ziel in, wie es die Mathematiker nennen, *asymptotischer* Weise nähern. Das bedeutet: Er macht das Höchste zu seinem Ziel, zum *Objekt* seines Strebens, dadurch wird er sich ihm mehr und mehr nähern, aber er wird es nie ganz erreichen können. Warum? Weil es kein Objekt ist! Er selbst ist das Ziel. Unsere Wissenschaft befasst sich mit den Phänomenen im Äußeren. Das Interesse des Yogis richtet sich auf das, was sich in ihm selbst befindet.

Allerdings darf selbst das Wissen, das die uralte, großartige Yoga-Tradition für uns bereithält, nicht mit der unmittelbaren Erfahrung des Selbst verwechselt werden. Die Theorien und Hypothesen des yogischen Wissenschaftlers und Philosophen sind für Yoga-Praktizierende nur insofern von Bedeutung, als sie eine Beschreibung und systematische Darstellung der Erfahrung von der höchsten Realität aufzeigen. Sie sind sozusagen die „Landkarte", die dem Suchenden oder Schüler helfen soll, zum höchsten Ziel zu finden. Es ist unter den Yogis eine Binsenweisheit, dass man die Landkarte nicht mit dem Land verwechseln darf. Jeder dieser großen Wissenschaftler des Yoga hat darauf hingewiesen, dass kein theoretisches Wissen dieser Welt und keine noch so erhabene Philosophie die eigene unmittelbare Erfahrung ersetzen kann. Dennoch ist das Wissen, das die heiligen Schriften vermitteln, für uns von unschätzbarem Wert, da es uns zur unmittelbaren Erfahrung *führen kann*. Den Wert spirituellen Wissens hervorhebend, schreibt daher Swami Chidvilasananda:

„Mit dem Wissen dieser Schriften lernst du verstehen, was du empfangen hast.... . Deine Wahrnehmungsweise wird sich völlig verändern. So, wie du die Schriften studierst, kannst du die große Shakti immer genauer erfahren. Du lernst sie auf eine andere Art zu verstehen. Menschen, welche die Schriften wirklich kennen und erfahren, gewinnen ihr Verständnis nicht nur aus Büchern, sondern aus ihrem Herzen. Das Herz ist die größte Bibliothek. Es beherbergt all die wunderbaren Erfahrungen, die du während deiner *Sadhana*[67] gemacht hast. Die Gelehrten, die spirituelle Übungen machen, begnügen sich nicht nur

---

67 Spirituelle Praxis, spiritueller Weg.

damit, die Themen zu untersuchen, sie dringen in der Tat tief in den Inhalt der Lehren ein... . Viele, viele von euch tragen Schätze, Juwelen der Weisheit mit sich. Aber weil du nicht weißt, wie die Schriften diese Dinge erklären und beschreiben, denkst du: *Oh, ich habe bloß diese Kleinigkeit empfangen, ich habe nicht genug bekommen.* Du bist nicht zufrieden. Wenn du erst einmal die Schriften studiert und gesehen hast, was du tatsächlich besitzt, kann das Erwachen zu deinem inneren Mut erfolgreich sein. Du wirst tiefe Zufriedenheit empfinden."[68]

Mir geht es hier gar nicht darum, den unbestrittenen Wert und Verdienst der modernen Wissenschaft zu schmälern. Sie ist Teil unseres Lebens und sie hat durchaus ihre Berechtigung. Außerdem bin ich – als Indologe – selbst an ihr höchst interessiert und bediene mich natürlich ihrer Möglichkeiten. Ich möchte daher nur kurz davon sprechen, was die westliche Wissenschaft uns *nicht* geben kann und worin der Unterschied zum „Wissen des Yoga" bzw. dem „spirituellen Wissen" liegt. Außerdem ist es ja nicht nur die Wissenschaft, die diese ganzheitliche oder „ganze" Form des Wissens nicht hat. Wir alle besitzen immer nur bruchstückhaftes Wissen, Teil-Wissen. Dieses bruchstückhafte Wissen oder Teil-Wissen hängt mit unserer bruchstückhaften bzw. unvollkommenen Form der Wahrnehmung zusammen, und diese wiederum hat damit zu tun, dass wir uns mit etwas Bruchstückhaftem identifizieren – mit dem individuellen Selbst, mit der jeweiligen Person.

Uns ist auch gar nichts anderes möglich, als erst einmal bruchstückhaftes Wissen zu erlangen, denn bereits unsere Sinne, mit denen wir die Information, die von der Außenwelt kommt, wahrnehmen, sie sozusagen in uns hinein lassen, können uns jeweils nur einen Ausschnitt der Welt zeigen. Unsere Sinne sind *per se* selektiv. Unsere Ohren hören von den Schallwellen, die uns umgeben, nur einen

---

68 Gurumayi Chidvilasananda, Mut und Zufriedenheit. Telgte 2004, S. 65-66.

bestimmten, sehr begrenzten Teil. Andere Lebewesen, wie Meeressäuger, vernehmen beispielsweise noch die hohen Ultraschallwellen. Unsere Augen sind nur aufnahmefähig für einen kleinen Teil des gesamten Lichtspektrums – Insekten erkennen z.B. auch ultraviolettes Licht. Wie wir wahrnehmen, so verstehen wir auch die Welt – bruchstückhaft. Bruchstückhaftes Wissen ist nach Auffassung des Yoga in Wirklichkeit Unwissenheit. Daher heißt es in einem der *Shiva Sutras (3.2)*: *Jnanam Bandha* – „Wissen ist Bindung". Mit dieser begrenzten Wahrnehmung, mit diesem bruchstückhaften Wissen können wir das Göttliche, das höchste Selbst in uns, nicht erkennen – weil das Göttliche oder das höchste Selbst nicht teilbar ist oder in Teilen wahrgenommen werden kann. Das Selbst, das unsere wahre Identität ist, ist die Einheit von allem.

Auf dem Weg des „Yoga des Wissens" erlangen wir dieses ganzheitliche oder „ganze" Wissen, ein Wissen, das die Vorstufe zur unmittelbaren Erfahrung ist, ein Wissen, das im wörtlichen Sinne *Erfahrung freisetzt*, die Erfahrung des Selbst. Diese Art Wissen hat das Potenzial, unser Leben zu verändern, auch in ganz praktischer Hinsicht. Die großen Lehrer und Meister des Yoga sagen, dass dieses lebendige Wissen der Zahl „1" gleicht, die, wenn sie vor eine lange Reihe von Nullen gestellt wird, allen diesen Nullen mit einem Schlag einen Wert gibt – einen sehr hohen Wert. Sie sagen, dass nichts Schlechtes daran sei, weltliche Ziele zu verfolgen oder weltliches Wissen zu erlangen. Nur ergäbe all das, was wir uns in dieser Welt aneignen und lernen würden, nur für sich genommen, keinen Wert – es entspräche den erwähnten Nullen. Erst dann, wenn die „1" – die gleichbedeutend ist mit der Erkenntnis vom Selbst – in unser Leben tritt, gibt diese „1" den Nullen unseres gesamten Lebens (bzw. all unserer Leben) urplötzlich höchsten Sinn und Wert.

In diesem Kapitel sollen einige ausgesuchte, wichtige Aspekte des Wissens und der Weisheit des Yoga dargelegt werden. Beginnen wir mit dem bereits erwähnten „Höchsten Wissen", das auch das große Thema des 13. Kapitels der *Bhagavad Gita* ist, wo Krishna seinen Schüler Arjuna daran erinnert, dass das menschliche Leben mehr umfasst als die Dimension des Individuums. Er lehrt ihn, dass es im Leben um mehr geht, als sich an der vergänglichen Lebensform als Individuum festzuhalten.

Krishna sagt daher:

„Dieser Körper, oh Arjuna, ist, so sagt man, das Feld.
Wer es kennt, wird von denen, die weise in solchen Dingen sind,
der Kenner des Feldes genannt."

Der Inhalt dieses Verses mag auf den ersten Blick sonderbar klingen. Doch ist es durchaus wert, ihn einmal näher zu betrachten. Der Begriff „Feld" (Sanskrit: *kshetra*) wird in der *Bhagavad Gita* von Krishna häufiger verwendet und ist von tiefer Bedeutung. Das „Feld" ist das begrenzte Selbst, das wir mit unserem Körper identifizieren. Der „Kenner des Feldes" (Sanskrit: *kshetrajna*) – auch ein sehr wichtiger Begriff in der *Bhagavad Gita* – ist das ewige, unbegrenzte, immerwährend glückselige, höchste Selbst. Krishna lehrt Arjuna, dass die höchste Weisheit u.a. darin besteht, diese beiden zu unterscheiden. Diese Unterscheidung, in der Terminologie des Yoga *Viveka* genannt, ist auch nach Auffassung anderer Meister und Philosophen des Yoga von elementarer Bedeutsamkeit. Unterscheidungsfähigkeit ist immer und überall im alltäglichen Leben notwendig. Wer nicht in der Lage ist, das für ihn oder sie Wichtige vom Unwichtigen zu unterscheiden, bewegt sich in seinem Leben wie ein führerloses Boot auf einem schnell fließenden Fluss. Insofern ist *Viveka* nicht nur etwas für den spirituellen Weg, sondern eine universale Fähigkeit. Doch im Yoga, in der Spiritualität, benötigen wir die Fähigkeit zur Unterscheidung in ganz besonderem Maße; denn diese Unterscheidung im wahrsten Sinne des Wortes zu *be-greifen*, also nicht nur intellektuell zu verstehen, sondern unmittelbar zu fühlen, zu erfahren, führt uns zur Einheit mit dem Höchsten und zur beständigen Erfahrung von Glück und Zufriedenheit.

Wie gelangen wir zu diesem Wissen, zu diesem hohen Verständnis? Dies ist eine Frage, die mit unserer Identifikation zu tun hat. Womit identifiziere ich mich? Meistens identifizieren wir uns mit unserem Körper bzw. mit unserer Persönlichkeit. Wir gehen davon aus: „Ganz klar, das bin ich!" Wir identifizieren uns infolgedessen auch mit all dem, was mit diesem Körper passiert bzw. was sich darauf bezieht, also unsere Lebensgeschichte mit all den zahlreichen Ereignissen, die damit verbunden sind. Wir identifizieren uns auch mit dem, was in diesem Körper geschieht, also mit den ungezählten Gedanken und Gefühlen. In uns steigen unablässig Gedanken auf, denen wir ausgeliefert sind. Häufig sind es sorgenvolle Gedanken. Unser Geist „bastelt" mit Vorliebe irgendwelche Probleme – ein wahres Netz von Problemen, in dem wir uns dann hoffnungslos verheddern. Wir verbringen z.B. einen großen Teil unseres Lebens damit, uns zu überlegen, wie wir etwas bekommen. Haben wir es dann, sind wir aber auf Dauer nicht zufrieden damit; denn schon haben wir uns daran gewöhnt und sinnen nach Neuem oder befürchten, das Gewonnene zu verlieren. Hierzu passt folgender bekannter Satz von Oscar Wilde:

„Es gibt zwei Probleme im Leben eines Menschen:
Das erste entsteht, wenn er nicht bekommt, was er sich wünscht.
Das zweite entsteht, wenn er bekommt, was er sich wünscht."

Aber das *eigentliche* „Problem" in unserem Leben ist, wie gesagt, unsere begrenzte oder falsche Auffassung von uns selbst. Eigentlich ist es gar kein „Problem", denn nach Auffassung der Yogis ist genau das Teil der göttlichen Dramaturgie. Auch und gerade unser falsche Identifikation gehört zum kosmischen Spiel des höchsten Bewusstseins. Wir wissen nicht, wer wir in Wirklichkeit sind – und leiden.

Deshalb sind wir paradoxerweise unablässig auf der Suche nach einem Schatz, auf dem wir seit unendlichen Zeiten sitzen.

Zu unserem wahren Wesen, und damit zu unserem Glück, gelangen wir durch Entscheidungen. Wir müssen uns dazu entscheiden, das Wissen, die Erkenntnis über unsere wahre Natur zu finden. Das geschieht allerdings bei sehr wenigen Menschen. Der Impuls, der uns zum Aufwachen bringt, ist im Prinzip immer da, doch übergehen wir ihn. Wenn die Zeit reif ist, vernehmen wir ganz plötzlich diesen inneren Impuls, diesen Weckruf. Oder, anders ausgedrückt, wir entscheiden uns, ihn zuzulassen und ihm nachzugehen: „Ich will wissen, wer ich bin!" Der große Meister der *Nath-Yogis*, Jnaneshvar (wörtlich „Herr des Wissens"), sagte über diesen Impuls der Entschlossenheit, dass dieser in sich bereits die höchste Befreiung birgt. Der von uns gewebte Traum unserer Gefangenschaft verschwindet allein durch die Entscheidung, endlich aufzuwachen.

Es muss unsere Entscheidung, unser fester Entschluss sein, das Selbst im Inneren zu erlangen. Hierzu braucht es keine bestimmten äußeren Umstände, wir können uns jederzeit dazu entscheiden, das Selbst – den „Kenner des Feldes", wie ihn Krishna nennt – zu erkennen. Haben wir diesen Entschluss gefasst und uns auf den Weg gemacht, ist es zur Erlangung des Zieles sehr förderlich, wenn wir bestimmte Qualitäten oder Fähigkeiten kultivieren. In vielen der alten und grundlegenden Werke über Yoga wird in diesem Zusammenhang als Erstes das bereits genannte *Unterscheidungsvermögen* (*Viveka*) genannt. So heißt es in *Bhagavad Gita 13. 35*:

„Diejenigen, die mit dem Auge des Wissens den Unterschied zwischen dem Feld und dem Kenner des Feldes kennen sowie um die Befreiung der Geschöpfe von der materiellen Natur wissen, gelangen zum Höchsten."

Die Frage, die sich nun stellt, ist natürlich: „Wie gelangen wir zu diesem ‚Auge des Wissens', das uns unterscheiden und den ‚Kenner des Feldes' erkennen bzw. den Wissenden wissen lässt?" Einer, der uns in dieser Frage weiterhelfen kann und der sich ganz besonders mit dem Thema „Unterscheidungsfähigkeit" (*Viveka*) befasst hat, ist der große indischen Meister und Philosoph S h a n k a r a (oder Shankaracharya). In seinem unvergleichlichen und weit über die Grenzen Indiens hinaus berühmten Werk „Das Kleinod der Unterscheidung" („*Viveka-Chudamani*") bringt er uns auf subtile Weise nahe, was bisher in unserem Leben geschehen ist, da wir Unterscheidunsfähigkeit nicht kultiviert haben, und warum wir Unterscheidungsfähigkeit benötigen, um zum alles erkennenden inneren Selbst, dem *Atman*, zu gelangen. Hier einige Auszüge aus diesem Werk:

Es gibt eine aus sich selbst bestehende Wirklichkeit, die Grundlage unseres Ich-Bewusstseins ist. Diese Wirklichkeit ist Zuschauer der drei Zustände unseres Bewusstseins und ist von den fünf körperlichen Hüllen verschieden.

Diese Wirklichkeit ist der Wissende in allen Bewusstseinszuständen, dem Zustand des Wachens, des Träumens und des traumlosen Schlafes. Sie ist der Gegenwart oder Abwesenheit des Geistes sowie seiner Funktionen gewahr. Sie ist der Atman.

Diese Wirklichkeit erschaut alles in ihrem eigenen Licht. Sie selbst kann niemand sehen. Sie gibt dem Denken und dem Verstand Einsicht, aber niemand erleuchtet sie.

Diese Wirklichkeit durchdringt das Weltall, aber nichts durchdringt sie. Sie allein leuchtet. Das Weltall erstrahlt im Widerschein ihres Lichtes.

Dies ist der Atman, das Höchste Wesen, der Uralte. Niemals endet seine Erfahrung unendlicher Freude. Immer ist er der Gleiche. Er ist Bewusstsein selbst. Unter seinem Befehl arbeiten die Organe und Lebensenergien.

Der Atman ist ohne Geburt und Tod. Er wächst nicht und er vergeht nicht. Er ist unwandelbar, ewig. Er vergeht nicht, wenn sich der Körper auflöst. Vergeht die Luft, wenn der Krug zerbrochen ist, der sie enthielt?

Ein Mensch, dessen Herz rein ist, erfährt den Atman. Damit zerstört er die Schlingpflanzen, die ihn an die Welt fesseln, mit Stumpf und Stiel.

Der Weise, der Befreiung von den Fesseln sucht, muss zwischen Atman und Nicht-Atman unterscheiden. Auf diese Weise kann er den Atman erfahren als Unendliches Sein, Unendliche Weisheit und Unendliche Liebe. So findet er Seligkeit.

Der Kluge denkt: „Ich bin eine mit dem Körper verbundene individuelle Seele." Nur der Weise hat die Größe der Erkenntnis und die Unterscheidung, die den Atman als Wirklichkeit erkennt im Gedanken: „Ich bin Brahman."

Über eines sollten wir uns im Klaren sein: Dieses außergewöhnliche Wissen ist nicht etwas, das einfach so zu unserem bisher erworbenen Wissen hinzukäme, denn es ist von seinem Potenzial her dazu in der Lage, uns vollkommen zu verwandeln. Deshalb verglichen zu früheren Zeiten die Mystiker vieler spiritueller Traditionen dieses Wissen mit dem „Stein der Weisen", der aus einem gewöhnlichen, unedlen Metall wie Eisen oder Blei höchst edles Gold macht. (Die wahre Alchemie hatte ursprünglich mit der Naturwissenschaft, wie wir sie heute verstehen, wenig zu tun. Es ging nicht um materielle

Dinge, sondern um die Verwandlung oder Veredlung des Menschen, seines Wesens, seines Geistes.)

Dieses Wissen vom Wissenden in uns setzt einen Verwandlungsprozess in Gang. Im Verlauf dieses Prozesses erlangen wir eine andere Sichtweise vom Leben – und natürlich von uns selbst. Diese veränderte, gereinigte und in Folge dessen erweiterte Sichtweise versetzt uns in die Lage, den Wissenden nicht nur in uns selbst, sondern in allen Kreaturen und Dingen zu erblicken. In den alten Yoga-Schriften wird die individuelle Seele mit Wasser in einem Gefäß verglichen. Dieses Wasser scheint eine fest umrissene und von anderem Wasser getrennte Form zu haben. Wenn man es jedoch in den Fluss zurückgießt, enthält es alles, was der Fluss in sich birgt – Pflanzen, Tiere usw. Das Wasser wird wieder zum Fluss. Einen ganz ähnlichen bildhaften Vergleich finden wir im *Viveka Darpana* („Die unterscheidende Betrachtung")[69], einem Yoga-Werk aus dem 13. Jahrhundert. Da heißt es:

> *„Der Töpfer stellt verschiedenartige Töpfe her,*
> *aber der Raum [in den Töpfen] ist bereits vorhanden,*
> *er stellt ihn nicht her."*

Wie bei dem vorherigen Bild, so soll auch hier ausgedrückt werden, dass der Eindruck, es handele sich bei dem Inhalt eines Topfes um eine vom äußeren Raum getrennte Einheit, eine Illusion ist. Es ist nur eine Vorstellung in unserem Denken. In Wirklichkeit gibt es nur einen alles durchdringenden Raum – ebenso wie es nur ein allumfassendes Bewusstsein bzw. ein alles wahrnehmendes Selbst gibt. Zu dieser Erkenntnis oder gar unmittelbaren Erfahrung gelangen wir

---

69 Das *Viveka Darpana* ist ein yogisch-tantrisches Werk und war die Textgrundlage meiner Doktorarbeit. Diese wurde von der Universitätsbibliothek Heidelberg elektronisch veröffentlicht und ist unter folgendem Link nachzulesen: www.ub.uni-heidelberg.de/archiv/2113

durch das Wissen um den Wissenden. Daher sagt uns Jnaneshvar in *Jnaneshvari 13. 1070*:

> *„Jene Menschen, die die Vielfalt aller Geschöpfe wahrnehmen,*
> *doch im Geist das Gefühl der Einheit bewahren,*
> *erfahren höchste Glückseligkeit,*
> *noch während sie in diesem Körper sind."*

Wir sprachen in Kapitel 3.2 bereits davon, wie es wäre, wenn wir das Höchste sowohl in uns als auch in allen anderen erblickten. In dem Moment, indem wir beginnen, in uns selbst und in den anderen Geschöpfen den „Kenner des Feldes" oder den „Wissenden" wahrzunehmen, beginnt sich unser Leben zu transformieren. Spontan werden dann Freiheit, Glück, Gleichmut, Großzügigkeit und Mitgefühl in uns entstehen.

Wenn wir das Wissen vom Wissenden, der sich in jedem gleichermaßen befindet, unmittelbar erfahren, dann ist das ungefähr so, als würden wir ein Theaterstück sehen und dabei gleichzeitig eine Rolle spielen, und während wir die Rolle spielten, schlüpften wir in die Rollen all der anderen Akteure des Stückes. Wie es in einem Song der Beatles heißt: *„Try to see it my way…"*. Wie viel friedlicher und freudvoller wäre das Leben, wenn wir das könnten, *die Welt mit den Augen des Anderen sehen*. Den Wissenden in sich selbst und gleichzeitig in den anderen wahrzunehmen, verändert automatisch das eigene Verständnis. Es ermöglicht auch, jeweils zu wissen, was in den Situationen, die man alltäglich erlebt, am Besten zu tun oder zu sagen wäre.

Die *Aitareya Upanishad* (ca. 8. Jh. v. Chr.), die den Körper als „Wohnort" des Selbst bezeichnet, spricht davon, dass der Schöpfer des Universums in den menschlichen Körper und Geist eingegangen ist, von wo aus er seine Schöpfung betrachtet. In der *Upanishad* wird er bezeichnet als *Idandra* (von Skt. *idam-dra*), was so viel bedeutet wie: „Beobachter von diesem (Universum, Schöpfung etc.)." Demnach ist die Seele, das innere Selbst, der „göttliche Zeuge", der nicht nur auf die äußere Welt, sondern auch auf die Erfahrungen und Erlebnisse des Geistes und des Körpers schaut. Swami Muktananda schrieb über diesen Zeugen:

„Der, der im Körper lebt, aber vom Körper verschieden ist, als der ihn Erkennende, ist unser wahres Selbst. Dieses Selbst ist jenseits des Körpers, jenseits des Geistes, jenseits der Unterscheidung von Name, Farbe und Geschlecht. Es ist das reine „Ich", das ursprüngliche „Ich"-Bewusstsein, das bei uns gewesen ist, seit wir in diese Welt gekommen sind. Wir haben verschiedene Vorstellungen auf diese „Ich"-Bewusstheit übertragen. Vorstellungen wie: „Ich bin schwarz", „Ich bin weiß", „Ich bin ein Mann", „Ich bin eine Frau", „Ich bin ein Amerikaner", „Ich bin ein Inder". Wenn wir diese Projektionen wegwischen, ist dieses „Ich" nichts als reines Bewusstsein, und es hat die Form von Glückseligkeit."[70]

Dieser in uns befindliche „Erkennende" oder „innere Zeuge" ist eines der zentralen Themen in den wesentlichen Yoga-Werken. Bei der Frage nach dem wahren inneren Wesen des Menschen verweisen die Meister und Philosophen aller Yoga-Traditionen immer wieder auf diesen allen Menschen innewohnenden Beobachter all dessen, was dem Menschen im Verlauf seines Lebens widerfährt. Aus Shankaras *Viveka Chudamani* (Vers 133) stammt die Definition des ewigen Zeugen, auf die sich viele Yoga-Meister berufen. Dort heißt es: *jnata mano' hamkritivikriyanam* – „Das Selbst ist der Beobachter aller Veränderungen des Geistes." Ähnliches finden wir in der *Kena Upanishad* (1. 6), wo es heißt: „Das, was vom Geist nicht gedacht wird, sondern was den Geist denken lässt – erkenne dies als das Absolute."

---

70 Swami Muktananda, Meditate. Albany 1991, S. 15.

Auch in *Bhagavad Gita* (13. 12-14, 17) macht Krishna deutlich, dass dieser innere Zeuge niemand anders ist als das höchste, absolute Bewusstsein:

„Ich will dir beschreiben, was das Wissen ist, welches wissend man das ewige Leben erwirbt. Es ist das höchste Brahman (Absolutes), welches anfangslos ist und weder als seiend noch als nichtseiend bezeichnet wird."

„Alles umhüllend, wohnt es in der Welt, mit Händen und Füßen überall, mit Augen, Köpfen und Gesichtern allerorts, mit Ohren allerorts."

„Es scheint die Eigenschaften der menschlichen Sinne zu haben und ist doch ohne irgendeinen Sinn. Es hängt an nichts und trägt doch alles, ist frei von den Erscheinungsformen der Urmaterie und genießt sie dennoch."

„Es ist das Licht aller Lichter. Es wird jenseits der Finsternis weilend genannt. Das Wissen, das Objekt des Wissens und das Ziel des Wissens: Es ruht in den Herzen aller."

Wir erfahren das Zeugen-Bewusstsein bzw. den Zustand des inneren Zeugen ganz unmittelbar, wenn unser Geist/Verstand völlig frei von Gedanken ist. Manche Menschen, die längere Zeit Meditation praktizieren, „wachen" nachts auf und erleben sich in einem Zustand völliger innerer Leere – keine Empfindung, kein Gedanke. Sie sind wach im Zustand des Tiefschlafes und erfahren sich so im Zustand des ewigen Zeugen. Dieser Zustand wird in den alten Yoga-Texten als *Turiya*-Zustand bezeichnet. *Turiya* ist Sanskrit und bedeutet wörtlich „der vierte", gemeint ist der *vierte Zustand* des menschlichen Bewusstseins. Nach den Lehren des Yoga gibt es folgende vier Bewusstseinszustände:

1. *Wachzustand (Jagrat)*
2. *Traumzustand (Sushupti)*
3. *Tiefschlaf (Nidra)*
4. *Transzendenz (Turiya)*

Von diesen vier Zuständen sind insbesondere die letzten beiden für uns von großem Interesse. Der Tiefschlaf ist ein Zustand, den wir alle kennen. Nacht für Nacht tauchen wir tief in diesen Zustand ein und erwachen aus ihm erfrischt und mit neuer Energie aufgetankt. Warum ist das so? Die Yogis, die Wissenschaftler des Yoga, sagen uns, dass wir in diesem Zustand dem Licht des Selbst sehr, sehr nahe kommen und deshalb glücklich aus diesem Zustand wieder auftauchen. Wir können uns nicht erinnern, was dort passiert ist, weil wir uns in dieser Phase des Schlafes nicht im grobstofflichen und auch nicht im feinstofflichen Körper befinden (diese beiden „bewohnen" wir im Wach- bzw.- Traumzustand), sondern im sogenannten Kausal-Körper (Skt. *karana-sharira*). In diesem Körper existiert nach Aussage der Yogis nichts als absolute Dunkelheit. In tiefster Meditation kann man diese Dunkelheit oder Schwärze erfahren.

Aber Dunkelheit ist hier nicht nur optisch, sondern auch psychologisch bzw. geistig gemeint. Der *Karana-Sharira* ist der Bereich der großen *Maya*, der kosmischen Macht der Verhüllung in uns. *Maya* ist die kosmische Energie, die unsere wahre Natur – das Licht des höchsten Bewusstseins – vor uns verhüllt. *Maya* macht das Spiel des höchsten Bewusstseins, das sich in uns als Einzelseele erfährt, erst möglich. *Maya* bewirkt, dass wir uns als vom „Rest" des Universums getrennte Individuen erfahren. Da diese Energie unsere Identität als menschliches Individuum verursacht, wird die Ebene oder Hülle unseres Seins, in der wir das erfahren, *Kausal-* oder *Ursachen-Körper* genannt. Diese Bezeichnung hängt aber auch noch mit etwas anderem zusammen. Der *Karana-Sharira* ist derjenige subtile Körper in uns, in dem alle Lebenseindrücke, Wünsche, Neigungen etc. – also alles, was unsere Persönlichkeit ausmacht – wie in einem riesigen Lager gespeichert sind. Nach yogischem Verständnis ist dies die Hülle, die wir beim physischen Tod, wenn wir die Hülle des grobstofflichen Körpers verlassen, in die jenseitigen Welten mitnehmen und auch von dort wieder mitführen, wenn wir zur nächsten Runde zurück auf diese Welt gehen. Der *Karana-Sharira* ist der „Ort", wo alle karmischen Eindrücke aus vorherigen Leben eingelagert sind. Deshalb bildet er auch die Persönlichkeits-Matrix für das nächste Leben. Mit dem *Karana-Sharira*, der unseren inneren Wesenskern umgibt, nehmen wir folglich unser *Karma*, das größtenteils auch unser momentanes Leben bestimmt, von Leben zu Leben mit.

Doch ist der Kausal-Körper oder *Karana-Sharira* noch nicht die höchste Ebene, der höchste Körper oder der höchste Zustand des menschlichen Bewusstseins; denn es gibt noch einen vierten, den *Turiya-Zustand* (wörtl. „der alle Grenzen übersteigende Zustand"). Wenn es gelingt, die Domäne des Tiefschlafes – was gleichbedeutend ist mit der feinstofflichen Hülle des Kausalkörpers – zu durchdringen, dann gelangt man nach Aussage der erleuchteten Yogis schließlich zum *Turiya*, dem letzten und allerhöchsten Zustand des Bewusstseins. Das ist der Bewusstseinszustand jenseits aller Zustände unseres Geistes/Verstandes (Wachbewusstsein, Traum, Tiefschlaf). Dieser Zustand ist jenseits des Geistes, doch gleichzeitig durchdringt er alle diese Zustände des Geistes. Wenn wir dorthin gelangen, nach langer Reise, erinnern wir uns wieder an unsere wahre Natur; dann wissen und erfahren wir, wer wir sind und immer waren – unendliches Sein, Bewusstsein und Glückseligkeit (*sat-chit-ananda*, wie die alten Yoga-Texte es nennen). Ein Sein, das durch nichts begrenzt, ewig unverändert, nie gestorben und nie geboren ist.

Auch dieser unbegrenzte Zustand wird in uns repräsentiert durch so etwas wie einen Körper – den sogenannten *Maha-Karana-Sharira* – der, so wörtlich, „Körper der großen Ursache" oder auch „Suprakausal-Körper". Yogis beschreiben ihn als ein winziges *blaues Licht* von der Größe eines Sesamkornes und der Gestalt einer *blauen Perle*. Jnaneshvar, der Philosoph und Meister-Yogi, hat diese höchste aller yogischen Erfahrungen ausführlich in seinen Werken beschrieben:

> *„Der grobstoffliche, der feinstoffliche und der Ursachen-Körper*
> *sind Unwissenheit, sie sind Maya.*
> *Gehe ein in den Ort des Mahakarana!"*

„Der Herr des Universums ... hat seinen Wohnort in einem Haus, das so klein ist wie ein Sesamkorn. So wie ein riesiger, ausladender Baum aus einem winzigen Samenkorn wächst, so hat auch der Erhalter des Universums, der sich in unendlich vielen Formen, Gestalten und Größen manifestiert, ein winziges Samenkorn als Wohnstatt ...

Der *Bindu*, der so klein ist wie ein Sesamkorn, ist das Haus des höchsten Selbst. Gott ist darinnen – Gott, der die vollkommene Form des Selbst ist. Wenn du die Vision des *Bindu* hast, dann solltest du verstehen, das sich darin dein Selbst befindet."

Ein weiteres Beispiel für die Erwähnung dieses höchsten und letzten spirituellen Phänomens finden wir auch bei Kabir:

> *„Blitze zucken auf, ohne irgendwelche Wolken.*
> *Es gibt keine Sonne, aber da ist ein strahlendes Licht.*
> *Die Perle an diesem Ort erscheint ohne eine Muschel.*
> *Es gibt keinen Klang, und doch ertönt das Wort.*
> *Alles Licht wird beschämt durch den strahlenden Glanz des Herrn.*
> *Der Unzerstörbare, Unergründliche ist jenseits.*
> *Kabir sagt: Dies ist mein Zuhause,*
> *das nur die Schüler des Gurus erkennen können."*

Swami Muktananda bezeichnet die *blaue Perle* als die höchste, letzte und wichtigste Yoga-Erfahrung, da sie sozusagen das Tor zur höchsten Erleuchtung darstellt. Es heißt dazu in seiner Autobiographie:

„Jetzt ging ich in den Zustand des inneren *Samadhi* ein, und so verstrich die Zeit. Als dann das Beobachter-Bewusstsein langsam zurückkehrte, erschien das Blaue Licht, das Shankaracarya als *sat cinmaya nilima* – ‚das ewige Blau des Bewusstseins' beschreibt. Meine Meditation richtete sich vollkommen darauf. Ich begann zu erfahren, dass ich in das Zentrum des *Sahasrara* und in die Blaue Perle eintrat, die Grundlage von allem. Als ich in die Blaue Perle einging, sah ich wiederum das All, das sich in allen Richtungen ausbreitete. Ich sah mich überall um und sah in allen Männern und Frauen – jung und alt, bedeutend und gering, in allen und jedem – diese gleiche Blaue Perle, die ich in mir gesehen hatte. Ich sah, dass dies das innere Selbst im *Sahasrara* von jedem ist. Mit dieser umfassenden Erkenntnis endete meine Meditation, und ich kehrte zum normalen Körperbewusstsein zurück. Ich sah die Blaue Perle immer noch vor meinem inneren Auge... . Wo mein Geist sich auch hinwendet, ich sehe die Welt inmitten dieser leuchtenden Masse von Licht. Diese Art der Wahrnehmung findet sich in den die Wahrheit beschreibenden Versen Tukarams, wie zuvor zitiert:
‚Meine Augen wurden mit dem Balsam des Blauen Lichtes gesalbt, und mir ist göttliche Sicht gewährt worden.'"[71]

Der bekannte Schriftsteller Paulo Coelho erwähnt in seinem „Auf dem Jakobsweg" ein erstaunlich ähnliches, wenn nicht gar identisches inneres Phänomen. Er nennt es das „Blaue Licht" und bietet eine spirituelle Übung an, um dieses höchste innere Licht zu erfahren:

„Setze dich bequem bin und entspanne dich. Lass dein Herz sich

---

71 Swami Muktananda, Spiel des Bewusstseins, Freiburg 1986, S.225 f.

frei fühlen, voll freundschaftlicher Gefühle, über alle kleinlichen Probleme erhaben, die dich vielleicht gerade beschäftigen... . Stelle dir vor, wie dein Herz wächst und dein Zimmer und dann deine Wohnung oder dein Haus mit einem starken, strahlenden blauen Licht erfüllt. Wenn du an diesem Punkt angelangt bist, beginne die Gegenwart der Heiligen zu fühlen, denen du als Kind deinen Glauben schenktest. Merke, wie sie bei dir sind, von überallher kommen, lächeln und dir Glauben an dein Leben, Vertrauen in dein Leben geben... .

Wenn dieses Gefühl stark geworden ist, fühle, wie das blaue Licht in dich hinein- und aus dir herausströmt wie ein leuchtender Fluss. Dieses blaue Licht beginnt nun, sich in deiner Wohnung oder deinem Haus, dann in deinem Stadtteil, deiner Stadt, deinem Land zu verbreiten und umgibt am Ende die ganze Welt wie eine riesige blaue Kugel. Es ist die Manifestation der Höchsten Liebe, die jenseits unserer Alltagskämpfe liegt, dich jedoch stärkt, dir Kraft, Energie und Frieden gibt. Halte dieses über die Welt gebreitete Licht so lange wie möglich aufrecht."[72]

In diesem winzigen Punkt in unserem Inneren befindet sich also das Absolute Bewusstsein und gleichzeitig die gesamte Schöpfung. Das ist unser wahres „Ich". Normalerweise gelangen wir über die „Leiter" der zuvor beschriebenen Bewusstseins-Zustände zu diesem höchsten Zustand. Doch ist das höchste, schöpferische Bewusstsein vollkommen frei und deshalb auch in der Lage, sich jederzeit – gleichgültig in welcher der drei Zustände des Geistes wir uns gerade befinden – zu offenbaren.

Zur Entwicklung des wahren Ich-Bewusstseins, des „Zeugen-Bewusstseins", können bestimmte kontemplative Fragen bzw. re-

---

72 P. Coelho, Auf dem Jakobsweg – Tagebuch einer Pilgerreise nach Santiago de Compostela. Zürich 1999, S. 133-134.

flektierende Frage-Übungen sehr hilfreich sein. Auf der Grundlage bestimmter Fragen reflektiert der Praktizierende über das, was sich gerade in seinem Leben ereignet. Man kann diese Frage-Übungen also zu jeder Zeit durchführen, ob man gerade Auto fährt, sich mit seinen Kindern beschäftigt, den Wochenendeinkauf erledigt, im Büro sitzt und arbeitet, die Wäsche bügelt, beim Zahnarzt sitzt, sich im Streitgespräch mit seinem Chef befindet, gerade zu Bett geht oder was auch immer macht. Es ist also im Prinzip sehr einfach. Man benötigt zu dieser Übung nur e i n e s : Man muss wachsam sein, völlig präsent! Der Erfolg auch dieser Übung kommt in den meisten Fällen erst durch kontinuierliche Wiederholung. Der nachfolgende Fragen-Katalog hat Modellcharakter, kann also individuell und situationsbezogen modifiziert werden. Außerdem müssen (und können) nicht immer alle Fragen gleichzeitig bearbeitet werden, einige wenige genügen jeweils:

- Wer sieht in Wirklichkeit, was ich in diesem Augenblick sehe?

- Wer hört die Worte und Geräusche, die ich gerade höre?

- Wer betrachtet all die Gedanken, die in diesem Augenblick in meinem Geist auftauchen und wieder verschwinden?

- Wer hat all die Träume heute Nacht erlebt und genossen, als ich tief und fest geschlafen habe?

- Wer erlebt die Müdigkeit, derer ich mir gerade bewusst werde?

- Wer ist dieses Auge der Stille inmitten des tobenden Tornados meines Lebens?

- Wer ist das wahre Ich hinter diesem Ich, das sich mit dieser Person identifiziert?

- Wer ist der, der in mir erfüllt und ewig zufrieden zu sein scheint, egal wie ich mich fühle?

- Wer ist derjenige in mir, der mir diese unstillbare Sehnsucht vermittelt, egal was ich in meinem Leben durchmache.

- Wer ist derjenige in mir, der immer der Gleiche geblieben ist, durch meine Kindheit, meine Jugend und mein Leben als erwachsener Mensch?

Da dies eine Übung oder Kontemplation auf den *inneren Zeugen* ist, die zu jeder Gelegenheit während unserer täglichen Aktivitäten ausgeführt werden kann, soll hier noch eine ausgedehnte Übung auf den *inneren Zeugen* vorgestellt werden, die in den Bereich der „stillen Meditation" gehört:

Setze Dich bequem hin, auf den Boden oder auf einen Stuhl. Schließe die Augen. Entspanne Dich. Du hörst nun vermutlich irgendwelche Geräusche. Sie sind einfach da, sie stören Dich nicht. Nimm sie einfach wahr. Werde Dir nun Deines Körpers oder, besser noch, des Gefühles Deines Körpers bewusst. Du spürst Deinen Körper, Du spürst Dein Gesäß, mit dem Du den Boden berührst, Deinen Rücken, den Du versuchst, gerade zu halten. Du spürst Deine Beine, die irgendwo den Boden berühren. Du spürst nach und nach Deinen gesamten Körper, Deinen Kopf, den Hals und Nacken, den Brustkorb, die Arme bis zu den Händen und Fingerspitzen, den Bauch, den Unterleib, die Beine und Füße bis hinunter zu den Zehenspitzen. Du spürst Deine Haut, die von Deiner Kleidung berührt wird. Spüre es – wie sich in diesem Augenblick Dein Körper anfühlt. Richte den Fluss deiner Aufmerksamkeit auf Deinen Körper. Du bist nun der Zeuge Deines Körpers.

Sage nun innerlich zu Dir selbst: „Ich bin der Beobachter, der Zeuge meines Körpers. Ich beobachte, wie mein Körper einfach da ist, einfach nur existiert." Da Du Deinen Körper beobachten kannst, bist Du nicht identisch mit ihm. Sage es innerlich zu Dir selbst: „Ich beobachte meinen Körper, ich bin Zeuge der Regungen und Empfindungen meines Körpers, deshalb bin ich verschieden von meinem Körper. Ich bin mir meines Körpers bewusst, doch Ich *bin nicht* dieser Körper."

Werde Dir Deines Atems bewusst. Spüre, wie er ein und aus fließt … ein und aus … ein und aus… Sage nun innerlich zu Dir selbst: „Ich spüre meinen Atem, ich beobachte meinen Atem. Ich bin der Zeuge der Bewegung meines Atems. Doch ich *bin nicht* der Atem."

Werde Dir nun Deines Herzschlages bewusst. Spüre und höre, wie das Herz gleichmäßig und kraftvoll pocht… Spüre auch den Fluss und das Pulsieren des Blutes in Deinen Adern. Spüre auch die feine Energie, die Deinen gesamten Körper durchfließt und am Leben erhält. Du spürst all das. Du beobachtest es. Du bist der Zeuge. Doch Du bist verschieden davon, sonst könntest Du es nicht beobachten. Sage nun zu Dir selbst: „Ich spüre und beobachte das Pulsieren meines Herzens, das Fließen meines Blutes und auch der feinstofflichen Energien, doch ich *bin nicht* das Herz, das Blut und die Energie, die meinen Körper durchzieht."

Wende Dich nun Deinem Geist bzw. Verstand und seiner Gedankentätigkeit zu. Du spürst die Wellen Deiner Gedanken. Sie kommen und gehen, steigen auf und wieder ab – in der Tat wie die Wellen an der Oberfläche eines Sees oder Meeres. Beobachte, wie sie sich bewegen, wie sie kommen und gehen – dieses unablässige Fließen: Ein Gedanke kommt, bleibt eine Weile und dann geht er wieder. Nach einiger Zeit kommt der nächste Gedanke, er ist vermutlich ein wenig anders als der vorherige, doch verhält er sich genauso: Er kommt, bleibt für eine Weile und verabschiedet sich wieder.... Und so weiter. Beobachte es, beobachte auch Deine innere Reaktion darauf, Dein Gefühl, Deine Stimmung. Werde Dir nun bewusst, dass Du all das beobachtest. Du bist der Beobachter, der Zeuge dieses fortwährenden Flusses Deiner Gedanken. Sage innerlich zu Dir selbst: „Ich sehe die Gedanken, den Fluss und das Pulsieren meiner Gedanken klar vor mir – folglich bin ich der Zeuge der Gedanken, ich *bin nicht* die Gedanken.“

Wenn Du so weit bist, kannst Du noch etwas Subtileres in Dir beobachten. Jeden Morgen, wenn Du gerade aufgewacht bist, schläft *Es* noch für einen winzigen Augenblick. Für eine winzige Zeitspanne bist Du frei davon. Doch einen kurzen Moment später ist es da und weicht Dir nicht mehr von der Seite, bis zu dem Augenblick, in dem Du kurz vor dem Einschlafen bist: *Es* ist Dein kleines „Ich“, Deine „Ich-heit“, Dein Ego. Auch dieses „Ich“ kannst Du spüren. Werde Dir nun dieses kleinen „Ich“ in Dir bewusst, beobachte Dein Gefühl der „Ich-heit“. Spüre es auf – es ist ganz gewiss da. Und nun sage zu Dir selbst: „Wenn ich diese „Ich-heit“ beobachten kann, dann folgt daraus logischerweise nur Eines: Ich *bin nicht* dieses kleine *Ich.* Ich bin verschieden davon.“

Gehe nun noch tiefer in Dich und frage Dich: „Wer ist das, was all dies beobachtet und bezeugt?“ Rufe diese Frage in Dein Inneres hinein, wie Du in eine tiefe Höhle hineinrufen würdest, in der Du jemanden weißt. Rufe still in Dich hinein: „Wer ist der ewige und unveränderliche Zeuge all dieser Prozesse meines Lebens? Wer ist der, der all das in meinem Leben beobachtet? Wer bist Du, mein wahres *Ich*?“

Erwarte nichts Bestimmtes. Erwarte gar nichts. Sei offen für alles, was nun kommt. Das, was Du angerufen hast, offenbart sich nicht in einer bestimmten Form, mit einem bestimmten Namen, mit keiner bestimmten Erfahrung. Sei nur einfach bereit und wachsam – für den ewigen Zeugen, das innere Selbst.

Vertiefe Dich in die Meditation auf den, der seit Anbeginn der Zeit in Dir ist. Der Dir näher und vertrauter ist, als Du es Dir vorzustellen vermagst. Das ist der ewige Zeuge. Das ist es, was Du bist. Vertiefe dich in ihn und sage zu Dir:
Ich bin das.[73]

Nun ist die Frage berechtigt: „Was bringen diese Übungen für unser alltägliches Leben?" Die Antwort lautet: „Die große Chance einer Veränderung in unserer täglichen Wahrnehmung, eine höhere Form der Wahrnehmung von uns selbst und der Welt um uns herum." Das Wissen vom *inneren Zeugen* ist nach Aussage der Yogis das einzig relevante Wissen, das Wissen, auf das es wirklich ankommt. Das bezieht sich nicht nur auf die „großen Ziele" des Yoga, sondern auch auf unser alltägliches Glück. Wer derartige Übungen auf das Zeugenbewusstsein, wie die oben beschriebenen – bei denen Wissen, Alltagserfahrung und Meditation Hand in Hand gehen – mit einer gewissen Beständigkeit durchführt, wird nach einiger Zeit bei sich interessante Veränderungen bemerken.

Einige Praktizierende, die sich mit solchen Übungen auf den inneren Zeugen befassen, berichten, dass es ihnen – im Gegensatz zu früher – nichts mehr ausmacht, wenn hinter ihrem Rücken über sie geredet wird. Der Grund hierfür ist klar: Wer sich mehr und mehr mit dem inneren Zeugen identifiziert, identifiziert sich immer weniger mit dem kleinen Ich und kann viel souveräner durch das Leben gehen. Andere berichten, dass sie nicht mehr in überzogenem Maße das Glück und die Liebe bei anderen suchen müssen. Sie erfahren zu-

---

73 „Ich bin Das" ist die wörtliche Bedeutung von *So'Ham*, dem großen tantrischen Mantra, auf das ich ich im folgenden Kapitel ausführlich zu sprechen komme.

nehmend, dass sie mit ihrer inneren Mitte in Verbindung stehen und aus dieser Quelle so viel Kraft sprudelt, dass sie davon sogar anderen noch abgeben können. Am Anfang mögen Übungen, wie die oben genannten, für uns „nur" Übungen sein, doch im Laufe der Zeit kommen wir dadurch tatsächlich in Verbindung mit dem inneren Zeugen, dem inneren Selbst. Und irgendwann können wir dann aus diesem inneren Zentrum heraus nicht nur wahrnehmen, sondern auch handeln, ein Handeln, das charakterisiert ist von einem Höchstmaß an Freiheit, innerer Wachheit, Entspanntheit und Furchtlosigkeit, aber auch durch Anteilnahme und Mitgefühl.

Über die Erfahrung des höchsten inneren Zeugen schrieb Jnaneshvar:

Ich bin der Zeuge.
Ich bin das blaue Licht in der Leere.
Wenn sich der Blick nach innen wendet, höre, was er erblickt:
Das innere Auge sieht, was jenseits des Geistes liegt.
Dann erfahre ich mein Wesen ohne alle Eigenschaften.
Jenseits des Jenseits.
Jnanadeva sagt: Mein Guru gab mir die Vision,
bei der ich das gesamte Universum in mir sah.

Eine Erfahrung, die mit dem Bewusstsein, der innere Zeuge zu sein, unmittelbar in Beziehung steht bzw. durch dieses ausgelöst wird, ist die Erfahrung des *Purno'Ham. Purno'Ham* bedeutet wörtlich: „Ich bin vollkommen", „Ich bin ganz". Normalerweise wird unser Leben von dem Gefühl bestimmt, unvollkommen zu sein. Dieses Gefühl ist oft im Hintergrund unseres Alltagsbewusstseins. Es ist uns nicht wirklich bewusst, aber es hat seine Wirkung. Wir laufen oft ein Leben lang demjenigen Teil hinterher, von dem wir glauben, dass er uns fehlt, um vollständig und ganz zu sein. Suchen wir nicht auch in unseren Lebenspartnern nach diesem (scheinbar) fehlenden Teil von uns? Unsere Sprache verrät viel, und wir sprechen vermutlich nicht ohne Grund bei unseren Ehegatten oftmals von der „besseren Hälfte". Die Motivation bei vielen unserer alltäglichen Aktivitäten ist das tief sitzende Gefühl, dass uns etwas zu unserem Glück fehlt. Diese Vorstellung über uns selbst ist nach Lehrmeinung des Yoga jedoch ein verhängnisvoller Trugschluss – da wir bereits vollkommen sind. Wir haben nur leider keinen Zugang mehr zu diesem lebendigen Wissen, zu dieser Erfahrung. Es würde auch nicht reichen, das theoretische Wissen hierüber zu haben. Was wir benötigen, ist *Erkenntnis* – das erfahrbare, lebendige Wissen hiervon. Ganz allgemein muss man über dieses Wissen sagen, dass man es nicht *haben* kann, man kann es nicht besitzen wie ein Ding – man muss es *sein*. Wenn dies geschieht, wird Wissen zu Erkenntnis, *Jnana* zu *Vijnana*.

Wie gelangten nun die Menschen vor Urzeiten zu diesem Wissen des *Purno'Ham*? Bis zu diesem Wissen war es ein weiter Weg; denn jede höhere Bewusstseinsentwicklung beginnt erst, wenn wir Menschen beginnen, bestimmte Fragen zu stellen. Auch die Entstehung der *Upanishaden* ereignete sich exakt zu einem Zeitpunkt in der Bewusstseinsentwicklung der Menschen, als sie begannen, Fragen zu stellen, wie wir sie ähnlich oben bereits kennengelernt haben:

- „Wer ist derjenige tief in meinem Inneren, der all die Erfahrungen im Verlauf meines Lebens macht?

- Wer oder was ist dieser Wesenskern, der sich – bei all den Veränderungen, die mein Körper, mein Denken und meine Persönlichkeit mitmachen – nie auch nur im Geringsten verändert?"

Die Weisen jener Zeit dachten darüber nach, wie sie dieses höchste Wissen, das Wissen um den Wissenden, *unmittelbar* erlangen könnten. In den Jahrtausenden zuvor begnügte man sich meistens mit sogenannten „heiligen Handlungen". In Indien waren das zur vedischen

Zeit zum Teil sehr kostspielige und komplizierte Rituale, wie z.B. die Feuer-Rituale (Skt. *yajna*). Man war also bis zu diesem Zeitpunkt auch bei der Suche nach dem Höchsten hauptsächlich noch auf die äußere Welt ausgerichtet. Nun jedoch fing man an zu begreifen, dass man das Innere erforschen musste. Die Ausrichtung, das Ziel der Spiritualität änderte sich völlig. Anstatt über Gott oder das Göttliche in der Natur nachzusinnen, wandten sich die heiligen Seher und Weisen nach innen. Man machte sich daran, das innere Selbst zu erkunden; denn man begann zu verstehen, dass sich die höchste Wirklichkeit im Herzen der Menschen widerspiegelt, dass – wie es die upanishadischen Lehrer und Meister später in ihren Werken ausdrückten – das Absolute und die individuelle Seele eins sind.

Als die upanishadischen Weisen und heiligen Seher Indiens das Wissen um den Wissenden erlangt hatten, wollten sie diesen wohl wertvollsten Schatz der Menschheit auch mit anderen teilen. Man suchte hoch entwickelte Schüler nach ausgeklügelten und strengen Kriterien – denn dieses Wissen sollte nicht in falsche Hände gelangen, es war *rahasyam*, geheim. Wie geheim dieses Wissen der Upanishaden war, erkennt man an dem Wort „*Upanishad*" selbst. Dieses Wort besteht aus drei Silben: *upa – ni – shad*, wörtlich übersetzt bedeutet das – in der Nähe unter(halb) sitzen. Zur Zeit der Upanishaden (800 – 200 v. Chr.) lebten die Schüler, die Anwärter auf das höchste Wissen, in kleinen Gruppen in den Ashrams ihrer Gurus bzw. Meister.

Wenn der Moment der Unterweisung (Skt. *upadesha*) gekommen war, traf man sich beim Meister. Dieser saß traditionellerweise auf einem erhöhten Sitz, oftmals im Schatten unter einem großen Baum, und die Schüler suchten ihren Platz in unmittelbarer Nähe um ihn herum. So findet man es auch bildhaft auf den alten Miniaturen dargestellt. Die Form, in der die Upanishaden verfasst sind, entspricht ebenfalls dieser Situation. Die Texte sind nämlich in Dialogform geschrieben: Die Schüler stellten präzise Fragen und der Guru antwortete. Wie ein indischer Pandit, der am Süd-Asien-Institut der Universität Heidelberg lange Zeit Dozent war, einmal sagte: „Der wahre Guru antwortet erst, wenn er gefragt wird."

Was waren nun die Fragen, welche die Schüler damals stellten (bzw. die Fragen, welche die Verfasser der Upanishaden die Schüler in den Werken fragen ließen)? Natürlich im Wesentlichen die Fragen im Zusammenhang mit dem Sinn des Lebens überhaupt. Es waren allesamt Fragen, denen wir uns heute als Yoga-Praktizierende ebenfalls stellen müssen. Es waren Fragen, die in letzter Konsequenz zu der unmittelbaren Erkenntnis und Erfahrung von *Purno'Ham* – „Ich bin vollkommen" – führen. Das Wissen, das auf solche Fragen folgte und auch heute noch folgt, ist einzigartig. Es ist dazu angelegt, unser fragmentarisches und unvollständiges Wissen zu überwinden – vor allem das Wissen über unsere eigene wahre Natur. Um dies zu erlangen, müssen wir gewillt sein, die Grenzen unserer Wahrnehmung und unserer bisherigen Vorstellungen und Konzepte zu überwinden. Genau betrachtet ist es das, was im Yoga eigentlich immer geschieht: Das bewusste Überschreiten der bisherigen Grenzen unserer Wahrnehmung und Erkenntnis. Wagen wir über diese Grenzen hinauszugehen, fällt die Blindheit unserer Unwissenheit so natürlich von uns ab wie bei all den anderen großen Entwicklungsschritten, die wir bisher getan haben. Als wir uns noch im Bauch unserer Mutter befanden, konnten wir eine ganze Menge Dinge noch nicht erfassen, die wir dann als Kind lernten und irgendwann verstanden. Als wir ein Kind waren, konnten wir vieles nicht verstehen, was wir als Erwachsene ganz selbstverständlich wissen. Unser Lernprozess – ob wir uns nur dieses eine Leben betrachten oder die Kette aller unserer Leben – war immer von Momenten des Überschreitens bisheriger Grenzen und Begrenzungen gekennzeichnet. Hinter dem Horizont ging es immer weiter …

Der Sufi-Heilige und Dichter Rumi[74], der im 13. Jahrhundert lebte, schrieb hierzu ein bemerkenswertes Gedicht, um uns die jetzige Situation unserer bruchstückhaften, begrenzten Wahrnehmung und Vorstellung von der Welt und von uns selbst vor Augen zu führen:

„Stell dir vor, wie es wäre, eine Unterhaltung mit einem Embryo zu haben.
Du könntest ihm sagen:

,Die Welt dort draußen ist riesig und komplex. Es gibt Weizenfelder und Bergpässe und blühende Gärten. Nachts erblickt man Millionen von Galaxien und tagsüber die Schönheit von Freunden, die auf einer Hochzeit tanzen. Du fragst den Embryo, warum er eingesperrt bleibt, in der Dunkelheit, mit verschlossenen Augen.'

Höre nun seine Antwort:

,Es gibt keine andere Welt. Ich kenne nur, was ich erfahren habe. Du musst Halluzinationen haben.'"

Wir können Gott bzw. das Göttliche niemals in Teilen oder Bruchstücken verstehen oder gar wahrnehmen, denn es existiert nur als integrales Ganzes, als Einheit. Daher heißt es in der *Isha Upanishad*:

---

74 Rumi, (persisch: Moulana) wurde 1207 in Khorasan (heute Afghanistan) geboren und starb 1273 in Konya (heute Türkei). Nach seiner spirituellen Lehre ist die Liebe die Hauptkraft des Universums. Er erachtete das Universum als ein harmonisches Ganzes, in dem jeder Teil mit allen anderen in einer Liebes-Beziehung steht, die wiederum einzig und allein auf Gott gerichtet ist und nur durch seine Liebe überhaupt Bestand haben kann. Der Mensch ist ein Teil dieses harmonischen Ganzen und kann die Harmonie mit sich selbst und dem Universum erreichen, indem er lernt, Gott zu lieben. Durch diese Liebe zu Gott ist er in der Lage, nicht nur seine Mitmenschen, sondern alles von Gott Geschaffene lieben zu können.

om purnam adah purnam idam
purnat purnam udachyate
purnasya purnam adaya
purnam eva vashishyate

„Om – Das (Brahman/Absolute) ist vollkommen,
dies (Universum/diese Schöpfung) ist vollkommen.
Das Vollkommene geht aus dem Vollkommenen hervor.
Nimmt man vom Vollkommenen das Vollkommene,
so bleibt nur Vollkommenes.

Dieser Vers, mit der die *Isha-Upanishad* beginnt, ruft uns dazu auf, unsere Vorstellung über unsere Begrenztheit, Bruchstückhaftigkeit und Unvollkommenheit loszulassen. Jeder ist das Vollkommene, das vom Vollkommenen abstammt. Die Yogis sagen daher: „Ihr seid zu allen Zeiten so voll(kommen) wie der Vollmond vollkommen ist." Das Sanskrit-Wort für Vollmond ist *„purnima"* und auch das stammt – wie *Purno'Ham* – von dem Sanskrit-Wort *purna*, das die Bedeutungen von „voll, vollständig, erfüllt, vollendet, Fülle" hat. Mit dem Satz: „Seid vollkommen, wie Euer Vater im Himmel vollkommen ist" (*Math. 5. 48*), weist Jesus auf diese jedem Menschen innewohnende Vollkommenheit hin. In dieser wichtigen Aussage ist keine Spur von der kirchlicherseits sonst so bedenkenlos verkündeten Unvollkommenheit und Schuldhaftigkeit des Menschen zu finden. Bereits im Alten Testament, im dritten Buch Mose (*19. 2*), finden wir eine ähnliche Aussage Gottes: „Ihr sollt heilig sein, denn ich bin heilig, der Herr, Euer Gott."[75] Das göttlich Vollkommene kann nur wiederum göttlich Vollkommenes hervorbringen. Eine im Yoga bekannte Geschichte, die vom *Purno'Ham* handelt und in der ein kleiner Löwe die Hauptrolle spielt, zeigt auf bildhafte, anschauliche Weise, wie das zu verstehen ist:

---

75 Das Wort „heilig" meint von seiner Grundbedeutung her ebenfalls nichts anderes als „ganz, vollkommen".

Ein großer alter Löwe streift durch die Gegend. Da erblickt er eine kleine Herde wilder Esel. Sofort stürzt er auf sie zu, um einen davon zu erhaschen. Die Esel jedoch sind flink und stieben in alle Himmelsrichtungen auseinander. Der Löwe jagt im hohen Gestrüpp und aufgewirbelten Staub hinter ihnen her. Da bekommt er einen kleinen Esel zu packen – glaubt der alte Löwe zumindest im ersten Augenblick; denn er hat etwas erwischt, was jämmerlich laut „iii-aaa, iii-aaa" schreit.

Als der Staub sich nämlich gelegt hat, sieht er zu seinem großen Erstaunen, dass er einen kleinen Löwen in seinen Pranken hält. Er schüttelt den Kleinen, doch der schreit weiter „iii-aaa, iii-aaa, iii-aaa". Jetzt wird es dem großen Löwen zu bunt, und er sagt zu dem kleinen Löwen: „Was soll dein Benehmen? Ich verstehe ja, dass die anderen in Furcht davongelaufen sind, aber warum läufst du ebenfalls schreiend davon?" „Bitte, lass mich laufen", sagt der kleine Löwe, vor Angst schlotternd, „ich bin auch nur ein Esel, der um sein Leben fürchtet." Jetzt versteht der alte Löwe gar nichts mehr. „Du bist ein Löwe, ein LÖWE, begreifst du das nicht?", sagt er zu dem Kleinen. Der kleine Löwe schaut den Großen ungläubig an.

Da kommt dem Alten eine Idee, und er sagt zu dem Kleinen: „Nun setz dich mal zu mir und erzähle mir, wie du dazu kommst, mit Eseln zusammenzuleben, mit ihnen umherzuziehen und sogar Gras zu fressen." Der Kleine beginnt zu erzählen, und als er seine Geschichte zu Ende gebracht hat, wird dem alten Löwen klar, dass der Kleine vor längerer Zeit seine Mutter verloren hatte, auf seiner einsamen Wanderschaft zu dieser Gruppe von Eseln gestoßen war, von ihnen aufgenommen wurde, um von da an wie ein Esel zu leben, sich zu gebärden und schließlich sogar zu glauben, er sei ein Esel.

Der alte Löwe ist klug. Er weiß, wie man hier Abhilfe schaffen kann – wie man dem kleinen Löwen seine falsche Identität nehmen und ihm zeigen kann, wer er in Wirklichkeit ist. Er sagt zu dem Kleinen: „Komm einmal mit, ich möchte dir etwas Wichtiges zeigen." Er geht mit ihm zu einem in der Nähe befindlichen Wasserloch und sagt:

„Nun schau einmal in das Wasser dort." Der kleine Löwe wundert sich, tut jedoch, wie ihm gesagt wird, und blickt von oben in das Wasser. Als er seine Spiegelung im Wasser erblickt, traut er seinen Augen nicht: Er sieht keinen Esel, sondern ... einen LÖWEN!

Der große Löwe lacht und sagt: „Ja, das bist du – ein Löwe. Du warst nie ein Esel, sondern immer ein Löwe, stark und frei, der König der Tiere. Und nun brülle auch mal wie ein Löwe." Da holt der kleine Löwe tief Luft und brüllt aus Leibeskräften. Erst hört es sich noch ein wenig nach dem Schreien eines Esel an, doch mit jedem weiteren Versuch wird es immer mehr das Brüllen eines Löwen. Er kann gar nicht aufhören und brüllt immer weiter. Er brüllt und brüllt, und jedes Brüllen lässt ihn immer deutlicher seine wahre Natur spüren: Jaaa, er ist ein LÖWE.

Die *Upanishaden*, die unter anderem auch geheime Prinzipien und Praktiken offenbaren, bilden, zusammen mit einigen anderen philosophischen Texten über Yoga (die *Brahma-Sutras* und die *Bhagavad Gita*), den sogenannten *Vedanta*. Der Sanskrit-Terminus *Vedanta* bedeutet wörtlich „Ende [*anta*] des Veda", im Sinne von „der Höhepunkt des spirituellen Wissens". Der absolute Gipfel des spirituellen Wissens eines jeden der *vier Veden* wird in den *Upanishaden* jeweils in einem einzigen *Sutra* (Lehrsatz) zusammengefasst. Hierin befindet sich die Kraft des gesamten Wissens des jeweiligen *Veda* in verdichteter Form. Man kann sich vorstellen, welche Wirkung diese Lehrsätze auf das Bewusstsein haben müssen. Diese besonderen vier *Sutras* – die vier „*Maha-Vakyas*" (wörtl. „Große Aussprüche") – haben spürbar die Energie von *Mantras*. Als solche werden sie auch aufgefasst bzw. verwendet. Wenn man diese *Mahavakyas* wieder und wieder konzentriert liest oder gar mit ihnen meditiert (wie mit einem *Mantra*), kann das erstaunliche innere Einsichten und/oder spirituelle Erfahrungen auslösen.

Die vier *Maha-Vakyas* – die Quintessenz des jeweiligen *Veda* – lauten:

Rig Veda	*PRAJNANAM BRAHMAN.* „Das Bewusstsein ist Brahman (das Absolute, die höchste Realität)."
Atharva Veda	*AYAM ATMA BRAHMA.* „Dieses Selbst ist Brahman."
Sama Veda	*TAT TVAM ASI.* „Das bist Du."
Yajur Veda	*AHAM BRAHMASMI.* „Ich bin Brahman / Ich bin das Absolute."

Über diese vier großen Aussagen oder Mantras der Veden wird gesagt, dass sie – basierend auf der unmittelbaren Erfahrung der erleuchteten Seher, die die Wahrheit „geschaut, gesehen" haben (daher „Seher", Skt. *rishi*) – die höchste Wahrheit offenbaren. Wenn man sie sich in ihrer Reihenfolge anschaut, erkennt man, dass hier Schritt für Schritt die Beziehung zwischen den Menschen und Gott bzw. dem Göttlichen dargelegt ist; denn die Frage für jeden Suchenden, für jeden Yogi, Mystiker, wahren Philosophen und Gott-Liebenden lautet ja: „Was habe ich mit Gott zu tun? Worin besteht meine Verbindung zu Gott?" Mit erstaunlicher Klarheit geben die *Mahavakyas* hierauf die Antwort und führen dadurch zur Erkenntnis des Höchsten. Sie tun dies in einer durchaus nachvollziehbaren Folge von *vier Schritten*.

Das erste *Mahavakya* gibt die Antwort auf die Frage: „Was ist das Göttliche bzw. Gott?" Dies ist die Frage aller Menschen – ob es ihnen bewusst ist oder nicht. Manche ignorieren diese brennende Frage, die aus ihrem Inneren immer wieder aufsteigt, weil sie damit (noch) nichts anfangen können. Manche resignieren bei der Suche nach der Antwort, weil sie nicht gleich und auch nicht leicht zu finden ist. Manche „stört" diese Frage, weil sie von uns fordert, in die Tiefen unseres Wesens und des Wesens des Universums hinabzutauchen, und dann könnte das gemütliche Leben an der Oberfläche des Daseins eventuell vorbei sein. Es gibt viele Gründe, dem Ruf dieser elementaren Frage nicht zu folgen. Doch das Brennen dieser Frage begleitet den Menschen ein Leben lang: „Was ist das Wesen dieses EINEN, das der Ursprung und die Grundlage von allem ist?" Die Antwort der Upanishaden hierzu lautet: „DAS BEWUSSTSEIN IST BRAHMAN (= Das Absolute, die höchste Realität)". Oder anders ausgedrückt: „Dieses EINE, das Absolute (*Brahman*) ist von seiner Natur her *Höchstes Bewusstsein*."

Im nächsten Schritt erfolgt die Antwort auf die sich nun geradezu zwangsläufig ergebende Frage: „Wo bzw. als was offenbart sich das Absolute in dieser Welt?" Die Antwort lautet:
„DIESES SELBST IST BRAHMAN." Das Absolute ist das Selbst von allem, was existiert. Das Absolute ist der alles umfassende, ewig existierende, alles durchdringende *Atman* (der sich in vollkommener Weise im Menschen befindet).

Das dritte *Mahavakya* nun stellt die entscheidende Beziehung zum Individuum, zum Menschen, her. Bisher könnte man sagen: Alles schön und gut – aber was hat das alles mit mir zu tun? Was habe ich mit dem Selbst zu tun, was habe ich mit dem Göttlichen zu tun? Präzise antwortet das *Mahavakya* hierauf: „DAS BIST DU." Erinnern wir uns an den Dialog zwischen dem Meister Udalaka und seinem Schüler Shvetaketu im ersten Kapitel dieses Buches. Es ist die berühmte Textstelle aus der *Chandogya Upanishad*, wo der Meister dem Schüler das Geheimnis der Essenz allen Seins an dem Beispiel des Samens eines Baumes offenbart. Der Meister lässt ihn die Frucht, den Kern der Frucht und dann selbst das Innerste davon öffnen. Dann fragt er Shvetaketu, was er erkennen könne. Shvetaketu antwortet: „Nichts". Und der Meister gibt ihm hierauf die folgende, unschätzbar wertvolle Unterweisung in die Natur des Höchsten. Er sagt: „Dieses ‚Nichts', das Du mit Deinen Augen nicht sehen kannst, das ist die höchste Essenz, daraus besteht dieser große Baum. Aus dieser subtilen, höchsten Essenz besteht die ganze Welt. Das ist das Selbst (*Atman*) – und das bist Du, Shvetaketu."

Hieraus erfolgt im vierten *Mahavakya* der letzte Schritt, die fürwahr höchste Selbsterkenntnis, das Wissen, das alles andere Wissen in sich birgt: *AHAM BRAHMASMI* – „ICH BIN BRAHMAN – ICH BIN DAS ABSOLUTE." Dies ist die letzte Erkenntnis, die Ausdruck der höchsten Erleuchtung ist. Wenn dieses Wissen als unmittelbare Erfahrung in einem aufsteigt, sind alle Fesseln des begrenzten Bewusstseins aufgelöst. Dies ist der Zustand ewiger Freiheit und Unsterblichkeit.

Nun ist der Kreis geschlossen. Das Göttliche, das gesucht wird (Was ist die Natur Gottes? – Antwort: Bewusstsein ist die Natur Gottes), ist im ersten *Mahavakya* gleichsam noch ein Objekt, ein Ding, ein Etwas. Doch im letzten Schritt kehren wir zum Ausgangspunkt unserer Suche zurück und erkennen und erfahren das Gesuchte als unser ureigenes Wesen. Die unmittelbare Erfahrung, die hieraus resultiert, ist: Was ich gesucht habe, bin ich immer selbst gewesen!

Nur scheinbar beschreiben die großen Meisterinnen und Meister dieser Welt – die möglicherweise alle die gleiche letzte Erfahrung gemacht haben – ihren jeweiligen Zustand des höchsten Wissens unterschiedlich. Wenn man genau hinschaut bzw. zuhört, kann man erspüren, dass es sich tatsächlich um ein und dieselbe Erfahrung handelt, die nur verschieden ausgedrückt wird. Jesus sagte beispielsweise: „Der Vater und ich sind eins" (*Joh. 10. 30*); „Wer mich sieht, der sieht den Vater" (*Joh. 14. 9*).[76] Shankara, dessen *Advaita-Vedanta*

---

76 Die letztere der beiden Aussagen könnte auch ein Hinweis auf die „Guru-Funktion" von Jesus sein, im Sinne von: „Nur wer meine Segnung erlangt hat (im Yoga geschieht die Übertragung der Segenskraft unter anderem tatsächlich durch den Anblick [Skt. darshan] des Gurus) erlangt die Einheit mit Gott/dem Göttlichen." Hierzu würde passen, dass er in Johannes 14. 6. sagt: „Ich bin der Weg, die Wahrheit und das Leben; niemand kommt zum Vater denn durch mich."

auch auf diesen *Mahavakyas* und Weisheits-Lehren der *Upanisha-den* beruht, beschreibt den Zustand der Einheit mit dem höchsten Bewusstsein in dem berühmten Lied „*Nirvana-Shatkam*" („Sechs Verse über die höchste Erlösung") bei genauer Betrachtung gar nicht so viel anders. In diesem Lied steht *Shiva* nicht für die Gottheit, die innerhalb der Götter-Trinität *Brahma-Vishnu-Shiva* den Gott der Zerstörung und Auflösung des Kosmos „darstellt", sondern für das nicht-personifizierte, allumfassende, höchste Bewusstsein, das identisch ist mit unserem inneren Selbst. Der Refrain dieses Liedes – das auf poetischer Weise die Quintessenz der *Upanishaden* zum Ausdruck bringt – lautet:

cidananda rupah shivo'ham shivo'ham

„Ich bin (höchstes) Bewusstsein und (höchste) Glückseligkeit,
ich bin Shiva, ich bin Shiva.

Ich bin weder Intellekt noch Ego noch Unterbewusstsein,
weder [das Vermögen der] Ohren, der Zunge,
der Nase und der Augen,
weder Äther, noch Luft, noch Feuer, noch Wasser, noch Erde.
Ich bin Bewusstsein und Glückseligkeit, ich bin Shiva,
ich bin Shiva.

Ich bin weder Atem (Prana) noch fünf Winde des Lebens,
weder die sieben Bestandteile des Körpers ,
noch die fünf Körperhüllen,
weder Sprache, noch Hände, noch Füße,
noch Ausscheidungs-, noch Zeugungsorgan.
Ich bin Bewusstsein und Glückseligkeit, ich bin Shiva,
ich bin Shiva.

Weder Hass noch Leidenschaft, weder Gier noch Verwirrung,
weder Stolz noch das Gefühl von Neid, weder Rechtschaffenheit
noch Reichtum, noch weltliche Freuden, noch Befreiung sind mein.
Ich bin Bewusstsein und Glückseligkeit, ich bin Shiva,
ich bin Shiva.

Ich bin weder Tugend noch Untugend, weder Freude noch Leid,
weder Mantra noch heilige Stätte, weder Veda
noch heiliges Feueropfer.
Ich bin weder Nahrung noch Verzehrender,
noch Akt der Verzehrung.
Ich bin Bewusstsein und Glückseligkeit, ich bin Shiva,
ich bin Shiva.

Weder Tod noch Zweifel, noch Unterscheidung nach
gesellschaftlichem Rang,
weder Vater noch Mutter, noch Geburt sind mein.
Ich bin weder Bruder noch Freund, weder Meister noch Schüler.
Ich bin Bewusstsein und Glückseligkeit, ich bin Shiva,
ich bin Shiva.

Ich bin ohne Gedanken und ohne Form.
Ich bin alldurchdringend, ich bin allgegenwärtig [und dennoch]
jenseits aller Sinne.
Ich bin weder Losgelöstheit noch Freiheit, noch irgendetwas,
das erfassbar wäre.
Ich bin Bewusstsein und Glückseligkeit, ich bin Shiva,
ich bin Shiva."

Das höchste Wissen und die höchste Erkenntnis kommen niemals von irgendwelchen Büchern oder Schriften, seien sie auch noch so heilig oder einzigartig. Die Theorien und philosophischen Lehren waren für die yogischen Philosophen nur insofern von Bedeutung, als sie eine Beschreibung und systematische Darstellung ihrer unmittelbaren Erfahrung von der Realität darstellen. Sie gleichen Landkarten, die dem Suchenden helfen können, zum höchsten Ziel zu finden. Wobei es eine Binsenweisheit ist, dass man die Landkarte nicht mit dem Land verwechseln darf. Alle großen Lehrer und Philosophen des Yoga haben darauf hingewiesen, dass kein Wissen dieser Welt und keine noch so erhabene Philosophie die eigene unmittelbare Erfahrung ersetzen kann. Dennoch ist uns das Wissen, das diese heiligen Schriften vermitteln, von großer Hilfe, da es uns zur unmittelbaren Erfahrung führen kann. Dieses Wissen mag *nur* der Finger sein, der uns die Richtung zeigt, in die wir gehen müssen, doch ohne diesen Fingerzeig wären wir oft – um ein altes indisches Gleichnis zu bemühen – wie Blinde in einem uns unbekannten Dschungel.

Die Kraft und die höchsten Erfahrungen so vieler Meister-Yogis und Yoginis schlummern in den Werken, von denen ich hier nur einige vorstellen konnte. Der Sinn und Zweck der Beschäftigung mit diesem uralten spirituellen Wissen besteht darin, dass man auf diese Weise zu seinem ureigenen Wissen und zu seiner eigenen höchsten Erfahrung Zugang erhalten kann. Durch das spirituelle Wissen steigt das Wissen vom eigenen Selbst (*Atma-Jnana*) ganz spontan auf. Dieses Wissen verändert im Laufe des Yoga-Prozesses, des Yoga-Lebens, die gesamte Wahrnehmung, und man kann die Quelle allen Lebens in seinem Inneren wahrnehmen. Wenn dies geschieht, versteht man, dass es wahr ist, was die Yogis seit Generationen sagen: „Das eigene Herz ist die größte Bibliothek."

Kapitel 4

Tantrischer Yoga – der Weg zur höchsten Erfahrung im Hier und Jetzt

na shivam vidyate kvacit

„Nichts existiert, das nicht Shiva, das Höchste Bewusstsein, wäre."
Svacchanda Tantra

In diesem Kapitel werden wir uns dem tantrischen Yoga zuwenden. Nicht ohne Grund habe ich gerade den tantrischen Yoga-Weg zum Abschluss dieses Buches gewählt; denn der tantrische Yoga schließt noch bedingungsloser als die zuvor dargestellten Yoga-Pfade die gesamte Bandbreite menschlicher Erfahrungen in dieser Welt mit ein. Er greift alle Möglichkeiten der spirituellen Entwicklung, die unser Leben bietet, auf und zeigt uns systematisch, wie wir sie auf harmonische Weise und in Übereinstimmung mit dem Leben nutzen können, um unsere Ziele zu erreichen. Man kann ohne Übertreibung sagen, dass der tantrische Yoga uns geschickt und einfühlsam zeigt, wie wir vom Leben in all seiner Reichhaltigkeit und Widersprüchlichkeit lernen können. Diesen besonderen Weg zu gehen – tantrischen Yoga zu praktizieren – erfordert jedoch von dem Betreffenden ein hohes Maß an Reife, Ernsthaftigkeit und Klarheit des Verstandes – und darüber hinaus natürlich auch Sachkenntnis vom tantrischen Yoga.

Um zu verstehen, was tantrischer Yoga ist, was *T a n t r a* wirklich bedeutet, scheint es unbedingt notwendig, zuerst einmal zu klären, was Tantra *nicht* bedeutet; denn es gibt wohl kaum einen Begriff, über den während der letzten Jahre in den spirituellen Kreisen mehr spekuliert worden ist, als über *Tantra*. Kaum ein anderer Begriff – insbesondere seit der *Rajnesh-Bewegung* – ist mehr missbraucht und missverstanden worden. Das Wort „Tantra" ist mittlerweile bekannt – auch außerhalb der Yoga-Szene. Jeder hat schon einmal von Tantra gehört: „Na klar, das hat doch was mit sexuellen Praktiken zu tun." Man fragt sich, wie es nur zu einem solchen Missverständnis hat kommen können, aber einige Leute verdienen an dem Missverständnis ja auch recht gut. Um es kurz und knapp zu sagen: Die Gleichsetzung von Tantra mit Sex ist reine Phantasie und hat mit den wahren tantrischen Lehren nichts zu tun. Wer sich tiefer und ernsthafter mit der tantrischen Tradition auseinandersetzt, wird dies relativ schnell erkennen.

Um Tantra wirklich zu verstehen, müssen wir in die Tiefen dieser wunderbaren Wissenschaft und praktischen Lehre hinabtauchen und uns einmal mit folgenden Fragen oder Überlegungen befassen:

- Was bedeutet der Begriff „Tantra"?
- Woher kommt das Lehr-System des Tantra?
- Was beinhalten die ursprünglichen und sehr alten Lehren des Tantra, die noch heute ihre Gültigkeit haben – und was beinhalten sie nicht?

Tantra ist ein Sanskritwort, das sich ableitet von der Sanskritwurzel *tan*, „sich ausdehnen, ausbreiten, erweitern". Das Wort *Tantra* bedeutet zwar wörtlich „Gewebe", wurde jedoch in recht unterschiedlichem Sinne gebraucht:

- *Zum Ersten* bezeichnet *Tantra* das Wissen über eine systematische und wissenschaftlich-experimentelle Methode, die zur Erweiterung des menschlichen Bewusstseins führen soll. Es geht also um einen Entwicklungsprozess, an dessen Ende die vollständige Entfaltung unserer innewohnenden Kräfte bzw. unseres Potenzials steht. Einige sprechen in diesem Zusammenhang auch vom Weg zur inneren Vollkommenheit oder Erleuchtung. Eine bekannte Definition von Tantra lautet daher: *tanyate vistaryate jnanam anena iti tantram* – „Tantra ist das, wodurch das Wissen/Bewusstsein erweitert und entfaltet wird."

- *Zum Zweiten* bezieht sich das Wort *Tantra* auf eine bestimmte Text- und Literaturgattung. *Tantra* ist hier also im Sinne von „erweiterter Literatur" zu verstehen. Letzteres bedarf jedoch noch einiger Erklärung, denn es wird nur dann verständlich, wenn wir uns ein wenig intensiver mit der Geschichte, Philosophie und den Lehren des Tantrismus, aber auch mit dem auseinandersetzen, was einige als die „tantrische Revolution" bezeichnen.

Obwohl, das Wort *Tantra* indischen Ursprungs ist, so ist dennoch der Begriff *Tantrismus* und das damit bezeichnete Konzept eine westliche Erfindung. Das Wort *Tantrismus* wurde im 19. Jahrhundert eingeführt und bezog sich auf spirituelle Praktiken und Vorstellungen, die man in den *Tantra*-Werken entdeckte und als außergewöhnlich erachtete. Obwohl der Begriff *Tantrismus* nicht indisch ist, existiert dennoch in der Sanskrit-Sprache das Adjektiv „*tantrika*" = im Sinne der Tantras, wie in den Tantras gelehrt wird.

Die Tantras, also die schriftlichen Werke der tantrischen Tradition, kristallisieren sich ungefähr ab dem 9. Jahrhundert n. Chr. heraus. Der exakte Zeitpunkt ihrer Entstehung lässt sich nicht angeben, da sie in mündlicher Form und in Form von uralten Praktiken und Lehren schon seit vielen Jahrhunderten, wenn nicht gar Jahrtausenden, existieren. So zeigen z.B. einige Funde aus der Harappa-Kultur (älteste bekannte Kultur im Industal, ca. 3000 v. Chr.) Symbole, die auf tantrisch-yogische Kulte hinweisen. Der in diesem Zusammenhang auffälligste Fund ist ein Siegel, in dessen Mitte sich eine Figur befindet, die in der Wissenschaft als *Proto-Shiva* (*Ur-Shiva*) bezeichnet wird. Man erkennt auf diesem Siegel einen Bullen im Lotossitz, der drei Hörner hat und umgeben ist von verschiedenen Tieren. Einige Wissenschaftler gehen davon aus, dass die Grundlage des Tantrismus indo-arischen Ursprungs ist und eine enge Verwandtschaft zwischen Tantra und Veda bestanden haben muss, insbesondere in Hinblick auf bestimmte Riten und Praktiken. Tatsache ist, dass es bereits zur vedischen Zeit, also ab ca. 2000 v. Chr., Geheimbünde von Wanderasketen gegeben hat, die außerhalb der vedischen Gesellschaft standen und denen man tantrische Praktiken und Lehren nachsagte.

Aus diesen uralten und heterodoxen Geheimlehren entwickelte sich im Laufe der Zeit die tantrische Tradition – spirituelle Rituale und Praktiken, die allen Menschen zugänglich waren, ungeachtet ihres Geschlechts und ihrer sozialen Herkunft. Die Texte, in denen diese Rituale, Praktiken und Lehren beschrieben und dargelegt wurden, sind die Tantras. Wenn man bedenkt, dass der direkte Zugang zu Gott oder dem Göttlichen[77], bzw. der Weg zur Befreiung (Skt. *moksha*) aus dem *Samsara*, zuvor nach offizieller Verlautbarung nur Brahmanen[78] möglich war – nach damaliger Vorstellung musste jeder Nicht-Brahmane (das schließt Frauen mit ein) als männlicher Brahmane wiedergeboren werden, um überhaupt die Chance zu haben, Befreiung zu erlangen – dann waren die Tantras nicht nur eine echte Alternative zur bisherigen brahmanischen „Religionspolitik", sondern sogar eine handfeste *spirituelle Revolution*.

---

77 „Zugang zum Göttlichen/Absoluten" ist die wörtliche Bedeutung des Sanskrit-Wortes *brahmacarya*, das üblicherweise mit Enthaltsamkeit bzw. Veda-Studium übersetzt wird und das das erste Lebensstadium des jungen Brahmanen bezeichnet: *brahma* = Göttliches/Absolutes + *car* = gehen, gelangen.

78 Angehörige der Priester-Kaste (höchste der vier Kasten). Der Begriff „Kaste" ist jedoch ohnehin ein sehr fragwürdiger. Der indische Begriff hierfür ist *Varna*, wörtlich „Farbe".

Betrachtet man die Wurzeln der tantrischen Tradition, stellt man etwas fest, das für die späteren Lehren des Tantra ebenso typisch wie (gerade für uns heute) bedeutsam ist. Man erkennt deutlich so etwas wie eine Reaktion gegen den strengen Geist der Askese oder Entsagung, wie er zuvor im klassischen Yoga, in den Upanishaden und im frühen Buddhismus gelehrt wurde. Eine der großen Leistungen der Meister und Lehrer der tantrischen Tradition bestand darin, dass sie das Alte mit dem Neuen in Einklang brachten, indem sie nämlich die ältere Lehre des *Moksha* (Befreiung, Erlösung) mit der des *Bhoga*[79], dem lebensbejahenden Erfahren und Genießen der weltlichen Dinge, miteinander versöhnten. Sie schufen etwas radikal Neues, weshalb man mit Berechtigung von einer „tantrischen Revolution" sprechen kann. Denn bisher lehrten die religiösen und esoterischen Traditionen, wie eben der klassische Yoga, der Buddhismus, der Jainismus und viele andere Traditionen Indiens, dass die Welt, in der wir leben, *Samsara* ist, ein ständiger und wiederkehrender Kreislauf von Geburt, Tod und Wiedergeburt. In diesem unentrinnbaren Kreislauf sind wir Menschen unausweichlich Schmerz und Leid ausgesetzt, versuchen aber, diesen zu entfliehen, indem wir im Äußeren nach Liebe, Glück und Zufriedenheit suchen.

Der *Samsara* ist also ein nie endender Strom der Erfahrung, der sich bei näherer Betrachtung als eine Aneinanderreihung von Kreisläufen des Leidens entpuppt. Jeder Augenblick ist ein kleiner Tod, dem eine Wiedergeburt folgt. Jeder Wiedergeburt folgt ein neuer Tod. *Samsara* beinhaltet jedoch nicht nur Tod und Wiedergeburt im wörtlichen Sinne. Es ist die Erfahrung, dass jeder Moment Teil eines Zyklus von Verlangen und temporären Freuden ist – ein endloser Durst, der nie gestillt werden kann, ein schrecklicher Albtraum, der immer wieder von vorn beginnt. Nach bisheriger orthodoxer Auffassung – insbesondere im Yoga – bestand die Lösung des „Problems"

---

79   Vgl. zu Bhoga Kapitel 1.

folglich darin, diesen Kreislauf irgendwie zu durchbrechen bzw. das Hindernis zu überwinden – um ein für allemal dieser schrecklichen und leidvollen Welt zu entfliehen. Unsere Verkörperung in dieser Welt war also, aus dem alten Blickwinkel betrachtet, ein *Problem* – ein *Fehler*, den es zu beheben galt.[80]

Die revolutionär neue und lebensbejahendere Auffassung der Tantras war und ist eine völlig andere. Gemäß den Lehren der tantrischen Meister sind unser Körper, aber auch unsere Gedanken und unser Verstand, nicht einfach nur Instrumente zur Befreiung – also etwas, das man notwendigerweise nutzt, von dem man sich ansonsten jedoch mit Widerwillen abwendet. Alles auf dieser Welt ist gleichermaßen von göttlicher Natur, deshalb muss auch unser verkörpertes Selbst als göttlich erfahren werden. Der Körper ist die Erfüllung des Wunsches des göttlichen Bewusstseins, sich selbst als Individuum in dieser Welt zu erfahren. Unsere Verkörperung ist deshalb gemäß tantrischer Sichtweise *kein Problem*, das es zu lösen gilt. Die Geburt in dieser Welt ist keine Buße oder Strafe, die abgeleistet werden muss. Deshalb sang Kabir in einem der Verse seines berühmten Liedes *Nacho Re Mero Mana* („Tanze mein Herz, tanze heute in Ekstase!", in dem er seinen Bewusstseinszustand der höchsten Befreiung beschreibt):

„In diesem Aufwallen göttlicher Liebe tanzen die Planeten
und Sterne in Ekstase.
Jede neue Geburt einer Seele ist großartige Freude.
Die Berge, das Meer und die Erde tanzen.
Die ganze Menschheit feiert diese Glückseligkeit
mit Lachen und Tränen."

---

80 Die christliche Sichtweise war diesbezüglich lange Zeit – und sie ist es teilweise heute noch – nicht so viel anders.

Es war und ist die unmittelbare Erfahrung der tantrischen Meister, dass unsere Verkörperung im *Samsara* ein Aspekt des Spiels des göttlichen Bewusstseins ist. Diesem Aspekt liegt zugrunde, dass sich das göttliche Bewusstsein in verkörperter Form erfahren will. Freiwillig und mit höchster Freude nimmt das göttliche Bewusstsein diese Begrenzungen der Verkörperung an, um sich in Myriaden von Formen und Individuen erleben zu können. Vor diesem Hintergrund ergibt sich für den Tantriker natürlich eine gänzlich andere Lebenseinstellung: Es ist kein Entkommen aus einem Universum notwendig, das die Verkörperung des Göttlichen ist. Sterblichkeit ist nichts Schlimmes oder zu Betrauerndes, da es das unsterbliche Selbst ist, das in Form von unzähligen sterblichen Formen existiert. Die Schöpfung ist, nach tantrischer Auffassung, also nicht – wie es den Christen die Bibel mit der Geschichte von Adam und Eva seit zweitausend Jahren erfolgreich einimpft, ein bedauerlicher Fehler, ein fehlgeschlagenes göttliches Experiment, mit den Menschen als unwilligen und unfähigen Versuchsratten, sondern ein vollkommener Ausdruck des vollkommenen Gottes. Gleiches bringt immer nur Gleiches hervor. So wird verständlich, wenngleich viele andere spirituelle und religiöse Traditionen über die Befreiung als Befreiung *vom* Körper sprechen, weshalb die Einzigartigkeit der tantrischen Tradition darin besteht, dass sie die Befreiung *im* Körper – hier in dieser Welt – lehrt. Das Erlösungsideal der Tantras lautet *Jivanmukti*, „Erlösung zu Lebzeiten". Der tantrische Heilige – wie das Beispiel von Kabir zeigt – ist ein „im-Leben-Befreiter" (Skt. *jivanmukta*).

Vor dem Hintergrund des bisher Gesagten können wir uns nun dem nächsten wichtigen Thema des Tantrismus widmen, einem für das Verständnis der tantrischen Praktiken und Lehren so überaus wichtigem Thema – der Sexualität. Da nicht mit Hilfe irgendwelcher Theorien, sondern nur über die unmittelbare *Erfahrung* des Lebens bzw. des *Annehmens* des Lebens mit all seiner Vielfalt und seinen Gegensätzen, das höchste Prinzip erlangt werden kann, stellt sich der Tantriker auch der *anderen* oder *dunklen Seite* der Schöpfung. Mircea Eliade brachte dieses Thema in seinem Standardwerk „Yoga – Unsterblichkeit und Freiheit" auf den Punkt und schrieb:

„Alle Gegensätze sind illusorisch, das extrem böse koinzidiert mit dem extrem Guten, der Zustand eines Buddha kann – in den Grenzen dieses Meeres des Scheins – zusammenfallen mit der höchsten Immoralität, und zwar aus dem guten Grund, dass einzig das universelle Leere ist, und alles übrige ontologischer Realität ermangelt."[81]

Dies und anderes gilt es zu bedenken, wenn wir uns nun dem Thema *Tantra und der Gebrauch des Verbotenen* widmen, einem Thema, das in der westlichen Welt so gänzlich missverstanden wird. Dieser Gebrauch des Verbotenen schließt die zeitweilige rituelle Überschreitung von gesellschaftlichen Regeln ein. Hierzu gehören auch der sexuelle Akt, Alkohol und der Verzehr von Fleisch. Doch zielen diese geheimen Rituale nicht auf das Genießen ab oder erschöpfen sich darin. Es geht im Tantra nur um ein einziges Ziel – das Erkennen der wahren eigenen Identität, der unmittelbaren Erfahrung des höchsten, allumfassenden Bewusstseins.

Auf der Grundlage der Übereinstimmung von Sexualität und Spiritualität *kann* der rituelle Geschlechtsverkehr zur Erlangung dieses Zieles beitragen. Doch vieles wurde in diesem Zusammenhang, insbesondere von pseudo-esoterischen Kreisen der abendländisch-christlichen Kultur, falsch gedeutet. Allein schon deshalb, weil man zwischen den Werken des Tantra (Skt. *tantra-shastra*) und den Werken der Erotik und Liebeskunst (Skt. *kama-shastra*) nicht zu unterscheiden vermochte – oder unterscheiden wollte. *Kama-Shastra* ist eine hochentwickelte indische Wissenschaft, in deren Mittelpunkt diverse erotisch-sexuelle Techniken zur Erlangung vollkommner sexueller Erfüllung stehen. Wann immer also wieder einmal ein Buch

---

81   Mircea Eliade: Yoga – Unsterblichkeit und Freiheit. Frankfurt a.M., 1985, S. 214.

oder Seminar (zu den bereits vorhandenen zahllosen Büchern und Seminaren zu diesem Thema) mit einem Titel wie „Sexuelle Erfüllung durch Tantra" angeboten wird, kann man mit schlafwandlerischer Sicherheit davon ausgehen, dass der Autor oder Seminarleiter keine grundlegende Kenntnis über Tantra hat, sondern es bei der angebotenen Sache vermutlich, wenn es sich überhaupt um etwas Fundiertes drehen sollte, um die indische Liebeskunst, genannt *Kama*[82], geht. Derartigen Missbrauch oder einfach nur Unverstand hat es aber vermutlich auch im alten Indien gegeben, nur eben nicht mit dieser fragwürdigen kommerziellen „Perfektion" und kulturellen Arroganz, wie man sie heute im Westen antrifft.

In den wenigen Werken des Tantra, in denen sexuelle Rituale beschrieben sind, ging und geht es *überhaupt nicht* um die Erfüllung von Begierden (*Kama*), sondern immer nur darum, einen Weg zur Erleuchtung bzw. zur Erkenntnis des höchsten Bewusstseins zu finden. Des Weiteren muss man wissen, dass – etwa in den Ritualen der tantrischen *Kaula*-Tradition – zwar von sexuellen Ritualen die Rede war, damit jedoch ein verinnerlichtes, also im Geist durchgeführtes Ritual gemeint war. Es soll also gar nicht bestritten werden, dass es im Tantrismus *auch* zur Durchführung von sexuellen Ritualen kam (und möglicherweise noch immer kommt). Doch geschah dies unter strengsten Auflagen und Einschränkungen:

1. Es wurde nur in sehr seltenen Fällen praktiziert.
2. Es betraf nur ausgesuchte und spirituell hoch entwickelte Schüler.
3. Es zielte immer – wie Abhinavagupta, der große Meister und Philosoph des *Shivaismus von Kaschmir* in seinen Werken in diesem Zusammenhang ausdrücklich bemerkte – auf die Erweckung der inneren kosmischen Energie *Kundalini* ab.

---

82 Bitte nicht verwechseln mit Karma.

Um die Haltung gegenüber der Sexualität zu jener Zeit, als diese geheimen Rituale entstanden, verstehen zu können, müssen wir uns von unserer heutigen Auffassung von Sexualität, einer Auffassung, die durch gewisse Entwicklungen im modernen 20. Jahrhundert geprägt wurde, lösen. Zur Zeit der Entstehung des Tantrismus wurde der sexuelle Akt als eine gewissermaßen sakrale Handlung erachtet – als ein Akt, in dem auf menschlich-mikrokosmischer Ebene der große Akt der Schöpfung des Universums *symbolisch wiederholt* wird. Es wäre nun allerdings falsch zu behaupten, dass die kosmische Schöpfung ebenfalls ein Akt der Sexualität ist, wie das häufig in westlichen esoterischen Kreisen getan wird, um unsinnigerweise den menschlichen Geschlechtsakt mit dem Schöpfungsakt gleichzusetzen.

Auch die in diesem Zusammenhang häufig geäußerte Behauptung, die sexuelle Energie sei mit der Shakti – der Energie des höchsten Bewusstseins – identisch, entbehrt jeder Grundlage und ist unlogisch, da es in diesem Universum ja gar nichts anderes als diese höchste Energie gibt. Es geschieht meines Erachtens einfach in Unkenntnis der tantrischen Lehren, wenn behauptet wird, sie bestünden im Wesentlichen darin, Spiritualität und Sexualität miteinander gleichzusetzen. Sexualität war und ist nach Auffassung der tantrischen Lehrer etwas Besonderes, insofern es den göttlichen Akt der Schöpfung *imitiert*. So wie nach ihrem Verständnis das menschliche Leben mit all seinen endlichen und begrenzten Realitäten ohnehin immer in gewissem Maße das Absolute nachbildet, wie es auch in der Bibel heißt: „Und Gott schuf den Mensch zu seinem Bilde." (*1. Mose 1. 27*) Unsere Existenz, alle unsere Handlungen sind Ausdruck unserer Zugehörigkeit zum Göttlichen, zum Absoluten, zum schöpferischen Bewusstsein – oder wie immer man auch das Höchste nennen mag. Wir Menschen nehmen nach tantrischer Auffassung in unseren Handlungen auf begrenzter, individueller Ebene am Prozess des göttlichen Schaffens Teil.

Es ist also diese schier unermessliche kreative göttliche Energie, die im Zentrum des tantrischen Interesses steht – nicht der vergleichsweise unbedeutende menschliche Orgasmus. Überhaupt war die Ausrichtung des gesamten tantrischen Strebens niemals genussbezogen. Es ist für das weitere Verständnis und Praktizieren des tantrischen Weges sehr wichtig, dies zu begreifen: Im Tantra wurde und wird der Genuss nicht abgelehnt, aber er war nicht das angestrebte Ziel! Das Ziel ist die Erkenntnis und unmittelbare Erfahrung der wahren eigenen Natur, die Einheit mit dem Absoluten Bewusstsein. Um es also noch einmal zusammenzufassen:

1. *Nicht die Sexualität und Spiritualität als solche sind nach Auffassung der tantrischen Tradition identisch, sondern deren jeweiliger Ursprung – das höchste schöpferische Bewusstsein.*
2. *Sinn und Zweck dieser höchst seltenen sexuellen Rituale, die nur für wenige auserwählte und äußerst fortgeschrittene Schüler vorgesehen sind (und übrigens immer unter strenger Aufsicht des Gurus stattfinden), war und ist nicht der sexuelle, sondern der geistig-spirituelle Höhepunkt, die Vereinigung mit dem Absoluten.*

Aber was beinhalten die Lehren und die dazu gehörigen Praktiken des Tantra und tantrischen Yoga nun tatsächlich? Die theoretischen Ausführungen über die Lehren und Philosophien werde ich einigermaßen kurz halten. Zum einen, weil in diesem Buch die Praxis der verschiedenen Yoga-Wege im Vordergrund stehen soll; zum anderen, weil ich die Lehren des Tantra bzw. tantrischen Yoga bereits sehr ausführlich in dem Werk „Das Große Kundalini-Buch"[83] behandelt habe. Darüber hinaus werde ich mich auf einige wenige, ausgesuchte Themen aus dem großen Korpus der tantrischen Lehren und Praktiken beschränken. Vor allem auf solche, die für die Yoga-Praxis und

---

83 J. Reinelt, Das Große Kundalini-Buch – Kundalini-Erfahrungen, Grafing 2006.

ihre Anwendbar- und Erfahrbarkeit im täglichen Leben unmittelbar von großem Wert sein können.

Eines der zentralen Themen, welches die Lehren der Tantras behandeln, ist der menschliche Körper. Der menschliche Körper ist im Yoga und im Tantra von außerordentlicher Bedeutung, denn er ist der *Mikrokosmos*, der nach tantrischem Verständnis vollkommen identisch ist mit dem *Makrokosmos* – dem äußeren Universums. Diese Identität von Mikro- und Makrokosmos ist für den Yogi die Grundlage seiner Yoga-Praxis. Dabei handelt es sich jedoch nicht um eine Projektion oder Gleichsetzung des äußeren mit dem inneren Kosmos. Es ist nichts, was der Yogi oder der Tantriker künstlich herstellen würde. Aus Sicht des traditionellen Yoga- und/oder Tantra-Praktizierenden ist der Körper bzw. Mikrokosmos identisch mit dem äußeren Kosmos oder, in den Worten von Philip Rawson: „Gemäß diesem Prinzip setzt Tantra den menschlichen Körper mit dem Kosmos gleich. Die beiden sind sozusagen dasselbe funktionale System aus zwei verschiedenen Blickwinkeln betrachtet, und das eine ist ohne das andere undenkbar. Der Kosmos, den der menschliche Verstand kennt, ist eine Struktur des Energieflusses in seinem eigenen Körpersystem."[84]

Die Betonung der Identität oder Korrelation zwischen Menschen und Universum ist eine der Besonderheiten im Tantra. So lautet ein bekannter tantrischer Ausspruch: „Das Universum ist ein großer Mensch, und der Mensch ist ein kleines Universum."

Diese Korrelation[85] wird in einem äußerst komplexen System von Symbolen dargestellt, das natürlich den menschliche Körper mit einschließt, nicht nur den grobstoffliche Körper, sondern auch die sub-

---

84 Philip Rawson, The Art of Tantra. London 1978, S. 10.

85 Man könnte hier auch von einer Homologie sprechen, weil hinsichtlich der Grundstrukturen von einer Übereinstimmung zwischen menschlichem Individuum und Universum ausgegangen wird.

tilen Ebenen des Menschen und seiner Körper. Zu diesem System gehört auch die mystische Bipolarität – also *Shiva* und *Shakti* – als konstituierende Grundlage sowohl des Mikro- als auch des Makrokosmos.

Damit sind wir bei einem der wohl wichtigsten Elemente der tantrischen Lehren. Ich spreche von *Shakti*. Sie war zwar zuvor bereits ein Thema bei der Erörterung der anderen Yoga-Wege, doch im tantrischen Yoga hat sie einen völlig anderen Stellenwert. Ein tantrischer Yoga ohne *Shakti* ist völlig undenkbar. *Shakti* ist der Dreh- und Angelpunkt aller Tantras, und sie ist die treibende Kraft für alle, die diesen Weg gehen.

Nach den Lehren der tantrischen Philosophen und Meister ist sie die göttliche, kosmisch-kreative Kraft, die hinter allen Bewegungen und Handlungen der Schöpfung steckt – bei der Erschaffung, Erhaltung und Auflösung des Universums. Darüber hinaus ist sie auch die Kraft bzw. Macht, die im Menschen wirksam ist, und zwar sowohl auf körperlicher als auch auf geistiger und spiritueller Ebene. In der menschlich-mikrokosmischen Dimension ist sie im Körper als *Kundalini*-Energie präsent.

Nach tantrischer Auffassung handelt der männliche Aspekt des göttlichen Bewusstseins – *Shiva* – nicht aus sich selbst heraus. Es ist allein *Shakti*, die dynamische Kraft/Macht, die das gesamte Universum in jedem Augenblick hervorbringt. Allerdings ist sie nicht getrennt oder verschieden von *Shiva*. *Shakti* ist der dynamisch-kreative Aspekt oder Teil *Shivas*, ohne den er allerdings nichts hervorbringen könnte, weshalb ein im Yoga gemeinhin bekannter Spruch lautet: *shivah shaktivina shavah* – „*Shiva* ist ohne *Shakti* ein Leichnam".

Shakti ist die ewige, unendliche und durch nichts begrenzte Kraft oder Macht des Universums. Sie ist die höchste Göttin, die im Tantra mit vielen verschiedenen Namen angerufen wird. Sie ist *Parvati*, *Durga* (wörtlich „die schwer-zu-Erlangende") – die Gattin *Shivas*. Sie ist *Kundalini*, aber auch *Para-Vac*, die höchste Klang- und Sprachebene, reine Schwingungsenergie. Sie ist nach den Lehren des Shivaismus von Kashmir *Vimarsha*, das höchste Bewusstsein, welches das Licht des Absoluten – *Shiva* – reflektiert. Auf der Ebene des alltäglichen Lebens ist sie die Göttin, die ihren Anhängern, wie z.B. den Yogis und Yoginis, näher und unmittelbar erfahrbarer ist als ihr göttlich-transzendenter Gatte *Shiva*. Sie ist insbesondere für die praktizierenden tantrischen Yogis und Yoginis in Indien und anderswo über alle Maßen in das jeweilige alltägliche Leben integriert; denn sie ist diejenige, welche diesen Kosmos in all seiner Vielfältigkeit hervorgebracht hat und sich auf allen Ebenen der Schöpfung auch zeigt – zumindest demjenigen, der durch die Praktiken des tantrischen Yoga erwacht ist. *Shakti* ist das Leben in all seiner Gegensätzlichkeit. Weshalb sie sich auch als *Kali* offenbart, als Göttin der Zeit und des Todes, also der Auflösung schlechthin. Aus ihr heraus, als höchster Energie, fließen zahllose weitere, stufenweise untergeordnete Energien. Doch sind sie alle Aspekte bzw. Manifestationen der einen, höchsten göttlichen Energie. Von der höchsten göttlichen bis zur niedersten, am stärksten kontrahierten oder verdichteten Energieform ist *Shakti* ewig untrennbar mit ihrem göttlichen Gemahl – *Shiva* – vereint.

Shiva und *Shakti* sind also auch in uns, neben all den anderen feinstofflichen und energetischen Phänomenen. Bereits in den alten Upanishaden finden wir Aussagen hierzu, wie z.B. in *Chandogya Upanishad 8. 1. 3*, wo es heißt:

> *„So weit, in der Tat, dieser äußere Raum sich erstreckt,*
> *so weit erstreckt sich auch dieser Raum des inneren Herzens.*
> *Darinnen sind beide enthalten, – Himmel und Erde,*
> *beide – Feuer und Wasser, beide – Sonne und Mond,*
> *der Blitz und die Sterne.*

Was immer von ihm (Absolutes) hier in der Welt existiert
und nicht existiert,
all dies ist darin (im Mikrokosmos des Menschen) enthalten."

„Himmel" und „Erde" sind die Regionen, wo sich nach Auffassung und Erfahrung der tantrischen Yogis die Regionen von *Shiva* und *Shakti* befinden. Himmel bezeichnet den Wohnort *Shivas* in uns. Gemeint ist damit der *Sahasrara*, der tausendblättrige Lotos im Scheitelpunkt des Kopfes. Hier ist der Bereich des Absoluten, des höchsten Bewusstseins. *Shakti* hingegen hat ihren Wohnort am entgegengesetzten Ende, an der Basis der Wirbelsäule. Dort, im *Muladhara-Chakra*, hat sich *Shakti* als *Kundalini* (wörtlich: „die Aufgerollte") schlafen gelegt. Dort unten ist der Prozess der Schöpfung zum Stillstand gekommen.

In dem zitierten Vers der *Chandogya Upanishad* ist jedoch auch von den in uns befindlichen fünf Elementen die Rede, aus denen alles auf dieser Welt besteht. Auch wenn sie nicht alle fünf aufgezählt werden, so weiß der Yoga-Praktizierende doch, welche gemeint sind, nämlich:

- ÄTHER
- LUFT
- FEUER
- WASSER
- ERDE

Zwar besteht unser gesamter Körper aus den fünf Elementen, doch werden darüber hinaus ganz bestimmte Bereiche unseres grobstofflichen Körpers diesen Fünfen zugeordnet. Die Zuordnungen sind nach der Beschreibung der *Yogatattva Upanishad (85, 88, 91, 95, 98)*[86] in nach unten verlaufender Richtung folgende:

---

86 Die Yoga-Upanishaden sind wesentlich jünger als die zuvor erwähnten klassischen Upanishaden. In ihnen findet man bereits viele grundlegende Lehren und Konzepte des tantrischen Yoga.

- Äther: > vom Scheitelpunkt des Kopfes bis zum
                  Punkt zwischen den Augenbrauen
- Luft: > von den Augenbrauen bis zum Herz
- Feuer: > vom Herz bis zum Anus
- Wasser: > vom Anus bis zu den Knien
- Erde: > von den Knien bis zu den Füßen

Eine leicht zu erlernende energetisierend-meditative Yoga-Übung besteht darin, sich Schritt für Schritt (am Besten von unten nach oben) auf die verschiedenen Körperbereiche und ihre jeweilig vorherrschenden Elemente zu konzentrieren – um diese dann jeweils in Bezug auf ihre Qualitäten in sich zu erfahren. Dies ist eine gute Vorübung zu einer im tantrischen Yoga recht alten und bewährten Technik, bei der man in der Meditation die Elemente von unten nach oben zum Höchsten durchgeht. Man identifiziert sich dabei mit dem jeweiligen Element – d.h. man konzentriert sich auf „Erde" und wird mit seinem ganzen Sein zu „Erde", dann konzentriert man sich auf „Wasser" und wird mit seinem gesamten Wesen zu „Wasser" usw. – und erreicht auf dieser „Himmelsleiter" die im obersten *Chakra* befindliche Region des Absoluten. (Eine noch wesentlich ausführlichere und detailliertere Version dieser Technik findet sich auf den nachfolgenden Seiten.)

Auf diese Technik, die *Bhuta-Shuddhi* genannt wird (wörtlich: „Reinigung der Elemente"), möchte ich hier noch etwas ausführlicher eingehen. Was der Praktizierende dabei macht, ist das Imitieren oder Nachvollziehen eines völlig normalen Prozesses. Nach den Lehren des Yoga – die in diesem Punkt durchaus mit neueren Erkenntnissen der Physik übereinstimmen – wird sich unser Universum eines Tages wieder auflösen, und zwar auf demselben Weg, auf dem es gekommen ist, nur eben in umgekehrter Richtung. Die Philosophen des Yoga sagen, dass dabei das Gröbere, Verdichtetere in das jeweils Höhere, Subtilere aufgehen wird. So wie sich bei Erwärmung Eis (fest) in Wasser (flüssig) und dies wiederum in Wasserdampf (gasförmig) auflöst. Eine Beschreibung dieses kosmischen Vorgangs, der sich zyklisch wiederholt, finden wir in einer der wichtigsten *Hatha-Yoga*-Schriften, in der *Shiva Samhita (1. 78)*:

> *„Die Erde verging [und] wurde aufgelöst im Wasser,*
> *und das Wasser wurde aufgelöst im Feuer.*
> *Ebenso löste sich das Feuer auf in der Luft.*
> *Die Luft verschmolz im Äther.*
> *Der Äther ging auf in (Nicht-Wissen) Avidya*
> *und dieses im Absoluten."*

Der hier beschriebene Prozess bezieht sich zwar auf die Auflösung des Makrokosmos, doch gilt das Gleiche natürlich auch für den Mikrokosmos, den inneren Kosmos des Individuums, des Praktizierenden, der dem höchsten Ziel entgegenstrebt. Im Verlauf seiner tantrischen Yoga-Praxis, wie Mircea Eliade es treffend ausgedrückt hat, „nimmt der Yogi diesen Resorptionsprozess vorweg".[87] Dieser regressive Prozess, der als Yoga-Technik willentlich durchgeführt wird, wird in den tantrischen Werken, insbesondere auch im Kundalini-Yoga, *Ulta-Sadhana* genannt. Hierzu schreibt S. Dasgupta:

„Yoga besteht im Emporziehen der Shakti – von der niedrigsten Ebene der Veränderung und Aktivität zur höchsten Region der Ruhe – wo sie mit Shiva vereint und von ihm aufgenommen wird. Diese Vereinigung von Shiva und Shakti symbolisiert im weiteren Sinne das Anhalten des gewöhnlichen Prozesses des Werdens und der Rückentwicklung des gesamten Welt-Prozesses zur Erlangung des unveränderlichen Zustandes des Unsterblichen Wesens. Wie bewirkt man diese Rückentwicklung? Durch eine vollkommene Kontrolle der physischen, biologischen und psychischen Prozesse und indem man

---

87 M. Eliade, Yoga, S. 281.

ihre umgekehrte Bewegung in Gang setzt, durch einen langsamen und graduellen Prozess des Yoga – das ist es, was man unter *Ulta-Sadhana* versteht."[88]

Die Yoga-Technik, durch welche dieser Rück-Weg aktiv vollzogen werden kann, ist im tantrischen Yoga unter der Bezeichnung „Reinigung der Elemente" bekannt und wird z.B. im *Vijnana Bhairava (Vers 54)* erwähnt:

> „*Über die subtilen und immer subtileren Prinzipien
> im eigenen Körper oder auch in der Welt – welche zu ihrem
> jeweiligen Ursprungsort gelangen – meditiert habend, offenbart
> sich schließlich die höchste Göttin.*"

Der bekannte indische Gelehrte Jaideva Singh sagt, dass dieser Vers sich auf die yogische Technik der *Vyapti*, „der Durchdringung oder Verschmelzung", bezieht, durch welche die grobstofflichen Schöpfungsebenen bzw. Elemente in das Subtile, das Subtile in das Subtilere und das Subtilere in das Subtilste wieder eingehen, also von den fünf grobstofflichen Elementen am unteren Ende der Evolutions-Stufenleiter, bis hinauf zu *Shiva*, wo sich die höchste *Shakti* dem Yogi schließlich offenbart. [89]

Die praktische Übungsmethode hierzu, in vereinfachter Form[90], kann als Visualisierung und Meditation folgendermaßen aussehen:

---

88 Shashi Bhushan Dasgupta, Obscure Religious Cults, Kap. 9: The Religion of the Nath Siddhas, S. 230 f.

89 J.D. Singh, Vijnanabhairava - Divine Consciousness. Delhi 1979, S. 80-81.

90 Diese Technik, beschrieben unter anderem im Maha-Nirvana-Tantra, ist ansonsten in ihrer Originalform für den nicht eingeweihten Yoga-Praktizierenden zu kompliziert.

Setze Dich zur Meditation. Entspanne Dich und schließe dann die Augen. Wende Deine Aufmerksamkeit nach innen. Warte einige Momente, bis Du etwas tiefer abgesunken bist und Dein Inneres zu fühlen beginnst.

Stelle Dir nun das Element *Erde* vor und seine Eigenschaften. Erde ist fest, dicht, schwer, trocken, dunkel und starr. Stelle Dir Dinge vor, die für das Element Erde stehen, die daraus gemacht sind, wie z.B. Felsen, der Grund, auf dem ein Haus steht, die Erde, in die sich die Wurzeln eines Baumes graben, der Boden, auf dem Du sitzt, usw. Wie würde sich das Element Erde anfühlen, wenn Du es in den Händen hieltest? Stelle es Dir vor – lasse Dir Zeit dazu. Dieses Element ist jedoch nicht außen zu finden – Du trägst es in Dir. Das Element Erde befindet sich im grobstofflichen, aber auch im feinstofflichen Bereich Deines Körpers hauptsächlich in der Region zwischen den Füßen bis zu den Knien. Erfahre jetzt das Element Erde mit Deinem gesamten Körper. Spüre, wie dieses schwerste und dichteste aller Elemente Dein Wesen durchdringt.

Nun stelle Dir das Element *Wasser* vor. Welches sind die Eigenschaften des Wassers? Wasser ist weniger dicht, weniger schwer. Wasser ist weich, anschmiegsam, flüssig und beweglich. Wasser kann von Licht erfüllt sein. Wasser ist lebendig und gibt Leben. Stelle Dir Dinge aus Wasser vor: Das wogende Meer, ein stiller See, ein rauschender Wasserfall, Wellen oder Tropfen. Wie würde sich dieses Element in Deinen Händen anfühlen? Die Region, die diesem Element in Deinem grobstofflichen aber auch im feinstofflichen Körper zugeordnet ist, ist die Region zwischen Knien und Anus. Doch durchdringt dieses Element darüber hinaus Dein gesamtes Wesen – spüre dies nun. Spüre, wie Du zum Element Wasser wirst. Gehe völlig in diesem Element auf.

Das nächst höhere Element in dieser Reihe ist das *Feuer*. Stelle Dir nun das Element Feuer und seine Eigenschaften vor. Was assoziierst Du mit Feuer? Feuer ist heiß, höchst lebendig, verzehrend, leuchtend, aktiv etc. Welche Dinge bestehen aus dem Element Feuer? Stelle sie Dir vor: Lodernde Flammen, sprühende Funken, Glut, Vulkane, Lava oder die Sonne. Wie würde sich dieses Element anfühlen – wenn du es anfassen könntest? Stelle es Dir vor. Die Region, die diesem Element in Deinem grobstofflichen, aber auch im feinstofflichen Körper zugeordnet ist, ist die Region vom Anus aufwärts bis zum Herz. Auch dieses Element durchdringt natürlich Deinen gesamten Körper. Fühle jetzt, wie Dein ganzes Wesen dieses Element verkörpert – Feuer ist nun Dein ganzes Wesen. Werde zu Feuer.

Das nächste Element auf der Leiter der Elemente nach oben ist das Element *Luft*. Welche Eigenschaften verbinden wir mit Luft? Luft ist leicht, aufwärts strebend, durchsichtig und durchlässig, kühlend, beweglich, unsichtbar, antreibend und formlos. Welche Dinge und Begriffe fallen Dir ein zum Element Luft: Wolken, Sturm, eine leichte Brise, Hauch, Kühle und Kühlung, Bewegung in den Gräsern, Feldern und Bäumen usw. Wie würde sich dieses Element für Dich anfühlen – wenn es Dich berührt oder Du es berühren kannst? Auch dieses Element ist für Dich nicht nur im Äußeren zu finden, sondern auch in Dir; und zwar auf grobstofflicher wie auch auf feinstofflicher Ebene im Bereich vom Herzen bis zu dem Punkt zwischen den Augenbrauen. Aber, wie uns die Yogis sagen, durchdringt dieses Element auch den gesamten Körper. Nun konzentriere Dich auf eben dieses Element. Du bist nur noch dieses Element. Konzentriere Dich mit all Deiner Kraft darauf. Dein ganzes Sein ist zu diesem Element geworden.

Nun das allerletzte Element – der *Äther* oder auch der *Raum*. Welche Eigenschaften hat der Äther? Eigentlich gar keine, sollte man meinen, denn dieses Element ist leer. Deshalb wird es auf mikrokosmischer Ebene, also in uns, von den tantrischen Yogis als das „leere Haus" bezeichnet.[91] Doch verbinden wir sehr wohl ganz bestimmte Eigenschaften oder Vorstellungen mit diesem Element (weil unser Verstand gar nicht anders kann), wie etwa solche, die uns im Zusammenhang mit dem All einfallen. Weite, Leere, grenzenlose Ausdehnung oder Unendlichkeit. Auch dieses Element ist eines der Bestandteile unseres Körpers, denn ohne Äther/Raum könnte überhaupt nichts existieren. Auch dieses Element hat in uns einen Ort, wo es vorwiegend präsent ist, nämlich die Region von den Augenbrauen aufwärts bis zum Scheitelpunkt des Kopfes. Auch wenn bei diesem Element unser Geist/Verstand an seine Grenzen stößt – das ist durchaus beabsichtigt – stelle es Dir vor: Der Äther ist in Dir und Du gehst vollkommen auf in ihm. Lasse Dir hierfür Zeit. Du bist der Äther.

Nun kennt Deine innere Energie die Richtung, in die sie gehen soll – immer weiter nach oben. Du hast nun diese Welt hinter dir gelassen, sie aufgelöst. Gehe jetzt weiter nach oben. Lasse Dir viel Zeit hierfür. Wenn es beim ersten Mal nicht klappt, dann versuche es weiter. Lasse die Energie Deines Geistes weiter aufwärts streben. Stelle Dir nun im Scheitelpunkt des Kopfes, wie auch leicht darüber, über- und außerhalb deines Körpers, die ewige Präsenz *Shivas* vor, *Shiva* vereint mit *Shakti*, der *Parama-Atman*, das höchste Selbst. Stelle dir das Strahlen des ewigen Lichtes vor, das alles zu allen Zeiten in höchster Liebe durchdringt. Nun gehe ein in die grenzenlose, unendliche Weite des höchsten Bewusstseins … in die unendliche Weite des höchsten Bewusstseins … in die unendliche Weite des höchsten Bewusstseins … in die unendliche Weite des höchsten Bewusstseins …

Wie gesagt, es gibt so viele feinstoffliche Phänomene und Energien in uns, daher ist es unmöglich, im Rahmen dieses Kapitels alle zu

---

91 Die anderen Elemente hingegen werden als „volle Häuser" aufgefasst.

nennen und ihre entsprechenden tantrischen Praktiken, durch die sie für uns erfahrbar werden, zu beschreiben. Doch eine ganz bestimmte Gruppe von Energie-Phänomenen unseres feinstofflichen Körpers darf auch unter den genannten Umständen selbstverständlich nicht unerwähnt bleiben – die *Chakras*. Um mit den *Chakras* „arbeiten" zu können, muss man natürlich erst einmal wissen, was sie sind, wie sie aussehen, welche Funktionen sie haben etc.

Bereits im frühen achten Jahrhundert n. Chr. begegnen wir in Indien dem bekannten subtil-physiologischen System, bestehend aus bestimmten Merkmalen, wie den drei vertikal verlaufenden Hauptkanälen der *Ida* (links), der *Pingala* (rechts) und der *Sushumna* (in der Mitte entlang der Wirbelsäule), den 72 000 feineren Kanälen (*Nadis*), die den gesamten Körper durchziehen und den sechs Hauptenergiezentren (*Chakras*). Dieses grundlegende Modell bleibt bestehen, wird von den verschiedenen Traditionen des Yoga und Tantra jedoch modifiziert und weiterentwickelt. Beginnen wir mit den *Chakras* (wörtl. „Rad"), den wichtigsten und größten Energiezentren unseres feinstofflichen Körpers.

Die Darstellungen in dem alten yogisch-tantrischen Werk *Shatchakra Nirupana* („Untersuchung der sechs Chakras") – dem elementaren Werk über die sechs Energiezentren, das durch die Bearbeitung und Veröffentlichung von Sir John Woodroffe unter dem Titel „Die Schlangenkraft" in den westlichen Ländern berühmt wurde – entsprechen dem, was man als das klassische *Chakra*-System bezeichnen kann. Eine der kompaktesten, umfassendsten und gleichzeitig auch eine autoritative Original-Darstellung[92] der sechs Chakras fin-

---

92 Ich betone hier „original" und „autoritativ" einfach nur deshalb, weil es mittlerweile in der westlichen Yoga-Szene so viele Werke über die Chakras gibt und einige davon mir nicht den Anschein erwecken, als hätten die Autoren sich je die Mühe gemacht, nachzuschauen, was denn in den alten und ursprünglichen Werken über die Chakras wirklich steht.

det man in dem tantrisch-hatha-yogischen Werk *Goraksha Shataka* *(15-16)*:

chaturdalam syadadharas svadhishthanamcha shatadalam /
nabhau dashadalam padmam suryasankhyadalam hridi //
kanthesyat shodashadalam bhrumadhye dvidalantatha /
sahasradalamakhyatam brahmarandhre mahapathe //

„Der *Adhara* (*Muladhara-Chakra*) ist vierblättrig und der *Svadhishthana* sechsblättrig. Der zehnblättrige Lotos (*Manipura-Chakra*) befindet sich im Nabel und der zwölfblättrige[93] (*Anahata-Chakra*) im Herzen. Der sechzehnblättrige [Lotus] (*Vishuddha-Chakra*) ist im Hals, der zweiblättrige (*Ajna-Chakra*) zwischen den Augenbrauen und der tausendblättrig genannte (*Sahasrara-Chakra*) im *Brahmarandhra* auf dem großen Pfad."

Die sechs bzw. sieben Chakras noch einmal in der Reihenfolge, wie sie in uns existieren:

• SAHASRARA
• AJNA
• VISHUDDHA
• ANAHATA
• MANIPURA
• SVADHISHTHANA
• MULADHARA

---

93 Wörtlich heißt es hier: „Der, dessen Blätter von der Anzahl der [Monate der] Sonne ist." Gemeint ist das Anahata-Chakra, das zwölf Blütenblätter hat und dessen Position oder Lage nach einigen yogisch-tantrischen Traditionen das Herz (weshalb es manchmal auch Hridaya-Chakra genannt wird), nach anderen Traditionen der Solarplexus ist. Wer sich für diese und andere Besonderheiten der Chakra-Lehre im Yoga und Tantra interessiert, kann sich hierüber in meiner Doktorarbeit ausführlich informieren – nachzulesen unter: www.ub.uni-heidelberg.de/archiv/2113

Die *Chakras* sind vergleichbar dem Plexus oder den Nervenge-flechten, die der Mensch in seinem grobstofflichen Körper hat. In diesen feinstofflichen Geflechten bzw. Zentren fließen jedoch kei-ne Stoffe oder grobstofflichen Energien. *Chakras* sind u.a. für die Energieversorgung unseres feinstofflichen Systems verantwortlich. Dargestellt werden sie als Lotos-Blüten, weil es sich um bestimmte Stellen entlang der Wirbelsäule handelt, an denen eine große Anzahl starker subtiler Kanäle (*Nadis*) auf einer Ebene zusammenlaufen und dies den Kreuzungsstellen der *Nadis* das Aussehen von Blumen, Blü-ten bzw. nach indischer Vorstellung das Bild des Lotos ergibt. Jedes *Chakra* hat seine eigene Ikonographie, mit verschiedener Anzahl der Blütenblätter, Sanskrit-Silben (die den Eigenschwingungen oder Schwingungsqualitäten des jeweiligen Blütenblattes entspricht), Far-ben, Gottheiten, Elementen, Tieren und geometrischen Formen. Die-se archetypischen Symbole werden in einigen Yoga-Traditionen dazu verwendet, die *Chakra*s zu visualisieren. Meditierende berichten häufig davon, dass sie die *Chakras* auch spontan in ihrer Meditation sehen. Zu jedem *Chakra* gehört auch ein entsprechendes *Bija-Man-tra*, das den subtilen Klang repräsentiert, der durch die im *Chakra* wirkenden Schwingungskräfte erzeugt wird. Schauen wir uns nun die klassischen sechs *Chakras* im Einzelnen an:

Muladhara-Chakra

Das erste, unterste Chakra wird *Muladhara*, wörtlich „Wurzel-Stütze" oder „Wurzel-Basis" genannt, denn hier ruht die *Kundalini*-Energie. Dargestellt bzw. beschrieben wird sie hier als schlafende Schlange, die nach *Shatchakra Nirupana 10*: „Friedlich-zahm mit ihrem Maul die Mündung des *Brahma-Dvara* („Tor zum Absoluten") bedeckt. Wie die Spirale einer Muschelschale windet sich ihr leuch-tender schlangenförmiger Leib dreieinhalb Mal um Shiva."

Dass sie „dreieinhalb Mal" um *Shiva* geschlungen ist, der im Chakra ikonographisch als *Shiva-Lingam* dargestellt wird, bedeutet, dass sie sich, selbst in diesem Zustand des tiefen Schlafes, jenseits der drei *Gunas* (der drei grundlegenden Eigenschaften, aus denen alles in dieser Welt besteht – *Sattva, Rajas, Tamas*) aufhält. Obwohl sie alles erschaffen hat und sich in jedem noch so winzigen Partikel dieses Universums befindet, ist sie gleichzeitig immer jenseits der Schöpfung und vollkommen frei.

Das *Muladhara-Chakra* befindet sich an der Basis der Wirbelsäule, zwischen dem Geschlechtsorgan und dem After. Es hat die Form eines roten Lotos mit vier Blättern, die die Schwingungsqualität der Sanskrit-Silben *vam, sham, sham*[94] und *sam* haben. In der Mitte des Lotus befindet sich ein gelbes Quadrat, das Symbol des Elements Erde, dessen *Bija-Mantra „lam"* ist. Im Zentrum des Quadrats ist ein Dreieck mit der Spitze nach unten, das Symbol der *Yoni*. Diesem untersten Chakra, das in Zusammenhang mit der Kohäsionskraft und Trägheit der Materie steht, sind ein Elefant, Gott *Brahma* und die Shakti namens *Dakini* zugeordnet. Im *Kundalini Stava (Verse 5+8b)*, einer kraftvollen Hymne, mit der sich die *Kundalini*-Yogis direkt an die kosmische Urkraft im Inneren wenden, heißt es über dieses erste *Chakra*:

„Dort (im *Muladhara*) verweilend, betört diese Yogini sogar *Brahma* und *Shiva*. Sie lüftet den Schleier des Schattens der drei Welten, zerstört das (illusionäre) große Glück des weltlichen Daseins und

---

94 Die beiden Silben *sham* sind nicht die gleichen Laute. Das erste ist dental (die Zunge berührt beim Aussprechen die oberen Schneidezähne, das zweite ist retroflex (die Zunge geht nach oben und berührt den Gaumen). Der Einfachheit halber wurde in diesem Buch auf die diakritischen Zeichen bei der Umschrift verzichtet, die den Unterschied verdeutlichen würden. Ich mache diese Ausführungen über die unterschiedliche Aussprache, weil diese Unterschiede für die Wirksamkeit der gesprochenen oder gesungenen Mantras von großer Bedeutung sind.

durchstößt alle (inneren) Knoten. Sie selbst nimmt die Form einer Schlange an. Sie ist subtiler als das Subtilste. (5) Oh Mutter. Oh Shri *Kula-Kundalini*. Oh geliebte Verkörperung der höchsten Shakti. Oh Erleuchterin des *Kali*-Aspektes. Oh gütige Herrin – ich verneige mich vor jenem Ort (*Muladhara*). Du erhebst mich, eine gefangene Seele." (8b)

Svadhishthana-Chakra

Die wörtliche Bedeutung von *Svadhishthana* ist „der Ort, der seine eigene Basis ist". Wenn die Kundalini-Energie in diesem Zentrum arbeitet, reinigt sie unser Körper-Geist-System von den Qualitäten, die als die „Sechs Feinde" bezeichnet werden: Stolz, Lust, Ärger, Neid, Gier und Verblendung.

Dieses Zentrum, das auch *Jala-Mandala* (Skt. *jala*, „Wasser") genannt wird, weil sein Element das Wasser ist, befindet sich in der Nähe des Kreuzbeines. Es hat die Form eines Lotos mit sechs rot-orangefarbenen Blütenblättern, deren Silben *bam*, *bham*, *mam*, *yam*, *ram* und *lam* sind. Im Zentrum dieses Lotos befindet sich ein weiterer achtblättriger Lotos mit einem weißen Halbmond, der in Beziehung zu *Varuna*, dem Gott der Gewässer, steht. In der Mitte des Mondes liegt das *Bija-Mantra „vam"*, Gott *Vishnu*, die Shakti *Rakini* und ein weißer *Makara* – ein Fabelwesen, das einer Kreuzung aus Delphin und Krokodil gleicht.

Manipura-Chakra

Manipura bedeutet „Stadt des Juwels", vermutlich weil es mit dem Glanz des Feuers, dem Element dieses *Chakras*, erstrahlt. Durch *Kundalinis* Wirken in diesem Zentrum wird nach tantrischer Lehre das Verdauungsfeuer und die Willenskraft gestärkt. Dieses *Chakra* befindet sich in der Lendengegend auf Höhe des Nabels, weshalb es manchmal auch *Nabhi-Sthana* (Skt. *nabhi*, „Nabel") genannt wird. Das ihm zugehörige Element Feuer wird repräsentiert durch ein nach unten zeigendes Dreieck, das die Farbe der aufgehenden Sonne hat. In diesem Dreieck befindet sich das *Bija-Mantra* „ram". Der Lotus, der das Ganze umgibt, hat nach *Shatchakra-Nirupana 19* „die Farbe von regenschwangeren Wolken" und besteht aus zehn Blütenblättern mit den Silben *dam, dham, nam*[95], *tam, tham, dam, dham, nam, pam, pham*. Die zum Manipura-Chakra gehörige Gottheit ist *Rudra*, die Shakti heißt *Lakini* und das Tier ist ein Widder. Wer auf dieses Chakra meditiert, so heißt es in *Shatchakra-Nirupana Vers 21*, „erlangt die Macht zu zerstören und zu erschaffen".

Anahata-Chakra

Gemäß *Shatchakra Nirupana Vers 22* hat dieses *Chakra* die „leuchtende Farbe der *Bandhuka-Blüte*". Die Blütenblätter sind zwölf an der Zahl: *kam, kham, gam, gham, nam*[96], *cam, cham jam, jham, nam, tam* und *tham*. Es ist das Zentrum des Luft-Elements, welches ikonographisch dargestellt wird mit einem sechseckigen *Mandala*, bestehend aus zwei sich durchdringenden Dreiecken, wobei das eine nach oben und das andere nach unten zeigt. Das Tier dieses Chakras ist die Antilope, welche die Unstetigkeit des Geistes repräsentiert, der mit diesem *Chakra* in Beziehung steht. Das *Bija-Mantra* hier ist „yam", die Gottheit *Isha* und die Shakti *Kakini*.

---

95 Diese drei, *dam, dham* und *nam*, sind ebenfalls verschieden von den nachfolgenden Silben, *dam, dham* und *nam*. Erstere sind retroflex und die nachfolgenden drei dental.

96 Dieses *nam* beginnt mit einem gutturalen Laut, wie in dem Wort „Wange". Das nachfolgende *nam* beginnt mit einem palatalen Laut, wie in dem spanischen Wort „Senhor" (gesprochen: Senjor). Die hierauf folgenden beiden *tam* und *tham* sind retroflexe Laute.

Anahata bedeutet wörtlich: „unangeschlagen, nicht-erzeugt". Dies bezieht sich auf den *Nada* (subtiler Klang), der hier ertönt, den sogenannten *Anahata-Shabda*, den „nicht-erzeugten". Oft wird dieses *Anahata-Chakra* als das „Herz-Chakra" bezeichnet, was bei näherer Betrachtung nicht so ganz eindeutig zu sein scheint. Denn zum einen ist die Position des *Anahata* nicht auf der linken Seite, also in der Gegend des physischen Herzens, sondern genau in der Körpermitte, und hat von daher ziemlich genau die Position des Solarplexus. Zum anderen gibt es, nach einigen maßgeblichen Werken des Yoga und Tantra, ein hiervon verschiedenes Herz-Chakra, das sich direkt unterhalb des *Anahata* befindet und auch die Bezeichnung *Hridaya-Chakra* („Herz-Chakra") trägt.

Für den Kundalini-Yogi ist das Herz bzw. Herz-Chakra von zentraler Bedeutung; denn hier befindet sich nach yogischer Auffassung der Knotenpunkt der Atemenergie, das Zentrum der sensorischen Wahrnehmung, und vor allem der Sitz der Seele und des menschlichen Geistes/Gemüts. Über die Funktion des *Hridaya-Chakra* heißt es in *Viveka Darpana 5.3*:

„Dort (im achtblättrigen Herz-Lotos) vollzieht sich ein wirkliches Hin und Her der Gestalt der individuellen Seele – Freude, Leid, Furcht, Wonne, Abscheu, Eifer, Ehrlosigkeit und Zuneigung. Auf welchem Blatt auch immer die individuelle Seele umherwandert, dort entsteht ganz natürlich Anhaftung auf achtfache Weise."

Wie in diesem Vers des *Viveka Darpana*, so findet man auch in den beiden Yoga-Upanishaden *Dhyanabindu Upanishad (Vers 93)* und in *Hamsa Upanishad (Vers 8)* die Beschreibung eines „achtblättrigen Lotos" in der Region des Herzens, auf dem durch das Umherwandern der Seele (Skt. *atman*) auf den Blütenblättern die unterschiedlichen Stimmungen oder Gemütsverfassungen entstehen. Die Berührung des *Atman* mit dem jeweiligen Blütenblatt erzeugt bei dem jeweiligen Menschen dann die verschiedenen Stimmungen, wie z.B. Freude, Hass, Lust, Gier etc.

Vishuddha-Chakra

Wenn die erwachte innere Energie dieses Energiezentrum säubert, wird der Geist völlig rein und klar – woher dieses *Chakra* auch seinen Namen hat, denn *Vishuddha* bedeutet im Sanskrit „vollkommen gereinigt, völlig rein". Das *Chakra* befindet sich in der Kehle und besteht aus einem sechzehn-blättrigen Lotos, dessen Blüten die Schwingungen der Silben *am*, *aam*, *im*, *iim*, *um uum*, *rrim*, *rriim*, *llim*, *lliim*, *em*, *aim*, *om*, *aum*, *amm*, und *ahh* haben. Diese Silben erscheinen in einer karmesinroten Farbe auf den rauchfarbigen Blütenblättern. In dem Lotos befindet sich ein blauer Raum als Symbol für das Element Äther (Skt. *akasha*) mit einem weißen Kreis in der Mitte, der einen Elefanten umschließt. Der Elefant, auf dem das *Bija-Mantra* „ham" ruht, trägt die zu diesem Chakra gehörige Gottheit *Sadashiva* („ewiger *Shiva*"), der halb in der Farbe Silber und halb in der Farbe Gold ist, was den androgynen Aspekt dieser Gottheit zum Ausdruck bringen soll. Die Hälfte seines Körpers besteht aus seinem weiblichen Pendant *Sada-Gauri*, die wie er zehn Arme und fünf Gesichter hat.

Das *Vishuddha-Chakra* ist das Zentrum der Sprache. Das bedeutet: Wenn die aufwärts strebende Energie hier wirksam ist, wirkt sich das unter Umständen auf die Eloquenz des Betreffenden aus. Manche Yoga-Schriften sagen, dass jemand, der auf dieses Zentrum meditiert, ein großer Schriftsteller, Poet oder Weiser wird. Wenn die *Kundalini*-Energie so weit aufgestiegen ist, hat sie den Bereich der Eigenschaften hinter sich gebracht, denn dieses *Chakra* verkörpert das höchste und letzte der Elemente. Geht die Energie des Praktizierenden über diese Ebene hinaus, stößt sie in wesentlich subtilere und energetischere Bereiche vor, weshalb einige tantrische Werke von einer Vielzahl von *Chakras* und Energie-Zentren im Bereich des Kopfes sprechen.

Ajna-Chakra

Dieses überaus wichtige Chakra befindet sich zwischen den Augenbrauen, weshalb es in den einschlägigen Werken des tantrischen Yoga, wie z.B. in der *Siddha Siddhanta Paddhati (2. 7)*, auch als *Bhru-Chakra* (Skt. *bhru*, „Braue") bezeichnet wird. In diesem *Chakra* befindet sich diejenige Stelle, wo die großen kosmischen Kräfte auf ihrem Weg nach unten Dualität und Vielfalt erschaffen haben. Auf dem Weg zurück nach oben, zum Ursprung, werden die Kräften hier wieder zusammengeführt. Dieses *Chakra* – es ist weiß, und in seiner Mitte befindet sich ein nach unten gerichtetes Dreieck, in dessen Zentrum ein *Lingam*, die Gottheit *Shambhu* und die Shakti *Hakini* – besitzt nur *zwei* Blütenblätter, nämlich *ham* und *ksham*. Diese stehen für die beiden großen *Nadis* (feinstoffliche Kanäle), die hier zusammenfließen. Doch genau genommen kommen hier *drei* große Nadis zusammen – die drei mächtigen Haupt-Nadis *Ida, Pingala und Sushumna.* Deshalb wird diese Stelle von den Yogis auch *Triveni* genannt, „der Zusammenfluss der drei". Hier verlässt die aufsteigende *Kundalini* den Bereich der Dualität, Verschiedenheit und auch die Trennung von Subjekt und Objekt. Wenn der Yogi diese Schwelle überschreitet, lässt er die Welt hinter sich, weshalb es in den Versen *36* und *37* des *Shatchakra Nirupana* heißt:

„Wenn der Yogi das Haus, das ohne Stütze hängt, verschließt – das Wissen hierüber erlangt habend durch den Dienst an seinem höchsten Guru – und wenn der Geist/Verstand durch wiederholte Praxis an dieser Stelle, die der Wohnort der Glückseligkeit ist, aufgelöst wird, dann sieht der Yogi in der Mitte und in dem Raum über dem Dreieck das klare Scheinen der Funken des göttlichen Feuers. Dann sieht er auch das Licht in Form einer flackernden Lampe. Es leuchtet wie die hell scheinende Morgensonne und strahlt zwischen Himmel und Erde. Hier, an dieser Stelle, offenbart sich der höchste Herr mit der Fülle seiner Macht. ER kennt keinen Zerfall, ER ist der Zeuge von allem, und Er ist hier, wie Er auch in der Region von Feuer-Mond-Sonne (= im Bereich der Schöpfung in den darunter liegenden *Chakras*) ist."

Die absolute Besonderheit dieses *Chakras* wird deutlich, wenn wir uns – wieder einmal – eingehender mit der Bezeichnung des *Chakras* befassen. Das Sanskrit-Wort *ajna* bedeutet nämlich „Befehl". Die aufsteigende Kundalini, so sagen die Yoga-Meister, benötigt ab hier den Befehl des Gurus, um weiter aufsteigen zu können.

Was für den Praktizierenden oberhalb des *Ajna-Chakras* aus wissenschaftlich-psychologischer Sicht geschieht, beschreibt treffend Ken Wilber:

„Beginnend mit dem sechsten Chakra, dem *Ajna-Chakra*, fängt das Bewusstsein an, in die trans-personale Richtung zu gehen. Bewusstsein geht nun in Richtung trans-verbal und trans-personal. ... Dies ist die totale und vollkommene Transzendenz und das Frei-Werden ins Formlose Bewusstsein. Grenzenloses Strahlen. Da gibt es kein Ich, keinen Gott, keinen Letztendlichen-Gott, keine Subjekte, keine Ding-heit, abgesondert, getrennt vom Bewusstsein als solchem. ... Jeder Schritt ist eine Zunahme an Bewusstsein und eine Identifikation der Bewusstheit, bis alle Formen zurückkehren zum vollkommenen und radikalen Freiwerden im Formlosen."[97]

---

97   K. Wilber, Spectrum Psychology, in: Revision Vol. 2, No. 1, 1979, S. 70 f.

Der *Sahasrara*

Sahasrara ist ein Sanskrit-Wort, das „eintausend" bedeutet. Der *Sahasrara*, auch *Sahasrara-Chakra* oder *Shasrara-Dala*, hat also eintausend Blätter. Die (nach unten zeigenden) Blütenblätter tragen alle Silben bzw. Laute, die im Sanskrit-Alphabet (50) vorkommen, zwanzigmal, das ergibt 1000. Die Blütenblätter beinhalten folglich das gesamte Klang- bzw. Schwingungs-Potenzial des Sanskrit-Alphabets. Doch im eigentlichen Sinne bedeutet „eintausend" hier, dass dieses *Chakra unendlich* viele Blätter hat, denn hier ist der Ort des höchsten, unendlichen Bewusstseins, weshalb dieses *Chakra* auch *Nirvana-Chakra* genannt wird. Der *Sahasrara* befindet sich nach der Erfahrung und Erkenntnis der Yogis nicht *im* grobstofflichen Körper, sondern ein wenig darüber, über dem Kopf, also eigentlich außerhalb des Körpers, wie wir ihn in der Regel wahrnehmen. So beschrieben beispielweise in der *Shiva Samhita 5. 151b: brahmanda-akhyasya dehasya bahye tishthati muktidam* – „Er, der Befreiung gewährende [*Sahasrara*], ist außerhalb des Mikrokosmos des Körpers."

Interessant ist auch, dass der *Sahasrara* kein zugeordnetes Element, keine Farbe und auch kein *Bija-Mantra* hat. Daher wird der *Sahasrara* von vielen Yoga-Traditionen nicht mehr zu den *Chakras* gezählt. Eine poetische Beschreibung dieses höchsten Energiezentrums finden wir in der bekannten indischen Hymne *Ananda Lahari*, in der der *Sahasrara* angerufen wird. Ich zitiere als Beispiel *Vers 21*:

„Große Wesen, deren Geist frei von *Maya* (universale Kraft der Illusion) ist, sehen mühelos Deine Wohnstätte, in der sich Sonne, Mond und Feuer befinden, die feiner ist als ein Blitz und die sich oberhalb des sechsten Lotos im Wald des großen Lotos befindet. Dies erblickend, sind sie versunken in einer Woge von höchster Glückseligkeit."

Hier, am Ort der höchsten Glückseligkeit, ist der Sitz *Shivas*, mit dem sich *Kundalini* nach Erreichen ihres Zieles vereint. Die Vereinigung dieses göttlichen Paares ist gleichbedeutend mit der Vereinigung der individuellen Seele (*Jiva*) mit dem höchsten Bewusstsein. An diesem Punkt realisiert der Yogi: „Ich bin Shiva" – *Shivo'Ham.* „Ich bin Das" – *So'Ham.*

Welche Übungen oder Methoden können wir nun anwenden, um – ich drücke es vorsichtig aus – mit den *Chakras* in Berührung oder Kontakt zu kommen. Meine Vorsicht hat damit zu tun, dass viele Yoga-Praktizierende glauben, sie könnten hier etwas manipulieren oder gar beherrschen, aber wir können die *Kundalini-Shakti* und ihre Energien (und hierzu gehören auch die *Chakras*) nicht dressieren. Stattdessen ist an dieser Stelle Aufmerksamkeit, Achtung oder gar Demut geboten. Wir haben es hier mit der allmächtigen Schöpfungskraft zu tun; die Chakras sind I h r e Manifestationen, ihre Kinder sozusagen, denn *Kundalini* wurde im menschlichen Körper eben auch und insbesondere zu den *Chakras*.[98] Doch mit der angemessenen Achtsamkeit können wir uns natürlich den *Chakras* zuwenden. Zum Beispiel auf diese Weise:

Setze Dich zur Meditation, schließe die Augen, achte auf eine aufrechte Haltung und entspanne dabei Deinen Körper und Deinen Geist. Wende Dich nun tief nach innen. Lasse Dir dabei Zeit. Geduld ist eine der Tugenden, die wir für das Meditieren brauchen und wiederum auch durch das Meditieren lernen. Alles braucht seine Zeit.

Richte nun Deine Aufmerksamkeit auf Deine Wirbelsäule. Sie ist entspannt und gerade, sie wird gehalten durch den Strom einer subtilen Energie. Spüre diesen Strom der Energie entlang der Wirbelsäule in dem subtilen Mittelkanal (*Sushumna*), der im feinstofflichen Körper innerhalb der Wirbelsäule verläuft. Dieser Energiestrom ist mehr oder weniger immer da, wir müssen ihn nur spüren. Manchmal spürst Du einen Strom von oben nach unten, manchmal einen Strom

---

98 Siehe: J. Reinelt, Das Große Kundalini-Buch, Kapitel 5.

in umgekehrter Richtung, von unten nach oben. Beides ist völlig in Ordnung.

Richte nun den Fluss deiner Aufmerksamkeit auf das unterste *Chakra*, das *Muladhara-Chakra*. Vergegenwärtige Dir die Merkmale und Eigenschaften dieses Chakras, wie sie oben genannt wurden, z.B. die Verbundenheit mit dem Element „Erde". Lenke Deine gesamte Aufmerksamkeit auf all das, was Du über dieses Chakra weißt bzw. mit diesem *Chakra* in Verbindung bringst und bleibe mit voller Aufmerksamkeit eine Weile bei diesem *Chakra*. Wie fühlt sich die Energie dieses *Chakras* an? Versuche, es herauszufinden. Versuche, die Eigenschaften dieser Energie zu „schmecken".

Richte Deine Aufmerksamkeit jetzt höher, auf das nächste *Chakra* – das *Svadhishthana-Chakra*. Visualisiere dieses *Chakra*. Stelle Dir vor, wie es aussieht, woraus es besteht, dass es das Element Wasser verkörpert und vieles mehr. Koste auch dieses *Chakra* in seiner Vielfältigkeit aus. Lasse Dir dabei Zeit.

Gehe nun zum nächsten Energiezentrum entlang deiner Wirbelsäule, zum *Manipura-Chakra*, dem Energiezentrum im Nabel. Verweile auch hier ein wenig. Denke an seine Verbindung mit dem Element Feuer und an all die anderen Merkmale und Eigenschaften, die genannt wurden. Spüre das *Chakra* und wende dich innerlich an das *Chakra*. Jedes *Chakra* ist ein lebendiges Wesen.

Steige weiter hinauf zum nächsten *Chakra*. Du kannst deutlich fühlen, dass es zunehmend heller, leichter und weiter wird, je höher Du kommst. Sei Dir nun des *Anahata-Chakras* bewusst. Erinnere Dich – wie sah dieses Chakra aus und welche Verbindungen zu Gottheiten, Kräften und Elementen gibt es? Das hier vorherrschende Element ist Luft. Stelle es Dir im Bereich des Solarplexus oder Herzens vor. Visualisieren ist eine Kunst, die man üben muss, darum lasse Dir

Zeit. Durch geduldige Wiederholung wirst Du diese Kunst erlernen. Verweile auch auf dieser Ebene ein paar Minuten und versuche, die besondere Energie dieses Chakras zu erfühlen.

Richte den Fluss Deiner Aufmerksamkeit nun auf das *Vishuddha-Chakra* in der Kehle. Stelle es Dir vor, wie es in Deiner Kehle vor Energie pulsiert und erstrahlt. Es ist das *Chakra* mit der größten Anzahl an Blütenblättern. Nähere Dich auch diesem *Chakra* mit Achtung, Aufmerksamkeit und Liebe, denn ein *Chakra* ist ein lebendiges Wesen. Denke immer daran, dass diese Energiezentren ein Teil der Göttin *Kundalini* sind, die sich in jedem von uns ihr kleines und doch vollkommenes Universum geschaffen hat. Mit diesem *Chakra* verlässt Du den Bereich der grobstofflichen Elemente, denn hier ist die Region des Äthers, also des Raumes, der Weite, der unendlichen Ausdehnung. Darüber hinaus gibt es keine Elemente mehr.

Lenke nun Deinen Geist auf das letzte *Chakra*, das *Ajna-Chakra*. Erinnere Dich, wie dieses Chakra beschrieben wurde und was hier geschieht. Hier, so sagen uns die erleuchteten Yogis manchmal im Spaß, muss der Guru der nach oben strebenden Kundalini „das Visum zum Höchsten" ausstellen – d.h. der aufsteigenden Energie die Erlaubnis bzw. den Befehl erteilen, weiter zu gehen. Wende Dich daher mit Hingabe und Demut an das Guru-Prinzip – die allgegenwärtige Segenskraft des höchsten Bewusstseins – und bitte darum, hier passieren zu dürfen.[99]

Nun sollte Deine Aufmerksamkeit sich mit aller Kraft erheben und nach oben streben – zum allerletzten Energiezentrum, dem *Sahasrara*. Versuche, Dir die Strahlkraft dieses Lotos mit seinen tausend bzw. unendlich vielen Blütenblättern zu vergegenwärtigen. Stelle Dir die Klarheit, Schönheit und Erhabenheit dieses Ortes an der ober-

---

99 Eine bekannte Definition der Natur und Funktion des Gurus aus dem *Shrimalinivijaya Tantra* lautet: *gururva parameshvari anugrahika shaktih* – „Der Guru ist die gnadenspendende Macht Gottes."

sten Grenze Deines Mikrokosmos vor. Der *Sahasrara* – hier vereinigt sich die zu ihrem Ursprung zurückkehrende *Kundalini-Shakti* mit ihrem Gemahl *Shiva*. Hier, an diesem heiligen Ort in Dir, ist das ewige Licht des höchsten Bewusstseins. Konzentriere Dich nun vollständig auf dieses höchste Licht. Verschmelze den Fluss Deiner Aufmerksamkeit mit diesem ewigen Licht – wenn noch Gedanken und Gefühle in Deinem Bewusstsein auftauchen, nimm sie einfach in diesem Fluss nach oben mit...

Wem diese Form der Visualisierung zu kompliziert ist, kann in der Meditation auch erst einmal auf die Stellen meditieren, an denen sich die Chakras befinden.

Man beginnt am unteren Ende der Wirbelsäule, konzentriert sich auf die Region des untersten Chakras. Nach einer Weile (ca. 1-2 Minuten) steigt man mit seiner Aufmerksamkeit in dem visualisierten subtilen Mittelkanal (*Sushumna*) zum nächst höher gelegenen Chakra. Man verweilt dort wieder und steigt in der visualisierten *Sushumna* weiter zum nächsten Chakra. Auch hierbei sollte man versuchen, nacheinander die charakteristische Energie des jeweiligen Chakras zu „schmecken", wie die Yogis es nennen. Durch dieses Verfahren werden wir uns des ohnehin vorhandenen aufsteigenden Fließens der Meditationsenergie während unserer Meditation bewusst – und verstärken sie sogar.

Wir dürfen bei diesen Formen der Meditation nicht vergessen, dass wir hierdurch in einen Kommunikationsprozess mit der göttlich-schöpferischen Kraft in uns treten. Wenn wir diese Übungen mit Geduld und Hingabe fortführen, wird es nicht lange dauern, bis diese Kraft bzw. Energie uns antwortet.

Ein weiteres bemerkenswertes und für Yoga-Praktizierende unerlässliches Thema der tantrischen Lehren ist die *Kraft/Macht der*

Sprache bzw. *des Wortes.* Die Yoga-Praxis der Mantra-Wiederholung, die ich kurz in Kapitel 3.3 vorgestellt habe, stammt in der Tat ursprünglich aus dem Tantra. Seit tausenden von Jahren wird in allen Kulturen der Welt – ganz besonders jedoch in Indien – der Sprache bzw. dem Wort eine ganz besondere Bedeutung, eine geradezu göttliche Qualität, beigemessen. In Indien, Tibet und Nepal gilt dies insbesondere für die tantrische Tradition; denn hier ist die Lehre von der Natur des Wortes als Ausdruck der göttlichen Energie grundlegend. Die höchste göttliche Energie ist, nach tantrischer Auffassung, ihrem Wesen nach Klang, Schwingung, Sprache – und wird durch diese in unserer Welt auch wirksam. So heißt es in einem der elementaren Werke des tantrischen Yoga, *der Hathayoga Pradipika (4. 102):* „Was immer in Form von Klang (*Nada*) gehört wird, ist Shakti."

Alles, was mit Sprache oder Klang zu tun hat, ist also im Tantra von außerordentlicher Bedeutung. Die gesamte Schöpfung ist aus Sprache (Skt. *vac)* bzw. Klang (Skt. *nada*) hervorgegangen und besteht folglich auch daraus. *Vac* und *Nada* sind natürlich nichts anderes als verschiedene Aspekte der allumfassenden Schöpfungsmacht *Shakti.* Sie sind die Matrix, aus der die Vielfalt der Schöpfung entsteht. Der Prozess der Schöpfung wird beschrieben als etwas, das sich aus dem uranfänglichen leuchtenden Klang entfaltet hat. Bei diesem Ur-Klang handelt es sich um einen höchst subtilen Zustand der göttlichen Klangschwingung. Durch immer weitere Verdichtung nimmt sein Grad an Feinheit und Reinheit ab, und er kondensiert bzw. wird konzentriert in einem Tropfen (Skt. *bindu*) aus Klangschwingung, aus dem im weiteren Verlauf der Schöpfung durch Verdichtung alle Welten, Wesen und letztlich auch die Sprachen entstehen. Die Schöpfung ist also auch eine Evolution des Klanges/Wortes.

Für Yoga-Praktizierende ist diese Information sehr wichtig, da sie hierdurch verstehen können, warum Mantras überhaupt „funktionieren": Nämlich weil unser Verstand und unser Körper letztendlich auch aus Schwingung oder Klang bestehen. Deshalb haben Mantras die Fähigkeit, durch die Schwingungsenergie, aus der sie bestehen, unsere feinstofflichen Körper oder Seins-Ebenen zu reinigen und uns zu höherem Leben zu erwecken. Wenn wir ein Mantra laut oder still wiederholen, dann holt es uns auf der groben, niederen Ebene, auf der wir uns zumeist aufhalten, ab und führt uns zu den höheren und höchsten Ebenen der Schwingung bzw. *Shakti.*

Was wir im Normalfall als Mantra hören oder wahrnehmen, ist nur der grobe Körper. Zu den höheren Energien des Mantras, die uns dann zu unseren eigenen höheren Ebenen mitnehmen, gelangen wir erst im Verlauf ständiger Praxis mit einem Mantra. Wie eine Blume „öffnet" sich das Mantra im Laufe der Zeit, im Verlauf unserer intensiven Auseinandersetzung und Beziehung mit ihm, d.h. wenn wir also das Mantra, um bei dem Bild der Blume zu bleiben, nähren und hegen. Dann, im Laufe unserer Praxis, so sagen uns die Yogis, werden wir entdecken, dass wir nicht verschieden vom Mantra sind. Erst dann, so sagen sie, wird unsere Mantra-Praxis wirklich Früchte tragen. Deshalb ist es so wichtig, sich für ein Mantra zu entscheiden, es als sein eigenes zu erachten und dann auch dabei zu bleiben. Nur so gelangen wir zu den höheren Weihen der Mantra-Praxis. In den esoterischen tantrischen Lehren ist davon die Rede, dass das Mantra uns seine wahre Natur offenbart, wenn in uns aus der Wiederholung seiner Klänge oder Schwingungen eine permanente Vergegenwärtigung der Einheit mit ihm entsteht. So lehren uns die *Shiva Sutras*, die ohne Zweifel zu dem Erhabensten gehören, was die tantrische Tradition je hervorgebracht hat (*Shiva Sutra 2.1*): *cittam mantrah* – „Der Geist/Verstand ist das Mantra."

Es gibt nun ein Mantra – eigentlich ist es das tantrische Mantra – von dem ich bisher noch nicht gesprochen, dessen Methode ich bei der Besprechung der Mantra-Meditation (Kap. 3.3) jedoch schon vorgestellt habe. Ich spreche vom Mantra *So'Ham*. Dieses Mantra war viele Jahrhunderte lang ein großes Geheimnis. Es gehört zu den wirksamsten, ja ich möchte sogar sagen *mächtigsten* Mantras, die es gibt; denn dieses Mantra lässt den Praktizierenden seine wahre Identität fast unmittelbar erleben. Wörtlich übersetzt bedeutet dieses Mantra: „Ich bin Er" oder auch „Ich bin Das" – „Ich bin höchstes Bewusstsein".

Indem wir uns mit diesem einmaligen Mantra befassen, verlassen wir den Bereich dessen, was vielen Yoga-Praktizierenden bereits als Tantra oder tantrischer Yoga bekannt ist und wenden uns dem zu, was man als „Höheres Tantra" bezeichnen kann oder was ich zuvor bereits als „höhere tantrische Philosophie" bezeichnet habe. In den höheren Formen des Tantra haben äußere Rituale und äußere Verehrungsformen keinerlei Bedeutung mehr, alles Wichtige findet im eigenen Inneren statt. Es geht, und das ist in der Tat das eigentliche Ziel des tantrischen Yoga, um die Erkenntnis und Erfahrung der wahren eigenen Identität. Es geht also um die Beantwortung der Frage aller Fragen, die sich irgendwann alle Menschen auf ihrer langen Reise stellen: „Wer bin ich?"

Doch befassen wir uns zuerst einmal mit der Praxis des Mantras *So'Ham*. Hierzu bediene ich mich eines tantrischen Werkes, das einzigartig ist – das *Vijnana Bhairava*. Dieses Werk, das auch *Vijnana Bhairava Tantra* genannt wird, ist ein praxisorientiertes Werk, das in der gesamten tantrischen Tradition hohes Ansehen genießt. Es enthält eine Vielzahl von Übungen, die unmittelbar in die mystische Erfahrung führen und in dem sich, nach Lilian Silburn: „Das Tiefste und Originellste, was die *Agamas* (= Tantras) uns in Bezug auf die mystische Erfahrung zu bieten haben" findet.[100]

Im *Vijnana Bhairava*, diesem tantrischen Werk aus dem Mittelalter, dessen Name „Die Erkenntnis des göttlichen Bewusstseins"

---

100 Lilian Silburn, Le Vijnana Bhairava. Paris 1983, S. 9.

bedeutet, wurde zum ersten Mal ausführlich über dieses besondere Mantra gesprochen. Wir erfahren dort, dass abgesehen von der Tatsache, dass das Mantra *So'Ham* oder auch *Hamsa* uns ganz direkt auf unsere höhere und höchste Identität hinweist, es noch aus einem anderen Grunde aus der großen Menge der Mantras herausragt. Es ist dasjenige Mantra, das auf ganz spontane und natürliche Weise mit unserem Atem verbunden ist. Dieses Mantra ist der Klang des Atems, der – ohne dass es uns bewusst wäre – bereits unablässig die Einheit unserer Seele mit dem höchsten Bewusstsein verkündet. Jeder Mensch, so sagen die tantrischen Yogis, wiederholt es mit der Ein- und Ausatmung viele tausend Male am Tag, weshalb es auch als *Ajapa-Japa-Mantra* (wörtlich „das Mantra, dessen Wiederholung nicht wiederholt werden muss") bekannt ist. Daher heißt es in dem tantrischen Werk, das in der Wissenschaft als *Doctrina Mystica* bekannt ist (*Abschnitt 5*):

„21.600 Mal während einer Nacht und eines Tages geht der Atem [aus und ein].
Er vernichtet die ganze Zeit.
Mit ha(m) geht er nach außen, mit sa tritt er wieder ein."[101]

Hiermit übereinstimmend[102] wird in dem Hatha-Yoga-Werk[103] *Gheranda Samhita* 5. 84 erklärt:

„Nun [folgt die Beschreibung des] *Kevali-Kumbhaka*:

---

101 Fausta Nowotny, Eine durch Miniaturen erläuterte Doctrina Mystica aus Srinagar, S. 24.

102 Auffälligerweise ist diese letzte Zeile des Zitats aus der Doctrina Mystica identisch mit dem zweiten Teil der ersten Zeile des Verses aus der Gheranda Samhita.

103 Die grundlegenden Hatha-Yoga-Werke (die, wie ich bereits anmerkte, eindeutig dem tantrischen Yoga zuzuordnen sind) sind 1. Hathayoga-Pradipika, 2. Shiva-Samhita, 3. Gheranda-Samhita, 4. Goraksha Shataka. Auf diese Werke beziehen sich alle wichtigen Hatha-Yoga-Traditionen.

Mit *ham* geht er (Atem) hinaus, mit *sah* tritt er wieder ein.

21.600 Mal, Tag und Nacht,

wiederholt der Jiva (Seele) unablässig die Gayatri namens Ajapa."

Schon im indischen Altertum ist *Hamsa* ein sehr bedeutungsreicher Terminus, der im Laufe der Zeit einen interessanten Bedeutungswandel vollzogen hat. Von seiner etymologischen Bedeutung her ist *Hamsa* ursprünglich die (Grau-)Gans.[104] Wohl zur englischen Kolonialzeiten wurde hieraus der Schwan. Im alten *Rig Veda (4. 40. 5.)* ist der *Hamsa* eine Metapher für ein göttliches Wesen, vermutlich die Sonne. In späteren Texten steht *Hamsa* bereits für das individuelle Selbst (*Atman*), das mit dem höchsten Selbst identisch ist.[105] Das Wort wurde dann in die beiden Silben *ham* und *sa* zerlegt, wobei *ham* für den eingehenden Atem und *sa* für den ausgehenden Atem steht. Die wohl bekannteste Textstelle, welche die praktische Anwendung des einzigartigen *Hamsa*- bzw. *So'ham-Mantras* beschreibt, ist jener berühmte *Vers 24* des *Vijnana Bhairava*, auf den sich viele Meister und Lehrer des Yoga beziehen:

---

104 Griechisch, Lat. *anser* (urspr. *hanser*), Engl. *goose*. Es ist nachweislich kein Zufall, dass in den Märchen, in denen ein „Hans" vorkommt (z.B. „Hans im Glück") auch eine „Gans" zu finden ist. In der Enzyklopädie Wikipedia findet man übrigens unter dem Stichwort „Streifengans" weitere wichtige Informationen zu diesem Thema: „Bereits in alten indischen Epen taucht die Streifengans unter den Sanskrit-Namen *Hamsa* beziehungsweise *Hans* auf – beide sind etymologisch mit dem deutschen Wort *Gans* und dem lateinischen *Anser* verwandt und gehen wie letztere auf das protoindogermanische Wort *ghans* zurück. Sie gilt noch heute als Symbol für den Gott Brahma, den Schöpfer des Alls; auf seinem bedeutendsten Tempel aus dem 14. Jahrhundert im indischen Pushkar ist sie über dem Eingangstor abgebildet. Daneben ist sie aber auch das Wahrzeichen der Paramahamsa, der weltabgewandten Weisen, weil sie hoch über den niedrigen und kleinlichen Beschwernissen des Alltags in vollendeter Schönheit auf das Göttliche zufliegt – ihre jährliche Wanderung über den Himalaya gilt als religiöse Pilgerfahrt. Ihre Silben *ha* (Ausatmen) und *sa* (Einatmen) werden zudem mit der im Hinduismus wichtigen Erfahrung des Atmens in Verbindung gebracht."

105 In Yogashikha Upanishad 6. 20 wird der Hamsa als „Paramatma-Rupa" – „von der Form (oder Gestalt) des höchsten Selbst" – bezeichnet.

„*Bhairava* (= *Shiva*) sprach:

‚Das Ausatmen soll aufsteigen und das Einatmen soll absteigen, die höchste Energie ist in einem *Visarga* (aus zwei Punkten) vereint. Der Zustand der Fülle wird erlangt, indem man (den Atem) an den zwei Orten (Punkten) ihres Ursprungs mit Aufmerksamkeit fixiert'.“

Die Sprache und Terminologie solcher tantrischen Anweisungen ist, wie auch in diesem Fall, für den Uneingeweihten nicht leicht zu verstehen. Ein guter Kommentar – wie der von der Indologin Bettina Bäumer, den ich nachfolgend auszugsweise zitieren werde – ist da unbedingt notwendig:

„Die erste Praxis der 112 *Dharanas*[106] ist eine grundlegende, sie betrifft den Atem (*Prana*). Die beiden Atemzüge, das Ausatmen (*Prana*) und das Einatmen (*Apana*) nehmen ihren Ausgangs- bzw. Endpunkt im Herzen (Einatmen) und im äußeren Raum, der sich nach der yogischen Vorstellung in einem Abstand von zwölf Fingern von der Nase befindet und daher *Dvadashanta* genannt wird, „das Ende der zwölf (Finger)“. Das gewöhnliche Atmen endet im äußeren Raum, während der Atem des Yogi sublimiert ist und im Inneren des mittleren Nervenkanals (*Sushumna*) zum Schädel aufsteigt, als Teil des Prozesses des Aufsteigens der Kundalini-Energie... .

Gewöhnlich drückt sich das Leben in diesem ständigen Prozess des Aus- und Einatmens aus, was an zwei Polen beginnt bzw. endet. Diese Pole oder Punkte werden auch der Ort der Mitte oder der Verbindung, des Zusammentreffens genannt, wo die Unruhe der Atemtätigkeit für eine oder wenige Sekunden zur Ruhe kommt. Der Prozess des Yoga besteht nun darin, zunächst diese beiden Punkte so zu vereinen, dass das entsteht, was in der Sanskrit-Grammatik *Visarga* genannt wird: Ein durch zwei vertikale Punkte dargestellter Aushauch (:). Die Konzentration auf diese beiden Punkte, den Ursprung

---

106 Zentrier- bzw. Kontemplationstechniken

des Atems (*Visarga* bedeutet auch „Entstehung, Schöpfung"), führt zu einem Zustand der Fülle, jenseits der gewöhnlichen, dualistischen Weise des Lebens… .

In der tantrischen Symbolik bedeutet der eine Punkt, *Shiva*, den Ausgangspunkt der Schöpfung. Sobald *Shiva* aus seiner Einheit heraustritt, entsteht *Shakti* als der zweite Punkt, und aus ihrer Verbindung entsteht das Universum. Diese zwei Punkte … können auch mit den beiden Polen der Wirklichkeit identifiziert werden: „Ich" (*Aham*) und „Dies" (*Idam*), d.h. Subjekt und Objekt, Ich und Universum."[107]

Eine etwas andere Erläuterung des *So'Ham*- oder *Hamsa-Mantras* – mit weiteren wertvollen Informationen zu Bedeutung, Wirkweise und Gebrauch dieses Mantras – finden wir in den Versen *156* und *157* des *Vijnana Bhairava*:

„Mit dem Laut *sa* geht der Atem hinaus und mit dem Laut *ha* tritt er (in den Körper) ein. Daher rezitiert jedes Lebewesen beständig den Mantra: *Hamsa — Hamsa*. Diesen[108] Mantra rezitiert (jedes Lebewesen) Tag und Nacht 21600 Mal. Dieser von der Göttin geoffenbarte Mantra ist leicht zu rezitieren. Nur den Unwissenden erscheint er schwierig."

Prof. Bäumers Kommentar zu diesen beiden Versen lautet folgendermaßen: „Der spontane Mantra, der mit der Energie des Atems in allen Lebewesen ständig ertönt, besteht aus den zwei Silben *sa*, Ausatmen, und *ha*, Einatmen. Sie werden automatisch durch die Nasalisierung *m* verbunden, und so entsteht der Mantra *Hamsa*. Die-

---

107 Bettina Bäumer, Vijnana Bhairava. Grafing 2003, S. 66-68.
108 Im Original, also im Sanskrit, ist das Wort Mantra ein Maskulinum, daher ist „der Mantra" wissenschaftlich korrekt. Weil dieses Wort jedoch mittlerweile als Neutrum eingedeutscht ist („das Mantra"), bin ich bei dieser mittlerweile etablierten Sprachregelung geblieben.

ser natürliche Mantra wird 21600 Mal in 24 Stunden mit dem Atem „ausgesprochen". Darin besteht die spontane „Rezitation" (*Japa*). ...

Hamsa bedeutet „Schwan, Wildgans" und ist ein altes Symbol für die Freiheit der Seele. Im Kontext der Atemenergie bedeutet es den „mittleren Atem", die aufsteigende Energie der *Kundalini*. Die beiden Laute bedeuten auch die Verbindung von *Shiva* (*Sa*) und *Shakti* (*Ha*), und die Nasalisierung *m* bedeutet die individuelle Seele (*Nara*).

Dieser *Hamsa-Mantra* wird umgedreht zu dem zentralen Mantra: *So'Ham* (*Sah Aham*), „Ich bin Er", der die Einheit der Seele mit *Shiva* zum Ausdruck bringt."

Wie kann die praktische Umsetzung dieser Anleitung nun für den Praktizierenden aussehen? Oder einfacher ausgedrückt: Wie meditiert man mit dem *So'Ham-Mantra*? In der nachfolgenden Anleitung stelle ich eine einfache Methode vor, die wirksam und vielfach erprobt ist:

Nimm Deine gewohnte Meditationshaltung ein, schließe die Augen, achte darauf, dass Dein Körper entspannt ist und dennoch eine aufrechte Haltung einnimmt. Atme einige Male tief ein und aus und komme dann zu Deinem normalen Atemrhythmus zurück. Besinne Dich auf Deinen Atem. Spüre, wie er ganz natürlich ein- und ausfließt... ein und aus ... ein und aus... ein und aus...

Verfolge Deinen Atem und Du wirst bemerken, dass es jeweils beim Ein- wie beim Ausatmen einen bestimmten Punkt gibt, an dem der Atemfluss stoppt. Verfolge weiter den natürlichen Fluss Deines Atems, doch richte nun verstärkt Deine Aufmerksamkeit auf diese beiden Punkte:

Der Atem fließt hinein, er beschreibt einen Bogen hinunter bis ungefähr zum Herzen – er hält einen kleinen Moment an (etwa zwölf Finger breit von den Nasenlöchern entfernt), um dann wieder, den gleichen Bogen beschreibend, nach außen zu fließen – dieser kleine

Moment des Anhaltens ist der Punkt, auf den Du Dich konzentrierst. Dabei sollte keine Manipulation des Atems erfolgen, nichts wird kontrolliert oder verändert, es geht nur ums Beobachten. Sei der Zeuge Deines Atems. Auch auf dem Weg über die Nase nach draußen beschreibt der Atem einen Bogen nach unten und beendet seinen Fluss wieder etwa in der Höhe des Herzens (ebenfalls etwa zwölf Finger breit von den Nasenlöchern entfernt), nur eben außerhalb des Körpers, ein paar Zentimeter von der Brust entfernt. Nun konzentrierst Du Dich auf diesen Punkt, in dem der Fluss des Atems für einen Augenblick zur Ruhe kommt. Und dann, beim nächsten Atemzug nach innen, beginnt alles von vorn. Denke daran: Nur beobachten, nichts verändern. Gib Dich auf diese Weise der Konzentration auf die beiden Ruhepunkte des Atems hin.

Nachdem Du dies eine Weile getan hast, erfolgt der nächste Schritt. Löse Dich für eine Zeit von der Konzentration auf die beiden Punkte und verknüpfe nun das Mantra *So'Ham/Hamsa* an den Fluss des Atems:
Wiederhole in Gedanken beim Ausatmen den Laut *sa,* dann beim Einatmen den Laut *ham* ... beim Ausatmen den Laut *sa* – beim Einatmen den Laut *ham* ... beim Ausatmen den Laut *sa* – beim Einatmen den Laut *ham* ... beim Ausatmen den Laut *sa* – beim Einatmen den Laut *ham* ...

Wenn Du nach einiger Übung in dieser Methode gefestigt bist, kombiniere die Konzentration auf die beiden Punkte – dem Punkt der Ruhe des Atems im Inneren und dem Punkt des Atems im Äußeren – mit dem stillen Wiederholen der Silben *ham* und *sa* beim eingehenden und beim ausgehenden Atem.

Möglicherweise gelingen Dir diese drei Schritte (1. Konzentration auf die beiden Punkte, 2. Stille, innere Wiederholung der beiden Silben beim Ein- und Ausatmen, 3. Ausübung dieser beiden Aspekte des Mantras zusammen) nicht gleich vollkommen. Das geht wohl den meisten Praktizierenden so, denn es ist ein komplexer Vorgang. Habe Geduld mit Dir. Lasse Dir Zeit. Gerade im Yoga stimmt die Formel: *Übung* macht den Meister.

Im Verlauf des längeren und intensiveren Praktizierens wird man bemerken, dass sich dieses Mantra spontan verändert – man meditiert nicht mehr, man wird meditiert – man atmet nicht mehr, man wird geatmet – man wiederholt *ham* und *sa* nicht mehr, diese beiden heiligen Silben wiederholen sich spontan, von sich aus. Das hängt damit zusammen, dass die innere Energie relativ schnell auf dieses Mantra reagiert. Viele Praktizierende berichten davon, dass die besagten Punkte der Ruhe des Atems immer größer bzw. länger werden und der Atem manchmal sogar für eine Zeit lang anhält. Wenn dies geschieht, kann man davon ausgehen, dass die *Shakti* sozusagen die Führung übernommen hat. Das ist ein gutes Zeichen und zeigt, dass der Prozess in die „richtige" Richtung verläuft, denn diese beiden Punkte sind die Tore zum höchsten Bewusstsein, dort will uns *Shakti* hinführen.

Wenn der Atem bzw. die Atem-Energie (*Prana*) also immer gleichmäßiger fließt und immer ruhiger wird, ist das kein Grund zur Besorgnis. Es bedeutet nur, dass sich die Tore zu öffnen beginnen. Ich kann es nur wiederholen: All das kann nicht erreicht werden durch eigenwillige Manipulation (z.B. den Atem absichtlich anzuhalten). Es geschieht einfach, indem wir uns den Bewegungen der *Shakti* hingeben, wodurch unsere Meditationsenergie erweckt wird. In solchen Fällen sollten wir Vertrauen in die *Shakti* haben. Was sich in vielen Fällen daraus ergibt, ist nach meiner eigenen Erfahrung und der vieler anderer Yoga-Praktizierender ein unbeschreiblicher Zustand des eigenen Bewusstseins, den man mit „höchster Liebe", „unendlicher Freiheit" oder „kosmischer Ekstase" nur unzureichend beschreiben kann.

Die Methoden des *höheren tantrischen Yoga* sind allerdings für uns nur dann von Nutzen – können für uns nur dann wirksam werden – wenn wir den brennenden Wunsch haben, die Wahrheit zu erkennen und unser wahres Selbst immerwährend und unter allen (Lebens-)Umständen zu erfahren. Denn das ist es, was einen wahren Yogi definiert – das Verlangen nach der Erkenntnis des Selbst. Es ist weniger das Können als das Verlangen und dauerhafte Bemühen, das einen solchen Yogi bzw. eine solche Yogini ausmacht. Außer diesem Bemühen, das Ausdruck eines inneren Verlangens ist, gibt es keine „Bedingungen", um diesen Weg zu gehen. Wie heißt es in Goethes „Faust" (2. Teil) so treffend: „Wer ewig strebend sich bemüht, den können wir erlösen." Die häufig gestellte Frage ist: „Wo, an welcher Stelle, kann unser Streben auf dem Weg des tantrischen Yoga beginnen?" Die Antwort lautet: „Hier, wo immer wir uns gerade befinden." Denn nach Auffassung der tantrischen Meister und Philosophen ist dieses Leben, diese Welt, dieser Moment die wahre Schule des Yoga.

Doch das klingt irgendwie zu einfach für uns „professionelle Suchende"; denn das mit dem „im-Hier-und-Jetzt" ist natürlich nichts Neues, das lehren auch andere spirituelle Wege. Das führt natürlich sogleich zur nächsten Frage: „Was ist dann das Besondere an den höheren tantrischen Lehren?" Nun, der wirkliche Unterschied liegt in der Haltung der Welt, dem Leben und der unmittelbaren Erfahrung gegenüber. Erinnern wir uns an das Gedicht des tantrischen Meisters Kabir: „Ich lache, wenn ich höre, dass den Fisch dürstet im Wasser. Du siehst nicht, dass zu Hause die Wirklichkeit ist?" Das Besondere an den höheren tantrischen Lehren ist, dass sie uns nicht mehr weiter *suchen*, sondern in diesem Augenblick *finden* lassen. Im Zusammenhang mit den Lehren dieses besonderen Yoga fühle ich mich immer an eine Figur von JANOSCH erinnert, nämlich an den kleinen Tiger. Der geht immer in den Wald, um Essbares zu holen und kommentiert dies mit den Worten: „Ich gehe in den Wald, Pilze *finden*" – er sucht nie! Um die höchste Wahrheit zu finden, müssen wir nach tantrischer Auffassung ebenfalls gar nicht groß suchen, sondern nur still und aufmerksam durchs Leben gehen, dabei keine Erfahrung verurteilend oder ablehnend. Wir brauchen die Dinge nur zu erkennen, als das, was sie sind – dann finden wir auf der Stelle, in diesem Augenblick, was wir schon so lange suchen.

Was bedeutet das eben Gesagte im Sinne der tantrischen Lehren? Es bedeutet – für uns durchaus im Alltag praktizierbar, denn diese Lehren sind immer für den Alltag gedacht – dass wir zunächst einmal damit beginnen, jeden inneren Zustand willkommen zu heißen, jeden Gedanken und jedes Gefühl als gleichwertig zu erachten. Beurteilung bzw. Wertung, so lehren die Meister aller mystischen Traditionen, war der Beginn unserer Gefangenschaft. Indem wir uns bei allem, was in unserem Geist aufsteigt, eines Urteils enthalten, lernen wir, den Geist als das zu akzeptieren, was er in Wirklichkeit ist – höchstes Bewusstsein. In diesem Ansatz liegt das eigentlich Revolutionäre der tantrischen Methodik.[109] Hierdurch erleben wir das Alltägliche und Gewöhnliche nicht mehr als verschieden vom Heiligen. Meditation ist dann nicht mehr begrenzt auf einen bestimmten Zeitraum oder eine bestimmte Handlung. *Alles*, was im Geist aufsteigt, wird dann als gleich erachtet, denn hinter allem steckt die eine Energie des höchsten Bewusstseins. Dies lässt sich mit einer kontemplativen Übung ausprobieren:

---

109 Grundsätzlich gibt es zwei Wege, um das Höchste zu erlangen: 1. Der Weg, alles auszuschließen, was (der Vorstellung nach) nicht göttlich ist. Dies entspricht z.B. dem advaitischen Ansatz – *neti, neti*, „nicht dies, nicht das". 2. Der Weg, alles mit einzuschließen. Das ist der tantrische Ansatz, der leider häufig (insbesondere in den westlichen Ländern) falsch interpretiert wurde. Denn, wenn alle Bereiche des Lebens dazugehören, schließt es natürlich auch die Sexualität mit ein. Doch liegt hierbei die Betonung auf „auch". Wenn daraus jedoch eine Fixierung auf die Erfahrung der Sexualität entsteht, wird aus der Methode, die zur Befreiung führen sollte, wieder ein Weg in die Gefangenschaft.

Bleibe genau in der Position – egal ob Du stehst, sitzt oder liegst – in der Du Dich gerade befindest. Schließe Deine Augen. Gehe mit der Aufmerksamkeit nach innen und schaue Dir alles an, was da so in Deinem Geist/Verstand auftaucht. Versuche, nicht zu beurteilen, nicht zu werten, nichts zu unterdrücken oder besonders hervorgehoben zu betrachten. Sage Dir im Stillen: „Alles, was ich da erlebe, sind Erscheinungsformen der Energie des höchsten schöpferischen Bewusstseins. Sie kommen und gehen, wie die Wogen und Wellen an der Oberfläche eines Ozeans. Sie sind nichts als Erscheinungen in meinem Geist. Sie sind alle aus dem gleichen „Stoff"."

Beobachte es als unbeteiligter Zeuge… Mache Dir wieder und wieder bewusst, dass Du die höchste kreative Macht, die Göttin *Shakti*, gerade beobachtest, wie sie fortwährend in Dir tanzt und spielt…[110]

Das Erschaffen der einseitigen Wahrnehmung von Verschiedenheit und Getrenntheit ist das Meisterstück des Geistes, die gröbste Verzerrung der göttlichen Realität. Es geht nicht darum, Unterschiede zu leugnen. Doch sind diese Unterschiede, die wir wahrnehmen, nicht das, wofür wir sie halten. Nehmen wir z.B. unsere vielen verschiedenen Gedanken. Sie sind im wahrsten Sinne des Wortes nur oberflächliche Erscheinungen in unserem Geist. Sie kommen und gehen wie die Schauspieler auf ein und derselben Bühne. Solange wir auf diese Veränderungen und Unterschiede im Geist fixiert sind, hat der Geist uns im Griff. Es ist die Natur des Geistes, permanent solche Veränderungen (Skt. *vritti*) bzw. unterschiedliche Wahrnehmungen (Skt. *vikalpa*) zu erzeugen. Das Sanskrit-Wort *Vikalpa* wird häufig im Sinne von „Gedanke" und „Wunsch" übersetzt. Seine wörtliche Bedeutung ist jedoch „das, was Trennung/Verschiedenheit erzeugt". *Vikalpa* ist folglich die für den Geist/Verstand charakteristische Fä-

110 Diese Technik werde ich nachfolgend noch einmal in ausführlicherer Form beschreiben.

higkeit, die Wahrnehmung von Dualität, also Verschiedenheit, und dadurch auch die Erfahrung von Getrenntheit zu erschaffen.

Wenn wir dem Geist bei „seiner Arbeit" zuschauen – eine der grundlegenden und wirkungsvollsten spirituellen Praktiken, über die wir bereits sprachen – erkennen wir im Laufe der Zeit nicht nur seine wahre Natur, sondern wir lernen auch, etwas zu vermeiden, was mit der Aktivität des Geistes untrennbar verknüpft ist – die Erfahrung von Leid, wie z.B. durch das Gefühl des Getrenntseins. *Vrittis* bzw. *Vikalpas* steigen wie Wellen im Ozean immer wieder in unserem Geist auf und verschwinden nach einiger Zeit. So weit so gut – wenn darüber hinaus nichts geschehen würde, wäre alles in Ordnung. Unsere Schwierigkeiten beginnen jedoch in dem Augenblick, in dem wir uns mit den Gedanken und Wünschen identifizieren bzw. sie auf unsere Person, unsere begrenzte Identität, beziehen. Erst dadurch, dass wir an den Gedanken und Gefühlen festhalten, mit der Haltung „das ist *meine* Erfahrung", geben wir ihnen den Status des „Realen", wodurch sie unweigerlich Macht über uns haben. Es ist ähnlich wie in einem Traum: In dem Maße, wie ich beispielsweise einen Tiger im Traum ernst nehme, wird er für mich real. Hierdurch erlangt er Macht über mich, und erst dadurch wird er bedrohlich. Doch in Wirklichkeit ist er meine eigene Schöpfung. Die Kraft, die er hat, ist meine eigene. Würde ich mich ihm in rechter Weise zuwenden – indem ich ihn zwar betrachte, allerdings ohne jede Wertung und inneren Bezug, und würde ich mir darüber hinaus noch vergegenwärtigen, woraus er besteht – verschwände er im nächsten Augenblick, ohne meinen inneren Zustand im Geringsten zu verändern.

Auch im Geist des erlösten tantrischen Yogis entstehen *Vrttis* und *Vikalpas*. Doch erfährt er die Gedanken und Phantasien, die in endlosen Variationen in seinem Geist pulsieren, als das äußere Pulsieren des höchsten Selbst. Wie lautet die Antwort auf die Frage „Was ist Glück?" – „Zu wissen, wer man ist!" Im Vergleich dazu ist alles andere sekundär. Wir sind also wieder – wie zuvor bei der Erörterung des Mantra *So'Ham* – bei der Frage aller Fragen: „Wer bin Ich?" Zur Erforschung unserer wahren Identität werden wir uns etwas tiefer in diese besonderen philosophischen Lehren des Tantra begeben. Zuvor jedoch werde ich noch eine Geschichte erzählen, die uns zeigt, wie wichtig die Auseinandersetzung mit der Frage nach dem wahren „Ich" ist. Es ist eine Geschichte, die ursprünglich von dem berühmten Sufi-Heiligen R u m i stammen soll:

„Ein Wahrheitssuchender kommt zum Haus eines großen Meisters. Der Suchende klopft an die Eingangstür. Nach einer Weile hört er eine Stimme von drinnen: ‚Wer ist da?' Der Suchende antwortet: ‚Ich bin es, ein ernsthaft Suchender nach der höchsten Wahrheit.' Da schallt ihm die Stimme des Meisters entgegen: ‚Geh fort, du bist noch nicht reif für die höchste Wahrheit.' Der Suchende geht wieder und denkt über die Antwort nach. Nach einiger Zeit des Lernens kehrt er zum Hause des Meisters zurück und klopft wieder an die Pforte. ‚Wer ist da?', hört er erneut die Stimme des Meisters fragen, und er antwortet: ‚Ich bin es, ein demütig Suchender.' Doch auch dieses Mal bekommt er wieder zu hören: ‚Geh, du bist noch nicht reif für die höchste Wahrheit.' Der Suchende geht nachdenklich wieder seiner Wege. Er kommt noch einige Male, doch jedes Mal, nach vielen Monaten des Lernens, wird er wieder weggeschickt. So vergehen Jahre, dennoch gibt der Suchende nicht auf. Er bemüht sich zu verstehen und kommt immer wieder. Schließlich versucht er es noch einmal. Er klopft und hört das inzwischen wohl bekannte ‚Wer ist da?' Dieses Mal lautet seine Antwort nur: ‚Ich bin es.' ‚Wer ist *Ich*?' ruft ihm der Meister von drinnen entgegen, und der Suchende sagt wieder nur ‚Ich bin es.' ‚Geh fort', lautet wieder die Antwort des Meisters, ‚für ein *Ich* ist hier drinnen kein Platz.' Da plötzlich kommt dem Suchenden eine fürwahr außergewöhnliche Erkenntnis! Deshalb bleibt er vor der Eingansspforte zum Hause des Meisters stehen und klopft sogleich noch einmal. Es kommt die bekannte Reaktion aus dem Inneren des Hauses: ‚Wer ist da?' Doch der Suchende sagt nichts. Der Meister fragt noch einmal: ‚Wer ist da?' Der Suchende bleibt stehen, sagt jedoch wieder nichts. Ein drittes Mal ertönt die Stimme des Meisters aus dem Inneren: ‚Wer ist da?' Wieder bleibt der Suchende still. Da ertönt die Stimme des Meisters: ‚Komm herein – nun bist du reif für die höchste Wahrheit!' "

Und was ist die höchste Wahrheit? Sie steckt in der „Nicht-Antwort", mit der der Suchende die Frage seines Meisters quittiert und mit der er gleichzeitig die letzte Prüfung bestanden hat. Welche Farbe hat das Wasser? – Keine! Unsere wahre Identität hat nichts mit all den Dingen zu tun, die wir in sie hinein- bzw. daraufprojizieren. Unser Ich ist wie das Wasser. Hat es nicht endlos viele Identitäten bzw. Einfärbungen angenommen? Zumindest nehmen wir das so wahr. In Wirklichkeit jedoch bleibt unser wahres Ich, unser inneres Selbst, von alledem völlig unberührt und verändert sich niemals. Unsere Gefangenschaft ist nicht wirklich – aber leider glauben wir fest an sie.

Im Alten Testament, in *Exodus 3. 14*, fragt Moses Gott nach seinem, Gottes, Namen (und damit nach seiner Identität). Gott antwortet darauf: „Ich bin der *Ich-bin*", oder, nach einer weiteren Übersetzung dieser Textstelle „Ich bin der Seiende (*ego eimi ho on*)". Das ist nach yogisch-tantrischer Auffassung auch die Identität eines jeden Menschen – „Ich bin". Unsere wahre Identität ist nicht: „Ich bin eine Frau … Ich bin ein Mann … Ich bin ein Kind … oder was auch immer. Wir sind kein *Objekt*, sondern das *reine Subjekt*." Wir sind das Bewusstsein, das zu allem in diesem Universum geworden ist. Deshalb sind wir ja auch – ohne es allerdings bewusst zu erfahren – mit allem verbunden. Wie ich bereits in Kapitel 2 erläuterte, erschafft das höchste, ewig freie Bewusstsein diese Welt, in dem es sich kontrahiert. Ich zitiere noch einmal diese wichtige Textstelle desjenigen Werkes, das den eindrucksvollen Titel „Herz des Wieder-Erkennens" trägt, *Pratyabijna Hridayam Vers 5:*

„Das höchste göttliche Bewusstsein, das herabgestiegen ist von seiner Ebene der Unendlichkeit und Unbegrenztheit, *erstarrt durch die Wahrnehmung der weltlichen Objekte und wird so zum menschlichen Geist.*"

Dieses Bewusstsein nimmt die Objekte dieser Welt nicht nur wahr, es identifiziert sich auch mit allem, was es wahrnimmt, und wird dadurch zur in der Welt gefangenen Seele. Sobald das höchste Bewusstsein – u n s e r Bewusstsein – die Vorstellung hat: „Ich bin diese Person", „Ich habe jene menschlichen Eigenschaften", verliert es unweigerlich seine Freiheit und Unbegrenztheit. Wenn dies geschieht, wenn das höchste Bewusstsein sozusagen auf diese Weise auf der Leiter der Schöpfung oder Evolution hinabsteigt, wird es zum Menschen. Es begrenzt sich, wie die tantrischen Philosophen sagen, aus freien Stücken. Es vergisst seine wahre Herkunft und wandert in dieser Welt umher auf der Suche nach all dem Verlorengeglaubten – nach Glück, Liebe, Geborgenheit, Endlosigkeit oder Grenzenlosigkeit. Es sucht und sucht. Ab und zu findet es etwas, das ihm Glück, Liebe, Geborgenheit usw. verspricht. Doch diese wunderbare Erfahrung ist nie wirklich von Dauer. Es ist schon eine paradoxe Situation, in der sich dieses Wesen befindet...

Wie kann diesem sonderbaren Wesen – gemeint sind *wir* – geholfen werden? Indem sich *Pratyabijna* ereignet, wie die tantrischen Yogis sagen, d.h. indem wir wieder erkennen, wer oder was wir sind. Was können wir praktischerweise dafür tun? Um zur Freiheit zurückzukehren, müssen wir den Weg, den wir gekommen sind, in umgekehrter Weise wieder zurückgehen – diesen Weg zurück nach Hause nennt man gemeinhin Y O G A. Insbesondere im tantrischen Yoga ist bekannt, dass der Weg in der Umkehr oder Umkehrung besteht. In der technischen Sprache dieses Yoga drückt das Mircea Eliade folgendermaßen aus: „Es ist dies nur eine Anwendung des ‚gegen den Strom Schwimmens' (*ujana sadhana*) oder des ‚regressiven' (*ulta*) Prozesses der Natha-Siddha, der eine totale Inversion aller psychophysischen Prozesse in sich schließt; ... Die *Rückkehr*, der *Regress* schließt bei dem, der ihn verwirklicht, die Vernichtung des Kosmos ein und damit das *Heraustreten aus der Zeit*, den Zugang zur *Unsterblichkeit*."[111]

Wir müssen in gewisser Weise den Weg zurückgehen, den wir gekommen sind, um dorthin zu gelangen, wo wir hergekommen sind. Auf diesem Weg zurück müssen wir alles loswerden, was wir auf unserer Reise aufgesammelt haben. Genau betrachtet, besteht sozusagen die Straße, auf der wir diesen Weg zurückgehen, aus nichts anderem, als aus dem Loswerden bzw. Fallenlassen des ganzen Ballastes, den wir uns auf dem Weg hierher aufgeladen haben – z.B. den falschen Konzepten, Vorstellungen und Identifikationen in Bezug auf uns selbst. Um diese Methode des „Zurück-gehens-und-dabei-Loslassen" besser verständlich zu machen, verwenden die Yogis gerne eine lustiges Gleichnis – und zwar das des Affen-Fangens:

„Wie lässt sich ein Affe fangen? Man nimmt einen Krug, dessen Öffnung gerade so groß ist, dass ein kleiner Affe seine Hände hinein bekommt. Dann gibt man einen kleinen Apfel hinein, der gerade so durch die Öffnung des Kruges passt. Um den Krug schlingt man ganz fest eine Schnur und bindet das Ganze an einen Baum. Kommt nun ein neugieriger Affe (Affen sind *immer* neugierig), steckt er natürlich die Hand in den Krug, denn den Apfel darin hat er schon längst gerochen. Das Problem ist nur, dass jetzt seine Hand, die er vorher gerade so hineinzwängen konnte, sich mitsamt dem Apfel zu einer riesig großen Faust ballt. Es ist klar, was nun passiert: Er bekommt die Hand nicht mehr heraus! Den Apfel will er natürlich nicht loslassen – *Wir sind doch nicht blöd...* Aber damit ist er gefangen am Baum! Er ist in einem Konflikt: Entweder er kann fliehen, dann muss er den Apfel loslassen, oder aber er bleibt bei seiner Beute, das be-

---

111 M. Eliade, Yoga, Unsterblichkeit und Freiheit. Zürich 1985, S. 278 f.

deutet jedoch Gefangenschaft. Er will aber *beides* – Apfel *und* Freiheit. Er zerrt jetzt wie wild an dem Krug. Der aber wird ja am Baum festgehalten. Der Affe beginnt zu schreien. Gleichzeitig versucht er immer stärker, die Faust herauszuziehen, aber desto mehr verkeilt sie sich in der engen Öffnung. Das tut weh, und er schreit noch mehr. ... Das Dumme ist, dass bei dem Geschrei jetzt jeder weiß, wo ein Affe in die Falle gegangen ist."

Erinnert uns diese Geschichte nicht an irgendetwas? Das sollte sie: Das ist unsere Situation! Sagen uns das nicht die Lehrer und Meister aller Yoga-Traditionen (und nicht nur die) seit Urzeiten: „Lass doch einfach los, Du hältst Dich selbst in dieser Welt gefangen und vom wahren Glück fern." Die Bewegung, die der Affe machen müsste, um frei zu werden, ist klar. Er müsste die Hand, die in der engen Öffnung festgekeilt ist, nur ein wenig in die entgegengesetzte Richtung, also nach *innen*, drücken, den Apfel *loslassen* – und er wäre wieder frei. Das ist im Prinzip die Bewegung bzw. Richtung, die auch der tantrische Yoga propagiert. Um zur Quelle zu gelangen, muss man gegen den Strom zurückschwimmen. Keine Frage: Wir müssen auf dem Weg, auf dem wir gekommen sind, wieder zurück.[112]

Wem die bisherigen Erklärungen zur Notwendigkeit und Methodik des regressiven Prozesses allzu philosophisch und technisch sind, der kann sich das Ganze auch unter sehr viel praktischeren und allgemein verständlicheren Gesichtspunkten vergegenwärtigen. Jeder von uns weiß oder kann sich zumindest vorstellen, wie sehr das, was man uns in unserer Kindheit über uns selbst beigebracht hat, dasjenige Bild bestimmt, das wir heute von uns selbst haben. Dieses Bild wiederum bestimmt zum Beispiel, was wir uns im alltäglichen Leben

---

112 Diese Vorgehensweise haben wir bereits beim *Bhuta-Shuddhi* kennengelernt. Es ist auch der Weg, den die aufsteigende Kundalini beschreibt – sie geht den Weg zurück, den sie gekommen ist. Siehe hierzu: „Das Große Kundalini-Buch", Kapitel 5 ff.

zutrauen. Es ist also leicht einzusehen, wie sehr unsere Gedanken, Konzepte und Vorstellungen über uns selbst das Maß unserer inneren (und damit auch äußeren) Freiheit beeinflussen und dadurch unser Glück, unsere Zufriedenheit und unseren Erfolg im Leben bestimmen. So, wie wir dem glauben, was man uns von Kindesbeinen an über uns selbst gesagt hat, so glauben wir auch den tagtäglichen Einflüsterungen unseres Geistes/Verstandes. Die Einschränkungen unseres individuellen Potenzials aufgrund der Konditionierung durch unser Umfeld können wir mit einiger Übung erkennen, aber die Einschränkung durch die Einflüsterungen unseres Geistes/Verstandes bemerken wir zumeist überhaupt nicht.

Die Frage, die sich aufdrängt, lautet nun: „Wie werden wir diese Beschränkungen unseres Bewusstseins wie auch unseres individuell-menschlichen Potenzials wieder los?" Eben das ist, ganz allgemein gesprochen, die Aufgabe bzw. das Ziel des Yoga und Tantra. Yoga ist das gezielte Überschreiten unserer Bewusstseins- und Wahrnehmungsgrenzen. Man könnte es auch anders ausdrücken: Yoga – und hierbei insbesondere der tantrische Yoga – ist eine gewollte und bewusst erstrebte Form der Dekonditionierung unseres Geistes. Ähnlich beschreibt es Bettina Bäumer: „Ausgegangen wird von der Erfahrungstatsache, dass die Menschen so sehr in ihre individuellen Vorstellungen, Gedanken und Zerstreuungen (*Vikalpa*) verstrickt sind, dass sie die göttliche Wirklichkeit, die in ihnen selbst schlummert, gar nicht wahrnehmen können. Nur eine Befreiung aus den gewohnheitsmäßigen Denkstrukturen kann sie befähigen, ihr eigenes, göttliches Wesen zu erkennen (*Vijnana Bhairava*)."[113]

Die Fesseln, die unser individuelles Bewusstsein gefangen halten, müssen also gesprengt werden. Um dies zu ermöglichen, haben die alten tantrischen Meister ein hoch effektives System entwickelt, das

---

113 Bettina Bäumer, Vijnana Bhairava. Grafing 2003, S. 8.

uns Möglichkeiten an die Hand gibt, diese einschränkenden und behindernden Konditionierungen Schritt für Schritt wieder los zu werden. Die höheren tantrischen Lehren und ihre lebenspraxisbezogenen Philosophien bieten uns in diesem Zusammenhang Methoden an, bei denen wir weniger lernen, den Geist zu beherrschen – wie im klassischen *Patanjali-Yoga* – als vielmehr ihn uns zum Freund zu machen. Dies geschieht, indem wir zum Beispiel erkennen und unmittelbar erfahren, dass jeder Gedanke, jedes Gefühl – alles, was im Geist aufsteigt – eine Schöpfung des höchsten Bewusstseins (*Para-Shiva*) bzw. der Energie des höchsten Bewusstseins (*Para-Shakti*) ist. Bekannt für diese Vorgehensweise (mittlerweile auch in westlichen Yoga-Kreisen) ist das shivaitisch-tantrische Lehr- und Praxis-System des *Shivaismus von Kaschmir*. Innerhalb dieses Systems gibt es das bereits erwähnte *Vijnana Bhairava* (wörtlich „Erkenntnis des Göttlichen Bewusstseins" oder „Mystische Erkenntnis der göttlichen Wirklichkeit"). Dieses Werk ist eines der ältesten und bedeutendsten Tantras des *Shivaismus von Kaschmir* (siehe Kapitel 3), über das Bäumer sagt:

„Das Erstaunliche an diesem Text ist die breite Vielfalt der Methoden der Verinnerlichung, der Integration, der Vergöttlichung. Diese Vielfalt bezieht sich einerseits auf die unterschiedlichen Fähigkeiten und Verfassungen der Menschen, denn jeder kann, ausgehend von seiner eigenen Voraussetzung, einen Weg finden, das Göttliche in sich zu realisieren. Sie bezieht sich auch auf die unterschiedlichen Erfahrungen des Lebens, die zum Ausgangspunkt für eine mystische Realisierung genommen werden können, die sozusagen die Funktion eines Sprungbretts haben für das Eintauchen in den großen See des göttlichen Bewusstseins. ... Die hier geoffenbarten 112 Weisen, die göttliche Natur in sich zu entdecken, sind so umfassend, dass kein Aspekt der Wirklichkeit und der menschlichen Erfahrung ausgeschlossen ist."[114]

---

114 Ibid., S 7.

Das Verblüffende an diesem Werk ist in der Tat seine Praxisbezogenheit und Alltagstauglichkeit. Es mag damit zusammenhängen, dass die Lehrer und Philosophen des *Shivaismus von Kashmir* in der Regel keine Asketen waren, sondern Familie und Kinder hatten. Sie waren in der Gesellschaft hoch angesehen, und zwar weil sie nicht nur eine beachtliche spirituelle, sondern auch eine soziale Kompetenz besaßen. Viele Vertreter dieser tantrischen Schule waren Berater an den jeweiligen Fürstenhäusern.

Somit ist es nicht verwunderlich, das uns das *Vijnana Bhairava* mit seinen 112 *Dharanas* äußerst praktische, leicht durchführbare und im Alltag verwendbare Methoden an die Hand gibt, mit denen wir zur oben beschriebenen Erfahrung der Göttlichkeit unseres Geistes vorzudringen vermögen. Mit diesen einzigartigen Methoden praktiziert man – manchmal ohne es überhaupt zu bemerken – eine der intensivsten Formen des spirituellen tantrischen Yoga. Die bekannte Yoga-Lehrerin Anna Trökes antwortete in einem Interview auf die Frage nach der Kernaussage des *Vijnana Bhairava* bzw. des *Shivaismus von Kashmir*: „Es gipfelt immer in der Aussage: „Ich bin Shiva. d.h. Ich bin Gott." Das klingt für europäische Ohren vermessen, ist es aber nicht, weil im Tantrismus generell der menschliche Körper als Ausdruck der göttlichen Schaffenskraft angesehen wird. Dass dieser Körper dabei bewusst und dazu noch selbstbewusst ist, ist Ausdruck des männlichen Aspektes der göttlichen Energie. Das eine ist Shakti, die Schöpfung. Das andere ist Shiva, das Bewusstsein.

In diesen Kaschmir-Texten bittet Shakti Shiva, sie darin zu belehren, wie sie zurückfinden kann zu diesem reinen Bewusstsein, diesem göttlichen Bewusstsein, dieser unendlichen Bewusstseinserweiterung, welches die Materie bei weitem übersteigt und transzendiert. In den Antworten offenbart das Göttliche dann unterschiedliche Methoden – mehr oder weniger für jeden Menschen eine – mit denen man sein Bewusstsein erweitern kann.

Was mir so gut an dieser Praxis gefällt, ist, dass sie im Hier und Jetzt beginnt. Ich selbst bin ein Mensch, der das Hier und Jetzt liebt und das Leben lebt. Wenn ich mich zum Beispiel niedersetze und hungrig bin und den knackigen Salat sehe und mir dabei das Wasser im Mund zusammenläuft, meditiere ich in diesem Moment das Salatblatt! Prinzipiell praktiziere ich in dem Moment eine Meditation aus dem *Vijnana Bhairava Tantra*.

Hierzu zählt aber auch die Freude des Wiedersehens mit Menschen, die man liebt; die ganzen sinnlichen Erfahrungen; aber auch die Erinnerung an guten Sex, an wunderbare Begegnungen sowie ein tiefes Gefühl der Dankbarkeit. Das sind Themen, die mich sehr tief berühren und meine Sehnsucht nach Nachhaltigkeit ansprechen. In dem Moment, in dem ein Mensch nämlich beginnt, mit ganz konkreten Dingen zu meditieren und diese als göttlich erfährt, geht er mit einem ganz anderen Respekt mit den Dingen – und natürlich auch mit sich selbst um."[115]

Egal wie verschieden wir selbst und wie unterschiedlich unsere Erfahrungen und Emotionen sein mögen – ob Freude, Trauer, Liebe, Schmerz etc. dabei im Spiel sind – das Ziel aller Übungsmethoden des *Vijnana Bhairava* ist der Ursprung, die Quelle, die Matrix hinter all diesen Erfahrungen. Hinter jeder Erfahrung – egal wie sie sich für uns anfühlen mag – verbirgt sich die *große Göttin – Shakti*. Alle Erfahrungen erhalten ihre Energie aus dieser höchsten Energie, aus ein und derselben höchsten Quelle. Das Ziel aller Übungsmethoden des *Vijnana Bhairava* ist die Wahrnehmung der „göttlichen Energie im Augenblick der Erfahrung". „Hinter jeder Erfahrung, Wahrnehmung oder Empfindung verbirgt sich niemand anders als die höchste *Shakti*. Jetzt, in diesem Augenblick, da Du etwas wahrnimmst, denkst,

---

115 Nachzulesen in: Yoga Aktuell 28 - 05/2004

fühlst, öffnet sich das Tor zur höchsten Wirklichkeit. Denn die Energie dieses Vorgangs ist Sie, die höchste Göttin."

Unsere Aufgabe als Yogis ist es, uns nicht von der oberflächlichen Erscheinungsform der Emotion (*Shakti*) – z.B. der Freude beim Wiedersehen oder dem Schmerz beim Verlust eines geliebten Menschen – ablenken oder verwirren zu lassen, sondern uns auf die ursprüngliche Energie „dahinter" auszurichten. Hierzu schreibt Bettina Bäumer (Bezug nehmend auf Aussagen des großen kashmirischen Philosophen Abhinavagupta):

„Alle Gemütsbewegungen, wie Zorn, Furcht, Freude usw., sind im Grunde identisch mit dem Wunder oder Staunen des Bewusstseins (*Chit-Chamatkara*), und die Energien, die dabei in Bewegung geraten, sind nichts als das Spiel der Strahlen der göttlichen Sonne. Im Moment ihres Auftauchens haben alle Emotionen Anteil an dem gedankenfreien Zustand (*Nirvikalpa*)."[116]

Gehen wir nun zur Praxis des *Vijnana Bhairava* über. In der Folge werde ich eine Auswahl besagter Zentrier- bzw. Konzentrationsmethoden (*Dharanas*) vorstellen, diese zusammen mit dem Kommentar von Bettina Bäumer besprechen und jeweils eine ausführliche Anleitung dazu geben. Beginnen möchte ich mit einer *Dharana*, deren Methodik wir bereits kennengelernt haben und die uns daher vermutlich schon etwas vertraut ist.

---

116 Bettina Bäumer, Vijnana Bhairava. Grafing 2003, S. 28.

Vijnana Bhairava Vers 116 [=Dharana 91][117]:

„Wohin auch immer Deine Gedanken gehen, ob nach außen
oder innen, eben dort ist der göttliche Zustand zu finden.
Da Shiva alles durchdringt, wohin könnten die Gedanken gehen,
wo Er nicht ist? "

Kommentar:

„Wo immer sich deine Gedanken hinwenden", dort ist der göttliche Zustand, weil alles vom reinen göttlichen Bewusstsein durchdrungen ist. Hier drückt sich die ganze Philosophie des Shivaismus auf die Praxis bezogen aus... . Alles kann zum Ausgangspunkt der Erfahrung der göttlichen Wirklichkeit werden, äußere Dinge oder innere Gefühle und Gedanken. Es ist nicht nötig, sich eine bestimmte Vorstellung von Gott zu machen und dann darüber zu meditieren. Wenn Shiva alles mit seiner Wirklichkeit durchdringt, ist dann nicht auch jedes Staubkorn und jeder Grashalm und jedes Gefühl, jeder Gedanke von ihm erfüllt? Und wenn man sich auf diese äußere und innere Präsenz konzentriert, wird der göttliche Zustand eben dort erfahrbar. Darin liegt eine ungeheure Befreiung von allen religiösen Fixierungen, die immer *ausschließlich* sind: Gott ist hier und nicht dort, so und nicht anders; ... Diese Befreiung betrifft auch die psychischen und spirituellen Skrupel, die so viele Menschen an einer spirituellen Praxis behindern: Wenn man die Allgegenwart Gottes ernst nimmt, dann haben selbst störende Gedanken eine Rolle und können zum Ausgangspunkt der Erfahrung des göttlichen Zustandes werden."[118]

Üben kann man mit dieser Methode in allen Lebenslagen, – egal ob allein oder bei Aktivitäten mit anderen Menschen, im Büro, zu

---

117 Die Zählung der Verse weicht von der der Dharanas ab, so dass Vers 1 nicht gleich Dharana 1 ist usw.

118 Ibid., S. 183-184. (Alle weiteren Textauszüge und Kommentare entstammen dem meisterhaften Werk von Bettina Bäumer.)

Hause beim Bügeln oder beim Hausputz, beim Spazierengehen, beim Abendessen mit der Familie und beim stillen Meditieren. Du kannst diese Übung auch jetzt, in diesem Moment, da Du diese Zeilen liest, durchführen:

Nimm Deine Gedanken wahr. Beobachte, wie sie kommen, ihren großen Auftritt haben, eine Weile aktiv sind und dann wieder gehen. Wenn wir das Bild der Ozeanwelle bemühen, beginnen sie aufzusteigen, erheben sich immer weiter stolz, existieren für eine Weile, um dann abzuebben und wieder im Ozean zu verschwinden. Wenn Du es genau verfolgst, wirst Du erkennen, dass sich jeder Gedanke genau so verhält und auf diese Weise eine Zeit lang existiert. Du beobachtest den Fluss Deiner Gedanken ... Deine Gedanken fließen an Dir vorüber ... sie kommen und gehen ... kommen und gehen.

Nun mache Dir klar, *woraus* sie bestehen – aus *Bewusstsein*. Ihre Energie ist nichts anderes als die Energie des höchsten Bewusstseins. Welche Form Deine Gedanken annehmen, ist völlig egal. Der „Urstoff", aus dem sie bestehen, kann nur dieses eine Höchste sein. Das Gleiche gilt für Deine Gefühle. Wohin auch immer Deine Gefühle gehen – dort ist Gott. Gedanken und Gefühle können unsere Einheit mit dem höchsten Bewusstsein niemals stören, denn alles, was wir erfahren, ist eingebettet in dieses höchste, göttliche Bewusstsein, das eben alles umfasst.

Wir merken an dieser Stelle wieder einmal, dass es im Tantra eigentlich nicht darum geht, etwas zu *tun*, sondern *wach zu sein* und *wahrzunehmen*, was bereits da ist, aufmerksam für die Erfahrung zu sein – nicht zu suchen, sondern zu finden. Das ist grundlegend bei den Lehren und Methoden dieser Tradition. Im *Viveka Darpana*, einem Werk der tantrischen Nath-Yogis, heißt es daher:

„Wenn [ein Praktizierender] seinen Geist/Verstand hingegeben hat, dann erfährt er, dass Gott immer dort ist, wo sein Denken hingeht. Wie eine Welle nicht vom Wasser getrennt ist oder wie die Sonnenstrahlen immer nur zusammen mit der Sonne scheinen, ebenso geht das Denken des Wissenden-im-Yoga getrennt von Gott nirgendwohin."[119]

Wir müssen also Gott oder das Göttliche nicht suchen, sondern nur erkennen und erfahren, dass die Einheit bereits immer schon da war. Eine ähnliche Auffassung finden wir in einem alten tantrischen Lobgesang, der *Shiva Stotravali (Vers 24 und 25)*:

„Lasse selbst meine verschiedenen weltlichen Angelegenheiten mir in folgender Weise erkennbar sein: Als einen Teil von Dir, nicht Wert aus sich selbst heraus. Während mein Geist aus sich selbst heraus im Bereich der Sinne hierhin und dorthin wandert, lasse mich, Oh Herr, in Deiner Verehrung unerschütterlich sein."

Vijnana Bhairava Vers 101 [=Dharana 78] zeigt uns, dass sich das Grundprinzip dieser tantrischen Methode nicht nur auf Gedanken, sondern auch auf Emotionen und innere Zustände des Geistes/ Verstandes – und zwar jeglicher Art – bezieht:

„Wenn man seinen Geist regungslos macht in den Zuständen der Leidenschaft, des Hasses, der Habsucht, der Verwirrung, der Berauschung oder des Neides, dann bleibt allein die Wirklichkeit übrig."

Kommentar:

„Die hier beispielhaft aufgezählten stark emotionalen Zustände, die gewöhnlich negativ beurteilt werden, haben alle die Eigenschaft, den spirituell Ungeübten mitzureißen mit einer Eigendynamik, der er meist hilflos ausgesetzt ist. Auch im Yogi können in bestimmten

---

119 Viveka Darpana (ca. 13. Jh. n. Chr.)

Situationen solche Emotionen aufsteigen, doch reagiert er anders als der den Leidenschaften unterworfene Mensch. Dank seiner Verinnerlichung gelingt es ihm auch in solchen psychischen Zuständen, seinen Geist ruhig und regungslos zu halten."

Wenn wir mit dieser *Dharana* üben wollen, gilt es also, wachsam zu sein für den Augenblick, wenn eine solche starke Emotion in unserem Geist/Verstand aufsteigt – insbesondere, wenn es sich um eine „negative" Emotion handelt.[120] Wir können uns an dieser Stelle jedoch versuchen vorzustellen, wie es ist, wenn sich beispielsweise Wut, Enttäuschung, Angst oder das Gefühl der Hilflosigkeit in unserem Inneren breit macht. In solchen Momenten geht es darum, die uranfängliche Energie der Emotion zu „erwischen", um mit ihrer Hilfe, wie auf einer Welle reitend, zur Quelle dieser Energie zurückzukehren. Wenn dies gelingt, stoßen wir augenblicklich das Tor zur höchsten Erfahrung auf.

Die nächsten beiden *Dharanas* arbeiten mit der Energie der ästhetischen Erfahrung. Die Meister des *Shivaismus von Kashmir* – insbesondere der Großmeister Abhinavagupta, der nicht nur ein verwirklichter Yogi und Philosoph, sondern unter anderem auch ein berühmter Musiker und Komponist war – sahen in der Erfahrung der künstlerischen Kreativität und der Ästhetik einen Weg zur höchsten Befreiung. Constantina Rhodes Bailly, eine der bekanntesten amerikanischen Experten des *Shivaismus von Kashmir*, schreibt hierzu: „Er (Abhinavagupta) verlieh jener Weisheit neuen Glanz und durchdrang dabei selbst die subtilsten Aspekte der Frage, wie sich das Höchste Bewusstsein in der Welt manifestiert. Dies führte ihn zu äußerst feinsinnigen Untersuchungen über die Künste. Ihm zufolge ist künstlerisches Schaffen ein natürliches Verbindungsglied zum

---

120 Natürlich gibt es keine „negativen" Emotionen. Insbesondere in Hinblick auf ihre Ursprungsenergie sind sie alle gleich bzw. gleichwertig. Aber wir empfinden bestimmte Emotionen als negativ, respektive ihre Auswirkungen.

Erkennen Gottes – und sein Werk wurde ein Eckpfeiler der indischen Theorie der Ästhetik. In seiner stufenweisen Offenbarung heiliger Wahrheit durch die elegante Darstellung einer spirituellen Tradition wird hier der geheimnisvolle Prozess der Kreativität offenbar. Andere kreative Bestrebungen folgen einem ähnlichen Muster. Beim Tanz etwa muss der Darsteller zunächst eine Inspiration für die Bewegung empfangen. Als Nächstes folgt die exakte Beherrschung der Schritte. Und schließlich, nachdem der Tänzer mit der ursprünglichen Energie ebenso eins geworden ist wie mit der Form ihres Ausdrucks, ist er frei darin, den Feinheiten der Ausführung nachzugehen und all seiner Kreativität bei der Ausschmückung, der Feinabstimmung, dem Ornament und dem Experiment Raum zu geben. Erst dabei entwickelt sich die reine und kreative Atmosphäre eines überragenden göttlichen Spiels."[121]

Vijnana Bhairava Vers 41 [=Dharana 17]:

„Wenn man mit unzerstreuter Aufmerksamkeit dem Klang von Saiten- oder anderen Instrumenten zuhört, der durch die Aufeinanderfolge der Töne gedehnt ist, dann wird man eins mit dem höchsten Raum des Bewusstseins."

Kommentar:
„Die Musik ist unter allen ästhetischen Erfahrungen ein privilegiertes Mittel, um vom sinnlichen Bewusstsein ausgehend in den transzendenten Zustand absorbiert zu werden. Doch ist auch dies eine yogische Praxis und geschieht nicht von selber:

Bedingung ist eine ungeteilte Konzentration, die sich nicht auf die einzelnen Töne richtet, sondern auf die Gesamtheit des Klanges, auf den Fluss oder die Ausdehnung der Töne."

---

121 Constantina Rhodes Bailly, Vorwort (S. xiii-xix) zu: Swami Chidvilasananda, Schätze im Innern, Telgte 2003.

Es gibt ein Instrument, mit dem man relativ leicht zu dieser Erfahrung vordringen kann – die menschliche Stimme. Auch wenn in dem Kommentar davon die Rede war, dass sich Gesang wegen der Bedeutung der Worte weniger eignet, kann man die Stimme auch anders – bedeutungslos – einsetzen. Mit unserer Stimme können wir – insbesondere zusammen mit anderen Praktizierenden – zum Beispiel einen bestimmten Ton bzw. Klang erzeugen und diesen dann in der oben beschriebenen Weise verwenden. Dabei wäre der genannten Bedingung – keinen Gesang zu erzeugen – Genüge getan, und dennoch hätten wir die Grundlage für die in der *Dharana* genannten Methode der Ausrichtung auf die Klang-Energie."

Setze Dich entspannt hin – allein oder besser noch zusammen mit einigen anderen Yoga-Praktizierenden. Komme innerlich zur Ruhe. Summe einen Ton an, besonders eignet sich hierfür natürlich der OM-Laut (oder irgendein anderes *Bija-Mantra*).[122] Atme ein und singe dann beim Ausatmen den Ton/OM-Laut. Singen mehrere Leute gleichzeitig, entsteht auf natürliche Weise ein Endlos-Klang, weil jeder dabei seinem individuellen Atem- und Summ-Rhythmus folgt. Einatmen... beim Ausatmen sanft den Klang erzeugen... einatmen ... beim Ausatmen den Ton summen... Ein homogener Klang erfüllt nun den Raum. Man ist Teil dieses Klanges, dieser Schwingung, und gleichzeitig trägt man aktiv dazu bei, dass dieser Klang fortwährend neu entsteht.

Dabei gilt es gleichzeitig, dem Klang und seiner Schwingung zu folgen, der Dehnung des Klanges, der immer subtiler werdenden aufsteigenden Energie. Du hörst auf den Klang und auf das Verhallen des Klanges am Ende. Es ist ähnlich, als wenn Du den Bewegungen einer Welle folgst ... sie erheben sich aus dem unendlichen Ozean...

---

122 Siehe Kapitel 3.3.

und fallen wieder in den Ozean zurück... Du konzentrierst Dich auf den Klang des Zurückfallens der Welle in den Ozean ... in dieser Weise folgst Du dem An- und Abschwellen des Klanges und konzentrierst Dich auf dem Moment des Ausklingens ...

Einige Instrumente, insbesondere solche, die Obertöne erzeugen, können hierfür sehr gut verwendet werden, wie z.B. die indische Tambura. Dieses traditionellerweise viersaitige (mittlerweile auch sechssaitige) Instrument wird auf einen Grundton gestimmt, dem der Musiker/Praktizierende dann entspannt und gleichzeitig mit anhaltender Konzentration folgt. Den gleichen Effekt erlangt man durch das Anschlagen an einen Gong oder eine Klangschale in gleichmäßigen Abständen. Auch hierbei liegt das Ziel im Verfolgen des auslautenden Klanges bzw. der dem Klang zugrunde liegenden ausschwingenden Energie.

Eine etwas andere Methode im Umgang mit der ästhetischen Erfahrung wird in *Vers 73 [=Dharana 50]* angesprochen:

„Wenn der Yogi eins wird mit der unvergleichlichen Freude des Genusses von Musik und anderen ästhetischen Freuden, dann verschmilzt er damit, und durch eine geistige Erhebung wird er vollkommen eins damit (mit dieser Freude)."

Kommentar:
„Für den Yogi, d.h. den spirituell Praktizierenden, führt eine solche Erfahrung zu einem Zustand der Vereinigung: Das ästhetische Objekt ist als solches nicht mehr vorhanden, sondern eine vollkommene Verschmelzung mit der dadurch ausgelösten Freude findet statt."

Was diese Methode für Praktizierende so interessant und hilfreich macht, ist die Tatsache, dass sie uneingeschränkt bei jeder musikalischen Erfahrung angewandt werden kann. Diese Art „Klang-Yoga" steht immer zur Verfügung.[123] Wo immer und wann immer wir die Erfahrung musikalischen Genusses machen, können wir uns an diese wunderbare Methode zur Erfahrung der höchsten Energie (*Maha-Shakti*) erinnern und sie anwenden.

Eines der Hauptmotive des *Vijnana Bhairava* ist die innere Ausrichtung oder Konzentration auf die „Mitte" (Skt. *madhya*). Shakti, die Energie des höchsten Bewusstseins, ist der Mittelpunkt der Schöpfung. Sie ist der innerste Wesenskern von allem, was existiert. Im Sprachgebrauch und Verständnis der Meister und Lehrer des *Shivaismus von Kashmir* ist *Madhya* der Ruhepunkt und Ursprung, aus dem die Dualität der Schöpfung hervorgeht. *Madhya* ist der Ort oder Moment zwischen zwei Dingen, zwischen zwei Zuständen, zwischen zwei Erfahrungen, zwischen zwei Aktivitäten oder zwischen zwei Bewegungen. Das Ziel der Praktiken, die sich mit *Madhya* befassen, besteht darin, diesen Ruhe- und Verbindungspunkt dazwischen zu erfassen; denn dort liegt das große Geheimnis, dort öffnet sich wieder das Tor zu höchster Erfahrung. Die innere Ausrichtung auf diese Mitte gibt uns die Möglichkeit, uns von den Fesseln der Dualität zu befreien. Im Normalfall sind wir gefangen in den Hin- und Her-Bewegungen zwischen diesen beiden Polen, und zwar in allen Bereichen unseres Lebens. Wir halten uns selbst gefangen durch die irrige Annahme, wir könnten in dem einen oder anderen Extrempunkt endlich die Freiheit finden. Das Geheimnis liegt jedoch in diesem Zwischenbereich, im Zentrum, dort offenbart sich uns der Ausgang. Hierzu passen folgende *Dharanas*:

---

123 Es gibt befähigte Lehrer des Klang-Yoga auch in der westlichen Yoga-Kultur.

Vijnana Bhairava Vers 75 [=Dharana 52]

„Wenn der Schlaf noch nicht eingetreten ist, aber die Eindrücke der Außenwelt geschwunden sind, kann dieser Zustand vom Geist berührt werden. Darin offenbart sich die Göttin Transzendenz."

Kommentar:

„Eine wichtige Erfahrung der „Mitte", ein Zustand frei von Gedanken und Vorstellungen (*Nirvikalpa*), ist der Moment zwischen Wachen und Schlaf (oder Schlaf und Wachen). Vor dem Einschlafen versinken die Eindrücke der Außenwelt, des Tagesbewusstseins, und bevor man in die Bewusstlosigkeit des Schlafes sinkt, tritt ein transparenter Zustand ein, der an der reinen Geistigkeit Anteil hat. Beim Aufwachen ist es der Übergang zwischen Schlaf und dem Auftauchen des differenzierten Tagesbewusstseins. Diesen Moment gilt es „festzuhalten" durch Aufmerksamkeit (frei von Gedanken), und in dieser Transparenz leuchtet die transzendente Göttin, die nichts anderes ist als das reine Bewusstsein."

Von jeher wurde den Zwischenzuständen etwas Besonderes nachgesagt, auch den Zuständen der Natur, wie z.B. der Dämmerung, dem kurzen Zeitraum, in dem sich der Tag und die Nacht, die Nacht und der Tag, begegnen. Diese Momente – das kann man auch heutzutage noch erleben, wenn man sich in freier Natur befindet – bergen eine besondere Atmosphäre, insbesondere in Gegenden, in denen man auf wenig Zivilisation trifft, wie z.B. in der Wüste, in den Bergen oder am Meer. Während der Zeit der Dämmerung kommen die Aktivitäten der Nacht und die Aktivitäten des Tages zur Ruhe. Es gibt jedoch auch noch andere Momente des Übergangs, die es wert sind, in diesem Zusammenhang einmal betrachtet zu werden. Sie betreffen uns alle, und wir können in ihnen die wohl tiefgreifendsten Erfahrungen überhaupt machen, wenn wir hinreichend wachsam sind. Ich spreche von den Momenten des Übergangs in unserem Leben, wenn wir von dem einen in den anderen Zustand unserer Entwicklung treten. Diese sogenannten „liminalen Phasen"[124] wurden deshalb zu früheren Zeiten von den Menschen mit ganz bestimmten, sehr wichtigen, kraftvollen Riten begangen. Nehmen wir die beiden wichtigsten Übergänge im Leben, die wir überhaupt kennen: Geburt und Tod. Geburt und Tod sind nach Auffassung der Yogis Momente, in denen unser Bewusstsein riesige Sprünge macht bzw. machen kann. Im Augenblick des physischen Todes – manche spirituellen Traditionen (z.B. der Tibetische Buddhismus) richten einen Großteil ihrer Praktiken darauf aus – eröffnet sich uns die Chance zur Befreiung (*Moksha*). Das berühmte *Tibetische Totenbuch* handelt von nichts anderem. Ein anderes Beispiel für die Erfahrung des „Dazwischen" ist die Wallfahrt, die heutzutage wieder in aller Munde ist. Hierbei suchen Menschen das religiöse Erlebnis, indem sie bewusst den Bereich des Profanen und gewohnten Lebensumfeldes verlassen und sich (innerlich wie äußerlich) in Bewegung setzen, um das Sakrale oder Göttliche zu finden. Wichtig ist dabei weniger das Ankommen, sondern die kurze Zeit davor oder dazwischen. Der Aufbruch ins Unbekannte ist dabei – wie auch die Erfahrung des Todes – die Möglichkeit des Aufbruchs des Bewusstseins zu Höherem.

Etwas Ähnliches geschieht auch bei der „alltäglichen Dämmerung" in unserem menschlichen Bewusstsein. Am Morgen, wenn wir aufwachen und sich noch kein Gedankenwölkchen am Horizont unseres Geistes gezeigt hat, ist der Zustand der Transzendenz ganz nahe. Wenn wir wachsam und geübt sind, können wir diesen Zustand erfassen und zeitlich ausdehnen. Wenn er dann langsam zu Ende geht, können wir erleben – das haben viele Praktizierende berichtet – wie sich unter dem Einfluss des Geistes/Verstandes Hülle um Hülle unserer Selbstkonzepte und Persönlichkeitsschichten um unser wahres Wesen legen und das Licht des inneren Selbst wieder verdun-

---

124 Von Lateinisch limes, „Grenze".

keln. Auch am Abend, wenn beim Einschlafen die Gedankentätigkeit abnimmt, haben wie die Möglichkeit, durch das Festhalten des *mittleren Zustandes* zu diesem Licht vorzudringen. Wir sehen also, wie lohnenswert es für uns sein kann, solche Augenblicke des Übergangs – wo immer und wann immer sie in unser Leben treten und egal wie groß oder klein sie sein mögen – mit Klarheit und Wachheit zu verfolgen und im Sinne der oben beschriebenen Praxis zu nutzen.

Vijnana Bhairava Vers 61 [=Dharana 38]

„Wenn man bei der Wahrnehmung von zwei Dingen meditiert, soll man den Geist in der Mitte (dazwischen) ruhen lassen. Wenn man mit einem Mal beide (Gegenstände) loslässt, dann leuchtet die Wirklichkeit in der Mitte."

Kommentar:

„Wenn z.B. auf einem Tisch ein Buch und ein Bleistift liegen, kann man beide wahrnehmen, um in der Mitte zu verweilen. Dieses Zwischen ist ein Vakuum, und so lässt der Geist jede Stütze los und versinkt in einem Zustand frei von Stützen. Es ist nicht leicht, die Wahrnehmung daran zu hindern, sich wieder auf andere Gegenstände zu lenken, doch selbst ein aufmerksames Ruhen in dieser Mitte für einige Augenblicke kann den Geist von seinem gewohnten Fluktuieren befreien."

Das Wunderbare an dieser Methode ist ihre universale Anwendbarkeit. Ich kann sie zur Kurzentspannung – wenn es sich ergibt – während einer Pause oder Ruhephase im Büro anwenden oder für einige Minuten, wenn ich abends nach Hause komme. Sie funktioniert auch auf dem Weg zur Arbeit, in der Bahn oder wenn ich nach getaner Arbeit zu Hause wieder angekommen bin – es ist eine einfache Methode mit erstaunlich hoher Wirkung:

- Ich konzentriere mich auf zwei Dinge, die ich sehe. Im zweiten Schritt richte ich nach einer Weile meine Aufmerksamkeit auf die (optische) Mitte zwischen den beiden.

- Ich lenke den Fluss meiner Konzentration auf meinen inneren Gefühlszustand. Emotionen kommen und gehen, kommen und gehen (erst mit einiger Übung bemerken die meisten überhaupt, dass das so ist). Wenn nun wieder eine Emotion aufgestiegen und dann wieder in den Tiefen meines Geistes verschwunden ist, richte ich meine Aufmerksamkeit auf diese Leere, auf diesen Moment der Stille, der so lange anhält, bis die nächste Emotion auftaucht. Ich konzentriere mich auch bei dieser Übung immer wieder auf die Zwischenräume.

Mit der gleichen Methode lässt sich aber auch mühelos meditieren:

Setze Dich zur Meditation, entspanne Körper und Geist und beobachte Deine Gedanken. Wichtig: Du darfst jetzt durchaus Gedanken haben! Du sollst sie nicht unterdrücken! Nur solltest Du sie gleichzeitig auch beobachten. Wie immer kommen und gehen die Gedanken, sie kommen und gehen. Der ewig wiederkehrende Zyklus, den Du beobachten kannst, ist dabei folgender: 1. Ein Gedanke kommt, bleibt eine Weile und geht, 2. Ein kurzer Zwischenraum der Leere bzw. „Gedankenlosigkeit" entsteht, 3. Ein nächster Gedanke kommt, bleibt und geht...usw.

Löse nun Deine Wahrnehmung von den Gedanken (Phase 1+2) und lenke Deine Wahrnehmung wieder und wieder auf die Leere (Phase 3) dazwischen. Am Anfang dieser Praxis wird diese Leere noch klein sein, die Gedanken werden noch die Szene beherrschen. Doch Deine Fähigkeit, sich auf die Mitte zwischen zwei Gedanken zu konzentrieren, wird zunehmen. Auch wenn Gedanken nun immer noch da sind, wird sich der Raum in der Mitte immer weiter ausdehnen, und Du wirst irgendwann in einen Zustand des gedankenfreien, objektfreien Bewusstseins gezogen.

Dass die oben beschriebene Methode aus dem *Shivaismus von Kashmir* nicht nur im hinduistischen, sondern auch im buddhistischen Tantra bekannt war, zeigt folgender Auszug aus dem „Tibetischen Buch vom Leben und vom Sterben", in dem Sogyal Rinpoche das Thema interessanterweise einmal aus psychologischer Sicht darstellt:

„Nachdem wir gesehen haben, wie dieser Prozess in Schlaf und Traum sowie in der Formierung von Gedanken und Emotionen kontinuierlich am Werk ist, wollen wir jetzt schauen, wo er in den Erfahrungen unseres Alltags zu finden ist: Am Besten können wir das tun, indem wir uns eine Regung von Freude oder Zorn einmal ganz genau anschauen. Untersuchen wir eine solche Regung, stellen wir fest, dass es vor dem Auftauchen einer Emotion immer Raum, immer eine Lücke gibt. Dieser trächtige Augenblick, bevor die Energie der Emotion sich ausdrücken kann, ist ein Moment reinen, ursprünglichen Gewahrseins, in dem wir, wenn wir es nur zulassen würden, einen Schimmer der wahren Natur des Geistes erhaschen könnten. Für einen winzigen Augenblick ist der Bann der Unwissenheit gebrochen; wir sind völlig frei von jedem Zwang und auch von jeder Möglichkeit zum Greifen; selbst die Idee des Anhaftens ist überflüssig, ja lächerlich geworden.

Statt jedoch die ‚Leere' dieser Lücke anzunehmen, was uns die Glückseligkeit bescheren würde, frei und unbelastet von allen Vorstellungen, Bezugspunkten und Konzepten zu bleiben, greifen wir, getrieben von unseren tief verwurzelten Gewohnheitsmustern, wieder nach der fragwürdigen Sicherheit des Vertrauten, nach dem tröstlich beruhigenden Schauspiel unserer Emotionen."[125]

Zum Schluss dieses Kapitels möchte ich mich mit einem Motiv

---

125 Sogyal Rinpoche, Das Tibetische Buch vom Leben und vom Sterben – Ein Schlüssel zum tieferen Verständnis von Leben und Tod. Bern 1999, S. 406 f.

befassen, das die lebensbejahende Grundeinstellung des Tantra noch einmal deutlich macht, ein Motiv, ohne das Tantra nicht denkbar wäre, das aber leider häufig missverstanden wurde. Es geht um die Freude bzw. den Genuss. Freude/Genuss ist eine der reinsten Erfahrung von *Shakti*, die dem Menschen normalerweise zugängig ist – keine Frage. Es kommt jedoch darauf an – und erst d a n n ist es Yoga oder Tantra – dass wir Praktizierenden während der Erfahrung der Freude in der Lage sind, diesen wahren Ursprung unserer Freude zu realisieren und in ihn einzutauchen.

Vijanana Bhaira Vers 71 [=Dharana 48]

„Wenn man eine große Freude erfährt, wie beim Wiedersehen eines Freundes (oder Verwandten) nach langer Zeit, soll man über das Entspringen dieser Freude meditieren, dann wird man darin absorbiert und wird geistig eins damit (mit dieser Freude)."

Kommentar:

„Jede menschliche Freude kann zum Ausgangspunkt für die Versenkung in den Ursprung der Freude werden, wie etwa das Wiedersehen eines geliebten Menschen nach langer Zeit der Trennung. Doch genügt die rein menschliche Erfahrung nicht, weil sie nur momentan ist. Man soll vielmehr über den Moment meditieren, wo diese Freude entspringt, sich dahinein versenken und mit dieser ursprünglichen Freude vereinigen.

Der Moment des Ursprungs einer freudigen Erregung ist das erste Auftauchen der Schwingung des Bewusstseins (*Spanda*). Um ihn zu erfassen, muss der Geist schon verfeinert und achtsam sein. Ein so verfeinerter Geist wird dann auch keine Gelegenheit versäumen, um von der zeitlichen, bedingten Freude in die unbedingte Freude einzutauchen."

Es gibt praktisch keine Erfahrung des täglichen Lebens, die im Tantra oder tantrischen Yoga nicht Verwendung fände, um vom Bedingten zum Unbedingten bzw. vom Begrenzten zum Unbegrenzten zu gelangen. Dabei verachten die tantrischen Lehrer keineswegs den sinnlichen Genuss, weil er eben auch Teil unseres Lebens und damit Ausdruck des höchsten Selbst ist – doch ist er nicht ihr angestrebtes Ziel.

Einen geliebten Menschen nach langer Zeit wiederzusehen und zu umarmen, ist eine der ergreifendsten und vor allem tiefsten Erfahrungen der Freude, die das Leben für uns bereithält. Selbst wenn man persönlich gar nicht betroffen ist und eine solche Szene nur beobachten darf, springt bereits so etwas wie ein Funke der Freude und Liebe auf einen über, und man kann greifbar spüren, was in den Herzen der Betroffenen vorgeht. Doch Vorsicht – wenn wir uns auf dem Pfad der Methoden des *Vijnana Bhairava* bewegen, geht es um eine der erhabensten Formen des Yoga. Es geht nicht darum, von einem romantischen Gefühl gepackt und hinweg gespült zu werden. Wir sollen in einem solchen Augenblick etwas erkennen; denn letztendlich dient den Lehrern dieser einzigartigen tantrischen Tradition das Imaginieren oder gar tatsächliche Erfahren solcher Momente immer als Basis für ein geniales Lehrstück. Aber was genau ist es, was wir in diesem konkreten Moment der Freude erkennen sollen?

So seltsam es sich auch anhören mag, es geht um die Beantwortung der Frage: Wer genießt wen? Wer erfreut sich an wem? Genießen wir die Freuden oder ist es nicht eher umgekehrt? Was ist wahre Ursache und was ist die Wirkung? Das Erste, was wir im Zusammenhang mit den *Dharanas* also benötigen bzw. lernen, ist eine klare und scharfe Wahrnehmung. Wenn wir die Methoden des *Vijnana Bhairava* wiederholt anwenden, erkennen wir, dass die Dinge häufig überhaupt nicht so sind, wie sie zu sein scheinen. Der wahre Praktizierende, der wahre Yogi hinterfragt. Er hat keine Antworten parat, sondern stellt

Fragen. Zum Beispiel diese: „Woher kommt die unglaubliche Freude, die ich im Augenblick des Wiedersehens eines Freundes empfinde?"

Die schnelle Antwort, die dem Ungeübten entfährt – „die Freude kommt von dem Ereignis der Begegnung" – ist falsch! Das genaue Gegenteil ist richtig, so lehren uns die Yogis. „Die Sinne genießen uns", sagte Swami Muktananda. Höchste Freude und Liebe ist die Natur des Selbst – unsere Natur. Eine der drei göttlichen Wirkkräfte des höchsten Bewusstseins – das von unserem inneren Wesen weder verschieden noch getrennt ist – nennen die tantrischen Philosophen der Kashmir-Tradition bezeichnenderweise *Ananda-Shakti*, „Macht/Kraft der (unbegrenzten) Glückseligkeit". Die Quelle eines jeden Genusses, einer jedweden Freude, die wir in unserem Leben erfahren, ist folglich nicht im Äußeren zu finden. Die Erfahrung der Freude und des Genusses ist nicht an irgendwelche äußeren Bedingungen gebunden, an bestimmte Ereignisse, Gegenstände oder Personen. Die wahre Ursache liegt im Inneren verborgen. Die Freude und Liebe, die wir im Äußeren wahrnehmen, sind unsere Projektionen.

Dies zu wissen oder gar zu erfahren, bedeutet jedoch nicht, dass wir uns von den sozialen Erfahrungen der Verantwortung und der Liebe gegenüber unseren Mitmenschen lösen. Ganz im Gegenteil, es trägt dazu bei, diese Erfahrungen zu erweitern und zu vertiefen. Es ist eher so, dass sich die Perspektiven unseres Denkens, Fühlens und Handelns verschieben. Wir können dann vielleicht zum ersten Mal in unserem Leben für andere da sein, weil wir nicht mehr so sehr damit befasst sind, etwas von ihnen, also von außerhalb von uns selbst, zu bekommen. Es geht nicht um einen Gegensatz oder gar Kampf „Innen gegen Außen"; denn nach yogischem Verständnis ist auch diese Unterscheidung Illusion. Der erfahrene Praktizierende beginnt das im Inneren Erfahrene – die Glückseligkeit, das Licht, die Fülle – auch im Äußeren wahrzunehmen. Praktisch bedeutet diese Haltung für uns im Umgang mit derartigen Methoden, wie der oben genannten *Dharana*, dass wir nicht im Augenblick der Umarmung des Freundes vor allen Leuten am Bahnhof oder Flughafen eine dramatische Szene machen und in tiefe Meditation versinken. Die Idee ist hingegen, dieses Ereignis der Begegnung – wie auch jedes andere Ereignis, das bei uns große Freude auslöst – im yogischen Sinne zu nutzen und eben, wie es oben heißt: „Über den Moment meditieren, wo diese Freude entspringt, sich dahinein versenken und mit dieser ursprünglichen Freude vereinigen."

Vijnana Bhairava Vers 72 [=Dharana 49]

„Wenn man eine überschäumende Freude beim Genuss von Essen und Trinken erfährt, soll man über den Zustand der Fülle meditieren, und die große Freude wird entstehen." [126]

Kommentar:

„Selbst die Freude, die beim Essen und Trinken entsteht, kann zum Anlass für die höchste Glückseligkeit (*Mahananda*) werden, vorausgesetzt man meditiert über den jeweiligen Zustand der Fülle einer sonst vorübergehenden, zeitlich begrenzten Befriedigung. Die Sättigung durch Essen und Trinken wird nach kurzer Zeit wieder durch Hunger und Durst abgelöst, doch es geht hier, wie bei anderen *Dharanas*, darum, den vielleicht nur kurzen Moment der Erfüllung und Freude wahrzunehmen, den Anlass des Essens und Trinkens beiseite zu lassen und in den unbedingten, unbegrenzten Grund dieser Freude einzutauchen."

Auch beim Essen, Trinken oder anderen sinnlichen Erfahrungen, die – zumindest in vielen Fällen – mit Genuss und Freude verbunden sind, sucht der Praktizierende der tantrischen Schule die Chance, sich durch die begrenzte Erfahrung zur unbegrenzten Erfahrung empor-

---

126 Diese Dharana wurde zwar zuvor schon genannt (Kapitel 2), doch greife ich sie an dieser Stelle noch einmal auf, um sie ausführlicher zu erläutern und um das Thema bzw. Motiv „Freude" angemessen darstellen zu können.

zuschwingen. Genau genommen gibt es keinerlei Beschränkungen: Bei allen Erfahrungen durch unsere Sinne – Hören, Sehen, Tasten, Schmecken und Riechen – deren Befriedigung immer nur von kurzer Dauer ist, weil unser Geist/Verstand dadurch eben immer nur kurzzeitig still gehalten wird, können wir das Sprungbrett der momentanen Erfahrung nutzen, um in den grenzenlosen Ozean der unendlichen Erfahrung einzutauchen.

Kapitel 5

Yoga im täglichen Leben – Erfahrungsberichte

Um einen Einblick zu geben in die positiven Auswirkungen, welche die Lehren und Praktiken der verschiedenen Yoga-Wege auf das alltägliche Leben bei Menschen haben können, wurde von mir eine kleine Sammlung von Beiträgen verschiedener Praktizierender zusammengestellt. Da die Erfahrungen im Zusammenhang mit Yoga naturgemäß ein unüberschaubar weites Feld sind, habe ich versucht, durch die Vorgabe zweier Fragen – mit denen sich die Befragten auseinandersetzten – dieses Feld thematisch einzugrenzen, um hierdurch so etwas wie einen gemeinsamen Nenner zu schaffen. Die beiden Fragen lauteten:

1. *Inwieweit hat sich mein Leben durch meine spirituelle Praxis/ Yoga-Praxis verändert?*
2. *Wie integriere ich die yogischen/spirituellen Lehren und Übungen in mein alltägliches Leben?*

Selbstverständlich sind die einzelnen Personen bei der Reflexion dieser Fragen und ihrer anschließenden Bearbeitung bzw. Beantwortung äußerst unterschiedlich vorgegangen. Das mag damit zusammenhängen, dass die Autoren dieser Beiträge aus unterschiedlichen Lebensbereichen kommen, verschiedene Temperamente haben und unterschiedlichen Yoga-Wegen folgen und dabei vermutlich auch noch sehr verschiedene Ziele im Sinn haben. Die Berichte, die zum Teil sehr persönlich sind (und die ich nur mit ausdrücklicher Genehmigung der betreffenden Personen hier abdrucke), zeigen unter anderem, unter welch bemerkenswerten Umständen diese Menschen manchmal zu ihrem Weg gefunden haben und wie heilsam die nachfolgende Auseinandersetzung mit den spirituellen Übungen war.

Helmut

Mein spiritueller Weg in der Tradition des Yoga begann im Jahre 1980. Ich war 24 Jahre alt, studierte Betriebswirtschaftslehre und reiste in die USA und Indien, um meinen spirituellen Lehrer zu treffen und bei diesem Yoga zu praktizieren. Meine Erfahrungen waren intensiv. Es waren bewegende Erfahrungen, tief in meinem Inneren, Erfahrungen von dem Teil, der unberührt und unverändert ist, der still ist, klar und freudvoll, aus dem Zuversicht, Vertrauen und Kraft entsteht und in dem Ängste und Zweifel sich auflösen, Gedanken zur Ruhe kommen.

Etwa dreißig Jahre später hat sich der äußere Rahmen von damals zu dem von heute natürlich deutlich verändert. Ich bin über fünfzig, verheiratet, meine Kinder beginnen, die Schule zu verlassen und ich bin Partner bei einer Personalberatung, die Führungspositionen für Unternehmen besetzt. Meine Arbeit ist geprägt von großer Dynamik, menschlichen Begegnungen und emotionalen Herausforderungen. Gerade die kurzfristigen und wider Erwarten auftretenden Veränderungen in den Beziehungen zu Kunden und Kandidaten sind die Momente, die mich fordern und mir unter die Haut gehen. Gefühle unzureichenden Erfolges, wirtschaftlicher Angst, unerfüllter Erwartungen entstehen.

Um aus diesen Gefühlen wieder zurückzukommen, diese loszulassen und davon frei zu sein, gehe ich nach wie vor meinen Weg des Yoga. In all den zurückliegenden bald dreißig Jahren hat mich meine innere spirituelle Erfahrung nie verlassen. Sie ist stetig gewachsen und gegenwärtiger geworden in meinem Leben. Ich spüre eine Kraft, die alles zu meinem Besten lenkt. Wann immer ich mich dieser Kraft zuwende, fließt eine Energie in mir, die mich glücklich werden lässt und meine Widerstände auflöst.

So sind die Momente, in denen sich Dinge nicht so ergeben, wie ich es mir vorgestellt habe, und ich Ärger, Skepsis, Angst oder Ablehnung empfinde, die Augenblicke, in denen ich mich meiner Verbundenheit mit dieser Kraft erinnere. Die Bewusstheit dieser Verbundenheit verändert mein Empfinden der Situation. Negative Gedanken verschwinden. Mein Geist wird still, und eine angenehme, positive Stimmung durchdringt mich. Ich fühle die innere Kraft, die mich trägt. Ich spüre, dass kein Geschehnis in meinem Leben mich wirklich beschädigt.

Mithin sind meine täglichen Herausforderungen Chancen, um mir meiner inneren Verbundenheit bewusst zu werden. Es sind Chancen, diese Verbundenheit zu erfahren und diese Erfahrung mehr und mehr zu entwickeln. Mein Leben ist durch Yoga zu einem Fenster der Gelegenheiten geworden. Gelegenheiten, um aus einem scheinbar negativen Ereignis eine spirituelle Erfahrung werden zu lassen, die mich zunehmend im Inneren verankert.

Susanne

Mein erster Yoga-Kurs ist schon einige Jahre her. Aber dank einer außerordentlich begeisterten und begeisternden Lehrerin werde ich ihn nie vergessen. Von Natur aus ein ehrgeiziger und perfektionistischer Mensch, wollte ich stets immer alles besonders gut machen, allen Anforderungen genügen. Meine eigenen Wünsche und Bedürfnisse habe ich ganz hinten angesiedelt. Schließlich wollte ich ja im

Beruf anerkannt und in der Familie geliebt werden. Das führte na-
türlich auf die Dauer zu dem Gefühl einer ständigen Überforderung,
zu Nervosität und Reizbarkeit und hat mich auch mit meinem Leben
unzufrieden gemacht, obwohl ich – von außen gesehen – durchaus
hätte zufrieden sein können. Ich hatte einen guten Job, einen netten
Mann und wir unternahmen weite Reisen. Trotzdem hatte ich immer
das Gefühl, dass da irgendetwas fehlte, dass es noch mehr geben
müsste. Ich fühlte mich stets ein wenig rastlos und getrieben und
habe gesucht. Wonach, hätte ich selbst nicht sagen können. Ich wus-
ste nur, dass ich dringend etwas ruhiger werden musste. Also habe
ich mich zu einem Yoga-Kurs angemeldet.

Die ersten paar Stunden vergingen recht unspektakulär, und erst
nach einiger Zeit habe ich gemerkt, dass die Übungen nicht nur auf
den Körper wirkten, sondern ganz langsam auch eine seelische Ver-
änderung eintrat. Dazu hat mir auch sehr geholfen, dass meine Leh-
rerin immer wieder die Einzigartigkeit eines jeden hervorgehoben
hat und zu vermitteln versuchte, dass wir uns alle (auch und gerade
mit unseren Begrenzungen und vermeintlichen Unzulänglichkeiten)
akzeptieren und liebevoll respektieren dürfen. Der Satz „Vergleiche
Dich nicht" wird mich wahrscheinlich für alle Zeiten begleiten. Mein
Selbstbewusstsein wurde mit der Zeit größer, und ich konnte auch
einmal eine Auszeit für mich einfordern. Die Yoga-Stunden, auf die
ich mich anfangs nur gefreut hatte, wurden nachgerade zu einem
inneren Bedürfnis.

Nach Schwangerschaft und Wiedereinstieg in das Berufsleben
habe ich es sogar geschafft, für einige Tage nach Bayern in ein Yoga-
Haus zu fahren. Endlich hatte ich einmal Zeit nur für mich. Der Ta-
gesablauf mit Meditation, Yoga-Stunden und Spaziergängen in der
herrlichen Landschaft in absoluter Ruhe, das Zusammensein mit
Gleichgesinnten, haben mich richtig zufrieden gemacht. Bisher war
ich dort bei drei verschiedenen Seminaren und habe dadurch auch

ein wenig Einblick in die Yoga-Philosophie bekommen, natürlich immer noch viel zu wenig. Es gibt noch so viele Dinge, die ich genauer verstehen möchte. Jedenfalls sehe ich meinen Alltag nun mit anderen Augen. Der Gedanke, dass die Dinge neutral sind und nur wir sie gut oder schlecht machen, durch unsere Art damit umzugehen und sie zu betrachten, ist mir sehr, sehr hilfreich. Ich fühle mich viel weniger als Opfer der Umstände, ich bin nicht ausgeliefert, ich kann selbst etwas tun. Die Erwartung, irgendwann einmal das Glück schlechthin zu finden, ist der Überzeugung gewichen, dass das nichts sein kann, was von außen kommt, sondern dass das Glück in jedem von uns selbst liegt. Deshalb sind Dinge, die ich früher furchtbar wichtig genommen habe, es heute einfach nicht mehr. Ich bin viel zufriedener mit meinem Leben, dankbar für meine Familie und die Menschen, denen ich begegne und – glücklich. Außerdem bin ich sehr, sehr neugierig, was Yoga noch in mir verändern wird; denn Yoga ist nichts Abgeschlossenes, sondern „Yoga ist ein Prozess".

Thomas

Ausgangspunkt für die Veränderung in meinem Leben war die zuerst bei der Einweihung in meine Yoga-Tradition gemachte Erfahrung der allumfassenden Harmonie und Einheit, die begleitet wurde von starken Gefühlen der Liebe und Schönheit. Alle alltäglichen Dinge erstrahlten in einem neuen, erhabenen Licht. Die erwachte und mich durchdringende wohlwollende, heilende Energie erlaubte mir im Laufe der Zeit die positive Seite von Menschen und Situationen zu erkennen sowie meine Fähigkeit, Dinge zum Besseren zu gestalten und mich nicht als Opfer von Situationen und negativen Einflüssen zu fühlen, womit immer ein Gefühl der Machtlosigkeit einhergeht. So konnte ich schwierigen Themen in meinem Leben etwas Kraftvolles entgegenstellen.

Durch meine Übungen kann ich mich immer wieder mit dieser höchst-positiven Energie, die mein innerstes Wesen ausmacht, in Verbindung bringen und diese Freude mit meiner Umwelt teilen. Dadurch entsteht ein sehr starkes Gefühl von innerer Wertschätzung und Unabhängigkeit. Ich brauche nicht mehr gegen irgendetwas oder irgendjemanden zu rebellieren, sei es gegenüber Mitgliedern meiner Familie oder den Gegebenheiten der Dinge in meiner Umwelt. Ich werde geübt darin, die Dinge so zu akzeptieren, wie sie sind, und erst dann meine Entscheidung zu treffen, wie ich am Besten damit umgehe, um ein Ergebnis zum Besten aller zu erreichen. Wobei mir die innere Shakti, die erweckte Energie der Seele, die in mir ist wie im ganzen Universum, mir mit ihrer Intelligenz und Führung helfend und leitend zur Seite steht wie ein treuer Freund.

Eva

Es war wenige Jahre nach meiner Trennung von meinem Lebensgefährten, als ich über Reiki und durch meinen Reiki-Meister zu meinem Yoga-Weg geführt wurde. Mein Leben war bis zu diesem Zeitpunkt geprägt von meiner nicht gerade leichten Kindheit. Mit wenig Selbstbewusstsein ausgestattet, vielen Komplexen und Orientierungslosigkeit, hatte ich die Dominanz meines Partners gefördert. Als dann Umstände eintraten, die mir die Loslösung von dieser, mich inzwischen krank machenden Beziehung ermöglichten, kam eine Zeit, in der ich mich erst einmal „selbst finden" musste. Aber, wie ich heute erkenne, hielt mich eine Hand und führte mich.

Zuerst kam noch einmal eine Zeit, in der ich in ein tiefes Loch fiel, wodurch mir meine alten Muster bewusst wurden. Als ich einmal einsam, verzweifelt und weinend auf meinem Bett lag, kam mir ganz plötzlich die Eingebung: „Du bist doch gar nicht alleine, Gott ist doch immer bei dir!" Das war wie eine Erleuchtung für mich, die ich nie vergessen werde. Diese Eingebung holte mich zwar nicht sofort aus meinem Elend, sie wurde mir aber Wegweisung für mein weiteres Leben.

1995, bei einer Reiki-Veranstaltung, erzählte mir jemand von einem Yoga-Intensiv-Seminar in Frankfurt/Main; und obwohl ich genau in dieser Zeit ein anderes Wochenend-Seminar gebucht hatte, fügte es sich, dass ich frei wurde und mit einigen anderen zu diesem Intensiv-Seminar fahren konnte.

Das war der Beginn meiner „Verwandlung". Ganz erstaunlich – in kurzer Zeit waren mir meine Fragen, die im Laufe meines Lebens auftauchten und von christlicher Seite nicht beantwortet werden konnten, so einleuchtend klar, dass ich wusste und sagte: Ich bin am Ende meiner Suche angekommen. Dieser Yoga ist mein Weg und „unbezahlbar" wertvoll für mich. Denn nicht nur, dass meine Weltsicht eine andere wurde, auch mein ganzes Leben änderte sich!

Die depressiven Phasen, die mir bisher zu schaffen machten, wurden weniger und sind heute ganz verschwunden. Dafür breitete sich in meinem Kopf „gedankliche Ruhe" mehr und mehr aus, meine Ängste lösten sich auf. Vertrauen in die jederzeit gegenwärtige Versorgung durch die Höchste Macht sind Bestandteil meines Lebens. Glücksphasen mehren sich, und die Dankbarkeit für alles, was mir täglich gegeben wird, begleitet mich von morgens bis abends. Probleme sehe ich heute als Chancen zur Weiterentwicklung. Viele Einsichten über mein Leben und mein Verhalten werden mir klar vor Augen geführt. Ich bereue keinen Tag meines oft über lange Phasen unglücklichen Lebens. Heute weiß ich, dass dies alles „Not-wendig" war, damit ich nun da sein kann, wo ich heute bin.

Carla

Vor zehn Jahren hatte ich eines Nachts einen intensiven Traum, in dem mir ein Inder erschien, der mir seinen Namen nannte und mir eindringlich sagte, dass ich diesen nicht vergessen dürfe. Wie ich später erfuhr, handelte es sich um einen noch lebenden indischen Meister, von dem ich zuvor nie etwas gehört hatte. Das war wohl der Auslöser, der mich dazu brachte, mich mit Indien, der dortigen Spiritualität und mit Yoga zu beschäftigen.

Unter Yoga hatte ich mir anfänglich nur die Richtung der körperlichen Übungen, der sogenannten Asanas, vorgestellt, wie sie im Hatha Yoga praktiziert werden, ohne auch nur die leiseste Ahnung zu haben, dass in der indischen Lehre Yoga alle Gebiete des Lebens umfasst, nämlich das, was ich denke und tue, meine Beziehungen, meine Arbeit, meinen Glauben oder meine Erfahrung von Spiritualität etc. All das ist eine Ausdrucksform des Yoga, besagt die indische Weisheitslehre, die mich im Laufe der Zeit für eine tiefere, intensivere Wahrnehmung des Lebens und eine größere Bewusstwerdung der Einheit mit dem Göttlichen öffnete.

Die Sprache der heiligen Schriften und Gesänge in Indien ist Sanskrit, und jedes Wort aus diesen Texten verfügt über eine sehr reine energetische Schwingung, die über Jahrtausende von den Brahmanen, den Yogis und Heiligen praktiziert und als Erbe weitergegeben wurde. Man sagt, dass die Sanskrit-Silben, im Gegensatz zu anderen Sprachen, die wahre Bedeutung der Worte am besten zum Ausdruck bringen. Wenn man sich mit indischer Spiritualität auseinandersetzt, trifft man irgendwann auf den Begriff Mantra. So ging es auch mir. Ein Mantra ist ein Wort oder ein Satz, der immer wieder repetiert wird, eine Übung, die praktiziert wird, um den Geist zu beruhigen, sich inniglich mit dem Göttlichen zu verbinden und tief meditieren zu können. Es gibt aber auch lange, psalmenartige Gesänge, die regelmäßig in spirituellen Zentren, wie zum Beispiel Ashrams, in den Andachten täglich gesungen werden.

Irgendwann lernte ich einen dieser Lobgesänge auf Gott bzw. das Göttliche kennen, das sogenannte „Rudram".[127] Es ist Gott Rudra (=Shiva) gewidmet und Seiner gesamten Schöpfung. Da ich von Haus aus Musikerin bin, war ich sogleich fasziniert von der Sprache, der Melodik und dem Rhythmus dieser Musik, und ich wünschte mir sehr, dieses „Rudram" singen zu können, denn es sollte über wunderbare, außergewöhnliche Kräfte verfügen, wie in dem Begleittext geschrieben stand, den ich zu der CD erhielt, auf der ein Brahmane es zu Gehör brachte. Ich wünschte mir intensivere Erfahrungen auf meinem spirituellen Weg und erhoffte mir von diesem Gesang, den ich lernen wollte, um ihn regelmäßig zu Hause singen zu können, neue Impulse und einen Fortschritt auf dem Weg zum inneren Selbst, dem Ziel aller yogischen Pfade.

Ich bat meinen spirituellen Meister, mir auf geistigem Wege zu helfen, die Anfangsschwierigkeiten zu überwinden; und durch seinen Beistand überwand ich sie und übte drei Monate lang jeden Tag, bis ich das „Rudram" komplett beherrschte. Als Musikerin war ich von jeher an diszipliniertes Üben gewöhnt und hatte viel Freude daran, so vollkommen wie möglich mit dem Gesang des Brahmanen zu verschmelzen. Jedes Mal am Ende der Hymne, wenn ich meine Augen für eine kurze Meditation schloss, fühlte ich einen starken Fluss vitaler Energie, der sogenannten Shakti, meinen Körper durchströmen. Mal empfand ich das als sehr angenehm und entspannend und

---

127 Das Rudram, auch *Shata-Rudriya*, ist ein alter vedischer Gesang, in dem Rudra/Shiva mit seinen zahlreichen Namen angerufen und als das Absolute Bewusstsein verehrt wird. Dieser außerordenlich kraftvolle Gesang ist Bestandteil vieler brahmanischer Rituale, insbesondere der heiligen Feuerrituale (*Yajna*), die noch heute in Indien durchgeführt werden.

manchmal auch als anstrengend, wenn ich unruhig und innerlich aufgewühlt war.

Neben dem spirituellen Aspekt, der sich durch das Singen bei mir als sehr Herz öffnend zeigte, machte ich noch eine andere erstaunliche Entdeckung, die ich nie für möglich gehalten hätte. Meine täglichen Arbeiten gingen mir besser von der Hand. Ich erledigte Dinge, die ich früher immer vor mir her geschoben hatte, sofort. Ich hatte mehr Energie und wurde souveräner im Umgang mit anderen Menschen. Andererseits konnte ich mich nun auch besser abgrenzen, wenn man mir wieder einmal zu viel aufhalsen wollte.

Das Singen heiliger Texte ist für mich eine unentbehrliche spirituelle Übung geworden und eine wunderbare Ergänzung zur Meditation. Man kann es zu Hause bequem in seinen eigenen Alltag integrieren und bewirkt damit für sich selbst und auch für sein Umfeld ganz viel Gutes, denn die heilenden Energieschwingungen des Gesanges breiten sich überall aus.

Ute

Bevor sie einen Vortrag beginnt, begrüßt meine Yoga-Lehrerin uns Schüler immer mit den Worten: „Mit großer Achtung und Liebe heiße ich euch alle von ganzem Herzen willkommen." Dieser einfache und doch so bedeutungsvolle Satz begleitete mich lange Jahre bei meiner Arbeit als Lehrerin.

Unser Beruf bringt ständig große Herausforderungen mit sich: Unmotivierte und verhaltensauffällige Schüler, besorgte oder verärgerte Eltern, Kollegen, die oftmals frustriert, unzufrieden und ausgebrannt in die Schule kommen. Die stille Wiederholung dieses Satzes vor dem Unterricht sowie in Begegnungen mit Kollegen und

Eltern berührte einen Punkt in mir, der mir half, in schwierigen Situationen innere Ruhe zu bewahren und jeden in seiner Einmaligkeit anzunehmen, ohne ihn zu bewerten. Manche unbedachte Worte blieben so unausgesprochen. Es fiel mir leichter zuzuhören, mich in Menschen hineinzuversetzen und andere Meinungen zu akzeptieren.

Mit der Zeit lernte ich auch, mich selbst nicht mehr so wichtig zu nehmen, nicht so verbissen als Sieger aus einer Auseinandersetzung herauszgehen zu wollen, eigene Schwächen zuzulassen und anderen auch zu zeigen. Ich stellte fest, dass die Achtung und Liebe, die ich meinen Mitmenschen, aber auch mir selbst entgegenbrachte, eine angespannte Atmosphäre lockerte und Beziehungen positiv beeinflusste. Geduld, Mitgefühl, Flexibilität und mehr Leichtigkeit im Denken und Handeln sind die Früchte, die ich durch diese spirituelle Übung ernten durfte.

Natürlich geschahen diese Veränderungen nicht von heute auf morgen, sondern entwickelten sich mit den Jahren. Durch diese Übung, aber auch durch andere Yoga-Praktiken, wie Meditation und Hatha Yoga, habe ich meinen Beruf auch in schwierigen Zeiten immer als Bereicherung und als Gelegenheit zu persönlichem Wachstum empfunden, wofür ich sehr dankbar bin.

Michael

Schon als Jugendlicher hatte ich mich für Yoga und Heilige Schriften interessiert. Ich las begierig die Yoga-Sutras des Patanjali, von Swami Vivekananda Ausführungen über verschiedene Yoga-Arten sowie die Bhagavad Gita. Doch dieses Studium fand ausschließlich im Intellekt statt – es war leblos und erzeugte in mir keinerlei Veränderungen. Als junger Mann war ich eher ein schüchterner, ängstlicher und

340

zurückhaltender Mensch und damals auch sehr unzufrieden mit meinem Leben. Erst als ich Jahre später die Shaktipat-Einweihung[128] *erhielt, wurde es lebendig, und ich hatte einige Erfahrungen, wie sie in den Schriften beschrieben sind. Anhand eines Erlebnisses möchte ich über meinen Veränderungsprozess berichten.*

Nachdem ich schon einige Jahre intensiv Yoga-Übungen, wie Meditation, Japa, Mantra-Gesang, Seva und das Studium der Schriften, praktiziert hatte, hatte ich bei Renovierungsarbeiten an einem Samstagmorgen einen schlimmen Unfall, bei dem ich mir eine komplette Unterschenkelfraktur des linken Beines zuzog. Als ich so am Boden lag, meine Freunde den Notarzt anforderten und sich um mich kümmerten, war ich emotional sehr ruhig und entspannt. Ich sah meinen Körper schwer verletzt am Boden liegen, aber ich identifizierte mich nicht mehr mit ihm. Mein Bewusstsein und dieser Körper, der da am Boden lag, waren getrennt. Im Krankenhaus wurde ich zuerst notversorgt. Am nächsten Tag teilte man mir das Ausmaß der Verletzung mit. Ich würde einige Monate nicht mehr gehen können, und es sei eine sehr schwierige Operation zu überstehen, deren Ausgang völlig offen war. Bei all den schlechten Nachrichten hatte ich keinerlei Angst und wusste, dass ich bestens versorgt sein und alles für mich getan würde, um mich wieder auf die Beine zu bringen. Dadurch, dass ich die Unterstützung der Kundalini-Energie spürbar wahrnehmen konnte, fühlte ich mich trotz der Schwere des Bruches gut aufgehoben. Selbst meine Ehefrau konnte diese Unterstützung über die ganze Zeit des Heilungsprozesses spüren.

Einige Tage später brachte meine Frau ein Geschenk von einer Bekannten mit. Es war die Aufnahme eines Vortrags unserer Meditationsmeisterin. Sie sang darin ein Lied eines Sufi-Heiligen, der

---

128 Tantrische Einweihung in den Kundalini-Yoga, wobei der Meister seine spirituelle Kraft auf den Schüler überträgt und hierdurch bei diesem die Kundalini-Energie erweckt.

meinen gegenwärtigen Zustand genau beschrieb. Hier die drei zu-
treffenden Verse:

Warum sollte ich bei irgendjemandem betteln?
Was kann ein anderer mir geben,
wo doch mein Herr, mein großer Herr, mir alles gibt?
Mein Herr gibt mir alles mit Seinen verborgenen,
unsichtbaren Händen.

So einzigartig kunstfertig sind Deine Hände, oh Herr,
dass Du alles erschaffen kannst.
Du verleihst einem jeden von uns das Leben, und Du bewahrst es.
Deshalb habe ich mein Vertrauen in Dich allein gesetzt.

Freunde, lasst euch nicht von nichtigen Sorgen gefangennehmen.
Vertieft euch in den Gesang.
Tränkt euren Geist im Namen Gottes.
Dann werdet ihr sogar in schweren Zeiten
Euren Mut nicht sinken lassen.

Diese Worte prägten sich tief in meinen Geist ein und bestätigten die jahrelange Yoga-Praxis. Am Krankenbett vertiefte ich mich weiterhin in meine Yoga-Übungen; Japa mit dem Mantra, das Lesen der Guru Gita und Meditation. Dadurch war mein Geist immer in einem guten Zustand. Durch die Übungen entstand im Zimmer eine friedliche und ruhige Atmosphäre. Das Pflegepersonal kümmerte sich all die Zeit rührend um mich und kam des öfteren herein, um sich in dieser Stille kurz aufzuladen. Irgendwie bewunderten sie meine Ruhe und Gelassenheit in dieser, für mich – zumindest aus ärztlicher Sicht – doch schwierigen Situation. Trotz weiterer drei Operationen nahm die Genesung einen sehr positiven Verlauf.

Mein Leben verändert sich durch die Yoga-Praxis zusehends. Meist spielt sich der Prozess im Inneren ganz sanft ab. Ich bin zufriedener geworden, habe an innerer Stärke und Selbstwertgefühl gewonnen und traue mir mehr zu. Auch der Begriff „Gott" hat für mich inzwischen eine ganz andere Bedeutung gewonnen. Er ist lebendig geworden und hat mir ein tiefes Vertrauen geschenkt, und dafür bin ich sehr dankbar.

Früher hatte ich oft Dinge begonnen und sie wieder nach kurzer Zeit aufgegeben, da sie nicht in meinen Tagesablauf integrierbar waren. Als ich mit der Yoga-Praxis anfing, wollte ich unbedingt etwas verändern und herausfinden, wann für mich im Tageablauf die beste Zeit war, um die Übungen dauerhaft auszuführen. Ich hatte bemerkt, dass ich ohne Disziplin und Fokussierung nichts erreichen konnte. Der beste Zeitpunkt für mich, so habe ich herausgefunden, für Übungen wie Mantra-Gesang oder Meditation, ist in den frühen Morgenstunden, wenn es noch sehr still und die Atmosphäre energiegeladen ist. Auch können da keine privaten oder geschäftlichen Termine das Üben verhindern. Inzwischen sind die Übungen ein so fester Bestandteil meines Tagesablaufs geworden wie z.B. das Zähneputzen. Die morgendlichen Übungen geben mir Kraft, Stärke und Ausgeglichenheit für den ganzen Tag. Am Wochenende studiere ich gerne die Schriften und Lehren, die mich für meine tägliche Praxis inspirieren. Wie die Lehren mir auch im Alltag helfen und mich unterstützen können, zeigt der folgende Erlebnisbericht:

Mein Vater war vor einigen Jahren schwer erkrankt und musste sich mehreren schwierigen Eingriffen unterziehen. Während der Rehabilitation erreichte mich eine neue Hiobsbotschaft. Durch einen Infekt war eine nochmalige schwierige Operation erforderlich. Ich fuhr also mit meiner Mutter in das Krankenhaus, um die notwendigen Formalitäten abzuwickeln und meinen Vater auf eine erneute OP vorzubereiten. Meine Eltern waren sehr deprimiert. Ich wieder-

holte still in mir das Mantra Om Namah Shivaya, während der Ab-
lauf der OP mit den Ärzten besprochen wurde. Im Shivaismus von
Kashmir heißt es: „Welchen Ort gibt es, wo Shiva nicht ist? Welche
Zeit existiert, in der Shiva nicht ist?" Die Yoga-Lehren halfen mir
in dieser Situation sehr, die richtige Sichtweise zu bewahren. Ich
massierte meinen Vater sehr lange am Rücken, es tat ihm nach dem
monatelangen Liegen sehr gut. Auch der körperliche Kontakt, meine
Liebe und Zuwendung richteten ihn auf. Meine Meditationsmeisterin forderte uns ja immer wieder auf: „Seid großzügig mit eurem
Licht, eurer Stärke, eurem Mut, eurer Furchtlosigkeit."

Es gelang mir, in dieser angespannten Atmosphäre Humor zu
verbreiten, wodurch ich Vater und Mutter zum Lachen brachte. Das tat ich so lange, bis ich das Gefühl hatte, dass ihr seeli-
scher Zustand stabil war. Erst dann verließen wir das Krankenhaus. Das Gefühl, in jener schwierigen Situation die richtige Unterstützung erhalten zu haben, war eine wertvolle Erfahrung für
mich, hervorgerufen durch das Studieren der Yoga-Lehren.

Helmtrud

Seit ich Yoga praktiziere, hat sich bei mir sehr viel verändert, hauptsächlich im Umgang mit meiner Familie. In Situationen, in denen ich
noch vor einiger Zeit vor Wut die Wände hochgegangen wäre, kann
ich heute gelassen reagieren. Hier ein Beispiel:

Freitagabend, wenn ich zum Meditationstreffen gehe, ist mein
Mann Selbstversorger. Meistens brät er sich Eier. Vor einiger Zeit,
als ich an einem Samstagmorgen in die Küche kam, traf mich fast
der Schlag. Herd, Wände und Fußboden waren glitschig vor Fett.
Früher wäre Wut in mir aufgestiegen. Nun aber konnte ich innerlich
völlig ruhig bleiben. Alles, was in mir hochstieg, war die Feststel-

lung: ,Oh, mein Mann hat Eier gebacken.' Als er dann in die Küche kam, fragte ich ganz gelassen: „Was hat Du Dir denn Gutes getan gestern Abend?" Und er erzählte mir dann, dass er sich Eier gebacken hätte. Da wurde mir auf einmal bewusst, dass ich überhaupt nicht wütend war, sondern Ruhe und Gelassenheit mich erfüllte. Später putzte ich die Wände mit einer inneren Freude, wie ich sie bisher beim Putzen mein ganzes Leben noch nicht empfunden hatte. Seitdem ist die Küche, wenn ich vom Meditationstreffen nach Hause komme, immer blitzsauber.

Für diese Erfahrung bin ich sehr dankbar, denn das Gefühl von Wut ist nun verschwunden – und das ist etwas ganz Wunderbares.

Elisabeth

Eine wichtige und deutliche Veränderung, seit ich Yoga praktiziere, ist die Öffnung meines Herzens. Ich erlebe sehr oft Momente, wenn ich unter Menschen bin, in denen mein Herz aufgeht, ob es im Supermarkt, im Café oder in der Stadt ist. Grundsätzlich merke ich einfach, dass ich Menschen liebe, was früher auf keinen Fall so war.

Ein grundlegender Wandel in meinem Lebensverständnis ist geprägt von dem Yoga-Grundsatz, dass es das Ziel des Lebens und des Yoga ist, glücklich zu sein, Glücklichsein ist unser normaler Zustand. Ich hatte früher sicher ein Lebensverständnis, zu dem Weltschmerz und Leid gehörten. Das jahrlange Bemühen auf der Grundlage des Verständnisses von Yoga hat nach und nach dazu geführt, dass mein Leben von einer Grundzufriedenheit durchzogen ist. Ich merke, dass ich immer glücklicher werde, und weiß auch, dass da noch sehr viel mehr möglich ist.

Zu dieser Veränderung gehört auch, dass ich niemals aufgebe. Die Philosophie des Yoga gibt mir so viel Halt, dass ich wie ein Stehaufmännchen immer wieder Mut und Zuversicht und ein positives Lebensverständnis finde, was immer auch geschieht. Yoga gibt Selbstwert. Eine grundlegende Veränderung in meinem Leben ist der Wandel von einem sehr schwachen Selbstwertgefühl, dessen ich mir nicht einmal bewusst war, zu einem positiven Selbstwertgefühl. Heute fallen mir Schwankungen in meinem Selbstwertgefühl auf, und ich kann bewusst daran arbeiten, mein Selbstwertgefühl wieder aufzurichten.

Yoga hat mich gelehrt, dass immer dann, wenn wir etwas Negatives erfahren, der Grund nicht unsere Lebensumstände, unser Schicksal usw. ist, dass nicht das, was wir von Außen erfahren, unsere negative Erfahrung bestimmt, sondern unsere eigene Einstellung, unsere Gedanken und Gefühle. Yoga hat mich gelehrt, nicht das Opfer meiner Gedanken und Gefühle zu werden. Nicht immer, aber oft fallen mir negative Gedanken auf, die mir ein schlechtes Lebensgefühl geben, und ich habe durch Yoga eine Vielzahl von Hilfsmittel, diese Negativität zu verändern. Das reicht vom Lesen von Texten, die ein spirituelles, yogisches oder einfach positives Weltbild vermitteln, bis hin zu Meditation, das Chanten heiliger Texte und vielem mehr. Unsere Konditionierung, die uns immer wieder in alte negative Rillen zieht, ist sehr stark. Mittlerweile bin ich fast der Überzeugung, dass man alle paar Stunden ein Zeitfenster einplanen sollte, um sich auf die innere Stärke, auf Freiheit, Glück, die göttliche Bestimmung, oder wie immer man es nennen möchte, zu besinnen.

Gisela

Mein spiritueller Weg begann, damals noch unbewusst, 1992 nach einer sehr schmerzvollen Erfahrung und einer Zeit tiefen Leidens, in der ich es schaffte, mich meinen Schattenseiten zu stellen und das

Erlebte ohne „Hass" und Projektion auf involvierte Personen anzu-
nehmen und zu verarbeiten. Es war mir damals nicht bewusst, wie
wichtig dies war.

Meine erste bewusste Begegnung mit dem Spirituellen begann Mit-
te 1995 mit dem Zusammentreffen eines Mannes, der mir das Buch
„Autobiographie eines Yogi" von Paramahansa Yogananda emp-
fahl. Ich las dieses Buch, und es war mir von Anfang an klar: So ist
es! Mein spiritueller Weg begann.

Zuerst musste ich das, was mir widerfahren war, verarbeiten. Ich
tat es, indem ich mich durch fast alle Religionen „hindurch las" und
immer wieder Berichte von Mystikern und mystischen Erfahrungen
verschlang. Gleichzeitig begann ich zu meditieren, nein, eigentlich
kann ich es so nicht nennen, denn ich fiel, besonders in den ersten
Monaten während und nach diesen Erfahrungen, sobald ich lag, in
eine große Ekstase. Nach fast zwei Jahren begann ich, bedingt durch
ein äußerliches Erlebnis, im Zazen zu sitzen. Das tue ich bis heute,
fünf Tage in der Woche, vierzig Minuten jeden Morgen. Gleichzeitig
habe ich Gebetsrituale entwickelt, die noch eine halbe Stunde zu-
sätzlich einnehmen. Am Wochenende meditiere ich oft im Liegen,
meist mit einem Mantra. Dazu lese ich immer wieder spirituelle Bü-
cher, „alte", die zu meinem Leben dazugehören, aber ich bin auch
immer noch neugierig auf Neues.

All das hat einen festen Platz in meinem Leben. Außerdem führe
ich Gespräche mit Gott, den ich in mir weiß. Mein Leben ist erfüllt
von großer Dankbarkeit und von dem Gefühl, in der Liebe zu sein.
All das hält mich natürlich nicht davon ab, fehlbar zu sein. Gerade
in den letzten Monaten haben Ereignisse aus meinem Berufsleben
mein Leben ganz schön aus den Fugen geraten lassen. Doch trotz der
vielen Aufregungen der letzten Monate fand und finde ich zwischen-
durch immer wieder Momente der Stille und tiefer Dankbarkeit. Ich

weiß, dass alles seinen Sinn hat, und im tiefsten Grunde kann nichts mein Gefühl erschüttern, eins mit Gott zu sein. Dieses Gefühl erfüllt mich immer wieder mit so tiefer Freude, dass Momente des Zweifelns schon wieder an Bedeutung verlieren. All das verdanke ich Gott, der es mir leicht gemacht hat, meine individuelle Form des Yoga gefunden zu haben.

Kurt

Mein Yoga-Weg begann vor vielen Jahren, nach einer langen Suche nach irgendeinem Sinn in diesem Leben. Ein bisschen musste ich ausprobieren, bis ich „meinen" Weg endlich fand. Seitdem hat sich mein Leben enorm verändert, aber natürlich ist es auch dasselbe, das mir auf dieser Welt geschenkt wurde. Wir können selbst mit noch so viel spirituellem Einsatz unser karmisches „Päckchen" nicht einfach so abschütteln. Die persönlichen Grundstrukturen bleiben dieselben. Dennoch ist es ein riesengroßer Unterschied, zumindest wenn ich meine persönliche Lebensgeschichte betrachte, was das „Vorher" und „Nachher" anbetrifft.

Bevor ich mit meinem Yoga-Weg begann, war ich reichlich orientierungslos, das ergab hier für mich einfach alles keinen Sinn. Ja, ich konnte mich an einigen Dingen, die mir das Leben bot, erfreuen, und es gab hier und da Momente, in denen ich spürte, dass es so etwas wie einen Sinn geben muss. Aber bevor ich diesen spirituellen Weg verfolgte, waren solche Momente wie hingeworfene Brocken im Dunkeln. Die meisten Menschen, die ich kannte, tappten tatsächlich im Dunkeln, aber es schien ihnen nichts auszumachen, sie gaben sich einfach damit ab. Das konnte ich so nicht akzeptieren.

Auch jetzt, auf diesem Weg, ist es manchmal beschwerlich. Es ist wahrscheinlich nicht immer ein „Zuckerschlecken". Aber es ist eben nicht mehr dunkel, es wird langsam hell. Da ist so etwas wie eine innere Kraft, die mich weiter und weiter zieht, die mir hilft, immer wieder aufzustehen, wenn ich hingefallen bin. Diese Kraft, die insbesondere dann sehr stark ist, wenn ich intensiv meinen spirituellen Übungen (Meditation, Rezitation heiliger Texte) folge, erstaunt mich immer wieder. Sie ist so etwas wie ein inneres Licht, das ich schon aus meiner Kindheit kenne. Ich muss der Kraft eigentlich nur folgen und ihr vertrauen und ihr Nahrung in Form dieser Übungen geben. Sie ist auch im Alltag da, irgendwie auch um mich herum. Ich bin mir sicher, dass sie auch in den Menschen ist, die mir begegnen. Und das verändert Vieles für mich.

Die Frage war: Wie integriere ich mein Yoga in mein Leben? Das mache ich eigentlich nicht bewusst, es geschieht einfach spontan, vor allem wenn ich diesem inneren Licht vertraue, was ich aber leider manchmal, viel zu oft, vergesse. Wach zu sein für diese innere Kraft, dieses Licht, scheint mir die wichtigste aller Übungen zu sein. Dann bin ich offen für die Außenwelt, und dann ist innen und außen eins, eine bessere Integration kann ich mir nicht vorstellen. Denn nun kann ich diese Welt als „meine Welt" annehmen, was mich sehr glücklich macht. Aber natürlich muss ich immer noch viel lernen, vor allem das sogenannte „Gute" und das sogenannte „Schlechte" als gleich zu akzeptieren. Alles, was ich dazu tun kann, ist, diesem inneren Licht zu vertrauen und ihm auf meinem Lebensweg zu folgen.

Kapitel 6

Schlussbetrachtungen

Wodurch werden wir, in einem Theater sitzend, uns der Tatsache bewusst, dass das, was wir gerade erleben, keine reale Handlung, sondern ein Theaterstück ist? – Durch diesen mit Worten kaum zu beschreibenden Impuls, diese kleine Erschütterung in unserem menschlichen Bewusstsein, das sich fragt: „Moment, was ist hier eigentlich los?" Kein Zweifel, in solchen Augenblicken kommen wir, im wahrsten Sinne des Wortes, zu Bewusstsein. Es ist im Prinzip auch ein solcher Impuls, durch den das kosmische Schauspiel vor langer „Zeit" (auch Zeit ist relativ und wurde ja erst geschaffen) in Bewegung geriet. Dieser Impuls erschütterte den bisherigen Zustand des Gleichgewichts im höchsten Bewusstsein und setzte diesen riesigen universalen Prozess in Gang. Am Ende dieses Prozesses stand das ausgedehnte und sich immer weiter ausdehnende Universum – und der Mensch als vollkommene und alles enthaltende Manifestation des absoluten Bewusstseins in unvorstellbar kontrahierter Form (Gott in einer Nussschale sozusagen). Nun kommt wieder ein derartiger Impuls, einer, der diesen Zustand der Begrenztheit und Selbstvergessenheit des schöpferischen Bewusstseins zu Ende bringt und das Bewusstsein aus seinem Dornröschenschlaf wachrüttelt.

Es ist dieser „zweite Impuls", der uns plötzlich fragen lässt: „Was ist der Sinn meines Lebens?" „Wo komme ich her?" „Wo werde ich hingehen, wenn dieses Theater, das ich ‚Leben' nenne, zu Ende ist?" „Gibt es vielleicht sogar etwas über dieses weltliche Theater hinaus?"

Dieser zweite Impuls, der uns diese Fragen und Vorstellungen nach etwas Höherem erst ermöglicht, löst einen unwiderruflichen Zustand des Aufbruchs in uns aus. Da ist ein Drängen und eine Sehnsucht, die es zuvor nicht gab und die wir uns oft überhaupt nicht erklären können. Manche Menschen werden damit geboren, viele entdecken es jedoch erst im Verlauf ihres Lebens. Wer diesen inneren Impuls des Aufbruchs spürt, ist nach Auffassung der Yogis im höchsten Maße gesegnet.

Dann kommt der nächste Schritt auf dem Weg des Reifens. Denn diesen Impuls zu spüren, ist eine Sache, ihm nachzugehen, mit den dazugehörigen Konsequenzen, eine andere. Es reicht nicht, nur von Freiheit zu träumen, wir müssen auch darauf zu gehen, uns dafür einsetzen. Yoga ist zwar *auch* theoretische Lehre, Wissen und Philosophie, doch das alles nutzt nur wenig, wenn es nicht umgesetzt wird, wenn wir es nicht *tun*. Man kann hunderte schlauer Bücher über Yoga und Spiritualität lesen, aber das allein verändert rein gar nichts. Wie heißt es in Goethes „Faust": „Grau, teurer Freund, ist alle Theorie. Und grün des Lebens goldner Baum." Das war und ist auch die Ansicht der Mütter und Väter des Yoga: „Diese Welt, in der wir leben, ist die Schule des Yoga." So ist es in der Tat: Nur in dieser Welt erhält dieser Impuls, dieser göttliche Funke, den wir empfangen haben, die entsprechende Nahrung, um zu einer großen erlösenden Flamme für uns und andere zu werden. Dieser Impuls des göttlichen Wach-gerüttelt-werdens ist zwar oft da, aber wenn wir ihn nicht ins Leben bringen, erlischt er. Wir schlafen wieder ein und verpassen unser größtes Glück.

Das ist es, worum es im Yoga geht: Glück und Freude. Yoga lehrt uns Glück. In den Systemen des Yoga und Tantra ging und geht es nicht um irgendein Glück am *Jüngsten Tag*. Wenn wir durch ihre Lehren und Praktiken diesen inneren Impuls, diesen anfänglichen Funken, zu einem lodernden Feuer in unserem Wesen ausweiten, dann erfahren wir, dass spirituelles Wachstum und Glück in dieser Welt Hand in Hand gehen – *Yoga-Bhoga* oder *Riddhi-Siddhi* wird das in Indien genannt. Nach den Lehren der großen Meister des Yoga und Tantra sollen wir Befreiung in diesem gegenwärtigen Leben erfahren, höchstes Glück und grenzenlose Freude bereits in dieser Welt. Sie lehren uns, dass dies immer unser Geburtsrecht war. Yoga lehrt uns, glücklich zu sein – in dieser Welt, wie auch in der nächsten. Doch erst im Zuge unseres Strebens nach Höherem entwickeln sich Erkenntnisse, Einsichten und Fähigkeiten, die uns glücklicher und zufriedener sein lassen.

Zunächst einmal lernen wir täglich durch die verschiedenen Methoden des Yoga, das Glück und die Freude da zu suchen, wo sie für uns tatsächlich unmittelbar zu finden sind: In unserem inneren Potenzial, in unserem inneren Wert, in solchen (nicht nur im Yoga) wichtigen Dingen wie Disziplin, Liebe für uns selbst wie für unsere Mitmenschen, Mitgefühl und Hilfsbereitschaft. Das ist zwar in den meisten Fällen bereits in uns vorhanden, doch durch die Praktiken des Yoga entdecken wir es vielleicht zum ersten Mal. Viele Menschen sagen nach einer gewissen Zeit der Meditationspraxis: „Ich wusste gar nicht, dass da so viel Liebe in mir ist!" Wir lernen aber nicht nur, unser Potenzial zu *entdecken* und zu nutzen, sondern auch – und das ist etwas sehr Wichtiges – mit ihm in angemessener Weise umzugehen. Wir erinnern uns: Yoga bedeutete ursprünglich die „Kontrolle von Antriebskräften".

So gelangen wir im Laufe unseres Entwicklungsprozesses zur Entfaltung unseres spirituellen Potenzials. Wir lernen unter anderem, was es mit dem „Sinn des Lebens" auf sich hat, und die Frage „Wer bin ich wirklich" beantwortet sich ganz von selbst: *Der, den Du suchst, ist der, der sucht. Der, der fragt, ist der, der antwortet.* Je mehr wir danach streben, die Teile – die zuvor eben nur *irgendwelche* Teile waren – zu einem Ganzen zusammenzufügen bzw. in ihnen ein harmonisches Ganzes zu erkennen, desto mehr ergibt jedes einzelne Teil für sich einen Sinn, einen höheren Sinn.

Dieser Transformationsprozess, der uns immer weiter und weiter über unsere Begrenzungen hinaus führt und der hier nur kurz umrissen wurde, ist keiner, der immer nur leicht und harmonisch abläuft. Wir werden manchmal kämpfen müssen – nicht gegen, sondern für etwas: Für die Liebe, für die Wahrheit, für das Glück, für das Licht in jedem von uns. Wir werden manche Dinge viele Male üben müssen, werden Geduld mit uns und anderen haben müssen. Einiges von dem, was wir uns wünschen, werden wir bekommen, manches andere – aus guten Gründen – nicht.

Wir werden vor allem *Eines* haben müssen, nicht weil es ein Dogma wäre; denn so etwas gibt es im Yoga nicht, sondern weil es der Erfahrung vieler Generationen von vollkommenen Yogis und Praktizierenden entspricht: Mut und Vertrauen. Mut, um das bisher Erlangte zu hinterfragen und die bisherigen Grenzen zu überwinden; und Vertrauen, dass wir alles, was wir auf unserem Weg benötigen, finden werden und die notwendige Unterstützung immer in greifbarer Nähe ist. Die Mystiker aller Traditionen auf dieser Welt hatten volles Vertrauen und Hingabe in die liebende göttliche Energie, die alles lenkt und leitet, die Energie des kosmischen Prozesses, des göttlichen Tanzes, der uns durch so viele Leben schließlich wieder zu unserem Selbst zurückführt. Illustrieren möchte ich abschließend diesen Weg des kosmischen Prozesses, der uns wieder nach Hause führt, mit einem bekannten Gedicht von Rumi und einer bemerkenswerten kleinen Geschichte[129]:

---

129 Der Ursprung bzw. Urheber dieser Geschichte ist mir leider nicht bekannt.

„Ich starb als Stein, wurde als Pflanze geboren.
Ich starb als Pflanze und wurde Tier.
Ich starb als Tier, als Mensch wurd' ich erkoren,
jetzt bin ich hier.
Warum dann Furcht vor dem Verschwinden
nur wegen diesem Sterben?
Das nächste Mal, wenn ich sterben soll,
dann braucht ihr mit Flügeln der Engel nicht werben;
ich werde danach mich erheben
und höher als die Engel sein,
Und was Du Dir nicht vorstellen kannst,
Ich werde das sein."

„Es geschah, dass in einem Mutterleib zwei Zwillingsbrüder heranwuchsen. Die Wochen vergingen, und die Knaben bekamen mehr und mehr ihre eigene Gestalt. In dem Maß, in dem ihr Bewusstsein wuchs, stieg auch die Freude: ‚Sag, ist es nicht wunderbar, dass wir leben?!' Die Zwillinge begannen, ihre Welt zu entdecken. Als sie aber die Schnur fanden, die sie mit ihrer Mutter verband und die ihnen die Nahrung gab, da sangen sie vor Freude: ‚Wie groß ist die Liebe der Mutter, dass sie ihr eigenes Leben mit uns teilt!'

Während aber die Monate vergingen, merkten sie plötzlich, wie sehr sie sich verändert hatten. ‚Was hat das zu bedeuten?', fragte der eine. ‚Das bedeutet', antwortete der andere, ‚dass unser Aufenthalt in dieser wunderschönen Welt bald seinem Ende zugeht.' – ‚Aber ich will hier gar nicht weggehen!', erwiderte der eine, ‚ich möchte für immer hier bleiben!' ‚Ich fürchte, wir haben keine Wahl…', entgegnete der andere. ‚Aber vielleicht gibt es ein Leben nach der Geburt!' – ‚Wie könnte das sein?', fragte der erste zweifelnd. ‚Wir werden unsere Nabelschnur verlieren – und wie sollten wir ohne sie leben können? Und außerdem haben andere vor uns diesen Mutterleib verlassen – und niemand von ihnen ist zurückgekommen! Nein, die Geburt ist das Ende!'

So fiel der eine von beiden in tiefen Kummer und sagte: ,Wenn die Zeugung mit der Geburt endet, welchen Sinn hat dann das Leben im Mutterleib? Womöglich gibt es gar keine Mutter! Hast Du etwa unsere Mutter je gesehen? Am Ende haben wir sie uns nur ausgedacht, damit wir unser Leben hier im Dunkeln besser ertragen können…'

Und so waren die letzten Tage im Mutterleib gefüllt mit vielen Fragen – und mit einer großen Angst. Schließlich kam der Moment der Geburt. Als die Zwillinge ihre Welt verlassen hatten, öffneten sie ihre Augen, sie schrien. Was sie sahen, übertraf ihre kühnsten Träume…"

Daniel Odier
Die Ekstase des Herzens
Der tantrische Weg zum Erwachen
Pbk., 160 Seiten,
ISBN 3-89427-281-3
Aufbauend auf einer inneren Transformation,
lässt Daniel Odier seine Leser teilhaben an
seinem spirituellen Wissen, um ihnen so die Ge-
staltung ihres eigenen Weges zur „Ekstase des
Herzens" zu ermöglichen. Er schildert in allen
Einzelheiten die Verwandlung des Herzens und
die Entfaltung eines neuen, kosmischen Bewusst-
seins. Dabei geht er auch auf die Schwierigkeiten
des tantrischen Pfades und die Überwindung alter
Illusionen ein.

Daniel Odier
Tantra – Eintauchen in die absolute Liebe
Pbk., 220 Seiten,
ISBN 978-3-89427-246-3
Auf einer Indien-Reise begegnet Odier einer wahren Meisterin, die ihn in seinem dramatischen Be-
wusstwerdungsprozess, der ihn über seine Ängste,
Vorurteile und Begrenzungen hinausführt und zu
einem erwachten Menschen werden lässt, begleitet.
Mit Sicherheit eines der besten und vor allem au-
thentischsten Werke, das je von einem Abendländer
über Tantra geschrieben wurde. Ein Buch, das
wahrhaft den Weg zur absoluten Liebe aufzeigt!

Lilian Silburn
Kundalini und Tantra
Die geheimnisvolle Lebenskraft des Menschen.
Ein tantrisches Einweihungsbuch.
Hardcover, 220 Seiten
ISBN 978-3-89427-303-3
Erstmals wird von einem Europäer die eso-
terische Seite der tantrischen Lebensweise so
unverhüllt dargestellt, dass Lilian Silburn gegen
erhebliche Widerstände seitens ihrer östlichen
Lehrer ankämpfen musste, um dieses Buch zu
veröffentlichen.

Joachim Reinelt
Das große Kundalini-Buch
Hardcover, 364 Seiten
ISBN 978-3-89427-315-6
Die umfassendste und detaillierteste Studie
über Kundalini in deutscher Sprache!
Joachim Reinelt behandelt sachkundig und
leicht verständlich alle Aspekte des geheimnis-
vollen Phänomens
KUNDALINI.

Gertraud Radke
Yoga als Weg zur Seele
Von der Materie zum Geist
Taschenbuch, ISBN 978-3-89427-501-3

Wenn man die Popularität betrachtet, die der
Yoga heutzutage im Westen genießt, dann
sollte man glauben, es sei zu diesem Thema
alles gesagt. Doch seltsamerweise werden
noch immer viele Grundregeln des Yoga gar-
nicht oder nur unvollständig beachtet.
Dieser "Yoga-Ratgeber" von Gertraud Radke
versucht, die tieferen Grundgesetze einer
richtigen Yoga-Atmung (Pranayama) und die
erforderlichen inneren und äußeren Voraus-
setzungen der Meditation in einfachen Worten
aufzuzeigen. Wer bestimmte einleuchtende
Regeln und uralte Erkenntnisse beachtet und
anwendet, wird schnell feststellen, dass sich
seine tägliche "Yoga-Praxis" verbessert und
seine Meditationserfahrungen vertiefen.
Eine "Yoga-Praxisbuch", das auf wenigen
Seiten sehr viel Wertvolles und Nützliches für
den Weg nach Innen enthält!